适用于正在使用 Excel 2019/2016/2013/2010 版本的读者

Excel
在会计与财务管理工作中的
案例应用

张发凌 吴祖珍 姜 楠 编著

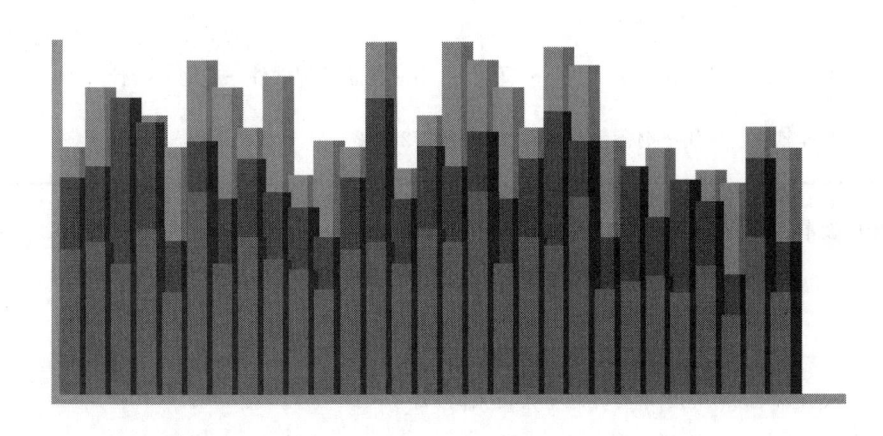

通过对本书海量表格的分析与学习，读者能够快速掌握并熟练运用常用公式与函数，强化财务表格制作能力、财务分析能力和管理能力。

读者既可以跟随本书的讲解循序渐进地掌握表格的制作方法，也可以直接使用配套素材中近500个表格，稍加改动后应用于职场，提升工作效率。

北京希望电子出版社
Beijing Hope Electronic Press
www.bhp.com.cn

内 容 简 介

本书以提升财务人员工作技能为主线,结合丰富案例,以图文并茂的形式,循序渐进地讲解了 Excel 2019 软件在会计与财务管理工作中的实例应用,具有很强的实用性和可借鉴性。读者只要跟随书中的讲解边学习,边实践,即可快速掌握运用 Excel 2019 解决会计与财务管理中实际问题的高效方法,实现应用能力的飞跃。

本书共分 22 章。在前 10 章中,讲解了财务管理岗位需要制作的表格、财务数据的输入与编辑、财务数据的公式计算、财务数据的范围与条件限定、财务数据的统计分析、数据透视表在财务分析中的应用、图表在财务分析中的应用、高级分析工具在财务分析中的应用、财务报表的打印与保护、财务部日常工作实用表单等知识内容。在后 12 章中,讲解了会计凭证创建与管理、公司日记账管理、公司往来账款管理、企业进销存管理、公司员工工资管理、公司固定资产管理与分析、公司资产负债表管理与分析、公司利润表管理与分析、公司现金流管理与分析、企业成本分析、企业财务预算分析和企业筹资分析等知识内容。

本书定位于对 Excel 软件和财务管理有初步认识,急需提升应用技能的读者。同时,本书也非常适合大中专院校、职业院校和培训机构作为财务专业的教材。

图书在版编目(CIP)数据

Excel 在会计与财务管理工作中的案例应用 / 张发凌,吴祖珍,姜楠编著.

-- 北京 : 北京希望电子出版社,2019.9

ISBN 978-7-83002-712-4

Ⅰ.①E… Ⅱ.①张… ②吴… ③姜… Ⅲ.①表处理软件－应用－会计

②表处理软件－应用－财务管理 Ⅳ.①F232②F275-39

中国版本图书馆 CIP 数据核字(2019)第 172634 号

出版:北京希望电子出版社	封面:深度文化
地址:北京市海淀区中关村大街 22 号	编辑:李 萌
中科大厦 A 座 10 层	校对:刘 伟
邮编:100190	开本:787mm×1092mm 1/16
网址:www.bhp.com.cn	印张:25
电话:010-62978181(总机)转发行部	字数:592 千字
010-82702675(邮购)	印刷:北京昌联印刷有限公司
传真:010-62543892	版次:2019 年 10 月 1 版 1 次印刷
经销:各地新华书店	

定价:69.00 元

前 言

为了使广大财务工作者和 Excel 初学者能够快速、高效地运用 Microsoft Excel 2019 软件完成各项会计与财务工作，我们组织了多位在 Excel 会计与财务办公方面具有丰富实际工作经验的专家，精心编写了本书。在写作前期，我们开展了系统、深入的岗位需求调研，充分了解了财务与会计岗位的具体需求，使得本书在案例选择方面，具有很强的岗位针对性。只要广大读者认真地学完本书，就能够独立解决企业会计与财务工作中的绝大多数问题。

本书具有如下特点：

- 将常用的财务报表制作为成品表，供广大读者直接使用

广大财务人员在日常工作中经常会用到的财务管理表格种类繁多：差旅报表、个税管理表、日常财务报表、工资管理表、公司日记账管理表、公司资产负债管理表、财务预算分析表、公司往来账款管理表……如果读者自行设计、制作，需要大量的时间和精力，还未必能制作正确。为了节省广大读者的时间，本书已经将常用的财务管理表格制作为成品形式，供读者学习或在工作中使用。

- 对常用的财务计算公式提供详细解析，使读者知其然又知其所以然

在会计与财务报表中，会出现众多较为复杂的计算、统计、分析公式，这些公式通常具有典型意义。掌握了这些典型的公式，对于读者胜任企业财务管理工作具有巨大帮助。本书对每一个公式都配备详细的解析，让读者知其然，更知其所以然。读者学完本书，掌握了公式的具体含义，落实到会计与财务计算中，可以在原公式的基础上稍加改动创建出具有自己工作特点的新公式。

- 提供常用的财务报表数据分析思路，供读者在工作中借鉴

本书从会计与财务管理的需求出发，首先讲解表格的设计思路，再根据财务分析需求，利用 Excel 中的筛选、分类汇总、图表、数据透视表等功能对数据按需分析，例如：要对各部门工资总额分析比较，就可以利用数据透视表得到各部门工资数据，再建立

图表比较各部门工资额的大小。如果在实际工作中需要使用到该项分析，就可以直接套用本书中的分析思路，即根据已知数据先建立数据透视表，再建立图表即可。

  本书由北京希望电子出版社策划，参与本书编写、统稿的人员有张发凌、吴祖珍、姜楠、陈媛、王莹莹、汪洋慧、张发明、吴祖兵、李伟、彭志霞、张万红、徐宁生、王成香、郭伟民、徐冬冬、袁红英、殷齐齐、徐全锋、殷永盛、李翠利、柳琪、杨素英、韦余靖、黄乐乐、韦聪等，在此对他们辛勤付出表示诚挚的感谢！

  由于作者的学识、水平所限，书中的错误和不足之处在所难免，敬请广大读者批评指正，以便再版时修正。我们将不断学习、不断努力，为大家呈现更多易学易懂的 Excel 职场办公应用类图书。最后，诚挚地对广大读者朋友购买本书表示感谢。本书的所有素材表格，均可按照封底介绍的方法下载。

编著者

2019 年 7 月

目 录

第 1 章 财务部门的基本岗位和需要制作的表格……1

1.1 财务部门主要岗位描述……1
- 1.1.1 出纳岗位……1
- 1.1.2 资金管理岗位……1
- 1.1.3 固定资产核算岗位……2
- 1.1.4 存货核算岗位……2
- 1.1.5 工资核算岗位……3
- 1.1.6 成本、费用核算岗位……3
- 1.1.7 销售和利润核算岗位……3
- 1.1.8 应收应付款核算岗位……4
- 1.1.9 总账报表岗位……4

1.2 财务管理必知 Excel……4
- 1.2.1 出纳岗位……4
- 1.2.2 资金管理岗位……5
- 1.2.3 固定资产核算岗位……5
- 1.2.4 存货核算岗位……5
- 1.2.5 工资核算岗位……6
- 1.2.6 成本、费用核算岗位……6
- 1.2.7 销售和利润核算岗位……7
- 1.2.8 应收应付款核算岗位……7
- 1.2.9 总账报表岗位……8

第 2 章 财务数据的输入与编辑……9

2.1 财务报表数据的输入……9
- 2.1.1 输入费用记录表中的文本数据……9
- 2.1.2 输入费用记录表中的金额数据……11
- 2.1.3 输入费用记录表中的日期……13
- 2.1.4 正确显示销售成本率（百分比值）……14
- 2.1.5 输入特殊财务符号……15

2.2 建立财务报表时批量输入数据……15
- 2.2.1 快速填充输入相同数据……15
- 2.2.2 有规则数据的填充输入……16
- 2.2.3 按条件填充……18
- 2.2.4 自定义填充序列……19

2.3 财务报表中数据修改及清除……20
- 2.3.1 修改数据……20
- 2.3.2 清除数据……20

2.4 建立财务报表时移动、复制数据……21
- 2.4.1 在银行存款日记账报表中移动复制数据……21
- 2.4.2 使用"选择性粘贴"功能达到特定目的……23

2.4.3 方便快捷的"粘贴选项"
　　　功能 ························ 25
2.5 在银行借款明细表中查找和替换
　　数据 ···························· 27
　　2.5.1 数据查找 ··················· 27
　　2.5.2 数据替换 ··················· 29

第 3 章 财务数据的公式计算 ····· 32

3.1 公式包含的元素 ················ 32
　　3.1.1 运算符 ····················· 32
　　3.1.2 数据源 ····················· 33
　　3.1.3 函数 ······················· 36
3.2 公式的编辑及复制使用 ·········· 38
　　3.1.1 输入公式 ··················· 38
　　3.1.2 复制公式完成批量计算 ······· 41
3.3 公式函数用应用于财务计算的范例 ··· 42
　　3.3.1 专用财务函数 ··············· 42
　　3.3.2 其他函数用于财务运算 ······· 44

第 4 章 财务数据的范围与条件
　　　 限定 ····················· 47

4.1 数据验证的设置 ················ 47
　　4.1.1 设置数据验证为指定类型或区
　　　　　间的值 ··················· 47
　　4.1.2 设置数据验证为可选择
　　　　　序列 ····················· 50
　　4.1.3 数据验证的复制与清除 ······· 51
4.2 突出显示满足条件的记录 ········ 52

4.2.1 了解"条件格式" ············ 52
4.2.2 运用条件格式分析财务数据 · 53
4.2.3 管理条件格式规则 ············ 61

第 5 章 财务数据的统计分析 ····· 64

5.1 按固定资产原值排序 ············ 64
　　5.1.1 按固定资产原值从低到高排序
　　　　　单个条件排序 ··············· 64
　　5.1.2 按类别分类固定资产并
　　　　　排序 ····················· 65
5.2 应付账款清单中数据的筛选 ······ 66
　　5.2.1 筛选指定供应商的应付
　　　　　记录 ····················· 67
　　5.2.2 按发票金额筛选数据 ········· 67
　　5.2.3 高级筛选的运用 ············· 70
5.3 应付账款清单中数据的分类汇总 ··· 73
　　5.3.1 统计各供应商的发票金额
　　　　　合计 ····················· 73
　　5.3.2 编辑分类汇总 ··············· 75
5.4 数据合并计算 ··················· 77
　　5.4.1 销售金额全年合并分析 ······· 77
　　5.4.2 业务员业绩提成季度汇总 ··· 80

第 6 章 数据透视表在财务分析中
　　　 的应用 ··················· 82

6.1 了解数据透视表的应用层面及结构 ··· 82
　　6.1.1 创建数据透视表的作用及应用
　　　　　范围 ····················· 82

6.1.2 数据透视表的结构与元素……83
6.1.3 创建数据透视表……85
6.2 费用支出表的多种统计分析……87
　6.2.1 统计各部门支出的费用……87
　6.2.2 统计各个部门中各个费用类别的支出金额……88
　6.2.3 交叉方式统计各部门各费用类别的支出金额……89
　6.2.4 统计各类别费用支出的次数……90
　6.2.5 在一张表格中统计各类别费用支出总金额与次数……91
　6.2.6 统计各部门支出费用占总支出金额的百分比……92
6.3 数据透视表的移动、更新及删除……93
6.4 排序费用支出统计结果……94
　6.4.1 排序费用支出金额……94
　6.4.2 "产生部门"与"费用类别"双字段排序……95
6.5 筛选查看费用支出统计结果……96
　6.5.1 筛选查看指定部门的支出费用……96
　6.5.2 添加筛选字段查看指定月份的支出金额……97
　6.5.3 筛选出支出金额最高的两个部门……97
6.6 数据透视表布局及样式的快速套用……99
　6.6.1 数据透视表布局更改……99
　6.6.2 通过套用样式快速美化数据透视表……100

第7章 图表在财务分析中的应用……102

7.1 了解一张完整的图表所包含的要素……102
　7.1.1 图表组成部分图示……102
　7.2.2 准确选中图表中对象……102
7.2 图表创建……103
　7.2.1 按实际财务数据选用不同图表类型图……103
　7.2.2 创建季度利润比较迷你图……106
　7.2.3 图表类型的更改……107
7.3 图表大小位置调整及复制……108
　7.3.1 图表大小和位置的调整……108
　7.3.2 图表的复制使用……109
7.4 编辑图表……110
　7.4.1 设置图例重新调整图例的显示位置……110
　7.4.2 编辑图表坐标轴……111
　7.4.3 编辑图表数据系列……112
7.5 图表美化……115
　7.5.1 套用图表样式快速美化图表……115
　7.5.2 设置图表文字格式……117
　7.5.3 图表中对象边框、填充效果设置……117

第8章 高级分析工具在财务分析中的应用……121

8.1 安装与卸载分析工具库……121

iii

8.1.1	安装分析工具库	121
8.1.2	卸载分析工具库	122

8.2 模拟运算表 …… 122

8.2.1	计算变动利率下的月还款额	122
8.2.2	计算变动利率与贷款金额时的月还款额	123

8.3 单变量求解 …… 125

8.3.1	单变量求解预定销售计划	125
8.3.2	单变量求解可贷款金额	126
8.3.3	单变量求解贷款年限	127

8.4 方案管理器进行贷款方案决策 …… 128

8.4.1	建立不同贷款方案	128
8.4.2	显示方案	130
8.4.4	重新编辑方案	130
8.4.5	创建方案摘要得出决策结论	131

8.5 规划求解 …… 133

8.5.1	规划求解确定最优生产方案	133
8.5.2	规划求解最佳现金持有量	135

8.6 使用数据分析工具分析财务数据 …… 137

8.6.1	直方图分析员工工资	137
8.6.2	销量与利润总额回归分析	139
8.6.3	移动平均法分析主营业务利润	141

第 9 章 财务报表的打印与保护 …… 143

9.1 美化财务报表 …… 143

9.1.1	设置提现登记表的文字格式	143
9.1.2	设置提现登记表的边框底纹	144
9.1.3	对齐出纳管理日报表中的数据	147

9.2 打印财务报表 …… 149

9.2.1	居中打印报表	149
9.2.2	横向页面设置	150
9.2.3	重新设置打印纸张	151
9.2.4	设置页眉和页脚	152
9.2.5	设置打印范围	155

9.3 财务报表的安全保护 …… 159

9.3.1	本期现金流量表的保护	159
9.3.2	设置允许编辑的区域	161
9.3.3	保护"月工资核算"工作簿	163
9.3.4	其他保护措施	166

第 10 章 财务部日常工作实用表单 …… 169

10.1 差旅费报销明细表 …… 169

10.1.1	创建差旅费报销明细表格	169
10.1.2	设置数据验证提示输入	170
10.1.3	创建出差地等级表格	172
10.1.4	利用公式实现自动填写	172

10.2 预支差旅费申请单 …… 176

10.3 工资标准表 …… 177

10.4 员工工资调整表 …… 177

10.5 员工奖金合计表 …… 178

10.6 个人所得税表 …… 178

10.6.1	个人所得税纳税申报表	178
10.6.2	扣缴个人所得税报告表	178
10.6.3	个人减免税表格	179

10.7 纳税申请表	179
10.8 增值税纳税申报表	180
10.9 出纳管理日报表	181
10.10 资金运用日报表	181

第 11 章 公司会计凭证创建与管理 … 182

11.1 会计凭证的填制	183
11.1.1 原始凭证的填制标准	183
11.1.2 原始凭证审核标准	184
11.1.3 记账凭证填制标准	184
11.1.4 记账凭证审查标准	184
11.1.5 收款凭证和填制标准	185
11.1.6 付款凭证的填制标准	185
11.2 建立和处理会计科目表	186
11.2.1 会计科目的分类	186
11.2.2 建立会计科目表	188
11.3 建立会计凭证汇总表	190
11.3.1 设计会计凭证汇总表	190
11.3.2 自动生成会计凭证编号	192
11.3.3 根据会计科目名称自动显示科目编码	194
11.4 建立总分类账	195
11.4.1 设计总分类账表	196
11.4.2 计算本期发生额、期末数	196
11.4.3 进行试算平衡检测	198

第 12 章 公司日记账管理 … 199

12.1 现金日记账管理	200
12.1.1 创建现金日记账记录表	200
12.1.2 建立"现金日报表"表格	202
12.1.3 设置公式求解指定日期的本日现金与本月累计	204
12.1.4 根据凭证建立现金日记账	207
12.2 银行日记账管理	209
12.2.1 建立银行日记账工作表	210
12.2.2 银行存款日记账汇总管理	212

第 13 章 公司往来账款管理 … 214

13.1 应收账款管理	215
13.1.1 建立应收账款记录表	215
13.1.2 计算各条应收账款的账龄	217
13.1.3 分客户分析应收账款账龄	219
13.2 应付账款管理	222
13.2.1 建立应付账款记录表	222
13.2.2 设置公式分析各项应付账款	223
13.2.3 各往来客户总应付账款统计	225

第 14 章 企业进销存管理 … 229

| 14.1 产品基本信息表 | 230 |

14.2 入库记录表 230
    14.2.1 创建入库记录表 230
    14.2.2 设置公式自动返回入库产品的基本信息 231
14.3 销售单据 233
14.4 销售记录汇总表 234
    14.4.1 创建销售记录汇总表 234
    14.4.2 计算销售额、折扣、交易金额 237
    14.4.3 分析哪些商品最畅销 238
    14.4.4 分析各系列商品销售额占比 239
14.5 库存汇总 241
    14.5.1 建立库存汇总表 241
    14.5.2 设置公式计算本期入库、销售与库存 242
    14.5.3 库存预警 245
14.6 本期利润分析 246
    14.6.1 设置公式输入利润分析表格数据 246
    14.6.2 查询销售不理想的产品 249

第15章 公司员工工资管理 250

15.1 创建员工工资管理表格 251
    15.1.1 创建员工基本工资管理表 251
    15.1.2 创建员工福利补贴管理表 253
    15.1.3 创建本月奖惩管理表 254

15.2 创建工资统计表 256
    15.2.1 创建工资统计表格 256
    15.2.2 计算工资表中应发金额 257
    15.2.3 计算工资表中应扣金额并生成工资表 259
15.3 生成员工工资条 262
    15.3.1 建立第一位员工的工资条 262
    15.3.2 快速生成每位员工的工资条 264
    15.3.3 打印输出工资条 265
15.4 按部门汇总员工工资金额 265
    15.4.1 建立数据透视表统计各部门的工资额 266
    15.4.2 建立数据透视图比较各部门的工资额 266

第16章 公司固定资产管理与分析 268

16.1 建立固定资产清单 269
16.2 余额法计提折旧表 272
    16.2.1 利用函数提取选定固定资产数据项 272
    16.2.2 利用公式计算折旧数据 274
16.3 年限总和法计提折旧表 275
16.4 双倍余额递减法计提折旧表 276
16.5 固定资产查询 277
    16.5.1 查询报废的固定资产 277
    16.5.2 查询出特定使用年限的固定资产 279

第 17 章　公司资产负债表管理与分析 ········ 280

17.1 建立资产负债表 ········ 281
 17.1.1 计算"流动资产"类项目期初数与期末数 ········ 281
 17.1.2 计算"固定资产"类项目期初数与期末数 ········ 285
 17.1.3 计算"负债"类项目期初数与期末数 ········ 287
 17.1.4 计算"所有者权益"类项目期初数与期末数 ········ 288
17.2 使用图表分析资产负债表 ········ 290
 17.2.1 创建柱形图分析资产负债表的流动资产 ········ 290
 17.2.2 编辑流动资产柱形图 ········ 290
17.3 资产负债表结构分析 ········ 292
 17.3.1 建立资产负债表结构分析 ········ 292
 17.3.2 设置结构分析的公式 ········ 293
17.4 企业偿还能力分析 ········ 295
17.5 货币资金分析 ········ 296

第 18 章　公司利润表管理与分析 ········ 298

18.1 建立利润表 ········ 299
 18.1.1 创建利润表表格 ········ 299
 18.1.2 根据总分类账填制利润表 ········ 300
18.2 利润表结构分析 ········ 303
 18.2.1 建立利润表结构分析 ········ 303
 18.2.2 设置结构分析的公式 ········ 304
18.3 成本、费用消化能力分析 ········ 305
18.4 保护利润表 ········ 306
 18.4.1 保护单个工作表 ········ 306
 18.4.2 保护工作簿 ········ 307

第 19 章　公司现金流量管理与分析 ········ 308

19.1 现金流量表 ········ 309
 19.1.1 创建现金流量表 ········ 309
 19.1.2 计算各项目的发生额 ········ 310
19.2 现金流量表结构分析 ········ 313
 19.2.1 创建现金流量表结构分析表 ········ 313
 19.2.2 创建现金流量表结构分析图表 ········ 315
19.3 现金流量表趋势分析 ········ 317
 19.3.1 创建现金流量汇总表 ········ 317
 19.3.2 创建现金流量趋势图表 ········ 319
 19.3.3 创建现金流出比例图 ········ 321
19.4 打印现金流量表和图表 ········ 323
 19.4.1 打印现金流量表 ········ 323
 19.4.2 打印现金流量表结构分析图表 ········ 324

第 20 章　企业成本分析 ········ 326

20.1 按月汇总和分析产品生产成本 ········ 327
 20.1.1 创建成本分析表格 ········ 327
 20.1.2 计算各项分析数据 ········ 328

20.1.3 创建柱形图比较本期发生额
与结转额·················330
20.2 年度生产成本分析·················332
20.2.1 创建年度生产成本分析表···332
20.2.2 计算各月各项数据·········332
20.2.3 年度生产成本趋势分析
图表·····················336
20.3 各月生产成本年度比较·········338
20.3.1 创建年度生产成本分析表···338
20.3.2 各月生产成本年度比较
图表·····················339
20.4 生产成本预测·····················341
20.4.1 GROWTH 函数预测成本···342
20.4.2 因素分析法预测成本·······342

第 21 章 企业财务预算分析 ···345

21.1 日常业务预算·····················346
21.1.1 销售预算分析···············346
21.1.2 生产预算分析···············348
21.1.3 直接材料和采购预算·······350
21.1.4 直接人工预算分析·········352
21.1.5 制造费用预算分析·········354
21.1.6 成本预算分析···············356
21.1.7 管理费用预算分析·········357
21.1.8 销售费用预算分析·········358
21.2 现金预算·························360
21.2.1 计算现金收入···············360
21.2.2 计算现金支出···············362

21.2.3 计算筹集资金···············365
21.3 编制财务预算报表···············366
21.3.1 编制预算利润表·············366
21.3.2 编制预算资产负债表·······367

第 22 章 企业筹资分析 ···369

22.1 长期借款筹资分析···············370
22.1.1 计算每期还款额·············370
22.1.2 分析不同借款年利率下每期
偿还金额·····················371
22.1.3 分析不同借款年利率和借款
期数下每期应支付的还款
金额·························372
22.1.4 建立长期借款筹资决策
分析表·······················373
22.2 租赁筹资分析·····················376
22.2.1 不同付款方式下的租赁筹资
分析·························377
22.2.2 根据付款租期、年利率的不
同进行筹资分析···········378
22.3 长期借款筹资方案与租赁筹资方案
比较·······························380
22.3.1 长期借款筹资方案现值
计算·························380
22.3.2 租赁筹资方案现值计算···381
22.3.3 比较两种筹资方式·········383
22.4 筹资风险分析·····················383
22.5 企业资金结构图表分析·········386

第1章 财务部门的基本岗位和需要制作的表格

1.1 财务部门主要岗位描述

在实际财务工作中需要用到的表格种类非常多，根据财务部门各个岗位的划分，有出纳、资金管理、固定核算、存货核算、工资核算、成本费用核算、销售和利润核算、应收应付款核算以及总账报表等岗位。不同的企业会根据实际情况选择相应的财务岗位。

1.1.1 出纳岗位

出纳岗位主要负责公司的货币资金核算、往来结算、工资核发等工作。出纳不得兼任稽核、会计档案保管和收入、支出、费用、债权债务账目的核算登记工作。不得由一人办理货币资金业务的全过程。出纳员可以兼职公司外汇收付核销工作，及时学习、了解、掌握财经法规和制度，提高自己的政策水平。维护财经纪律，执行财会制度，抵制不合法的收支和弄虚作假行为。

- 凭证填制的内容、数字等，必须根据实际情况填列，确保原始凭证所反映的经济业务真实可靠，符合实际情况。
- 填制的原始凭证必须由经办人员和部门签章。
- 原始凭证的各项内容，必须详尽地填写齐全，不得遗漏，而且凭证的各项内容，必须符合内部牵制原则。
- 原始凭证要用蓝色或黑色笔书写，字迹清楚、规范，填写支票必须使用碳素笔，属于需要套写的凭证，必须一次套写清楚，合计的小写金额前应加注币值符号，如"￥""$"等。

1.1.2 资金管理岗位

资金管理主要是财务部资金运作方面的管理与操作，同时也负责企业的现金和转账票据工作。资金管理岗位人员的主要职责如下：

- 严守财经纪律，忠于职守，工作认真，注重效率，钻研业务，严格管理，团结协作。
- 银行存款账按记账规定结出每天借款发生额累计总数和当天余额，要日清日结。
- 管理和督导日常的外币兑换储蓄业务。

- 在部门经理领导下，主要负责财务部资金运作方面的管理与操作。
- 负责全公司的现金和转账票据的收付工作。
- 每月核对银行对账单，并做出"未到账调整表"和调整账目，与总分类账核对。
- 严格遵守现金管理制度和支票使用制度。
- 根据财务部经理指令，抽查各部门出纳员的库存现金和各收款员、售货员的业务周转金，并做出检查报告向经理汇报。
- 每天根据账簿的发生额和余额，编制"现金及银行存款收付日报表"送财务经理审阅。
- 不定期检查各出纳员的库存，确保钱账相符。
- 做好每天的业务预测，以准备足够的备用金。

1.1.3　固定资产核算岗位

固定资产核算是指对固定资产的增减变动、清理报废、使用保管，以及计提折旧、大修理基金等项业务的反映和监督。固定资产是企业进行物质资料生产的主要劳动资料，它也是人们用以改变或影响劳动对象的一切物质条件。在本书第 16 章中会介绍如何创建固定资产管理表格。固定资产核算岗位的职责描述如下：

- 按照财务制度规定，正确划分固定资产与低值易耗品的界限。会同有关部门制定固定资产目录，分类方法，使用年限，加强固定资产管理，正确进行固定资产核算。
- 建立固定资产明细卡片，定期进行核对，做到账、卡、物相符。
- 对购置、调入、出售、封存、清理、报废的固定资产，要办理会计手续，进行明细核算，要按期编报固定资产增减变动情况的会计报表。
- 参与固定资产清查盘点，发现盘盈、盘亏和毁损等情况要查明原因，明确责任，按规定的审批程序办理报批手续，根据批准文件进行账务处理。
- 按照公司财务管理制度规定的折旧率，按月正确计算和提取固定资产折旧。
- 完成领导交办的其他工作。

1.1.4　存货核算岗位

存货是指企业在日常活动中持有以备出售的产品、处在生产过程中的产品、在生产过程中或提供劳务过程中耗用的材料和物料等。存货核算岗位就是对单位的产品、在产品、原材料和周转材料在采购、储存和销售过程中进行核算、记录和管理的会计岗位。

存货是单位重要的财产物资，期末存货成本的高低对生产成本和利润有直接的影响，存货会计在会计核算中起着重要的所用，其主要职能有核算、反映、监督和管理四个方面。

1.1.5 工资核算岗位

工资核算岗位人员主要负责员工工资、奖金、补助及各项扣款的汇总和审核，具体工作内容如下：

- 负责核算企业员工工资，每月对各部门、车间提供的工资核算原始资料进行审核，包括出勤和加班天数、人员数量是否正确，领导签字是否合理，员工工伤、丧假、婚假、事假是否按规定标注准确；新入职的员工是否标注入职时间，确保数据的真实和准确。
- 负责代扣由办公室提供的员工养老保险、交通费、电费、餐费，核算个人所得税及其他应扣款项。
- 将审核无误的工资原始资料输入电脑，编制员工"工资表"和"员工月度工资汇总表"；按时将工资表交总经理审批，将总经理审批签发的工资表送交财务部门并上报银行，以确保工资的及时发放。
- 按时申报个人所得税。
- 打印工资表（一式三份）。
- 工资发放完毕后，负责将银行开办的新入职员工的工资卡发放到员工本人。

1.1.6 成本、费用核算岗位

成本、费用核算岗位包括的职责内容如下：

- 拟定成本核算办法。
- 制定成本费用计划。
- 负责成本管理基础工作。
- 核算产品成本和期间费用。
- 编制成本费用报表并进行分析。
- 协助管理在产品和自制半成品。

1.1.7 销售和利润核算岗位

公司的销售和利润核算岗位人员的主要工作职责如下：

- 负责销售核算，核实销售往来。根据销货发票等有关凭证，正确计算销售收入以及劳务等其他各项收入，按照国家有关规定计算税金。经常核对库存商品的账面余额和实际库存数，核对销货往来明细账，做到账实相符，账账相符。
- 计算与分析利润计划的完成情况，督促实现目标。
- 建立投资台账，按期计算收益。
- 结转收入、成本与费用，严格审查营业外支出，正确核算利润。对公司所得税有影响的项目，应注意调整应纳税所得额。

- 按规定计算利润和利润分配，计算应缴所得税。
- 结账时的调整业务处理。
- 编制利润报表，分析盈亏原因。

1.1.8　应收应付款核算岗位

应收账款会计岗位职责如下：

- 主要负责所有月结客户的应收对账事宜。
- 协助相关部门进行及时有效的收款工作，减少公司资金风险。
- 把控监督一线业务规范，对应收账款、其他应收款进行账实核对，督促相关部门进行账务调整，避免违规操作。
- 更新优化应收账款政策，挖掘分析公司应收账款的风险点。

应付账款会计岗位职责如下：

- 每日现金、银行日记账的登记及每日银行回单的打印。
- 每日网银付款录入。
- 每周一报销费用审核及递交。
- 每月进项发票认证及进项税核对。
- 每月收付款凭证的录入，并催供应商发票。
- 每月凭证装订及合同归档。
- 与银行的业务沟通及日常银行业务操作。
- 月末各科目余额核对。

1.1.9　总账报表岗位

总账报表岗位人员主要包含以下工作职责：

- 负责登记总账。
- 负责编制资产负债表、利润表、现金流量表等有关财务会计报表。
- 负责管理会计凭证和财务会计报表。

1.2　财务管理必知 Excel

上一节详细介绍了财务部门的各种岗位描述以及具体的职责，下面给出各个岗位需要用到的 Excel 表格。

1.2.1　出纳岗位

费用记录表格是出纳人员编制的一项基础表格，如图 1-1 所示。它按日期记录了每日的费用支出情况。现金日报表是出纳人员用来记录每日的收入和支出，如图 1-2 所示。

图 1-1

图 1-2

1.2.2 资金管理岗位

如图 1-3 所示为现金收支记录表，记录了每日日期、摘要信息、各项的收入、支出以及结存金额。如图 1-4 所示为现金收支表，记录了不同项目的借、贷金额以及余额和方向。

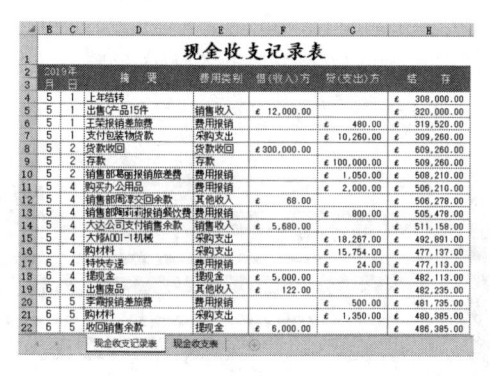

图 1-3

图 1-4

1.2.3 固定资产核算岗位

固定资产核算岗位需要制作的最基础的一个表格就是"固定资产清单"工作表（如图 1-5 所示），该表记录了公司固定资产的各项基本信息。根据固定资产清单表格数据还可以使用余额法计提折旧表，得到如图 1-6 所示表格，在本书第 16 章会具体介绍如何管理固定资产清单表格。

图 1-5

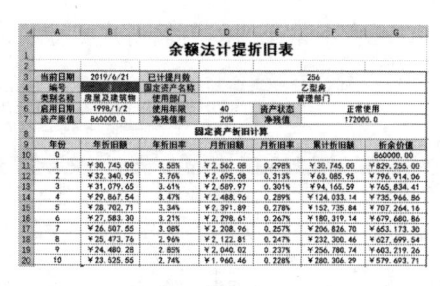

图 1-6

1.2.4 存货核算岗位

存货核算岗位人员主要是对公司的库存进行管理。库存管理主要是在一段时间内对产

5

品的入库数量、单价、销售数量以及本期库存量进行统计。库存管理能够使企业更好地掌握产品销售动态，为产品补给提供数据，如图 1-7 和图 1-8 所示。

产品名称	上期库存	本期入库			本期销售			本期库存	
		本期入库	单价	金额	数量	单价	金额	数量	金额
F7plus彩屏新机	50	120	520	62400	167	800	133600	3	1560
Smart3F彩屏	5	75	520	39000	65	800	52000	15	7800
中控Z8	12	155	340	52700	165	560	92400	2	680
F18中控旗舰机	40	60	900	54000	76	1500	114000	24	21600
中控人脸iFace7	20	25	1010	25250	27	1980	53460	18	18180
IFACE905高端系	2	10	2100	21000	6	3280	19680	6	12600
面部王中控A200	8	20	1800	36000	17	2880	48960	11	19800

库存统计表 Sheet11

图 1-7

基本信息				上期	本期入库			本期销售			本期库存		
编号	系列	产品名称	规格	库存	数量	单价	金额	数量	单价	金额	数量	单价	金额
CN11001	纯牛奶	有机牛奶	盒	70	22	6.5	143	87	9	783	5	6.5	32.5
CN11002	纯牛奶	脱脂牛奶	盒	60	22	6	132	82	8	656	0	6	0
CN11003	纯牛奶	全脂牛奶	盒	110	22	6	132	86	8	688	46	6	276
XN13001	鲜牛奶	高钙鲜牛奶	瓶	101	22	3.5	77	115	5	575	8	3.5	28
XN13002	鲜牛奶	高品鲜牛奶	瓶	60	22	3.5	77	81	5	405	1	3.5	3.5
SN18001	酸奶	酸奶（原味）	盒	65	60	6.5	390	114	9.8	1117	11	6.5	71.5
SN18002	酸奶	酸奶（红枣味）	盒	60	22	6.5	143	68	9.8	666.4	14	6.5	91
SN18003	酸奶	酸奶（椰果味）	盒	12	10	7.2	72	22	9.8	215.6	0	7.2	0
SN18004	酸奶	酸奶（芒果味）	盒	0	25	5.92	148	21	6.6	138.6	4	5.92	23.68
SN18005	酸奶	酸奶（菠萝味）	盒	52	25	5.92	148	68	6.6	448.8	9	5.92	53.28
SN18006	酸奶	酸奶（苹果味）	盒	8	20	5.2	104	7	6.6	46.2	21	5.2	109.2
SN18007	酸奶	酸奶（草莓味）	盒	0	20	5.2	104	0	6.6	0	20	5.2	104
SN18008	酸奶	酸奶（葡萄味）	盒	0	20	5.2	104	8	6.6	52.8	12	5.2	62.4
SN18009	酸奶	酸奶（无蔗糖）	盒	20	10	5.2	52	27	6.6	178.2	3	5.2	15.6
EN12001	儿童奶	有机奶	盒	28	30	7.5	225	37	12.8	473.6	21	7.5	157.5
EN12002	儿童奶	佳智型（125ML）	盒	54	15	7.5	112.5	57	12.8	729.6	12	7.5	90
EN12003	儿童奶	佳智型（190ML）	盒	38	15	7.5	112.5	25	12.8	320	28	7.5	210
EN12004	儿童奶	骨力型（125ML）	盒	78	50	7.5	375	112	12.8	1434	16	7.5	120
EN12005	儿童奶	骨力型（190ML）	盒	8	120	9.9	1188	14	13.5	189	114	9.9	1129
EN12006	儿童奶	妙妙成长牛奶（100ML	盒	12	50	9.9	495	5	13.5	67.5	57	9.9	564.3
EN12007	儿童奶	妙妙成长牛奶（125ML	盒	0	180	8.5	1530	11	12	132	169	8.5	1437

库存统计表 Sheet11 库存汇总

图 1-8

1.2.5 工资核算岗位

工资核算表按月统计全公司员工的各项工资明细（应发工资和个人所得税）（如图 1-9 所示），并且根据该表创建工资条（如图 1-10 所示）方便发放给公司员工。

本 月 工 资 统 计 表

编号	姓名	所属部门	基本工资	工龄工资	福利补贴	提成或奖金	加班工资	满勤奖金	请假迟到扣款	保险\公积金扣款	其他扣款	应发合计	个人所得税	实发工资
001	周国菊	销售部	3500	700	800	9600	550	0	60	924	0	14166	706.6	13459.4
002	鹏燕	财务部	8500	800	500		325	500	0	2046		8579	147.9	8431.1
003	朱小平	企划部	5800	500	550		850	0	60	1386		6254	37.62	6216.38
004	姚金莲	企划部	8500	1100	550	0	100	0	20	2112	200	7918	87.54	7830.46
005	谢娟娟	网络安全部	5000	1000	650		621.43	0	180	1320		5771.43	23.1429	5748.2871
006	齐丽丽	销售部	3500	700	700	2300	200	500	0	924	100	6876	56.28	6819.72
007	袁鸿飞	网络安全部	10000	800	650		175	0	160	2376		9089	198.9	8890.1
008	周梅芳	行政部	4000	600	500		1414.3	0	60	1012		5442.29	13.2687	5429.0213
009	方莱秀	销售部	9800	300	700	22400	0	500	0	2222	0	31478	3959.5	27518.5
010	方向坪	财务部	4000	300	500	200	0	0	140	946	0	3914	0	3914
011	王磊	销售部	3500	600	800	2250	490.48	0	220	902	0	6518.48	45.5544	6472.9256
012	慈凯	企划部	5500	1200	650	1000	0	0	0	1474	0	6876	56.28	6819.72
013	朱文忠	销售部	3500	1200	700	1850	547.62	0	20	1034	0	6743.62	52.3086	6691.3114
014	唐敏	行政部	4000	400	500		694.05	0	60	968		4566.05	0	4566.05
015	王兴亮	网络安全部	5000	1300	550		1350	0	60	1386		6754	52.62	6701.38
016	朱贤良	销售部	3500	1200	800	510	0	0	160	1034	0	4816	0	4816
017	方修	行政部	4000	800	500		250	0	280	1056		4214	0	4214
018	陈建	行政部	4000	700	400		0	0	220	1034		3846	0	3846
019	白家国	销售部	3500	700	700	9600	0	500	0	924	0	14076	697.6	13378.4

图 1-9

2019年4月份工资条

编号	001	姓名	周国菊	部门	销售部	实发工资	13459.4

明细如下：

基本工资	工龄工资	福利补贴	提成或奖金	加班工资	满勤奖金	请假迟到扣款	保险\公积金扣款	其他扣款	应发合计	个人所得税
3500.0	700.0	800.0	9600.0	550.0	0.0	60.0	924.0	0.0	14166.0	706.6

编号	002	姓名	韩燕	部门	财务部	实发工资	8431.1

明细如下：

基本工资	工龄工资	福利补贴	提成或奖金	加班工资	满勤奖金	请假迟到扣款	保险\公积金扣款	其他扣款	应发合计	个人所得税
8500.0	800.0	500.0		325.0	500.0	0.0	2046.0		8579.0	147.9

编号	003	姓名	朱小平	部门	企划部	实发工资	6216.38

明细如下：

基本工资	工龄工资	福利补贴	提成或奖金	加班工资	满勤奖金	请假迟到扣款	保险\公积金扣款	其他扣款	应发合计	个人所得税
5800.0	500.0	550.0		850.0	0.0	60.0	1386.0		6254.0	37.6

编号	004	姓名	姚金莲	部门	企划部	实发工资	7830.46

明细如下：

基本工资	工龄工资	福利补贴	提成或奖金	加班工资	满勤奖金	请假迟到扣款	保险\公积金扣款	其他扣款	应发合计	个人所得税
8500.0	1100.0	550.0	0.0	100.0	0.0	20.0	2112.0	200.0	7918.0	87.5

编号	005	姓名	谢娟娟	部门	网络安全部	实发工资	5748.2871

图 1-10

1.2.6 成本、费用核算岗位

成本、费用核算岗位人员负责编制公司的产品成本分析表格（如图 1-11 所示），并且根据全年的产品销售情况对各个月份的成本、费用数据核算比较，如图 1-12 所示。本书第 20 章会具体介绍如何编制成本分析表格。

2019年6月份产品制造成本分析

单位名称：中信公司　　单位：人民币元

产品编号	期初数	直接材料	直接人工	制造费用	合计	本期转出	转出数量	单位成本	期末数
A001	7006.00	478000.00	52500.44	102800.65	633301.09	461713.00	77755.00	5.94	178594.09
A002	620.00	24432.47	646.22	2500.16	27578.85	1706.52	759.00	2.25	26492.33
A003	6000.55	370160.68	18744.09	44577.08	433481.85	279700.00	16138.00	17.33	159782.40
A004	390.00	30189.50	810.01	1428.07	32427.58	27705.07	2146.00	12.91	5112.51
A005	6532.60	631445.57	38372.02	82273.23	752090.82	569521.05	61692.00	9.23	189102.37
A006	8707.00	4196500.66	167354.33	471438.08	4835293.07	3919854.32	383779.00	10.21	924145.75
A007	602.00	80000.00	2684.49	8925.27	91609.76	69961.67	7211.00	9.70	22250.09
A008	2500.00	289951.45	9569.28	12402.40	311923.13	225320.02	17341.00	12.99	89103.11
A009	3350.00	117000.00	5178.76	10657.50	132836.26	97900.00	3320.00	29.49	38286.26
A010	2300.00	152914.29	5647.77	14239.27	172801.33	129950.20	10374.00	12.53	45151.13
A011	1500.00	264300.59	11099.38	30941.05	306341.02	236220.01	22824.00	10.35	71621.01
A012	2300.00	51068.38	4946.02	11946.28	67960.68	70052.58	3779.00	18.54	208.10
A013	500.00	3074.15	277.74	382.76	3734.65	2500.54	212.00	11.80	1734.11
A014	1450.00	71073.28	5427.65	5136.88	81637.81	79951.48	7104.00	11.25	3136.33
A015	1200.00	63156.76	3766.06	3537.62	70460.44	65512.88	5063.00	12.94	6147.56
A016	1300.00	25185.36	2394.13	7204.92	34784.41	29721.21	5623.00	5.29	6363.20
合计	46258.15	6848453.14	329418.39	810391.22	7988262.75	6267290.55	625120.00		

图 1-11

各月生产成本年度比较

项目	上年数	本年数	增减金额	增减比率
1月	658005.55	758820.00	100814.45	15.3%
2月	685210.00	785561.42	100351.42	14.6%
3月	700000.00	795526.76	95526.76	13.6%
4月	753650.36	823812.41	70162.05	9.3%
5月	688250.18	765438.00	77187.82	11.2%
6月	605802.36	676769.80	70967.44	11.7%
7月	599860.58	642449.81	42589.23	7.1%
8月	725630.23	818605.92	92975.69	12.8%
9月	569820.25	653359.81	83539.56	14.7%
10月	721025.55	814404.20	93378.65	13.0%
11月	606900.00	603514.02	-3385.98	-0.6%
12月	756821.89	823440.46	66618.57	8.8%
合计	8070976.95	8961702.61	890725.66	

图 1-12

1.2.7 销售和利润核算岗位

销售记录明细表格是按销售日期对每日的销售数据进行统计，包括产品基本信息、产品销售单价、销售数量和销售总金额（如图 1-13 所示）。销售和利润核算岗位还需要根据当月的销售情况创建本期利润表，如图 1-14 所示。

销售时间	编号	产品名称	单位	销售单价	销售数量	销售金额	经办人
2019/4/3	PL_001	F7plus彩屏新机	台	800	40	32000.00	李成雪
2019/4/3	PL_003	中控Z8	台	560	20	11200.00	苏运成
2019/4/3	PL_001	F7plus彩屏新机	台	800	12	9600.00	周洋
2019/4/3	PL_005	中控人脸iFace7	台	1980	5	9900.00	张景源
2019/4/3	PL_002	Smart3F彩屏	台	800	5	4000.00	张景源
2019/4/3	PL_005	中控人脸iFace7	台	1980	5	9900.00	张景源
2019/4/3	PL_004	F18中控旗舰机	台	1500	8	12000.00	何艳红
2019/4/4	PL_003	中控Z8	台	560	50	28000.00	何艳红
2019/4/4	PL_005	中控人脸iFace7	台	1980	2	3960.00	张景源
2019/4/4	PL_007	面部王中控A200	台	2880	5	14400.00	张景源
2019/4/4	PL_004	F18中控旗舰机	台	1500	5	7500.00	苏运成
2019/4/4	PL_005	中控人脸iFace7	台	1980	5	9900.00	周洋
2019/4/4	PL_003	中控Z8	台	560	20	11200.00	何艳红
2019/4/4	PL_002	Smart3F彩屏	台	800	10	8000.00	周洋
2019/4/5	PL_007	面部王中控A200	台	2880	5	14400.00	周洋
2019/4/5	PL_003	中控Z8	台	560	50	28000.00	何平
2019/4/5	PL_001	F7plus彩屏新机	台	800	10	8000.00	周洋
2019/4/5	PL_001	F7plus彩屏新机	台	800	5	4000.00	周洋
2019/4/5	PL_002	Smart3F彩屏	台	800	8	6400.00	苏运成

利润表　销售记录表

图 1-13

编号	系列	产品名称	存货数量	采购价格	存货占用资金	销售成本	销售收入	销售毛利	销售利润率
CN11001	纯牛奶	有机牛奶	5	6.5	32.5	565.5	783	217.5	38.46%
CN11002	纯牛奶	脱脂牛奶	0	6	0	492	656	164	33.33%
CN11003	纯牛奶	全脂牛奶	46	6	276	516	688	172	33.33%
XN13001	鲜牛奶	高钙鲜牛奶	8	3.5	28	402.5	575	172.5	42.86%
XN13002	鲜牛奶	高品鲜牛奶	1	3.5	3.5	283.5	405	121.5	42.86%
SN18001	酸奶	酸奶（原味）	11	6.5	71.5	741	1117.2	376.2	50.77%
SN18002	酸奶	酸奶（红枣味）	14	6.5	91	442	666.4	224.4	50.77%
SN18003	酸奶	酸奶（椰果味）	0	7.2	0	158.4	215.6	57.2	36.11%
SN18004	酸奶	酸奶（芒果味）	4	5.92	23.68	124.3	138.6	14.28	11.49%
SN18005	酸奶	酸奶（菠萝味）	9	5.92	53.28	402.6	448.8	46.24	11.49%
SN18006	酸奶	酸奶（苹果味）	21	5.2	109.2	36.4	46.2	9.8	26.92%
SN18007	酸奶	酸奶（草莓味）	20	5.2	104	0	0	0	0.00%
SN18008	酸奶	酸奶（葡萄味）	12	5.2	62.4	41.6	52.8	11.2	26.92%
SN18009	酸奶	酸奶（无蔗糖）	3	5.2	15.6	140.4	178.2	37.8	26.92%
EN12001	儿童奶	有机奶	21	7.5	157.5	277.5	473.6	196.1	70.67%
EN12002	儿童奶	佳智型（125ML）	12	7.5	90	427.5	729.6	302.1	70.67%
EN12003	儿童奶	佳智型（190ML）	28	7.5	210	187.5	320	132.5	70.67%
EN12004	儿童奶	骨力型（125ML）	16	7.5	120	840	1433.6	593.6	70.67%
EN12005	儿童奶	骨力型（190ML）	114	9.9	1128.6	138.6	189	50.4	36.36%

图 1-14

1.2.8 应收应付款核算岗位

应收账款清单表格统计了每一位客户的借款明细，再根据当前时间和开票日期按不同账龄统计应收账款金额，如图 1-15 所示。应付账款核算岗位人员需要统计各个客户的应付账款清单，包括开发票金额、已付金额和逾期金额等项目，如图 1-16 所示。

应收账款清单

当前日期 2019/6/22

										账龄计算			
序号	公司名称	开票日期	应收金额	已收金额	未收金额	付款期(天)	是否到期	未到期金额	负责人	0-30	30-60	60-90	90天以上
001	好乐家超市	19/5/24	20000	5000	15000	60	否	15000	何丽华	0	0	0	0
002	蓝天公司	19/5/25	6000	1000	5000	15	是	0	张春辉	5000	0	0	0
003	鼓楼商厦	19/5/27	9000	2000	7000	20	是	0	詹玲	7000	0	0	0
004	天宇科技	19/5/28	24000	10000	14000	60	否	14000	伍克华	0	0	0	0
005	极速物流	19/6/3	8665		8665	15	是	0	陈妍	8665	0	0	0
006	蓝天公司	19/6/10	29000	20000	9000	60	否	9000	吴克然	0	0	0	0
007	鼓楼商厦	19/6/13	5000		5000	15	否	5000	王华云	0	0	0	0
008	好乐家超市	19/6/20	15000		15000	15	否	15000	周蕾	0	0	0	0
009	美达商贸	19/6/22	10000	5000	6775	40	是	0	沈燕	6775	0	0	0
010	极速物流	19/6/30	6700		6700	20	否	6700	芳菲	0	0	0	0
011	天宇科技	19/6/2	58500	10000	48500	60	否	48500	杨亚	0	0	0	0
19	美达商贸	19/6/3	5000		5000	10	是	0	李敏	5000	0	0	0
013	极速物流	19/6/19	50000	20000	30000	30	否	30000	李辉	0	0	0	0
014	美达商贸	19/5/13	4320		4320	10	是	0	李明铭	4320	0	0	0
015	蓝天公司	19/5/29	22800	5000	17800	60	否	17800	盛易	0	0	0	0
016	鼓楼商厦	19/5/29	6775		6775	15	是	0	张利民	6775	0	0	0
017	美达商贸	19/5/29	18500	5000	13500	25	否	13500	于亚丽	0	0	0	0
018	蓝天公司	19/5/30	23004	8000	15004	40	否	15004	李逸	0	0	0	0

图 1-15

应付账款清单

当前日期 2019/3/12　　制表人：　　审核：

序号	供应商简称	发票日期	发票号码	发票金额	已付金额	余额	结帐期	到期日期	状态	逾期天数	已逾期余额
001	中途快运	2019/12/22	25601	12500	1000	11500	60	2020/2/20	未到结帐期		0
002	南京宙闪	2019/3/12	45688	8000	8000	0	30	2019/4/11	已冲销√		0
003	上海美特邦	2019/11/26	23651	2458		2458	20	2019/12/16	未到结帐期		0
004	中途快运	2019/12/5	63001	5500	1000	4500	30	2020/1/4	未到结帐期		0
005	北京红枫	2019/12/16	46787	4000	4000	0	20	2020/1/5	已冲销√		0
006	上海美特邦	2019/12/28	23614	4000		4000	20	2020/1/17	未到结帐期		0
007	镇江祥美	2019/4/5	10325	32500	8000	24500	60	2019/6/4	未到结帐期		0
008	中途快运	2019/1/15	22006	45450	20000	25450	60	2019/3/16	未到结帐期		0
009	镇江祥美	2019/1/20	65564	2250		2250	20	2019/2/9	已逾期	31	2250
010	南京希尔	2019/1/31	56321	1600		1600	20	2019/2/20	已逾期	20	1600
011	北京红枫	2019/3/1	45201	3750		3750	30	2019/3/31	未到结帐期		0
012	上海美特邦	2019/2/7	40301	5200	2000	3200	20	2019/2/27	已逾期	13	3200
013	南京希尔	2019/3/17	55002	4500		4500	15	2019/4/1	未到结帐期		0
014	上海美特邦	2019/2/22	32650	20000	5000	15000	30	2019/3/24	未到结帐期		0
015	中途快运	2019/3/27	23651	10500	2000	8500	30	2019/4/26	未到结帐期		0

图 1-16

1.2.9 总账报表岗位

总账就是总分类账，是根据一级会计科目设置的，是总结反映全部经济业务和资金状况的账簿，除了统计出本期发生额，还应记录期初余额，并计算出期末余额，如图 1-17 所示。

本期总分类账

总账代码	总账科目	期初余额	本期发生额		期末余额
			借方金额	贷方金额	
1001	库存现金	15000	65000	7210	72790
1002	银行存款	198000	272900	193941.6	276958.4
1012	其他货币资金		0	0	0
1122	应收账款	222000	522200	274000	470200
1221	其他应收款	18000	1000	7680	11320
1231	坏账准备	4388	0	2194	2194
1401	材料采购		36500	36500	0
1405	库存商品	469141	36500	208200	297441
1471	存货跌价准备		0	0	0
1601	固定资产	215000	0	0	215000
1602	累计折旧	-5680	0	5433	-11113
1901	待处理财产损益		0	0	0
2001	短期借款	-130000	0	0	-130000
2202	应付账款		10000	10500	-500
2211	应付职工薪酬	-73300	96436.1	87875.38	-64739.28
2221	应缴税费	-27800	6222.1	87646.7804	-109224.6804
2241	其他应付款		0	0	0
4001	实收资本	-486915	0	0	-486915
4101	盈余公积		0	0	0
4103	本年利润	-415000	312077.88	463376	-566298.12
4104	利润分配		0	0	0
6001	主营业务收入		463376	463376	0
6051	其他业务收入		0	0	0
6401	主营业务成本		208200	208200	0

总分类账

图 1-17

第 2 章
财务数据的输入与编辑

2.1 财务报表数据的输入

在利用 Excel 程序建立财务报表、进行财务数据的计算与分析时,首要的工作是要将相关数据(如文本型数据、数值型数据、日期型数据等)输入到表格中,然后才能进行数据计算与分析。

数据的输入方法有很多种,不同情况下选用适当的方法可以帮助我们提高财务数据的录入效率。本节会通过一些表格介绍这些不同类型数据的输入技巧。

2.1.1 输入费用记录表中的文本数据

文本型数据适用于在单元格中输入中文汉字、字母的情况,还有一种特殊情况是需要将输入的数字设置为文本格式(比如特定的以 0 开始的编号)。在文本单元格中,单元格中显示的内容与输入的内容完全一致,数字也将作为文本处理。

打开工作表,选中单元格,输入数据,其默认格式为"常规",如图 2-1 所示输入的这些数据都是常规格式。

"序号"列中想显示的序号为"001""002"……这种形式,直接输入显示的结果却为如图 2-2 所示(前面的 0 自动省略),此时则需要首先设置单元格的格式为"文本"然后再输入序号。

图 2-1

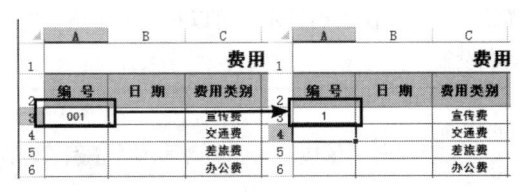

图 2-2

> **专家提示**
>
> 在输入特殊数据时,一定要遵循先设置格式再输入的原则。否则先输入数据再设置单元格格式,达不到输入指定类型数据的目的。

Excel 在会计与财务管理工作中的案例应用

❶ 选中要输入"编号"的单元格区域，切换到"开始"选项卡，在"数字"组中单击格式设置框右侧下拉按钮，在下拉列表中单击"文本"，如图 2-3 所示。

❷ 单击"确定"按钮，再输入以 0 开头的编号时即可正确显示出来，如图 2-4 所示。

> **专家解析**
>
> 此框即为格式设置框。列表中显示的是程序预置的几种数据格式，方便快速设置。

> **专家解析**
>
> 选中文本型数字（或公式计算出现错误值）的单元格，都会出现 ⬦ 按钮。单击 ⬦ 按钮，可以看到下拉列表命令，如图 2-5 所示。

图 2-5

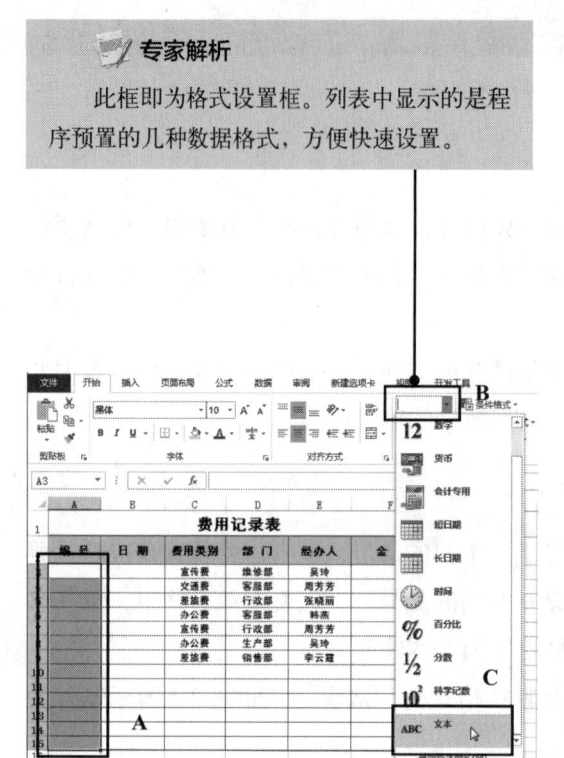

图 2-3

图 2-4

> ▶ **专家提示**
>
> 通过以上操作总结如下：如果输入文字、字母等内容，其默认作为文本来处理，无需特意设置单元格的格式为"文本"。但有些情况下必须设置单元格的格式为"文本"格式，例如，输入以 0 开头的编号、一串数字表示的产品编码、身份证号码等，如果不设置单元格格式为"文本"格式，这样的数据将无法正确显示。可以在"数字格式"列表中设置，也可以在"设置单元格格式"对话框中设置。

技高一筹：解决输入会员卡号不能正确显示的问题？

在默认情况下输入 18 位会员卡号，按"Enter"键后，会显示如图 2-6 所示的效果。

会员卡号是由一串数字组成的，当将这一串数字输入到单元格中时，Excel 默认其为数值型数据，且当数据长度大于 12 时将显示为科学计数，所以出现了"6.9982E+17"这种样式。为了正确地输入并显示会员卡号，常用情况是先设置单元格格式为"文本"格式后再输入卡号，而这里可以利用以下技巧也可以正确地输入会员卡号。员工档案表中的 18 位身份证号码也可以按照如下技巧输入。

选中要输入会员卡号的单元格区域，先在半角字母输入状态下输入"'"，接着再输入卡号，如"'69982015121555****"，即可正确地完成会员卡号的输入，如图2-7所示。

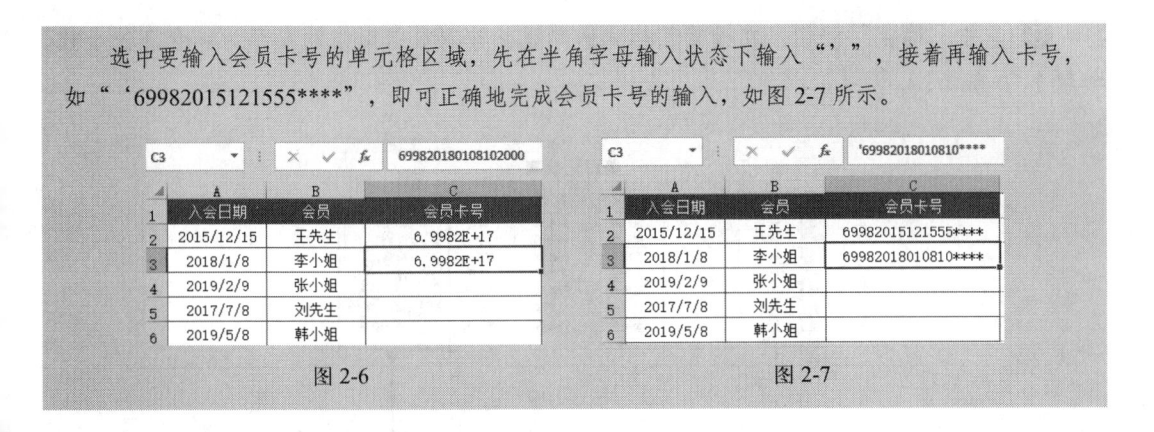

图 2-6

图 2-7

2.1.2 输入费用记录表中的金额数据

在表格中输入的数字默认类型是数值型，是可以参与数据计算的。但根据实际操作的需要，有时需要设置数值的其他显示格式，如让金额数据包含特定位数的小数、以会计专用格式显示财务数据等。本节会介绍在费用记录表中如何设置指定小数位数，以及如何设置会计专用数字格式。

1. 设置费用金额包含两位小数

当输入数值包含小数位时，输入几位小数，单元格中就显示出几位小数，如果希望所有输入的数值都包含规定的几位小数（如2位，不足2位的用0补齐），可以通过"设置单元格格式"对话框来设置。

❶ 选中要输入包含2位小数数值的单元格区域，在"开始"选项卡的"数字"组中单击"￼"（设置单元格格式）按钮（如图2-8所示），打开"设置单元格格式"对话框。

❷ 在"分类"列表中单击"数值"，然后可以根据实际需要设置小数的位数为"2"，如图2-9所示。

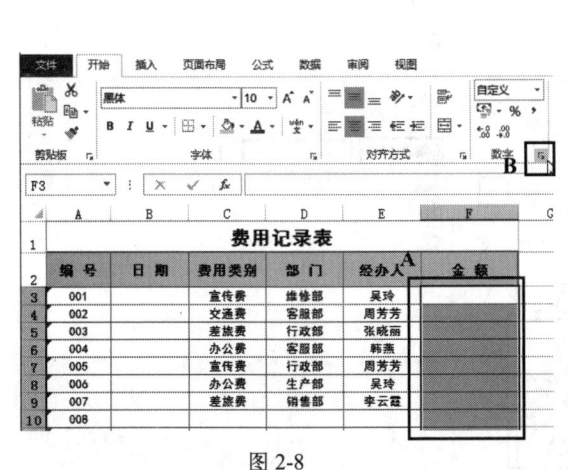

图 2-8

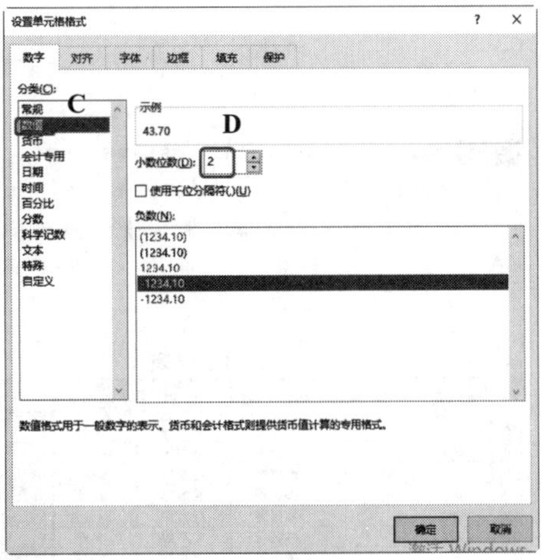

图 2-9

❸ 单击"确定"按钮，在设置了格式的单元格输入数值时自动显示为包含2位小数，如图2-10所示。

图2-10

> **专家解析**
>
> 选中数据后,右下角会出现 ▦ (快速分析)按钮，单击 ▦ 按钮，就会出现如图2-11所示的快速分析工具。可以用两步或在更少步骤内将数据转换为图表或表格，预览使用条件格式的数据、迷你图或图表，并且仅需一次单击即可完成简易分析。

图2-11

2. 设置费用金额为会计专用格式

在费用记录财务报表中，需要将费用支出金额数据设置为会计专用格式，可以在"设置单元格格式"对话框中设置。

❶ 打开工作表，选中想显示为货币格式的数据区域，切换到"开始"选项卡，在"数字"组中单击" ▦ "（设置单元格格式）按钮（如图2-12所示），弹出"设置单元格格式"对话框。

❷ 在"分类"列表中单击"会计专用"，并设置小数位数、选择货币符号的样式，如图2-13所示。

图2-12

图2-13

第 2 章　财务数据的输入与编辑

❸ 单击"确定"按钮,则选中的单元格区域格式更改为会计专用格式,如图 2-14 所示。

图 2-14

专家解析

与会计专用格式类似的还有货币格式。二者有细微区别:

1. 币种符号位置不同,货币格式的货币符号与数据是连在一起靠右的,会计专用格式的货种符号是靠左显示,数字是靠右显示的。2. 会计专用格式不能特殊设置负数的显示样式。

2.1.3　输入费用记录表中的日期

日期型数据可以用数字和"-"间隔的方法(如 2019-5-2)或者数字与"/"相间(如 1/5)的方法直接来输入,但如果需要对单元格区域中输入的默认日期格式进行设置(如将日期以英文日期格式显示出来),可以按如下方法来实现。

❶ 选中需要输入日期数值的单元格区域或选中已经存在数据且希望其显示为默认日期格式的单元格区域,在"开始"选项卡的"数字"组中单击" "(设置单元格格式)按钮(如图 2-15 所示),打开"设置单元格格式"对话框。

❷ 在"分类"列表中单击"日期",然后可以根据实际需要设置时间格式为"14-Mar-12",如图 2-16 所示。

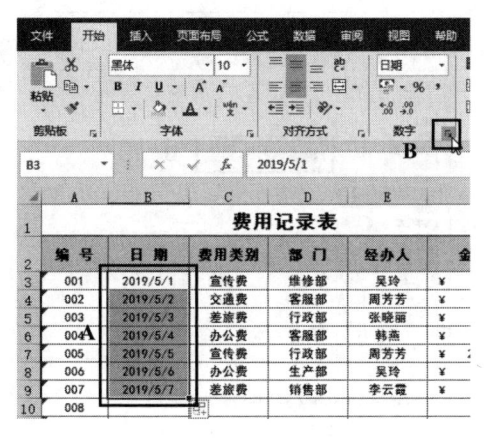

图 2-15 　　　　　　　　　　图 2-16

专家提示

除了在"类型"列表中设置不同的日期类型外,还可以单击"区域设置(国家/地区)(L)"设置框下拉按钮,在下拉菜单中选择某个国家的时间样式。

13

❸ 单击"确定"按钮，则选中的单元格区域数值格式更改为指定日期格式，如图 2-17 所示。

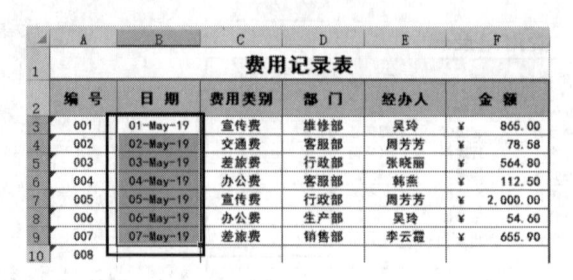

图 2-17

2.1.4 正确显示销售成本率（百分比值）

产品的销售成本率是将销售成本除以销售收入得到的，利用设置单元格格式的方法可以实现让小数形式的销售成本率数据转换为百分比值，并保留指定位数百分比。

❶ 选中要输入百分比数值的单元格区域或选中已经存在数据且希望其显示为百分比格式的单元格区域，在"开始"选项卡的"数字"组中单击" "（设置单元格格式）按钮（如图 2-18 所示），打开"设置单元格格式"对话框。

❷ 在"分类"列表中单击"百分比"，然后可以根据实际需要设置小数的位数，如图 2-19 所示。

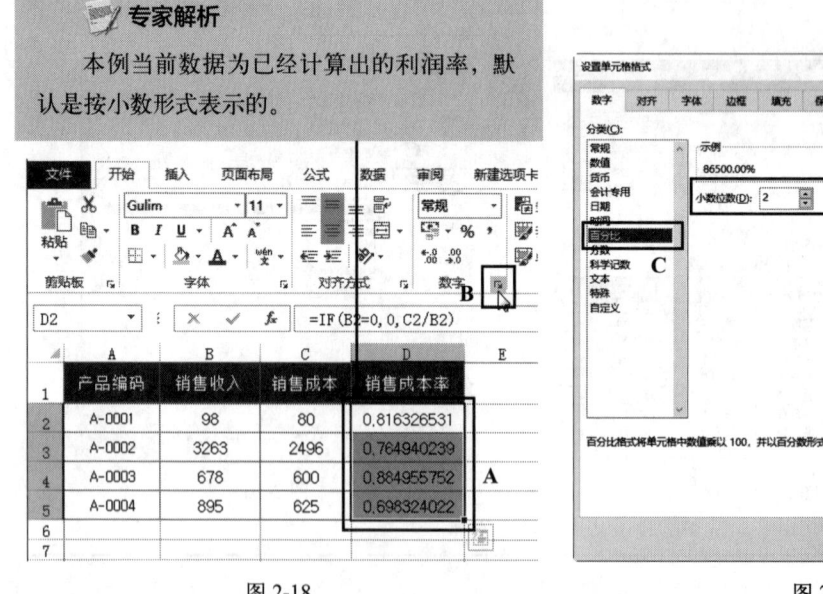

> **专家解析**
>
> 本例当前数据为已经计算出的利润率，默认是按小数形式表示的。

图 2-18

图 2-19

❷ 单击"确定"按钮，可以看到选中的单元格区域中的数据显示为百分比值且包含两位小数，如图 2-20 所示。

图 2-20

2.1.5 输入特殊财务符号

在财务报表的编辑中经常需要使用到一些特殊的符号（如 $、‰、kg、m^2 等），要实现特殊符号的输入，其方法如下。

❶ 定位要插入符号的位置，切换到"插入"选项卡下"符号"组中的"符号"按钮，打开"符号"对话框，如图 2-21 所示。

❷ 单击"符号"标签，在列表中选中符号，单击"插入"按钮即可实现输入，效果如图 2-22 所示。

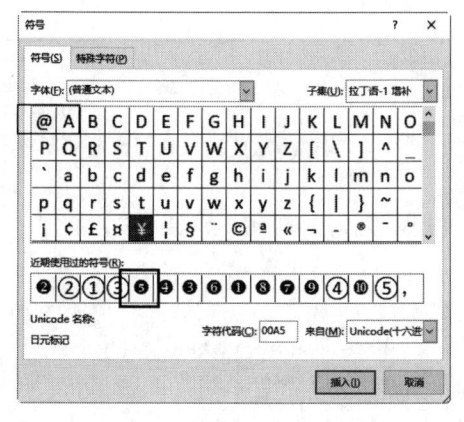

图 2-21 图 2-22

2.2 建立财务报表时批量输入数据

在编辑财务报表时，对于一些相同的数据或者具有一定规律的数据，在输入时可以使用数据的自动填充功能来实现。利用该项功能可以大大提高数据的输入速度及编辑效率。

2.2.1 快速填充输入相同数据

如果财务报表中特定的区域中需要输入相同的数据，可以使用 Excel 自带的快速填充数据功能实现快速输入相同数据。

❶ 在单元格中输入第一个数据（如此处在 B2 单元格中输入"一级"），将光标定位在单元格右下角的填充柄上，如图 2-23 所示。

❷ 按住鼠标左键向下拖动（如图 2-24 所示），释放鼠标后，可以看到拖动过的单元格上都填充了与 B2 单元格中相同的数据，如图 2-25 所示。

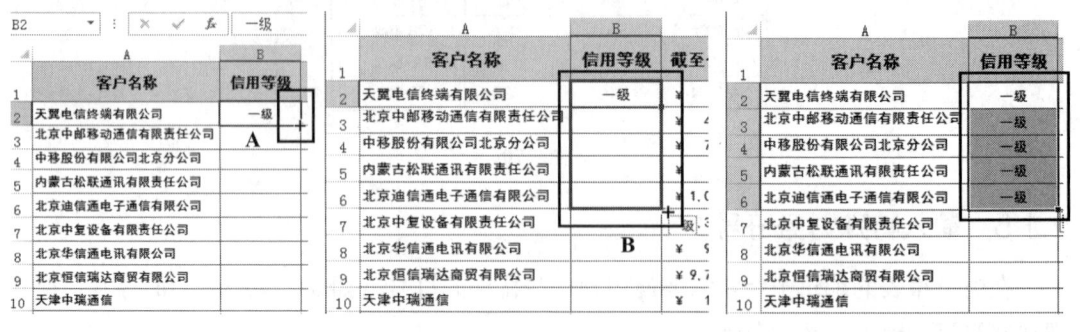

图 2-23　　　　　　　　　图 2-24　　　　　　　　　图 2-25

> **专家提示**
>
> 对于在连续的单元格中输入相同的数据，还可以利用命令操作的方法来实现。可以首先选中需要进行填充的单元格区域（注意，要包含已经输入的数据的单元格，即要有填充源）。在"开始"选项卡下"编辑"组中单击 填充 按钮，从打开的下拉菜单中选择填充方向。

技高一筹：不连续单元格中相同数据一次输入。

在如图 2-25 所示的表格 B 列中需要多次输入"工商银行"，可先选中需要输入相同数据的所有单元格，然后一次性输入。

按住"Ctrl"键不放，依次选中需要输入相同部门的单元格，在编辑栏中输入数据"工商银行"，如图 2-26 所示。按下"Ctrl+Enter"组合键即可一次输入"工商银行"到多个单元格中，如图 2-27 所示。

图 2-26　　　　　　　　　　　　图 2-27

2.2.2　有规则数据的填充输入

Excel 的填充功能还可以实现一些有规则数据的输入，例如在一些财务表格中需要输入序号、日期、月份……为了快速地输入数据，可以采用填充按钮实现不同数据的快速输入。

1. 连续序号的填充

通过填充可以实现连续费用编号的输入，其操作如下。

❶ 在 A3 单元格中输入"001",选中 A3 单元格,如图 2-28 所示,将光标移至该单元格区域的右下角,至光标变成十字形状(+),如图 2-29 所示。

❷ 按住鼠标左键不放,向下拖动至到填充结束的位置。释放鼠标,拖动过的位置上即会按特定的规则完成序号的输入,如图 2-30 所示。

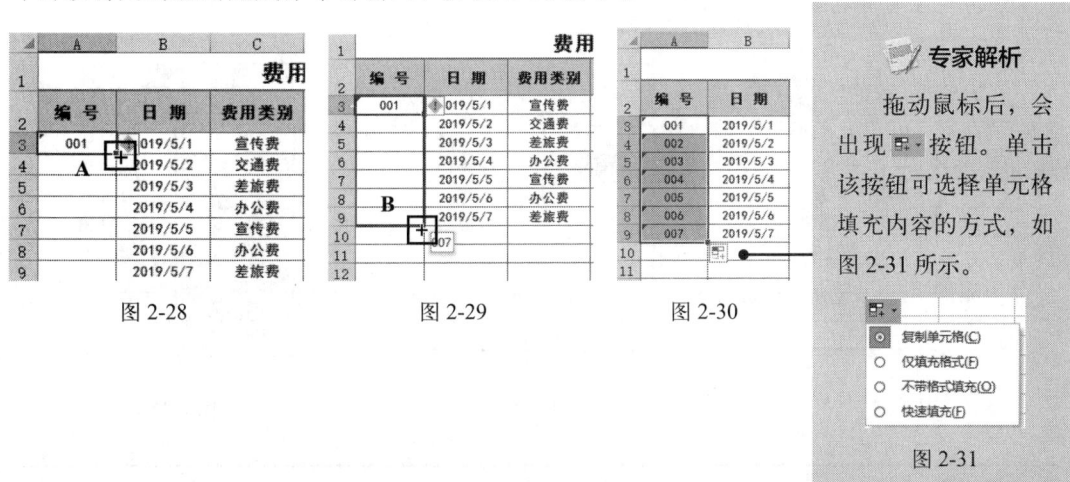

图 2-28

图 2-29

图 2-30

专家解析

拖动鼠标后,会出现按钮。单击该按钮可选择单元格填充内容的方式,如图 2-31 所示。

图 2-31

> **技高一筹**:为什么用填充柄填充序号时不能递增?

在 A2 单元格输入"1"编号,选中 A2 单元格,进行数据填充时,将出现如图 2-32 所示结果(填充后单元格序号相同,未递增)。要实现自动递增填充,可以按如下方法操作。

在 A2 单元格中输入"1",选中 A2 单元格,将光标定位到 A2 单元格的右下角,当出现黑色十字型时,按住"Ctrl"键不放,向下拖动。填充结束时释放鼠标与"Ctrl"键,可以得到如图 2-33 所示的填充结果(序号递增)。

图 2-32

图 2-33

2. 不连续序号的填充

除了输入连续的序号,人们有时还需要输入不连续的序号,可以通过填充功能根据输入的填充源实现不连续序号的输入,例如本例中固定资产的第 1 个序号为 GD001、第 2 个序号为 GD004、第 3 个序号为 GD009,其他依次类推,即每个序号间隔"3",那么首先要输入前两个序号(GD001、GD004),然后再使用填充的方式批量输入。

❶ 首先在 A2 和 A3 单元格中分别输入前两个编号(GD001 与 GD004)。选中

A2:A3 单元格，将光标移至该单元格区域的右下角，至光标变成十字形状（╋），如图 2-34 所示。

❷ 按住鼠标左键不放，向下拖动至到填充结束的位置，如图 2-35 所示。

❸ 松开鼠标左键，拖动过的位置上即会以"3"为间隔显示编号，如图 2-36 所示。

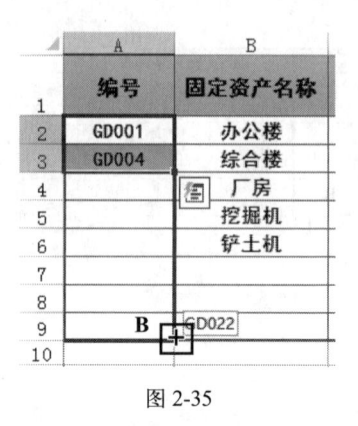

图 2-34　　　　　　　　图 2-35　　　　　　　　图 2-36

> **专家提示**
>
> 用鼠标拖动进行填充时除了向下进行填充，也可以向上、向左、向右进行填充，只要在填充时分别向上、左、右拖动鼠标即可。

2.2.3　按条件填充

对于一些特定的数据，在不同的条件下其填充要求是不一样的，例如进行日期的填充时，对于连续的日期，默认是按天数来填充的。如果要按年数填充、月数填充或工作日填充，就需要使用到"自动填充选项"这一功能。

❶ 在单元格中输入开始日期，如：2019/5/1。将光标移至 A2 单元格的右下角，至光标变成十字形状（╋），按住鼠标左键不放，向下拖动至到填充结束的位置。松开鼠标右键，可以看到默认按日进行填充，并显示出"自动填充选项"按钮，如图 2-37 所示。

❷ 单击"自动填充选项"按钮，在打开的菜单中选中"以月填充"单选框（如图 2-38 所示），即可实现以月数进行填充，如图 2-39 所示。

❸ 在图 2-37 所示打开的"自动填充选项"按钮的下拉菜单中单击"填充工作日"单选框，其填充效果如图 2-40 所示。

> **专家提示**
>
> 单击"自动填充选项"按钮，在此选项菜单中，用户可以为填充选择不同的方法，例如"仅填充格式""不带格式填充"等，还可以将填充方式改为"复制"，从而实现快速填充相同的数据。

第 2 章　财务数据的输入与编辑

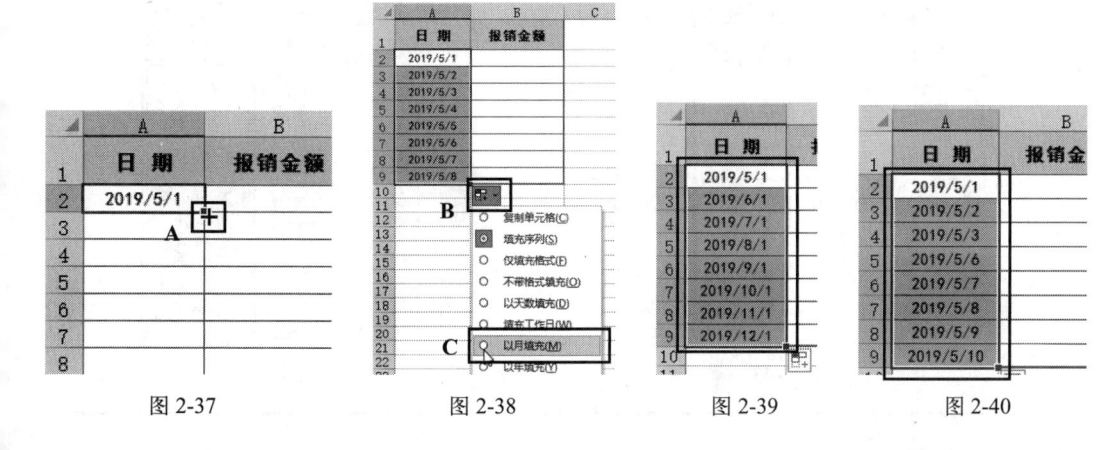

图 2-37　　　　图 2-38　　　　图 2-39　　　　图 2-40

2.2.4　自定义填充序列

表格填充功能可以提高数据填充的效率，前面介绍的都是有规律数据的填充技巧。而在财务工作中经常需要录入一些没有规律的数据（比如学历、姓名等）。为了简化输入工作，可使用"自定义序列"功能将这些数据定义为一个填充序列。定义后，只需要输入第一项数据，其他数据通过填充即可快速得到。

❶ 在 Excel 程序中，单击右上角的"文件→选项"命令，打开"Excel 选项"对话框。

❷ 单击"高级"标签，在"常规"栏中单击"编辑自定义列表"按钮（如图 2-41 所示），打开"自定义序列"对话框。

❸ 在"输入序列"列表框中输入需要自定义的序列（注意图中的输入格式），单击"添加"按钮，把自定义序列添加到"自定义序列"列表中，如图 2-42 所示。

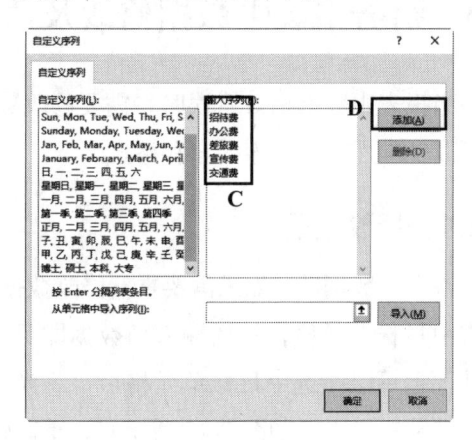

图 2-41　　　　　　　　　　　图 2-42

❹ 依次单击"确定"按钮，返回工作表。在工作表 C2 单元格中输入"招待费"，选中 C2 单元格，移动光标至单元格右下角，当出现黑色十字型时，按下鼠标并拖动光标向下填充至结束，如图 2-43 所示（按照自定义序列填充）。松开鼠标即可快速填充其他费用类别的名称，如图 2-44 所示。

19

Excel 在会计与财务管理工作中的案例应用

图 2-43

图 2-44

> **专家提示**
>
> 在添加序列时，也可以首先在工作表中输入自定义的序列，然后打开"自定义序列"对话框，单击"拾取器"（）按钮，回到工作表中选择之前已经输入的序列，如图 2-45 所示。再单击"导入"按钮即可完成自定义序列的添加。
>
> 图 2-45

2.3 财务报表中数据修改及清除

当报表中数据输入错误时，需要修改数据，不需要数据时可以单独清除数据或格式，也可以一次性全部清除内容和格式。

2.3.1 修改数据

输入了数据后，如果需要重新修改数据，可选中目标单元格，然后输入新数据即可；另外，也可以在选中目标单元格后，将光标定位到编辑栏中（如图 2-46 所示），重新输入新内容即可。

图 2-46

2.3.2 清除数据

如果财务报表中的数据设置了格式，可以根据实际情况只清除数据或格式，也可以清除所有内容。

当不需要工作表中的数据时，可以选中需要删除的数据，如图 2-47 所示，按"Delete"键即可删除，效果如图 2-48 所示。

图 2-47

图 2-48

如果为单元格设置了格式（如边框底纹、数字格式等），按"Delete"键删除了数据后，其格式将仍然保留，要想一次性将数据与格式全部删除，方法如下。

选中要删除的单元格区域，切换到"开始"选项卡，在"编辑"组中单击"清除"按钮，在下拉菜单中单击"全部清除"命令（如图 2-49 所示），即可将数据与格式全部删除，效果如图 2-50 所示。

图 2-49

图 2-50

2.4 建立财务报表时移动、复制数据

在编辑财务报表数据的过程中，不可避免地要对各种数据执行复制、剪切、移动等操作，本节会介绍这些基本技巧的操作办法。

2.4.1 在银行存款日记账报表中移动复制数据

在财务报表中可以直接使用快捷键移动复制相关财务数据，操作非常便捷简单。

1. 使用快捷键来复制数据

❶ 当进行数据复制时，选中目标内容，按下"Ctrl+C"（复制）组合键，复制后的内容显示为锯齿边框，如图 2-51 所示。

21

❷ 选中要复制到的单元格,按下"Ctrl+V"(粘贴)组合键,即可完成数据复制,如图2-52所示。

图 2-51

图 2-52

2. 使用快捷键来移动数据

当进行数据移动时,选中目标内容,按下"Ctrl+X"(剪切)组合键,如图2-53所示,将鼠标移动到目标位置按下"Ctrl+V"(粘贴)组合键,即可完成数据移动,如图2-54所示。

图 2-53

图 2-54

> **技高一筹:快速移动复制数据。**
>
> 还有一种更方便快捷的移动、复制数据的方法是利用鼠标拖拽来操作。
>
> 选中数据区域,鼠标指针指向选中区域的边缘,直到出现四向箭头,如图2-55所示,按住鼠标左键拖动到目标位置,释放鼠标即可移动数据,如图2-56所示。如果要复制数据,则在拖动的同时按住"Ctrl"键,拖动完成释放"Ctrl"键与鼠标左键,如图2-57所示。

图 2-55

图 2-56

图 2-57

2.4.2 使用"选择性粘贴"功能达到特定目的

直接使用复制、粘贴功能复制数据时,是将原数据不做任何变化地复制到目标位置(包括数据的格式)。除此之外,可以在数据复制后,选中要粘贴到的目标单元格,利用"粘贴预览"功能提前预览粘贴效果。如果是需要的效果就执行粘贴,如果不是则继续预览,直到找到合适的粘贴效果。

1. 保持源列宽粘贴数据

❶ 选中目标内容,按下"Ctrl+C"组合键进行复制。

❷ 选中要将数据复制到的单元格(E1 单元格),单击"开始"选项卡,在"剪贴板"组中单击"粘贴"下拉按钮,打开下拉菜单(如图 2-58 所示),单击"保持源列宽"命令。即可实现选中的内容保持源列宽粘贴,如图 2-59 所示。

图 2-58

图 2-59

2. 无格式粘贴 Excel 数据

❶ 选中目标内容,按下"Ctrl+C"组合键进行复制,如图 2-60 所示。

❷ 选中要将数据复制到的单元格(E1 单元格),单击"开始"选项卡,在"剪贴板"组中单击"粘贴"下拉按钮,在下拉菜单中单击"值"命令,即可实现选中的内容无格式进行粘贴(只粘贴文本内容),如图 2-61 所示。

图 2-60

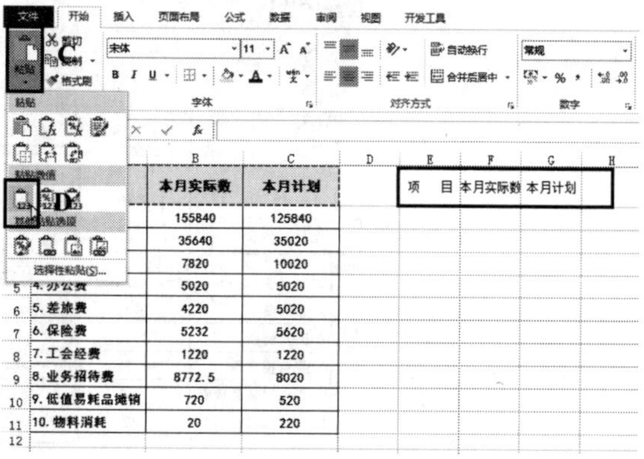

图 2-61

3. 通过数据复制进行行列转置

❶ 选中目标内容，按下"Ctrl+C"组合键进行复制，如图 2-62 所示。

❷ 选中要将数据复制到的单元格（E1），单击"开始"选项卡，在"剪贴板"组中单击"粘贴"下拉按钮，在下拉菜单中单击"转置"命令，即可实现选中的内容进行行列转置，如图 2-63 所示。

图 2-62

图 2-63

4. 一块区域同增同减同一数值

使用"选择性粘贴"功能还能实现数据的简单计算，例如在数据处理过程中，经常会需要将某一单元格区域中的数据同时加（减）或乘（除）一个数值，从而满足特定要求。本例中需要将表格中的"本月计划"列的数值一致增加 200 元，其操作方法如下。

❶ 在任意单元格中输入要统一运算的数据（如此处输入 200），按"Ctrl+C"组合键复制。

❷ 选中要将数据复制到的单元格，单击"开始"选项卡，在"剪贴板"组中单击"粘贴"下拉按钮，在下拉菜单中单击"选择性粘贴"命令（如图 2-64 所示），打开"选择性粘贴"对话框。

图 2-64

❸ 在"运算"栏下,选中"加"复选框,如图 2-65 所示。

❹ 单击"确定"按钮,即可实现将所有选中单元格区域中的值加上 200,如图 2-66 所示。

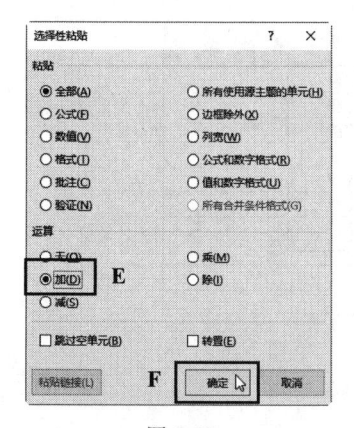

图 2-65

图 2-66

> **专家提示**
>
> 在"粘贴选项"按钮下拉菜单中,还有"公式""保留源格式""值和数字格式"等多个选项,可以根据实际需要指向预览,以达到不同的粘贴目的。

2.4.3 方便快捷的"粘贴选项"功能

将数据复制并粘贴到特定位置后,会出现"粘贴选项"这一按钮,利用此按钮可以实现选择性粘贴。例如让粘贴的数据匹配目标区域的格式,让粘贴的数据与原数据保持链接等。

1. 匹配目标区域格式

❶ 选中要复制的单元格或单元格区域,按"Ctrl+C"组合键复制后(如图 2-67 所示),选中目标位置,按"Ctrl+V"组合键粘贴,如图 2-68 所示。

图 2-67

图 2-68

❷ 此时可以出现"粘贴选项"按钮,单击该按钮打开下拉菜单,从下拉菜单中可以选择多个不同的粘贴选项,如此处选择"值"选项(如图 2-69 所示),即可实现让粘贴的数据与目标位置的数据格式匹配,如图 2-70 所示。

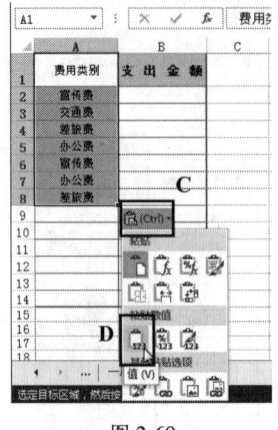

图 2-69

图 2-70

2. 粘贴链接

粘贴链接可以实现让粘贴得到的数据保持与源数据相链接，达到同步更新的效果。

❶ 选中要复制的单元格或单元格区域，按"Ctrl+C"组合键复制后（如图 2-71 所示），选中目标位置，按"Ctrl+V"组合键粘贴，如图 2-72 所示。

图 2-71

图 2-72

❷ 此时可以出现"粘贴选项"按钮，单击该按钮打开下拉菜单，从下拉菜单中可以选择多个不同的粘贴选项，如此处选择"粘贴链接"选项（如图 2-73 所示），即可实现让粘贴的数据与目标位置的数据相链接，如图 2-74 所示。

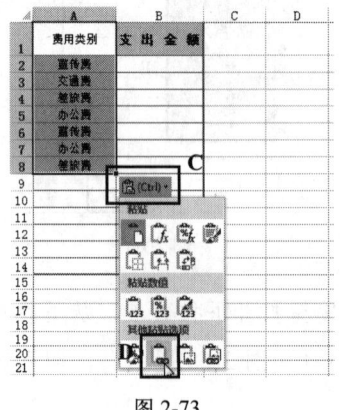

图 2-73

图 2-74

第 2 章　财务数据的输入与编辑

❸ 当在源工作表中修改数据（如图 2-75 所示），粘贴的数据自动更新，效果如图 2-76 所示。

图 2-75

图 2-76

> **专家提示**
>
> 在"粘贴选项"按钮下拉菜单中，可以根据实际需要选择其他选项，以达到不同的目的。

2.5 在银行借款明细表中查找和替换数据

如果需要从庞大的财务报表数据中查找相关记录，或者需要对表格中个别数据进行查找、修改，可以使用 Excel 2019 中的"查找与替换"功能来快速查找或者快速替换。

2.5.1 数据查找

1. 查找指定数据

❶ 将光标定位到数据表的起始位置，单击"开始"选项卡，在"编辑"组中单击"查找和选择"按钮，展开如图 2-77 所示的下拉菜单，单击"查找"命令，打开"查找和替换"对话框。

图 2-77

❷ 在"查找内容"中输入查找信息，如图 2-78 所示。

❸ 单击"查找下一个"按钮，即可将光标定位到满足条件的单元格上。

❹ 再单击"查找下一个"按钮，可依次查找下一条满足条件的记录。

❺ 单击"查找全部"按钮即可显示出所有满足条件的记录所在工作表、所在单元格以及其他信息，如图 2-79 所示。

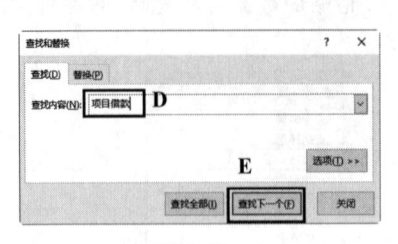

图 2-78 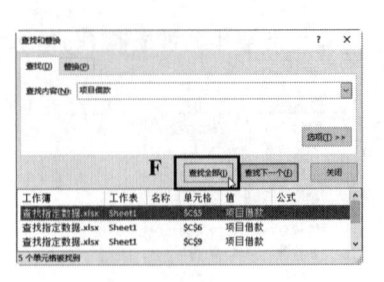　　　　　　　　　　　　图 2-79

2. 一次性查找设置了相同格式的单元格

如果想要快速选取工作表或工作簿中具有相同格式的单元格，也可以使用查找功能。

❶ 在当前工作表中，单击"开始"选项卡，在"编辑"组中单击"查找和选择"按钮，展开下拉菜单，单击"查找"命令选项，打开"查找和替换"对话框。

❷ 单击"选项"按钮展开"选项"设置，单击"查找内容"右侧的"格式"右侧的下三角，展开下拉菜单，如图 2-80 所示。

❸ 单击"从单元格选择格式"命令，回到工作表中，且鼠标变成了 ➕🖊 形状，如图 2-81 所示。

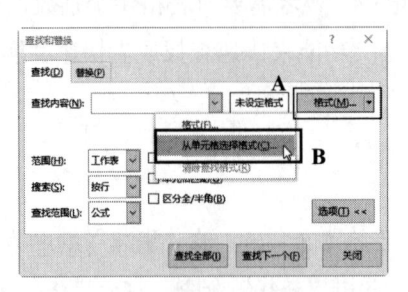

图 2-80 　　　　　　　　　　　　图 2-81

❹ 用 ➕🖊 形鼠标选取一个红色的单元格，回到"查找和替换"对话框中。单击"查找全部"按钮，可以看到下面的列表中显示出所有查找到的单元格，将它们全部选中（先选中一个，再按"Ctrl+A"组合键），如图 2-82 所示。

❺ 单击"关闭"按钮关闭"查找和替换"对话框，可以看到工作表中所有与选取的单元格具有相同格式的单元格都被选中了，如图 2-83 所示。

图 2-82 　　　　　　　　　　　　图 2-83

28

> 技高一筹：查找表格中的所有公式。

当表格中包含多处公式时，如果想查找出所有设置了公式的单元格，可以利用定位功能一次性选中。

按"F5"键打开"定位"对话框（如图2-84所示），单击"定位条件"按钮，打开"定位条件"对话框。选中"公式"单选框，如图2-85所示，单击"确定"按钮返回工作表，就可以看到所有设置了公式的单元格被选中，如图2-86所示。

图2-84　　　　　图2-85　　　　　图2-86

2.5.2 数据替换

如果要统一替换财务报表中的某一个数据，可以使用"查找和替换"功能首先找到要替换的数据，然后设置替换后的内容即可，还可以把替换后的内容以指定特殊格式显示。

1. 查找并替换数据

❶ 将光标定位到数据表的起始位置，单击"开始"选项卡，在"编辑"组中单击"查找和选择"按钮，在展开的下拉菜单中，单击"查找"命令，打开"查找和替换"对话框。

❷ 在"查找内容"中输入要查找的内容，在"替换为"中输入要替换为的内容，如图2-87所示。

❸ 单击"替换"按钮，即可替换第一个文本，如图2-88所示。

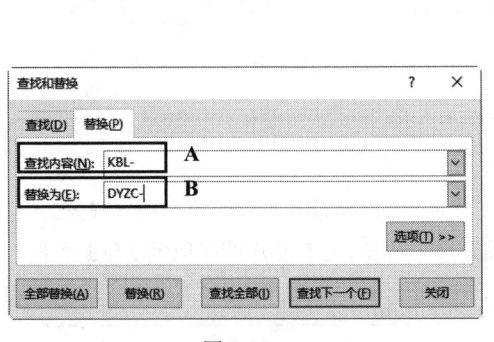

图2-87　　　　　图2-88

❹ 单击"全部替换"按钮，即可将查找的内容替换为所设置的替换为内容，如图2-89所示。

	A	B	C	D	E	F	G
1	银行短期借款明细表							
2	序号	借款银行	借款种类	借入日期	借款额度	借款期限（天）	抵押资产及编号
3	1	农业银行	流动资金借款	2019/5/1	¥58,000.00	180	DYZC-1S02410
4	2	工商银行	流动资金借款	2019/2/3	¥56,000.00	90	DYZC-1S02411
5	3	中国银行	项目借款	2019/1/20	¥100,000.00	180	DYZC-1S02412
6	4	中国银行	项目借款	2011/7/20	¥115,000.00	360	DYZC-1S02413
7	5	中国银行	流动资金借款	2019/2/1	¥75,000.00	180	DYZC-1S02414
8	6	中国银行	流动资金借款	2019/3/5	¥15,000.00	180	DYZC-1S02415
9	7	招商银行	项目借款	2019/2/15	¥45,000.00	360	DYZC-1S02416
10	8	农业银行	项目借款	2011/8/12	¥150,000.00	270	DYZC-1S02417

图 2-89

2. 替换数据的同时设置特殊格式

将所有查找到的数据标注特定格式，可以达到特殊标识的作用。

❶ 打开"查找和替换"对话框，分别在"查找内容"与"替换为"框中输入要查找的内容与替换为内容。单击"选项"按钮展开"选项"设置，如图 2-90 所示。

❷ 单击"替换为"框后面的"格式"按钮，打开"替换格式"对话框，在"字体"选项卡中，可以设置文字字体、字号、颜色等格式，如图 2-91 所示。

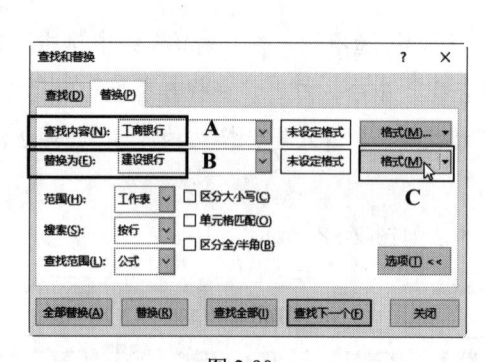

图 2-90 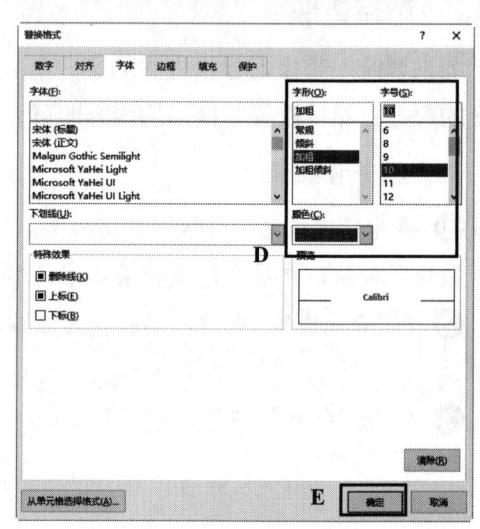   图 2-91

> **专家提示**
>
> 在设置替换格式时，还可以设置让替换后的内容满足特定的数字格式（在"数字"标签下设置），设置替换后的内容显示特定边框（在"边框"标签下设置），只需要选择相应的选项卡按与上面相同的方法进行设置即可。

❹ 单击"确定"按钮，返回到"查找和替换"对话框中，原"未设定格式"显示为"预览"格式，如图 2-92 所示。

第 2 章 财务数据的输入与编辑

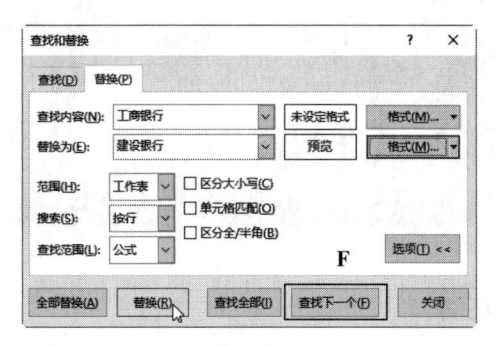

图 2-92

❺ 单击"全部替换"按钮，Excel 会自动进行查找并替换，可以看到原表格中的"工商银行"（如图 2-93 所示）都被替换成了"建设银行"且显示可设置的指定格式，如图 2-94 所示。

图 2-93

图 2-94

31

第 3 章
财务数据的公式计算

3.1 公式包含的元素

在 Excel 中建立财务报表后，通常都需要进行相关的数据计算，Excel 程序具备十分强大的数据计算能力。我们可以通过设计公式来达到各种不同的数据计算，并且 Excel 程序中还提供了多种类型的函数，将函数用于公式中可以完成更多的数据计算。公式以"="号开始，包括运算符、数据引用、函数及常量。例如下面这个公式中就包含了一个公式所有的元素。

=B2*IF(B2>50000,0.05,0.02)*0.01

3.1.1 运算符

运算符是公式的基本元素，也是必不可少的元素，每一个运算符代表一种运算方式。在 Excel 2019 中有 4 类运算符类型，每类运算符和作用如表 3-1 所示。

表 3–1

运算符类型	运算符	作用	示 例
算术运算符	+	加法运算	10+5 或 A1+B1
	–	减号运算	10–5 或 A1–B1 或 –A1
	*	乘法运算	10*5 或 A1*B1
	/	除法运算	10/5 或 A1/B1
	%	百分比运算	85.5%
	^	乘幂运算	2^3
比较运算符	=	等于运算	A1=B1
	>	大于运算	A1>B1
	<	小于运算	A1<B1
	>=	大于或等于运算	A1>=B1
	<=	小于或等于运算	A1<=B1
	<>	不等于运算	A1<>B1
文本连接运算符	&	用于连接多个单元格中的文本字符串，产生一个文本字符串	A1&B1
引用运算符	:（冒号）	特定区域引用运算	A1:D8
	,（逗号）	联合多个特定区域引用运算	SUM(A1:C2,C2:D10)
	（空格）	交叉运算，即对 2 个共引用区域中共有的单元格进行运算	A1:B8 B1:D8

> **专家提示**
> 在 Excel 中输入公式时，注意运算符要在半角状态下输入，否则输入的公式得不到正确的结果。

3.1.2 数据源

公式之所有以有灵活性，是因为它需要引用数据源进行计算，否则只使用常量得到的只是不变的结果。公式中对数据源的引用包括相对数据源引用与绝对数据源引用。

相对数据源引用是默认的引用方式，是指把一个含有单元格地址的公式复制到一个新的位置时，公式中的单元格地址会随着改变。

绝对数据源引用是指把公式复制或者填入到新位置，公式中的固定单元格地址保持不变。在设计公式时，有时候只用到相对引用或者绝对引用，大部分情况下通常都是相对引用和绝对引用方式的结合使用。

1. 引用相对数据源计算

当需要使用公式完成批量计算时，利用相对数据源引用是十分方便和快捷的。它会随着公式的向下或者向右复制，数据源的引用地址会随之变化。当使用鼠标拖动选取数据源时，默认采用的就是数据源的相对引用方式。

下面举出一个实例说明相对数据源的应用场合。

❶ 选中 E2 单元格，在公式编辑栏中可以看到该单元格的公式为：=SUM(B2:D2)，如图 3-1 所示。

❷ 选中 E2 单元格，将光标定位到该单元格右下角，当出现黑色十字型时按住鼠标左键向下拖动进行公式的复制，如图 3-2 所示。

姓名	1月采购量	2月采购量	3月采购量	3个月总采购量
刘莉	564	321	456	1341
胡彬	752	561	324	
孙娜娜	894	564	324	
马丽	896	654	621	
李文兴	657	321	963	
张浩	964	346	987	
陈松林	384	647	271	

图 3-1

姓名	1月采购量	2月采购量	3月采购量	3个月总采购量
刘莉	564	321	456	1341
胡彬	752	561	324	1637
孙娜娜	894	564	324	1782
马丽	896	654	621	2171
李文兴	657	321	963	1941
张浩	964	346	987	2297
陈松林	384	647	271	1302

图 3-2

❸ 选中 E3 单元格，在公式编辑栏中可以看到该单元格的公式为：=SUM(B3:D3)，如图 3-3 所示。

❹ 选中 E4 单元格，在公式编辑栏中可以看到该单元格的公式为：=SUM(B4:D4)，如图 3-4 所示。

图 3-3

图 3-4

> **专家提示**
>
> 通过对比 E2、E3、E4 单元格的公式可以发现，当向下复制 E2 单元格的公式时，相对引用的数据源也发生了相应的变化，而这也正是我们计算其他员工采购量所需要的正确公式，从而达到了批量建立公式的目的。因此在这种情况下，我们都需要使用相对引用的数据源。

2.引用绝对数据源计算

数据源的绝对引用方式需要使用"$"符号来标注，其显示为 $A$1、$A$2:$B$2 这种形式。通过本例的学习可以帮助我们更好地理解在哪些情况下需要使用绝对引用方式。

❶ 选中 C2 单元格，在公式编辑栏中可以看到该单元格的公式为：=B2/SUM($B$3:$B$5)，如图 3-5 所示。

❷ 选中 C2 单元格，将光标定位到该单元格右下角，当出现黑色十字型时按住鼠标左键向下拖动即可快速复制公式，如图 3-6 所示。

图 3-5

图 3-6

❸ 选中 C3 单元格，在公式编辑栏中可以看到该单元格的公式为：=B3/SUM($B$3:$B$5)，如图 3-7 所示；选中 C4 单元格，在公式编辑栏中可以看到该单元格的公式为：=B4/SUM($B$3:$B$5)，如图 3-8 所示。

图 3-7

图 3-8

> **专家提示**
>
> 1. 通过对比 C2、C3、C4 单元格的公式可以发现,当向下复制 C2 单元格的公式时,采用绝对引用的数据源未发生任何变化,而使用相对引用的 C2 单元格则会随着公式的复制而发生相应的变化。而在本例中设置公式求取了第一个店铺的营业额占总营业额的比例后,通过复制公式求取其他店铺的营业额占总营业额的比例时,只需要更改公式"=B2/SUM($B$3:$B$5)"的"B2"部分的值即可,而用于求取总营业额的"SUM($B$3:$B$6)"部分不必更改,因此在公式中将"B2"采用相对引用方式,而"SUM($B$3:$B$6)"则采用绝对引用方式。
>
> 2. 在通常情况下,绝对数据源的使用都是配合相对数据源一起应用到公式或函数中的,如果一个公式中全部使用绝对数据源,在进行公式复制时,得到的结果都是一样的,因此不具备意义。

技高一筹:如何让相对引用和绝对引用方式快速转换?

公式中的相对引用和绝对引用方式,可以在编辑栏中选中单元格引用部分的情况,按"F4"键进行引用方式切换。

3. 引用其他工作表数据源

除了在单张工作表中使用公式进行数据计算,很多时候都需要使用其他工作表的数据源来参与计算。在引用其他工作表的数据来进行计算时,需要按如下格式来引用:'工作表名'!数据源地址。

例如现在要计算"2月入库"工作表中 D 列的合计值时,需要引用"1月结余"工作表中的数据。

❶ 在"2月入库"工作表中选中 D2 单元格,在编辑栏中输入"=",再在 C2 单元格上单击,如图 3-9 所示。

❷ 输入"+",在"1月结余"工作表标签上单击鼠标进入"1月结余"工作表,可以看到编辑栏中出现了引用的工作名称,如图 3-10 所示。

图 3-9

图 3-10

❸ 单击 C2 单元格(即引用该工作表中的 C2 单元格参与运算),按 Enter 键,返回到"2月入库"工作表中,并得出计算结果,如图 3-11 所示。

❹ 选中 D2 单元格，将光标定位到该单元格右下角，当出现黑色十字型时按住鼠标左键向下拖动进行公式的复制，如图 3-12 所示。

图 3-11

图 3-12

3.1.3 函数

函数特指使用一些称为参数的特定数值按特定的顺序或结构进行计算（不同的函数参数各不相同）。将函数应用于公式中，可以完成更为复杂的、多条件的数据计算和统计分析，让日常办公和财务数据计算更加方便。

Excel 程序中提供的函数众多，不同的函数能解决不同的问题，如计算一组数据的平均值（AVERAGE 函数）、计算一组数据之和（SUM 函数）、查找满足条件的值（VLOOKUP 函数），财务计算函数有计算贷款分期偿还额（IPMI 函数）、计算固定资产折旧值（SYD 函数）等。学习函数是一个长期的过程，需要不断地使用、思考、扩展才能让自己达到熟能生巧的地步。

1. 函数的构成

完整的函数结构以函数名称开始，后面是左圆括号、以逗号分隔的参数，接着则是标志函数结束的右圆括号。如果函数以公式的形式出现，则需要在函数名称前面输入等号。下面的这个公式中就使用了一个 IF 函数，其中 IF 是函数名称，"B2>90000" "0.05" "0.08" 是 IF 函数的 3 个参数。

=B2*IF(B2>90000,0.08,0.05)

2. 了解函数的参数

参数就是指函数名称后圆括号内部的内容，它可以是常量值、变量、表达式或函数，各个参数间需要使用逗号（英文状态下）分隔。

在使用函数时，如果想了解某个函数包含哪些参数，可以按如下方法来查看。

❶ 选中单元格，在公式编辑栏中输入"= 函数名("，此时可以看到显示出函数参数名称，如图 3-13 所示。

图 3-13

❷ 如果想更加清楚地了解每个参数该如何设置，可以单击公式编辑栏前的"f_x"按钮，打开"插入函数"对话框，将光标定位到不同参数编辑框中，下面会显示对该参数的解释，从而便于初学者正确设置参数，如图 3-14 和图 3-15 所示。

图 3-14

图 3-15

函数参数类型举例如下：

- 公式"=SUM(B2:E2)"中，括号中的"B2:E2"就是函数的参数，且是一个变量值。
- 公式"=IF(D3=0,0,C3/D3)"中，括号中"D3=0""0""C3/D3"，分别为 IF 函数的 3 个参数，且参数为常量和表达式两种类型。
- 公式"=VLOOKUP($A$9,$A$2:$D$6,COLUMN(B1))"中，除了使用了变量值作为参数，还使用了函数表达式"COLUMN(B1)"作为参数（以该表达式返回的值作为 VLOOKUP 函数的 3 个参数），这个公式是函数嵌套使用的例子。

除了单独使用某函数，还可以嵌套使用多个函数。嵌套使用时是将某个函数的返回结果作为另一个函数的参数来使用。有时为了达到某一计算要求，需要嵌套多个函数再设置公式，此时则需要用户对各个函数的功能及其参数有详细的了解。除了多个函数的嵌套使用，还有相同函数的多层嵌套，最典型的就是逻辑函数 IF，并且最多能有七层嵌套。

3. 帮助功能学习函数

如果新手想要更好地学习 Excel 2019 函数，可以使用 Excel 的帮助功能来快速学习。了解每个函数的功能、参数设置等信息。

❶ 单击 Excel 2019 主界面右上角的按钮，或按下 F1 键，打开"Excel 帮助"窗口，如图 3-16 所示。

❷ 在"输入要搜索的关键词"设置框中输入需要搜索的函数，这里输入"PMT 函数"

37

（财务函数），单击"搜索"按钮，即可显示出搜索结果，如图 3-17 所示。

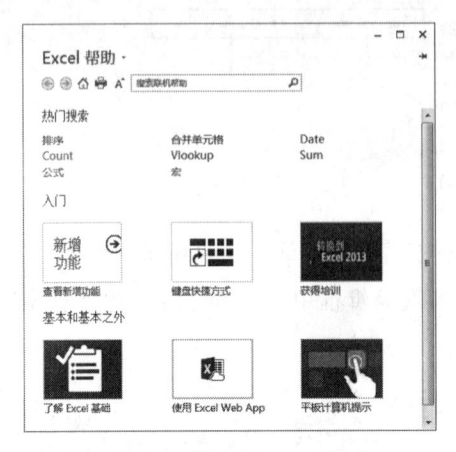

图 3-16 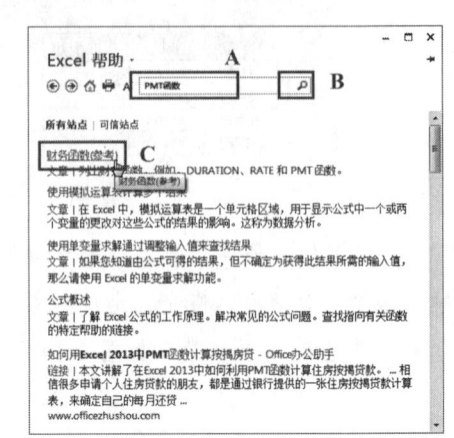   图 3-17

❸ 单击"财务函数（参考）"链接，在打开的窗口中即可看到具体内容，单击"PMT 函数"链接（如图 3-18 所示），在窗口中显示了函数的语法、说明和示例，如图 3-19 所示。

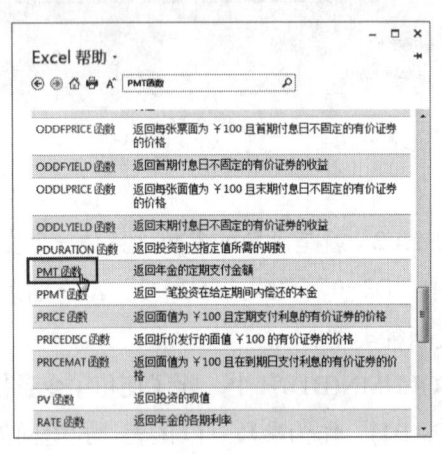

图 3-18    图 3-19

3.2 公式的编辑及复制使用

在单元格中编辑公式可以在编辑栏中直接手工输入，如果公式中使用了函数，可以配合函数使用向导辅助完成公式的编辑。同时为了完成批量运算，或在其他工作表中执行相同的运算，公式也会被非常频繁地填充或复制使用。

3.1.1 输入公式

1. 在编辑栏中输入公式

Excel 程序的主界面中有一个编辑栏，在此处以"="号开头，即可进行公式的输入。

第 3 章　财务数据的公式计算

❶ 选中要输入公式的单元格，如本例中选中 C2 单元格，在公式编辑栏中输入"="号，如图 3-20 所示。

❷ 在 B2 单元格上单击鼠标，即可引用 B2 单元格，如图 3-21 所示。

图 3-20

图 3-21

❸ 当需要输入运算符号时，手工输入，其他凡是需要手工输入的都在键盘上直接输入，如图 3-22 所示。

❹ 光标定位到 SUM 函数的括号内，用鼠标拖动选择 B2:B7 单元格区域，引用该区域数据，如图 3-23 所示。

图 3-22

图 3-23

❺ 按 Enter 键即可计算出结果，如图 3-24 所示。

图 3-24

2. 配合"插入函数"向导输入公式

当公式中包含函数时，如果对函数的使用不太熟练，是无法直接完成参数的设置的，此时可以配合使用"插入函数"向导来帮助完成函数参数的设置。

❶ 选中要输入公式的单元格。单击公式编辑栏前的"f_x"按钮（如图 3-25 所示），打开"插入函数"对话框。

❷ 在"选择函数"列表中选择需要使用的函数，如图 3-26 所示。

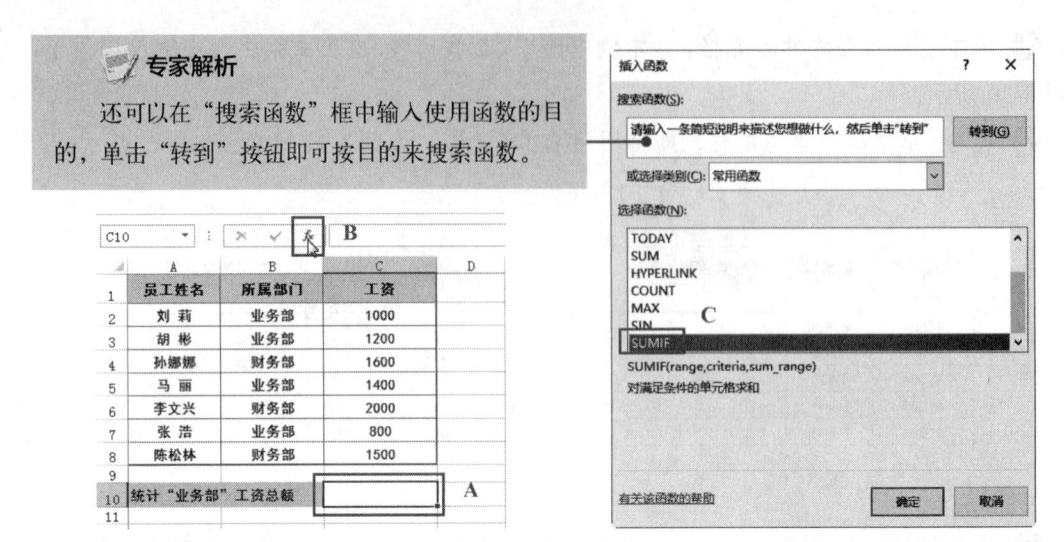

Excel 在会计与财务管理工作中的案例应用

> **专家解析**
> 还可以在"搜索函数"框中输入使用函数的目的，单击"转到"按钮即可按目的来搜索函数。

图 3-25

图 3-26

❸ 单击"确定"按钮即可打开"函数参数"设置对话框。将光标定位到第一参数编辑框中设置参数，如图 3-27 所示。

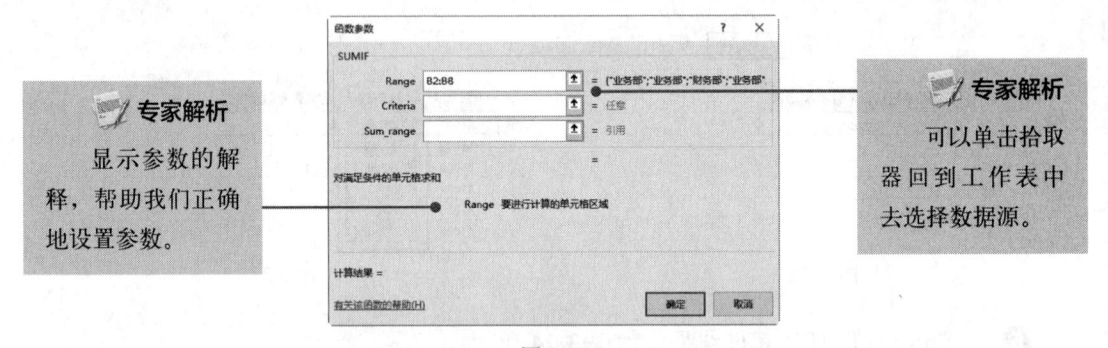

> **专家解析**
> 显示参数的解释，帮助我们正确地设置参数。

> **专家解析**
> 可以单击拾取器回到工作表中去选择数据源。

图 3-27

❹ 按相同方法设置其他参数，如图 3-28 所示（计算 B2:B8 中所属部门为"业务部"的员工对应在 C2:C8 中工资的总和）。

❺ 设置完成后，单击"确定"即可返回正确的结果。同时在公式编辑栏中可以看到完整的公式，如图 3-29 所示。

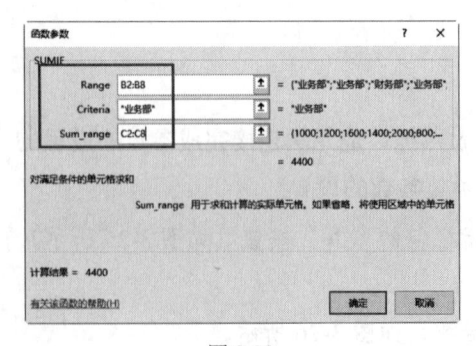

图 3-28

图 3-29

3.1.2 复制公式完成批量计算

数据批量计算功能是 Excel 中最主要的功能之一,因此在建立公式后,复制公式一般是必备操作。可以在连续单元格区域填充公式,也可以将公式复制到其他位置或其他工作表中去使用。

1. 公式填充

❶ 选中 C2 单元格,将光标定位到右下角,直至出现黑色十字型,按住鼠标左键向下拖动,如图 3-30 所示。

❷ 松开鼠标后,拖动过的单元格即可显示出计算结果,如图 3-31 所示。

图 3-30

图 3-31

> **技高一筹**:使用快捷键快速填充公式。
>
> 除了拖动鼠标进行填充,这里提供另一种使用快捷键的方法。
> 在 C2 单元格中输入公式后(如图 3-32 所示),选中 C2:C9 单元格区域,按"Ctrl+D"组合键,选中的单元格区域即可被填充公式,效果如图 3-33 所示。

图 3-32

图 3-33

2. 复制公式到其他工作表

如果要将一张工作表中的公式复制到其他工作表中使用,可以使用复制和粘贴功能。

❶ 切换到"一月业绩统计"工作表,选中 C2 单元格,按"Ctrl+C"组合键,复制公式,如图 3-34 所示。

❷ 切换到"二月业绩统计"工作表,选中 C2:C9 单元格区域(如图 3-35 所示),按

"Ctrl+V"组合键，粘贴公式，效果如图 3-36 所示。

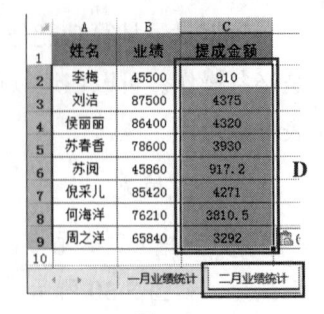

图 3-34　　　　　　　　　图 3-35　　　　　　　　　图 3-36

> **专家提示**
> 输入公式后，如果需要对公式进行更改或是发现有错误需要修改，可以在输入了公式的单元格中双击鼠标，进入公式编辑状态，直接重新编辑公式或对公式进行局部修改即可。还可以按键盘上的"F2"功能键，对公式进行编辑。

3.3　公式函数用应用于财务计算的范例

3.3.1　专用财务函数

财务函数是指用来进行财务处理的函数，主要用于日常金融和财务方面的业务计算。例如确定贷款的偿还额、本金额、利息额、投资的未来值或净现值等。本节会通过几个例子介绍一些常用的财务函数的使用。

- 例1：计算贷款的每期偿还额

在表格中显示了某项贷款总金额、贷款年利率、贷款年限、付款方式为期末付款。现在需要计算出该项贷款的每年偿还金额，需要使用 PMT 函数来实现。

选中 C6 单元格，在公式编辑栏中输入公式：
=PMT(C2,C3,C4)，按 Enter 键，即可计算出该项贷款每年偿还金额，如图 3-37 所示。

- 例2：计算贷款每期偿还额中包含的本金额

例如当前得知每期偿还额中本金额与利息额各不相同，现在要计算出偿还额中的本金额，需要使用 PPMT 函数来计算。

❶ 选中 F2 单元格，在公式编辑栏中输入公式：
=PPMT($C$2,E2,$C$3,$C$4)，按 Enter 键即可计算出该项贷款第一年还款额中的本金额。

❷ 将光标移到 F2 单元格的右下角，光标变成十字形状后，按住鼠标左键向下拖动进行公式填充，即可快速求出其他各年中偿还的本金额，如图 3-38 所示。

第 3 章　财务数据的公式计算

图 3-37

图 3-38

- 例 3：计算贷款每期偿还额中包含的利息额

在表格中显示了某项贷款总金额、贷款年利率、贷款年限，付款方式为期末付款，下面需要计算出该项贷款的每年偿还利息金额，需要使用 IPMT 函数来计算。

❶ 选中 F2 单元格，在公式编辑栏中输入公式：

=IPMT($C$2,E2,$C$3,$C$4)，按 Enter 键即可计算出该项贷款第一年还款额中的利息额。

❷ 将光标移到 F2 单元格的右下角，光标变成十字形状后，按住鼠标左键向下拖动进行公式填充，即可快速求出其他各年中偿还的利息额，如图 3-39 所示。

- 例 4：计算某些投资的未来值

若某项投资年利率为 5.36%、分 10 年付款、各期应付金额为 15000 元、付款方式为期初付款。现在要计算出该项投资的未来值，需要使用 FV 函数来实现。

选中 C5 单元格，在公式编辑栏中输入公式：

=FV(C1,C2,C3,1)，按 Enter 键即可计算出该项投资的未来值，如图 3-40 所示。

图 3-39

图 3-40

- 例 5：计算某项投资的投资期数

例如某项投资的回报率为 7.18%，每月需要投资的金额为 10000 元，现在想最终获取 100000 元的收益，计算需要经过多少期的投资才能实现，需要使用 NPER 函数。

选中 B4 单元格，在公式编辑栏中输入公式：

=ABS(NPER(A2/12,B2,C2))，按 Enter 键即可计算出要取得预计的收益金额需要投资的总期数（约为 10 个月），如图 3-41 所示。

43

图 3-41

3.3.2 其他函数用于财务运算

在日常财务工作中，除了使用专用的财务函数，还需要使用其他函数来进行数据运算。

- 例1：判断应收账款是否到期

下面要求根据到期日期判断各项应收账款是否到期，如果到期（约定超过还款日期90天为到期）返回未还的金额，如果未到期返回"未到期"文字，否则返回已到期的金额。

❶ 选中 E2 单元格，在公式编辑栏中输入公式：

=IF(TODAY()-D2>90,B2-C2,"未到期")，按 Enter 键得出结果。

❷ 选中 E2 单元格，拖动右下角的填充柄向下复制公式，即可批量得出如图 3-42 所示（E 列数据）的结果，如图 3-42 所示。

图 3-42

函数说明

IF 函数是根据指定的条件来判断其"真"（TRUE）、"假"（FALSE），从而返回其相对应的内容。TODAY 返回当前日期的序列号。

公式解析

"=IF(TODAY()-D2>90,B2-C2," 未到期 ")" 公式解析：

❶ "TODAY()-D2" 用当前日期减去 D2 单元格的日期。

❷ 如果❶步结果大于 90，返回 B2-C2 的值，否则返回"未到期"文字。

- 例2：统计工资大于 5000 元的人数

表格中统计了每位员工的工资，要求统计出工资金额大于 5000 元的共有几人。

选中 D2 单元格，在公式编辑栏中输入公式：

=COUNTIF(B2:B11,">=5000")&"人"，按 Enter 键得出工资金额大于 5000 元的人数，如图 3-43 所示。

第3章 财务数据的公式计算

图 3-43

- 例3：统计指定部门的总工资额

统计了各员工的工资后，可以通过公式统计出各部门的工资总额。例如下面要统计出"行政部"的总工资额。

选中 F3 单元格，在公式编辑栏中输入公式：

=SUMIF(C3:C13,"行政部",D3:D13)，按 Enter 键，得出"行政部"的工资总额，如图 3-44 所示。

函数说明

SUMIF 函数可以对区域（区域：工作表上的两个或多个单元格。区域中的单元格可以相邻或不相邻。）中符合指定条件的值求和。

- 例4：计算员工奖金

假如公司在给员工计算奖金时，每生产 100 件，奖金为 50 元，现在根据员工生产件数计算员工奖金。

❶ 选中 C2 单元格，在公式编辑栏中输入公式：

=FLOOR(B2/100,1)*50，按 Enter 键得出第一位员工的奖金。

❷ 选中 C2 单元格，拖动右下角的填充柄向下复制公式，即可批量得出其他员工的奖金，如图 3-45 所示。

图 3-44

图 3-45

函数说明

COUNTIF 函数计算区域中满足给定条件的单元格的个数。

公式解析

"=COUNTIF(B2:B11,">=5000")&" 人 ""

公式解析：

在 B2:B11 单元格区域统计出满足工资大于 5000 的人数。

45

函数说明

FLOOR 函数用于将数字向下舍入到基数的最接近倍数。

- 例 5：比较预期与实际报销额是否一致

本例中需要比较各项费用的预期与实际报销额是否一致，如果不一致则显示差额，如果一致，则显示“TURE”。

❶ 选中 D2 单元格，在公式编辑栏中输入公式：

=IF(EXACT(B2,C2)=FALSE,B2-C2,EXACT(B2,C2))，按 Enter 键得出第一项费用的比较结果。

❷ 选中 D2 单元格，拖动右下角的填充柄向下复制公式，即可批量得出其他项费用的比较结果，如图 3-46 所示。

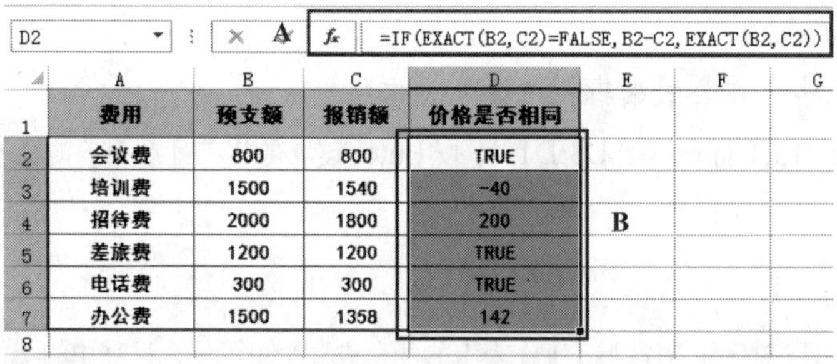

	A	B	C	D
1	费用	预支额	报销额	价格是否相同
2	会议费	800	800	TRUE
3	培训费	1500	1540	-40
4	招待费	2000	1800	200
5	差旅费	1200	1200	TRUE
6	电话费	300	300	TRUE
7	办公费	1500	1358	142

图 3-46

函数说明

EXACT 函数用于比较两个字符串：如果它们完全相同，则返回 TRUE；否则，返回 FALSE。函数 EXACT 区分大小写，但忽略格式上的差异。

第 4 章
财务数据的范围与条件限定

4.1 数据验证的设置

在 Excel 中建立了财务报表后,可以建立一定的规则来限制向单元格中输入的数据,如指定的数据类型、指定的数据区间等,即当输入了不满足条件的数据时就会弹出相应的提示信息。通过这一项设置可以有效地防止在严谨的财务报表中输入错误的数据。

4.1.1 设置数据验证为指定类型或区间的值

使用数据验证功能,可以对输入单元格的数据进行必要的限制,如只允许输入整数,只允许输入日期,只允许输入指定范围内的数据等。

1. 只允许介于指定值之间的费用金额

财务在做预算时,经常需要限制每项费用预支的金额范围,例如在"支出金额"列单元格区域只允许输入 100～5000 元之间的整数,此时可以按如下方法设置该单元格区域的数据验证条件。

❶ 选中设置数据验证的单元格区域,如:C2:C8 单元格区域。单击"数据"选项卡,在"数据工具"组中单击"数据验证"按钮(如图 4-1 所示),打开"数据验证"对话框。

❷ 单击"设置"标签,再单击"允许"设置框右侧的下拉按钮,在下拉菜单中单击"整数";在"最小值"设置框中输入"100";在"最大值"设置框中输入"5000",如图 4-2 所示。

图 4-1　　　　　　　　　　图 4-2

❸ 单击"确定"按钮完成设置,当在设置了数据验证的单元格区域中输入的数值不

Excel 在会计与财务管理工作中的案例应用

在限制的范围内时，会弹出错误提示信息，如图 4-3 所示；反之，正确地输入数值，不会弹出错误提示信息。

2. 只允许输入本月日期

本例表格中的支出日期只允许输入 6 月份的日期，可以按如下方法设置该单元格区域的数据验证条件。

图 4-3

❶ 选中设置数据验证的单元格区域，如：A2:A8 单元格区域。单击"数据"选项卡，在"数据工具"组中单击"数据验证"按钮，打开"数据验证"对话框。

❷ 单击"设置"标签，单击"允许"设置框右侧的下拉按钮，在下拉菜单中单击"日期"；在"开始日期"设置框中输入"2019/5/1"；在"开始日期"设置框中输入"2019/5/31"，如图 4-4 所示。

❸ 单击"确定"按钮完成设置，当在设置了数据验证的单元格区域中输入的日期不在限制的范围内时，会弹出错误提示信息，如图 4-5 所示；反之，正确地输入日期，不会弹出错误提示信息。

图 4-4

图 4-5

> ▶ 专家提示
>
> 在"允许"下拉菜单中还有小数、文本长度、时间等其他选项，用户只要根据实际需要进行选择即可。

3. 设置金额输入的提示信息

通过数据验证的设置，可以实现当选中某个单元格时就显示输入提示，而且这一提示信息的内容是可以自定义的，例如财务人员在制作预算表格时，为了提示员工预支金额的范围，此时可以设置提示信息。

❶ 选中设置数据验证的单元格区域,单击"数据"选项卡,在"数据工具"组中单击"数据验证"按钮,打开"数据验证"对话框。

❷ 单击"输入信息"标签,在"标题"文本框中输入提示的标题,然后在"输入信息"文本框中输入提示的内容,如图4-6所示。

❸ 单击"确定"按钮完成设置。当选择已经任意设置了数据验证的单元格或单元格区域,即可显示提示信息,如图4-7所示。

图4-6

图4-7

4. 自定义数据输错后的警告提示信息

在单元格中输入不符合条件的数据时,财务人员可以设置相关文字信息作为可弹出的出错警告。

❶ 选中设置数据验证的单元格区域,单击"数据"选项卡,在"数据工具"组中单击"数据验证"按钮,打开"数据验证"对话框。

❷ 单击"出错警告"标签,在"标题"文本框中输入提示的标题,然后在"错误信息"文本框中输入提示的内容,如图4-8所示。

❸ 单击"确定"按钮完成设置。当在设置了数据验证的单元格中输入不在限制范围的数据时,即可弹出设置的警告信息,如图4-9所示。

图4-8

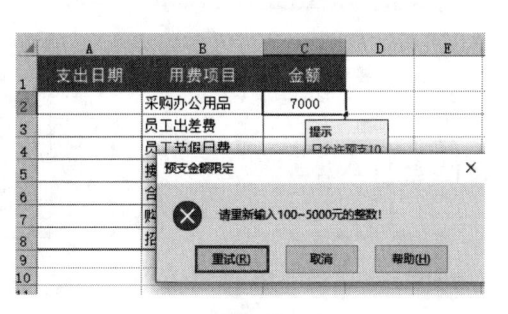

图4-9

49

4.1.2 设置数据验证为可选择序列

财务费用报表中的费用类别名称是固定的，财务人员可以通过数据验证功能来设置可选择序列（包含所有费用类别名称），有效防止错误输入的同时提高输入速度。

❶ 在表格编辑区域以外空白位置输入序列数据，如图 4-10 所示。选择"费用类别"列，在"数据"选项卡的"数据工具"组中，单击"数据验证"按钮，打开"数据验证"对话框。

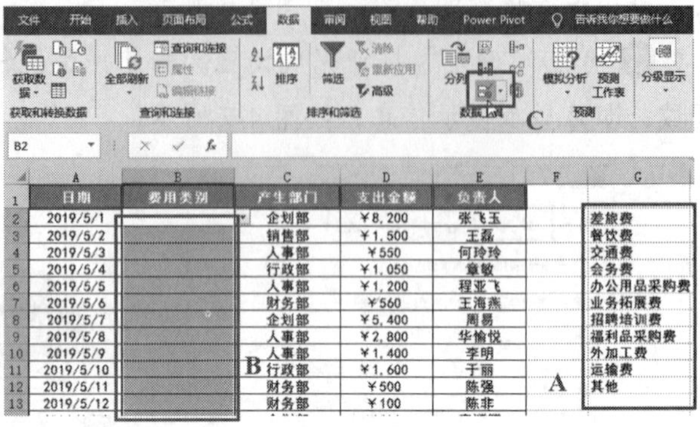

❷ 单击"设置"标签，在"允许"下拉列表中选择"序列"选项（如图 4-11 所示），然后单击"来源"文本框右侧的拾取器按钮（🔼）按钮，选取之前输入的序列关键字，如图 4-12 所示。

图 4-10

专家解析

在"来源"文本框中可手动输入序列的来源，但是要注意的是，各数据间用","（半角）隔开。

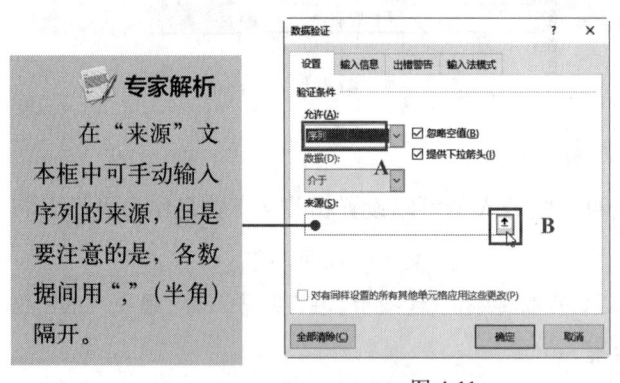

图 4-11 　　　　图 4-12

❸ 单击右侧的拾取器按钮返回对话框，即可看到选择的序列，如图 4-13 所示。

❹ 单击"确定"按钮完成设置。设置完成后，选中设置了数据序列的单元格，其右边都会出现一个下箭头，单击即可打开下拉菜单（如图 4-14 所示），从中选择所需要数据即可。

图 4-13 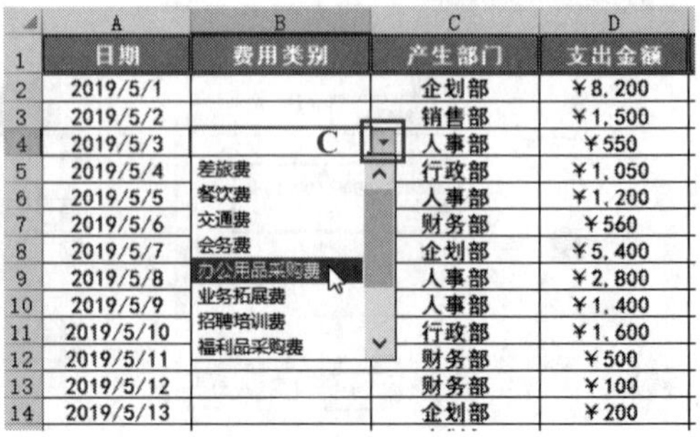　　　　图 4-14

技高一筹：设置数据验证后不显示下拉箭头

设置好数据验证，并且为单元格填充好序列名称后，如果不显示下拉箭头，可以将其取消。

选中设置数据验证的单元格区域，打开"数据验证"对话框，如图 4-15 所示。在"设置"标签中取消选择"提供下拉箭头"复选框，单击"确定"按钮，即可取消数据验证单元格区域的下拉箭头。

图 4-15

4.1.3 数据验证的复制与清除

为单元格设置了数据验证之后，可以复制数据验证。当不需要再使用所设置的数据验证时，可以将其清除。

1. 复制数据验证

在某单元格区域中设置了数据验证之后，如果想将相同的数据验证设置复制到其他单元格区域，可以通过复制的方法快速实现。

❶ 选中包含数据验证设置的单元格区域，按下"Ctrl+C"组合键复制，如图 4-16 所示。

❷ 在目标单元格中单击鼠标右键，在弹出的右键菜单中单击"选择性粘贴"→"选择性粘贴"命令（如图 4-17 所示），打开"选择性粘贴"对话框（图 4-18）。

图 4-16　　　　图 4-17

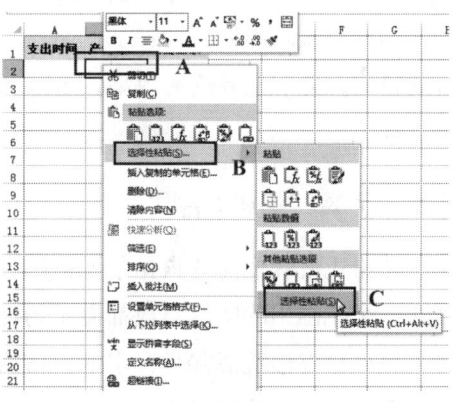

❸ 在对话框中选择"验证"单选框，如图 4-18 所示。

❹ 单击"确定"按钮，即可复制数据验证设置到目标单元格，如图 4-19 所示。

> **专家提示**
> 上述方法仅复制单元格中的数据验证设置，如果直接粘贴，将复制原单元格的所有内容，不仅包括数据验证，还包括单元格格式如字体、边框、对齐方式等。

2. 取消数据验证设置

财务人员可以根据需求将不需要的数据验证设置删除。

❶ 选中需要取消输入限制的单元格或单元格区域，打开"数据验证"对话框。

❷ 在"设置"标签中，单击"全部清除"按钮，如图4-20所示，即可清除设置的数据验证。

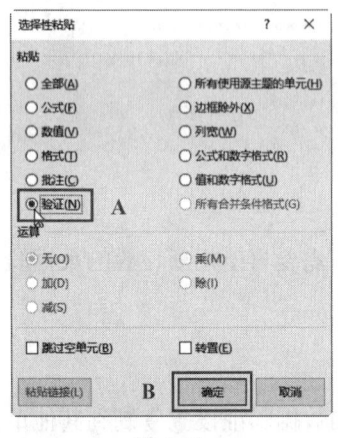

图4-18　　　　　图4-19　　　　　图4-20

4.2 突出显示满足条件的记录

将财务表格中满足指定条件（如大于指定值、高于平均值、最小的几个值等）的数据以特殊的标记显示出来（如：加色块、加图标或自定义特殊格式等），可以起到辅助数据分析的目的。要想达到这种效果，可以利用Excel 2019程序中提供的"条件格式"这一功能来实现。

4.2.1 了解"条件格式"

条件格式使我们能够根据单元格的内容有选择地和自动地应用单元格格式。比如可以设置在一个范围中的所有负数都显示为红色的背景色，当在该范围中输入或者修改一个数值时，程序检查该数值并且评定单元格的条件格式规则，如果该数值为负数，则显示红色的背景色，如果不是就不应用格式。

条件格式对快速辨别错误单元格输入项或者特殊类型的单元格非常有用。可以起到筛选查看、辅助分析的目的。

在Excel 2019程序中提供了几个预设的条件规则，应用起来非常方便。

选中要设置条件格式的单元格区域，在"开始"选项卡下的"样式"组中单击"条件格式"按钮，打开下拉菜单，可以看到几种预设的条件格式规则，如图4-21所示。每一种规则中包含多个命令选项，可以选择相关的命令选项完成数据判断。

如果预设的条件规则不满足设置需要，则可以单击"新建规则"或"其他规则"打开"新建格式规则"对话框进行设置，如图4-22所示（可以从列表中选择规则类型）。

图4-21

图4-22

4.2.2 运用条件格式分析财务数据

下面介绍几个运用条件格式分析财务数据的范例，读者可举一反三，广泛应用于实际工作中。

1. 突出显示工资大于3000元的数据

下面要求将工资表中实际工资大于3000元的数据的以红色标记出来，可以采用"突出显示单元格规则"进行判断。

❶ 选中要设置的数值区域，在"开始"选项卡下"样式"组中单击"条件格式"按钮，在弹出的下拉菜单中可以选择条件格式，此处选择"突出显示单元格规则"→"大于"命令，如图4-23所示。

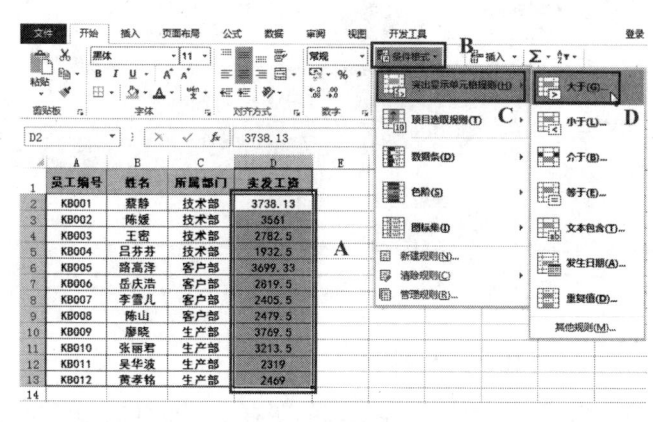

图4-23

❷ 弹出设置对话框，设置单元格值大于"3000"显示为"红填充色深红色文本"，如图4-24所示。

❸ 单击"确定"按钮回到工作表中,可以看到所有工资大于 3000 的单元格都显示为红色,如图 4-25 所示。

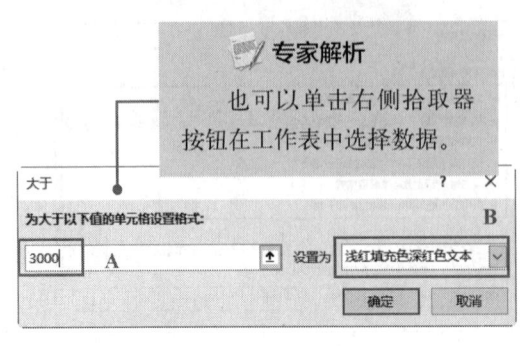

专家解析
也可以单击右侧拾取器按钮在工作表中选择数据。

	A	B	C	D
1	员工编号	姓名	所属部门	实发工资
2	KB001	蔡静	技术部	3738.13
3	KB002	陈媛	技术部	3561
4	KB003	王密	技术部	2782.5
5	KB004	吕芬芬	技术部	1932.5
6	KB005	路高泽	客户部	3699.33
7	KB006	岳庆浩	客户部	2819.5
8	KB007	李雪儿	客户部	2405.5
9	KB008	陈山	客户部	2479.5
10	KB009	廖晓	生产部	3769.5
11	KB010	张丽君	生产部	3213.5
12	KB011	吴华波	生产部	2319
13	KB012	黄孝铭	生产部	2469

图 4-24　　　　　　　　　图 4-25

技高一筹:自定义设置条件格式的特殊格式

如果不想只是使用列表中给出的几种格式,可以自定义满足设置条件时所显示的特殊格式。

在对话框中的"设置为"下拉列表中单击"自定义格式"命令(如图 4-26 所示),打开"设置单元格格式"对话框。在"字体"选项卡中设置"字形"和"颜色",如图 4-27 所示;切换到"填充"选项卡,设置单元格的填充颜色,如图 4-28 所示。设置完成后,依次单击"确定"按钮,即可实现让满足条件的单元格显示所设置的特殊格式。

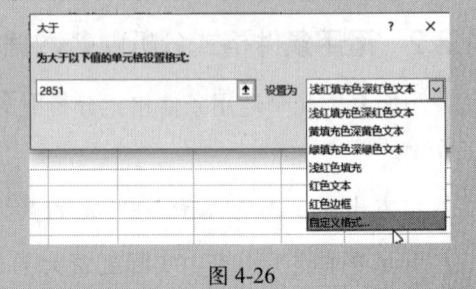

图 4-26

图 4-27　　　　　　　　　图 4-28

2. 将还款日期为本周的显示为特殊格式

本例中需要将银行客户的还款日期在本周的所有记录单独以特殊格式显示,可以设置突出显示指定发生日期的格式。

❶ 选择目标单元格,单击"条件格式"下拉按钮,单击"突出显示单元格规则"→"发生日期"命令(如图 4-29 所示),打开"发生日期"对话框。

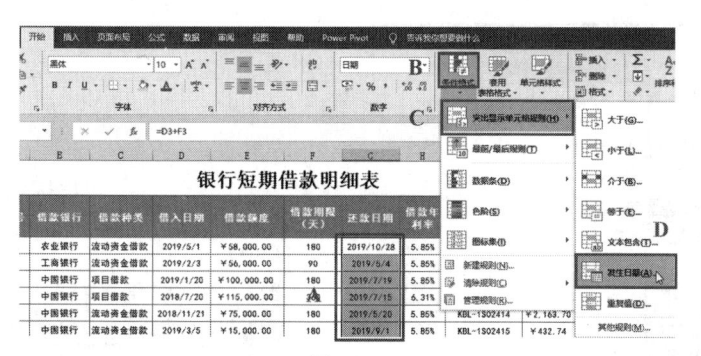

图 4-29

❷ 在左侧的下拉列表中选择日期，如"本周"，然后在"设置为"下拉列表中选择样式，这里选择"黄填充色深黄色文本"选项，如图 4-30 所示。

❸ 单击"确定"按钮，即可将本周的日期标记为特殊格式，如图 4-31 所示。

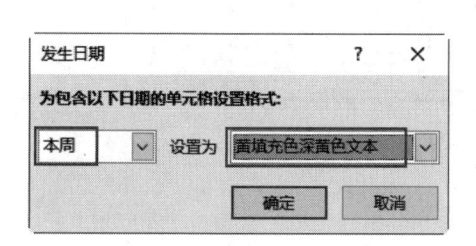

图 4-30　　　　　　　　图 4-31

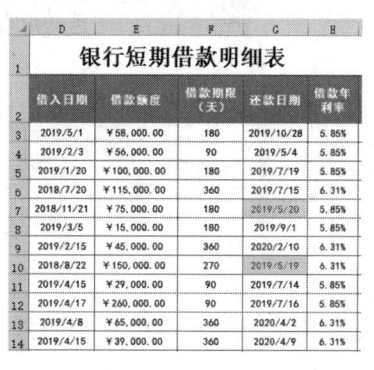

3. 标识出抵押资产编号重复的记录

本例中需要将银行短期借款明细表中重复的抵押资产编号记录标记出来，可以利用条件格式中的"重复值"的方式，标记出所有单元格中重复的值。

❶ 选择目标单元格，单击"条件格式"下拉按钮，单击"突出显示单元格规则"→"重复值"命令（如图 4-32 所示），打开"重复值"对话框。

❷ 单击左侧的下拉按钮选择"重复"，单击右侧的下拉按钮，在下拉列表中选择样式，这里选择"浅红填充色深红色文本"选项，如图 4-33 所示。

❸ 单击"确定"按钮，可以看到重复的抵押资产编号被设置了特殊的格式，如图 4-34 所示。

> **专家提示**
>
> 在"突出显示单元格规则"子菜单中还有其他选项，如设置小于、等于或介于某个值时显示特殊标记，设置文本包含某特定字符时显示特殊标记等。用户可以根据实际需要按相同方法选择并设置条件格式。

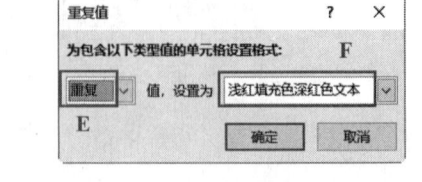

图 4-32

图 4-33

图 4-34

4. 突出显示高于员工平均值的数值

下面要求将工资表中高于所有员工平均工资的数值以黄色标记出来,此时可以使用"项目选取规则"进行判断。

❶ 选中要设置的数值区域,在"开始"选项卡下"样式"组中单击"条件格式"按钮,在弹出的下拉菜单中选择"最前/最后规则"→"高于平均值"命令,如图 4-35 所示。

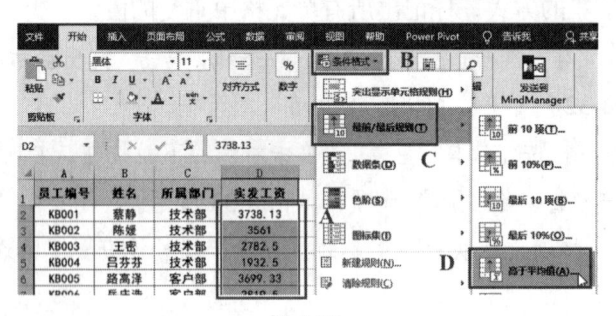

图 4-35

❷ 在"高于平均值"对话框 "为高于平均值的单元格设置格式"右侧的下拉列表中选择"黄填充色深黄色文本"选项,如图 4-36 所示。

❸ 单击"确定"按钮,即可自动查找到单元格区域中高于平均值的单元格,并将它们以黄色标记出来,如图 4-37 所示。

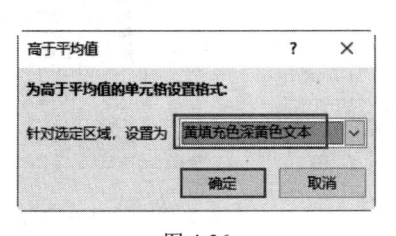

图 4-36

图 4-37

5. 突出显示最高、最低工资

下面要求将工资表中最高工资与最低工资特殊标注出来，此时可以使用"项目选取规则"进行判断。

❶ 选中要设置的数值区域，在"开始"选项卡下"样式"组中单击"条件格式"按钮，在弹出的下拉菜单中选择"最前/最后规则"→"前 10 项"，如图 4-38 所示。

❷ 打开"前 10 项"对话框，在对话框下"为值最大的那些的单元格设置格式"的文本框中输入要显示的符合条件的单元格数目"1"，在右侧下拉列表中选择"黄填充色深黄色文本"选项，如图 4-39 所示。

❸ 单击"确定"按钮，即可自动查找到单元格区域中会以黄色标记显示出最高的工资，如图 4-40 所示。

图 4-38

图 4-39

图 4-40

❹ 选中要设置条件格式的单元格区域，单击"开始"选项卡，在"样式"组中单击"条件格式"按钮，在下拉列表框中选择"最前/最后规则"→"最后 10 项"，如图 4-41 所示。

❺ 打开"最后 10 项"对话框，在对话框中输入要显示的符合条件的单元格数目"1"，在右侧下拉列表中选择"浅红填充色深红色文本"选项，如图 4-42 所示。

❻ 单击"确定"按钮，即可自动查找到单元格区域中会以红色标记显示出最低的工资，如图 4-43 所示。

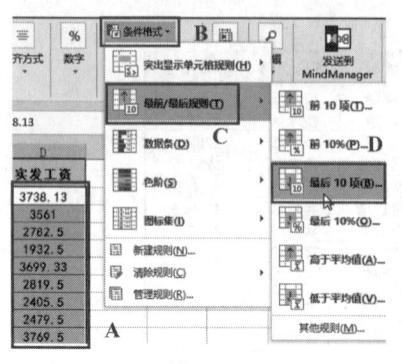

Excel 在会计与财务管理工作中的案例应用

图 4-41 　　　　　　　　　图 4-42　　　　　　　　　图 4-43

6. 使用数据条直观查看一组产品的成本金额

利用数据条功能可以非常直观地查看选定区域中数值的大小情况。数据最大的显示最长数据条，数据最小的显示最短数据条。下面介绍使用数据条直观查看一组产品的成本金额。

❶ 选中B列中的成本数据单元格区域，在"开始"选项卡"样式"组中单击"条件格式"按钮，弹出下拉菜单，鼠标指针指向"数据条"，在子菜单选择一种合适的数据条样式，如图 4-44 所示。

❷ 选择合适的数据条样式后，在单元格中就会显示出数据条，如图 4-45 所示。

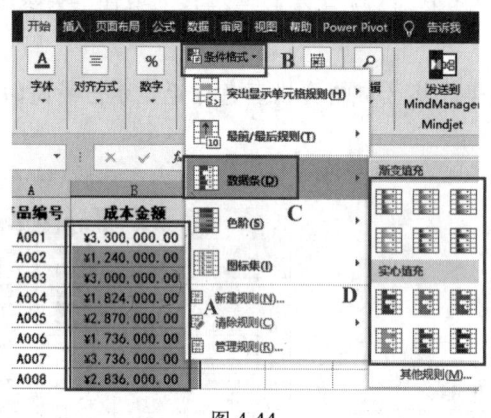

图 4-44　　　　　　　　　　　　　　　图 4-45

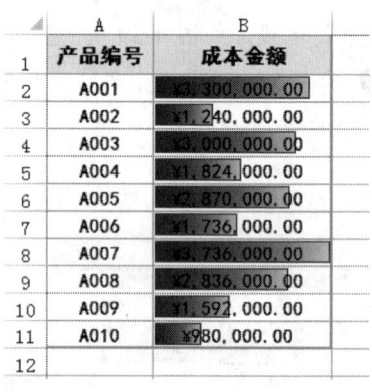

> **专家提示**
>
> 如果对默认的数据条样式不满意，可以单击"数据条"子菜单下的"其他规则"命令，打开"新建格式规则"对话框，在"条形图外观"下设置条形图的颜色/边框/方向等。

7. 使用图标集标注库存情况

使用图标集可以对单元格数据进行注释，并可以按阈值将数据分为 3～5 个类别，每个图标代表一个值的范围。如在"三标志"图标集中，绿色的圆形代表较高值，红色的下箭头代表较低值，下面使用此种图标集标注最低库存具体方法如下。

❶ 选择目标单元格区域，单击"条形格式"按钮，在下拉列表中单击"图标集"→"其

他规则"命令（如图 4-46 所示），打开"新建格式规则"对话框。

❷ 在"图标样式"下拉列表中选择需要的图标样式，然后设置各个图标代表的值或值的范围。这里设置"类型"为"数字"，绿色圆形图标代表">=50000"的值，黄色圆形图标代表"<50000 且 >=10000"的值，则红色圆形图标代表"<10000"的值，如图 4-47 所示。

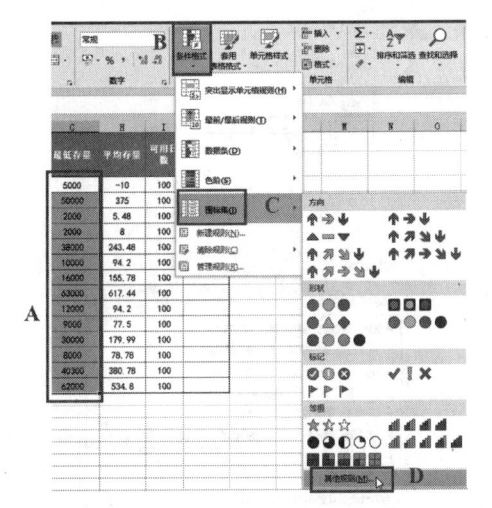

图 4-46

图 4-47

❸ 单击"确定"按钮，即可看到不同的数字前面显示不同的图标，如图 4-48 所示。

图 4-48

8. 利用公式设置条件规则

在加班统计表中，可以通过条件格式的设置快速标识出周末加班的记录。此条件格式的设置需要使用公式进行判断。

❶ 选中目标单元格区域，在"开始"选项卡的"样式"组中，单击"条件格式"下拉按钮，单击"新建规则"命令（如图 4-49 所示），打开"新建格式规则"对话框。

❷ 在"选择规则类型"栏中选择"使用公式确定要设置格式的单元格"（如图 4-50 所示），打开"新建格式规则"对话框。

❸ 在下面的文本框中输入公式"=WEEKDAY(A3,2)>5"，如图 4-51 所示。单击"格

59

式"按钮，打开"设置单元格格式"对话框。

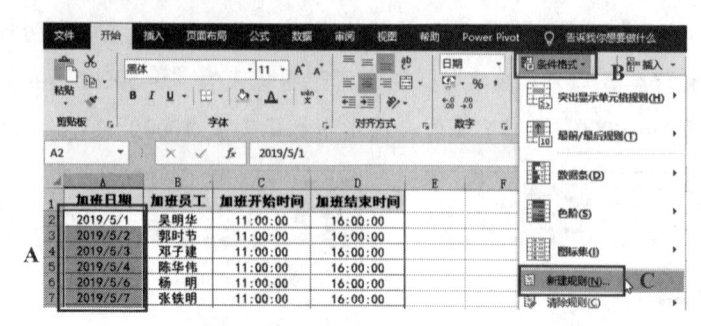

图 4-49

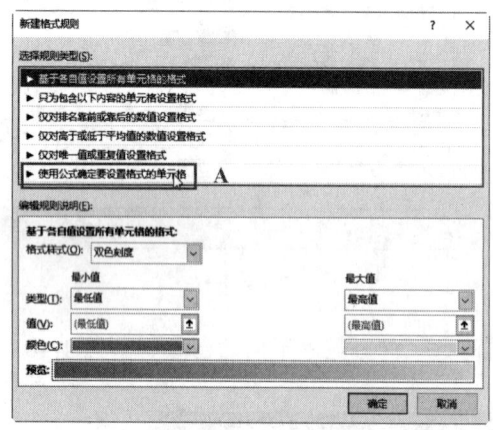

图 4-50

图 4-51

❹ 根据具体情况对需要标识的单元格进行格式设置，这里以设置单元格背景颜色为"红色"为例，如图 4-52 所示。

❺ 单击"确定"按钮，返回到"新建格式规则"对话框中，再次单击"确定"按钮，即可将选定单元格区域内的双休日标识出来，如图 4-53 所示。

图 4-52

图 4-53

> **专家提示**
>
> 利用公式建立条件可以处理更为复杂的数据，让条件的判断更加灵活，但是要应用好这些功能，需要对 Excel 函数有所了解。

4.2.3 管理条件格式规则

如果要查看、重新编辑或删除新建的条件规则，可以打开"管理规则"对话框来完成相关操作。如果其他工作表的数据区域需要使用相同的条件规则，还可以实现条件规则的快速复制。

1. 重新编辑新建的条件规则

如果已经建立的规则需要重新修改，此时可以通过如下方法重新进行编辑。

❶ 在"开始"选项卡下"样式"组中单击"条件格式"按钮，在弹出的下拉菜单中单击"管理规则"命令，打开"条件格式规则管理器"对话框。

❷ 在"规则（按所示顺序应用）"列表下，选中要编辑的新建条件格式规则（如图 4-54 所示），单击"编辑规则"按钮，打开"编辑格式规则"对话框，如图 4-55 所示。

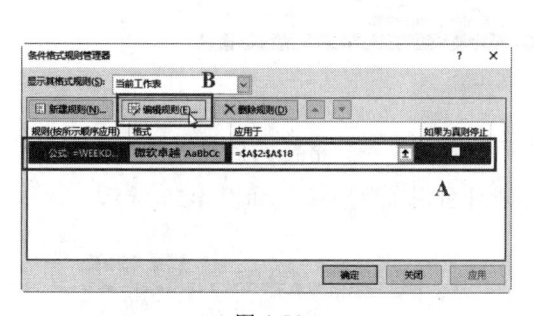

图 4-54

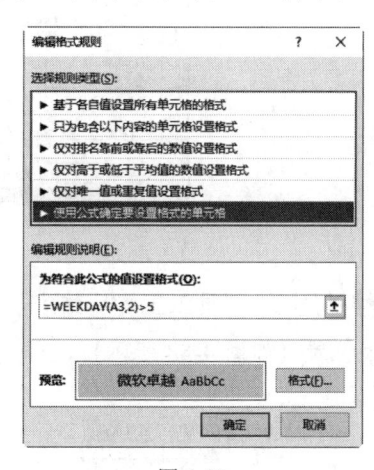

图 4-55

❸ 根据需求，可以按照新建规则相同的方法重新设置规则。编辑完成后，依次单击"确定"按钮即可。

2. 删除不需要的条件规则

如果不再需要某个或多个建立好的条件格式规则，此时可以通过如下方法将其删除。

❶ 在"开始"选项卡下"样式"组中单击"条件格式"按钮，在弹出的下拉菜单中

单击"管理规则"命令，打开"条件格式规则管理器"对话框。

❷ 在"规则（按所示顺序应用）"列表下，选中要删除的新建条件格式规则（如图 4-56 所示），单击"删除规则"按钮，即可从规则列表中清除。

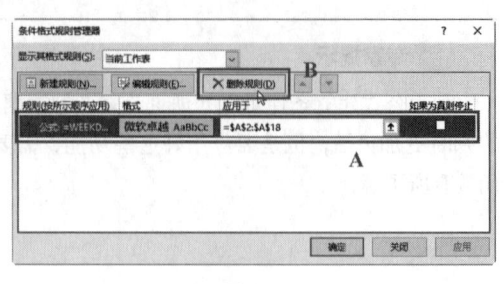

图 4-56

3. 复制条件规则到其他数据区域

如果表格中已经设置了条件格式，当其他单元格区域中需要使用相同条件格式时，可以利用复制的方法设置。

❶ 例如"基本工资表"工作表的"基本工资小计"列区域已经设置了条件格式，选中设置了条件格式的任意单元格，在"开始"选项卡的"剪贴板"组中单击"格式刷"按钮，如图 4-57 所示。

图 4-57

❷ 切换到"员工工资明细表"工作表中，在需要引用格式的单元格上拖动小刷子直到结束位置（如图 4-58 所示），释放鼠标即可引用条件格式，如图 4-59 所示。

图 4-58

图 4-59

第 4 章　财务数据的范围与条件限定

> **技高一筹：快速定位包含条件格式的单元格。**

有的表格含有很多条件格式，如果需要快速选择这些设置了条件格式的单元格，可通过下列方法操作。

选择任意一个单元格，按下 F5 键，打开"定位"对话框，单击左下角的"定位条件"按钮，如图 4-60 所示，打开"定位条件"对话框。

选择"条件格式"单选框，接着选中下方的"全部"单选框，如图 4-61 所示。单击"确定"按钮，Excel 将选择当前工作表中所有包含条件格式的单元格，无论这些单元格中的条件格式是否相同。

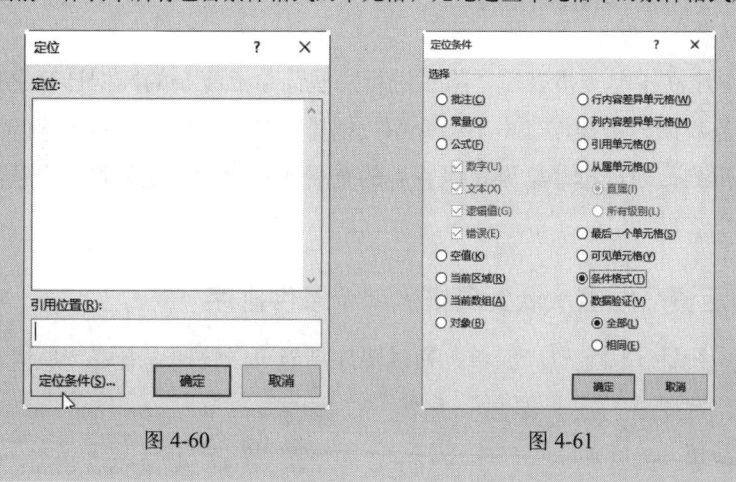

图 4-60　　　　　　　　图 4-61

第 5 章
财务数据的统计分析

5.1 按固定资产原值排序

在 Excel 中建立了财务报表后，除了进行一些简单或复杂的数据计算之外，还需要进行一系列的财务数据分析操作。本节会介绍数据排序功能，它可以将无序的数据按照指定的关键字进行排列，通过排序结果可以直观的查看比较数据。比如将资产从高到低，对账款排序等。

5.1.1 按固定资产原值从低到高排序单个条件排序

当前表格中统计了固定资产清单，通过降序功能可以快速查看资产原值最高的资产。

❶ 将光标定位在"资产原值"列任意单元格中，如图 5-1 所示。

❷ 在"数据"选项卡下的"排序和筛选"组中单击"降序"按钮，可以看到表格中数据按资产原值从大到小自动排列，如图 5-2 所示。

❸ 将光标定位在"资产原值"列任意单元格中，在"数据"选项卡下的"排序和筛选"组中单击"升序"按钮。可以看到表格中数据按资产原值从小到大自动排列，如图 5-3 所示。

图 5-1

图 5-2

图 5-3

5.1.2 按类别分类固定资产并排序

固定资产清单中的"形态类别"有多种不同类型。现在想实现的排序结果是，将相同类别的条目排列在一起，然后再对各个类别中的固定资产条目的资产原值从大到小排序，从而方便查看同一形态类别中的资产原值排序情况。

❶ 选中表格编辑区域任意单元格，在"数据"选项卡下的"排序和筛选"组中单击"排序"按钮，打开"排序"对话框。

❷ 在"主要关键字"下拉列表中选择"形态类别"，在"次序"下拉列表中可以选择"升序"或"降序"，如图5-4所示。

❸ 单击"添加条件"按钮，在列表中添加"次要关键字"。在"次要关键字"下拉列表中选择"资产原值"，在"次序"下拉列表中选择"降序"，如图5-5所示。

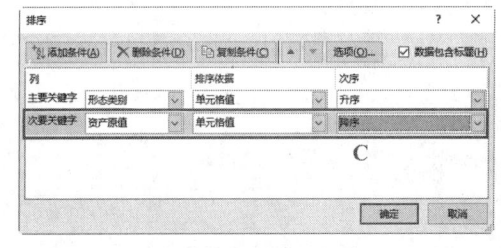

图 5-4

图 5-5

❹ 设置完成后，单击"确定"按钮可以看到表格中首先按"形态类别"升序排序，对于同一类别的记录，又按"资产原值"降序排序，效果如图5-6所示。

编号	形态类别	资产名称	规格型号	资产原值
41004	办公设备	复印机	D606	40000
41003	办公设备	电脑	IBM	8740
41002	办公设备	复印机	20010	3199
41001	办公设备	空调	10010	3169
31014	电子设备	激光粒度机	F2101	40000
31011	电子设备	双辊破碎机	B2001	24000
31012	电子设备	颚破机	G1001	15000
31013	电子设备	冷却水槽	B3001	10700
21014	机器设备	喷雾干燥机(大型)	A1002	183200
21012	机器设备	油压裁断机	A0012	124000
21013	机器设备	喷雾干燥机(小型)	A1001	74000
21011	机器设备	厢式实验电炉	E3001	4000
51002	运输设备	商务车	102	100000
51001	运输设备	汽车	066-1	35288.8

图 5-6

> **专家提示**
>
> 数据的排序、筛选、分类汇总等操作，通常都是应用于当表格数据非常多时，方便快速地从庞大的数据表中查看相关信息。本例中为了显示方便，只列举部分记录来操作。

技高一筹：自定义排序规则。

在 Excel 中可以按照自定义的序列对数据表进行排序。在如图 5-7 所示表格中，需要按学历从高到低排序（即按"博士 - 硕士 - 本科 - 大专"的顺序排列），按照普通方法是无法进行此种排序的，这时可利用下面方法实现。

选择表格中任意单元格，如图 5-7 所示，在"数据"选项卡的"排序和筛选"组中单击"排序"按钮，打开"排序"对话框。在"主要关键字"下拉列表中选择"学历"，在"次序"下拉列表中选择"自定义系列"，如图 5-8 所示，弹出"自定义序列"对话框。

图 5-7

图 5-8

在"输入序列"列表框中输入自定义序列，并单击"添加"按钮，如图 5-9 所示。单击"确定"按钮，返回"排序"对话框，再单击"确定"按钮，完成排序，排序后效果如图 5-10 所示。

图 5-9

图 5-10

5.2 应付账款清单中数据的筛选

数据筛选功能常用于对财务数据库的分析。通过设置筛选条件可以快速查看财务数据库中满足特定条件的记录。例如在应付账款清单表中，可以通过筛选查看指定供应商的记录，也可以筛选查看金额大于指定值的记录。

5.2.1 筛选指定供应商的应付记录

筛选数据的第一步是为表格添加自动筛选按钮。本例中需要筛选出指定供应商"大唐装饰"的应付记录。

❶ 选中表格编辑区域任意单元格，在"数据"选项卡下的"排序和筛选"组中单击"筛选"按钮，则可以在表格所有列标识上添加"筛选"下拉按钮，如图 5-11 所示。

❷ 单击要进行筛选的字段右侧的 ▼ 按钮，如此处单击"供应商"标识右侧的 ▼ 按钮，可以看到下拉菜单中显示了所有供应商。

❸ 取消"全选"复选框，选中要查看的某个供应商，此处选中"大唐装饰"复选框，如图 5-12 所示。

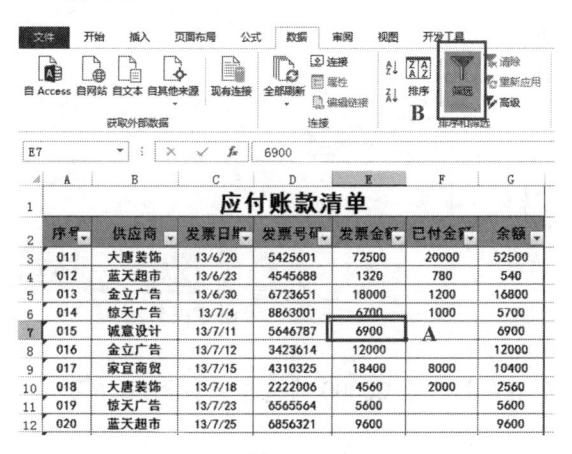

图 5-11

图 5-12

❹ 单击"确定"按钮，即可筛选出供应商为"大唐装饰"的所有应付账款记录，如图 5-13 所示。

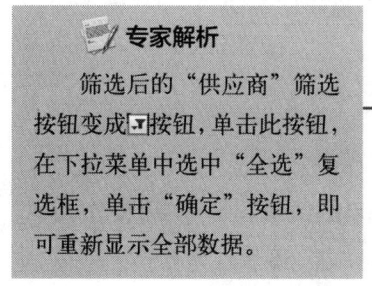

> **专家解析**
>
> 筛选后的"供应商"筛选按钮变成 ▼ 按钮，单击此按钮，在下拉菜单中选中"全选"复选框，单击"确定"按钮，即可重新显示全部数据。

图 5-13

5.2.2 按发票金额筛选数据

在表格中添加自动筛选后，可以通过设置相关的筛选条件，从而筛选出大于、小于指定值，或介于指定值之间，或指定前（后）几位排名等的记录。

1. 筛选发票金额大于指定值的记录

利用数值筛选功能可以筛选出等于、大于、小于指定数值的记录。例如本例中要求筛选出发票金额大于20000的清单，具体实现操作如下。

❶ 在"数据"选项卡的"排序和筛选"组中，单击"筛选"按钮，添加自动筛选。单击"发票金额"字段右侧的▼按钮，在打开的下拉菜单中将鼠标将指向"数字筛选"，在子菜单中单击"大于"命令（如图5-14所示），打开"自定义自动筛选方式"对话框。

❷ 单击第一个下拉按钮，在下拉菜单中选择"大于"，然后在后面的设置框中输入"20000"，如图5-15所示。

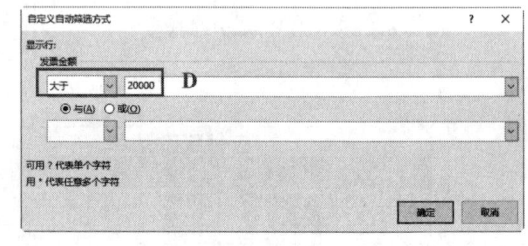

图 5-14

图 5-15

❸ 单击"确定"按钮即可筛选出发票金额大于20000的清单，如图5-16所示。

图 5-16

2. 同时筛选出发票金额大于指定值或者小于指定值的记录

例如本例中要同时筛选出发票金额大于20000或小于2000的清单，具体实现操作如下。

❶ 在"数据"选项卡的"排序和筛选"组中，单击"筛选"按钮，添加自动筛选。单击"发票金额"字段右侧的▼按钮，在打开的下拉菜单中鼠标指向"数字筛选"，在子菜单中单击"大于"命令，打开"自定义自动筛选方式"对话框。

❷ 设置第一个筛选方式为"大于"→"20000"，选中"或"单选框，设置第二个筛选方式为"小于"→"2000"，如图5-17所示。

❸ 单击"确定"按钮即可同时筛选出发票金额大于20000或小于2000的清单，如图5-18所示。

第 5 章　财务数据的统计分析

图 5-17 　　　　　　　　　　　　　　图 5-18

3. 筛选出同时满足两个条件的记录（如指定供应商指定发票金额）

筛选出同时满足两个或多个条件的记录可以首先按某一个关键字进行筛选，在筛选出的结果中再按另一关键字进行筛选。如本例中要筛选出"蓝天超市"中"发票金额"小于3000元的清单。

❶ 单击"供应商"字段右侧的 ▼ 按钮，在下拉菜单中取消"全选"复选框，选中"蓝天超市"复选框，单击"确定"按钮即可显示出所有"供应商"为"蓝天超市"的记录，如图 5-19 所示。

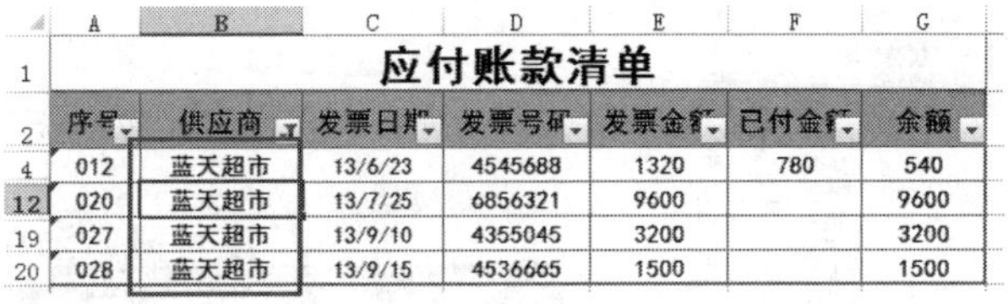

图 5-19

❷ 单击"发票金额"字段右侧的 ▼ 按钮，在打开的下拉菜单中鼠标指向"数字筛选"，在子菜单中单击"小于"命令（如图 5-20 所示），打开"自定义自动筛选方式"对话框。

❸ 单击第一个下拉按钮，在下拉菜单中选择"小于"，然后在后面的设置框中输入"3000"，如图 5-21 所示。

图 5-20 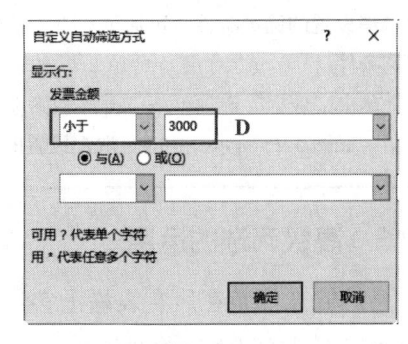　　　　　　　　　　　　　　图 5-21

69

❹ 单击"确定"按钮即可筛选出"供应商"为"蓝天超市"且"发票金额"小于3000元的记录，如图5-22所示。

图 5-22

4. 筛选出发票金额大于平均值的记录

在进行数值筛选时，Excel程序还可以进行简易的数据分析，并筛选出分析结果。例如筛选出高于或低于平均值的记录。下面要筛选出发票金额高于平均值的清单。

❶ 在"数据"选项卡的"排序和筛选"组中，单击"筛选"按钮，添加自动筛选。单击"发票金额"字段右侧的 按钮，在打开的下拉菜单中将鼠标指向"数字筛选"，在子菜单中单击"高于平均值"，如图5-23所示。

❷ 执行上述命令菜单，即可筛选出发票金额高于平均值的清单，如图5-24所示。

图 5-23　　　　　　　　　图 5-24

> ▶ **专家提示**
>
> 在设置了数据筛选后，如果想还原到原始数据表中，需要取消设置的筛选条件。可通过如下方法快速取消所设置的筛选条件。
> 单击"数据"选项卡下"排序和筛选"组中的"筛选"按钮（如图5-25所示），即可取消设置的筛选条件。
>
> 图 5-25

5.2.3　高级筛选的运用

自动筛选都是在原有表格上实现数据的筛选，被排除的记录行会自动被隐藏，而使用高级筛选功能则可以将筛选到的结果存放于其他位置上（而不是将不满足条件的数据隐藏），以便得到单一的分析结果，方便使用。在高级筛选方式下可以实现只满足多条件中一个条件的筛选（即"或"条件筛选），也可以实现同时满足两个条件的筛选（即"与"条件筛选）。而高级筛选的关键就在于对筛选条件的正确设置，本节会通过两个例子介绍如何设置高级筛选的各项参数。

1. 利用高级筛选功能实现"与"条件筛选

如本例要利用高级筛选功能筛选出"蓝天超市"中"发票金额"小于3000元的清单。

❶ 在空白处设置条件，注意要包括列标识，图5-26中I2:J3单元格区域为设置的条件。

❷ 在"数据"选项卡下"排序和筛选"组中单击"高级"按钮，打开"高级筛选"对话框。

图 5-26

❸ 在"列表区域"中设置参与筛选的单元格区域，在"条件区域"中设置条件单元格区域，选中"将筛选结果复制到其他位置"单选框，再在"复制到"中设置要将筛选后的数据放置的起始位置，如图5-27所示。

❹ 单击"确定"按钮即可筛选出满足条件的记录，如图5-28所示。

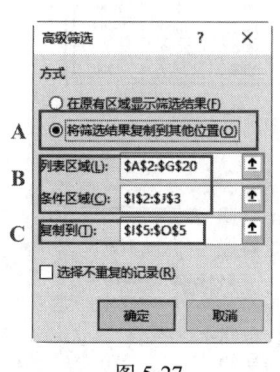

图 5-27　　　　　　　　　　图 5-28

2. 利用高级筛选功能实现"或"条件筛选

本例表格需要利用高级筛选功能筛选出"发票金额"大于"20000"元或者小于"2000"元的清单。

❶ 在空白处设置条件，注意要包括列标识，I2:J4 单元格区域为设置的条件，如图 5-29 所示。

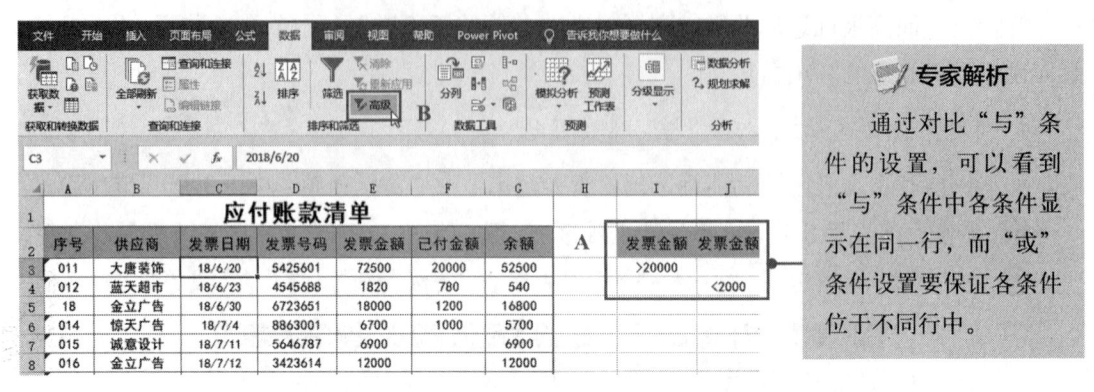

专家解析

通过对比"与"条件的设置，可以看到"与"条件中各条件显示在同一行，而"或"条件设置要保证各条件位于不同行中。

图 5-29

❷ 在"数据"选项卡下"排序和筛选"组中单击"高级"命令按钮，打开"高级筛选"对话框。

❸ 在"列表区域"中设置参与筛选的单元格区域（可以单击右侧的拾取器按钮在工作表中进行选择），在"条件区域"中设置条件单元格区域，选中"将筛选结果复制到其他位置"单选框，再在"复制到"中设置要将筛选后的数据放置的起始位置，如图 5-30 所示。

❹ 单击"确定"按钮，即可筛选出满足条件的记录，如图 5-31 所示。

图 5-30   图 5-31

技高一筹：筛选出不重复记录

如果表格中有重复记录，利用高级筛选功能可以筛选掉重复记录。

在"数据"选项卡的"排序和筛选"选项组中，单击"高级"按钮，打开"高级筛选"对话框。将光标定位在"列表区域"后面的文本框中，拖动鼠标选取需要筛选的单元格区域，接着选中"选择不重复的记录"复选框，如图 5-32 所示。单击"确定"按钮，即可将选定区域中的不重复记录筛选出来。

图 5-32

5.3 应付账款清单中数据的分类汇总

如果要对财务数据表格中的某一类数据进行汇总统计，可以使用"分类汇总"功能。分类汇总可以为同一类别的记录自动添加合计或小计。比如统计财务部工资总和（平均值、最大值、最小值等）、统计相同费用类别的平均支出金额等。此功能是数据库分析过程中一个非常实用的功能。

5.3.1 统计各供应商的发票金额合计

在创建分类汇总前需要对所汇总的数据进行排序，即将同一类别的数据排列在一起，然后将各个类别的数据按指定方式汇总。如果事先没有对数据排序，会导致分类汇总结果不正确。

比如本例表格要统计出各个供应商的发票金额合计值，则首先要按"供应商"字段进行排序，然后进行分类汇总设置。

❶ 选中"供应商"列中任意单元格。单击"数据"选项卡下"排序和筛选"组中的"升序"按钮进行排序，如图 5-33 所示。

❷ 选择表格编辑区域的任意单元格，在"数据"选项卡下的"分级显示"组中单击"分类汇总"按钮（如图 5-34 所示），打开"分类汇总"对话框。

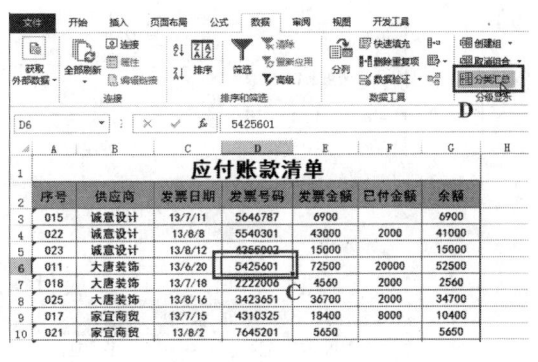

图 5-33　　　　　　　　　图 5-34

❸ 在"分类字段"列表框中选中"供应商"单选框；在"汇总方式"下拉列表中选择"求和"；在"选定汇总项"列表框中选中"发票金额"复选框，如图 5-35 所示。

❹ 设置完成后，单击"确定"按钮，即可将表格中以"供应商"排序后的应付账款记录进行分类汇总，并显示分类汇总后的结果（汇总项为"发票金额"），如图 5-36 所示。

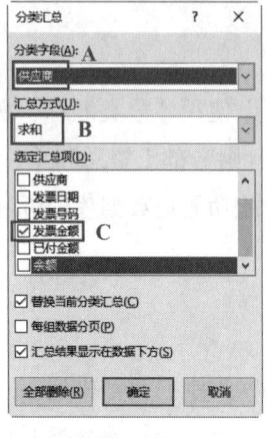

Excel 在会计与财务管理工作中的案例应用

图 5-35

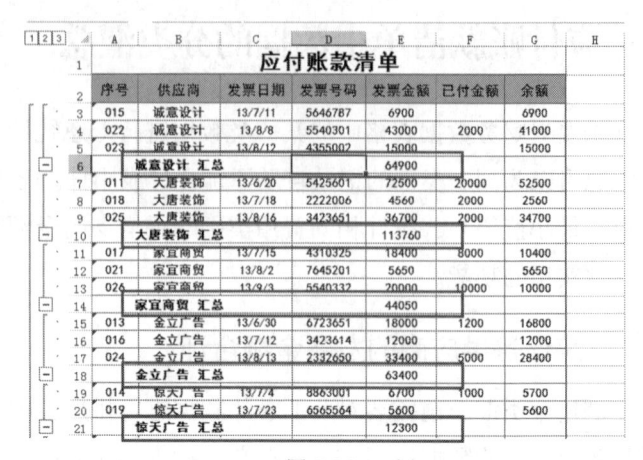

图 5-36

技高一筹：快速清除分级显示符号

对表格进行分类汇总后，在左侧窗格中会有分级显示符号，如图 5-37 所示。如果不显示分级显示符号，可以将其清除。

在"数据"选项卡的"分级显示"组中，单击"取消组合"下拉按钮，在下拉菜单中单击"消除分级显示"命令（如图 5-38 所示），即可清除分级显示符号，效果如图 5-39 所示。

若想再显示分级符号，再次打开"分类汇总"对话框，单击"确定"按钮即可显示。

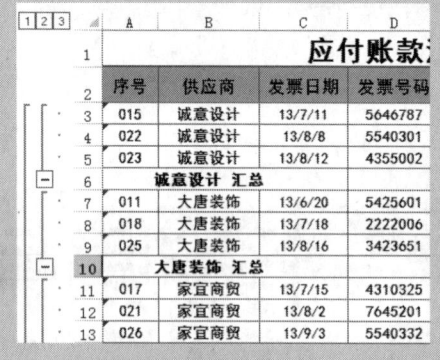

图 5-37

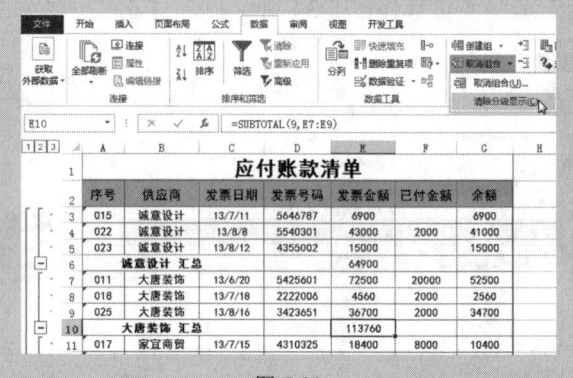

图 5-38

图 5-39

74

5.3.2 编辑分类汇总

默认的分类汇总方式是求和,建立分类汇总统计出相应的结果后,如果想得出其他分析结果,则可以重新设置分类汇总选项;另外,还可以设置只查看分类汇总结果,以及取消分类汇总的分级显示等。

1. 更改汇总方式得到不同统计结果

在进行分类汇总时,有几种汇总方式可以选择(求和、计数、最大值等),若默认汇总方式不满足需要,可以按照下面方法进行更改。

❶ 这里使用 5.3.1 节创建的分类汇总统计结果。单击表格中任意单元格,单击"分类汇总"按钮,打开"分类汇总"对话框。单击"汇总方式"设置框右侧下拉按钮,在列表中单击选择"最大值",如图 5-40 所示。

❷ 单击"确定"按钮,可以看到汇总值更改为各个供应商的发票金额最大值,如图 5-41 所示。

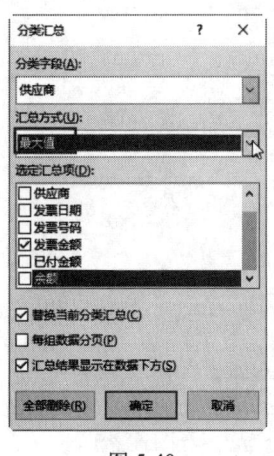

图 5-40

图 5-41

2. 只显示分类汇总的结果

在进行分类汇总后,如果只想查看分类汇总结果,可以通过单击分级序号来实现。

❶ 单击分级显示符号窗格中的 2 按钮,即可看到各部门的"合计"汇总,如图 5-42 所示。

❷ 单击 1 按钮,即可看到所有部门"合计"的总和,如图 5-43 所示。

图 5-42

图 5-43

技高一筹：将汇总结果复制到其他工作表。

许多用户在使用分类汇总以后，希望能够把汇总结果复制到其他工作表中去，但是在将汇总项的数据列表进行复制并粘贴到其他工作表中时，发现明细数据也被复制了。如果只需复制汇总结果，可按如下方法操作。

单击工作表左上角的 2 按钮，得到汇总项，选择 A2:G27 单元格区域（如图 5-44 所示），按 F5 键，弹出"定位"对话框，单击"定位条件"按钮（如图 5-45 所示），打开"定位条件"对话框，选择"可见单元格"单选框，如图 5-46 所示。

单击"确定"按钮，按下"Ctrl+C"组合键，定位想复制到的目标位置，按下"Ctrl+V"组合键即可完成复制，如图 5-47 所示。

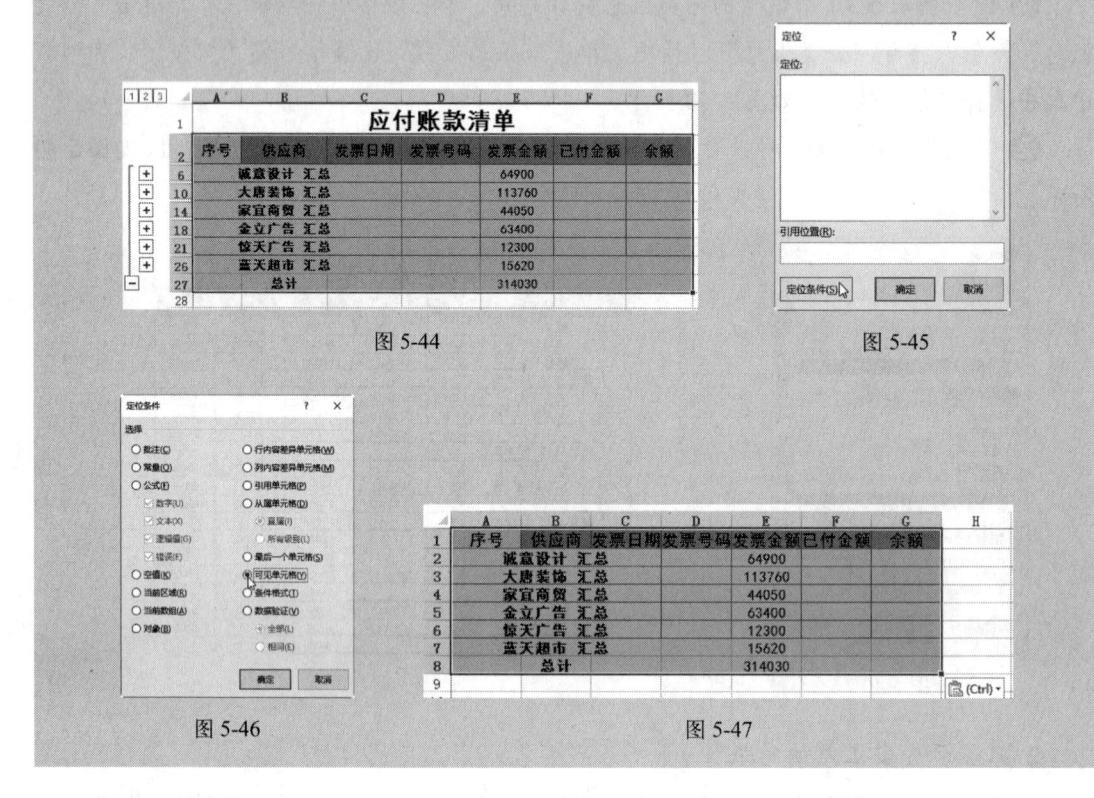

图 5-44

图 5-45

图 5-46

图 5-47

3. 取消分类汇总

在对数据进行分类汇总后，如果不再需要了，可以将分类汇总删除。

❶ 定位到需要删除分类汇总的工作表，单击"数据"选项卡的"分级显示"组中，单击"分类汇总"按钮，打开"分类汇总"对话框。

❷ 单击对话框左下角的"全部删除"按钮，如图 5-48 所示，即可将分类汇总删除。

图 5-48

技高一筹：删除分类汇总后如何恢复数据的原有次序?

在创建分类汇总前需要对所汇总的数据进行排序，所以在进行分类汇总后再将其删除，显示的数据则是按排序后的次序显示的。如果希望在删除分类汇总后还能恢复原有的次序，可以通过下面介绍来实现。

在进行分类汇总之前，添加辅助列，在 I3 单元格中输入“1”，按住“Ctrl”键不放，向下填充 I20 单元格，效果如图 5-49 所示。进行分类汇总后结果如图 5-50 所示。

	A	B	C	D	E	F	G
1	供应商	发票日期	发票号码	发票金额	已付金额	余额	辅助列
2	大唐装饰	13/6/20	5425601	72500	20000	52500	1
3	蓝天超市	13/6/23	4545688	1320	780	540	2
4	金立广告	13/6/30	6723651	18000	1200	16800	3
5	惊天广告	13/7/4	8863001	6700	1000	5700	4
6	诚意设计	13/7/11	5646787	6900		6900	5
7	金立广告	13/7/12	3423614	12000		12000	6
8	家宜商贸	13/7/15	4310325	18400	8000	10400	7
9	大唐装饰	13/7/18	2222006	4560	2000	2560	8
10	惊天广告	13/7/23	6565564	5600		5600	9
11	蓝天超市	13/7/25	6856321	9600		9600	10
12	家宜商贸	13/8/2	7645201	5650		5650	11
13	诚意设计	13/8/8	5540301	43000	2000	41000	12
14	诚意设计	13/8/12	4355002	15000		15000	13
15	金立广告	13/8/13	2332650	33400	5000	28400	14
16	大唐装饰	13/8/16	3423651	36700	2000	34700	15
17	家宜商贸	13/9/3	5540332	20000	10000	10000	16
18	蓝天超市	13/9/10	4355045	3200		3200	17
19	蓝天超市	13/9/15	4536665	1500		1500	18

图 5-49

	A	B	C	D	E	F	G
1	供应商	发票日期	发票号码	发票金额	已付金额	余额	辅助列
2	诚意设计	13/7/11	5646787	6900		6900	5
3	诚意设计	13/8/8	5540301	43000	2000	41000	12
4	诚意设计	13/8/12	4355002	15000		15000	13
5	诚意设计 汇总			64900			30
6	大唐装饰	13/6/20	5425601	72500	20000	52500	1
7	大唐装饰	13/7/18	2222006	4560	2000	2560	8
8	大唐装饰	13/8/16	3423651	36700	2000	34700	15
9	大唐装饰 汇总			113760			24
10	家宜商贸	13/7/15	4310325	18400	8000	10400	7
11	家宜商贸	13/8/2	7645201	5650		5650	11
12	家宜商贸	13/9/3	5540332	20000	10000	10000	16
13	家宜商贸 汇总			44050			34
14	金立广告	13/6/30	6723651	18000	1200	16800	3
15	金立广告	13/7/12	3423614	12000		12000	6
16	金立广告	13/8/13	2332650	33400	5000	28400	14
17	金立广告 汇总			63400			23
18	惊天广告	13/7/4	8863001	6700	1000	5700	4
19	惊天广告	13/7/23	6565564	5600		5600	9
20	惊天广告 汇总			12300			13
21	蓝天超市	13/6/23	4545688	1320	780	540	2

图 5-50

取消分类汇总后结果如图 5-51 所示。

单击“辅助列”任意单元格，单击“数据”选项卡下“排序和筛选”组中的“升序”按钮，即可恢复数据原有的次序，效果如图 5-52 所示。

	A	B	C	D	E	F	G
1	供应商	发票日期	发票号码	发票金额	已付金额	余额	辅助列
2	诚意设计	13/7/11	5646787	6900		6900	5
3	诚意设计	13/8/8	5540301	43000	2000	41000	12
4	诚意设计	13/8/12	4355002	15000		15000	13
5	大唐装饰	13/6/20	5425601	72500	20000	52500	1
6	大唐装饰	13/7/18	2222006	4560	2000	2560	8
7	大唐装饰	13/8/16	3423651	36700	2000	34700	15
8	家宜商贸	13/7/15	4310325	18400	8000	10400	7
9	家宜商贸	13/8/2	7645201	5650		5650	11
10	家宜商贸	13/9/3	5540332	20000	10000	10000	16
11	金立广告	13/6/30	6723651	18000	1200	16800	3
12	金立广告	13/7/12	3423614	12000		12000	6
13	金立广告	13/8/13	2332650	33400	5000	28400	14
14	惊天广告	13/7/4	8863001	6700	1000	5700	4
15	惊天广告	13/7/23	6565564	5600		5600	9
16	蓝天超市	13/6/23	4545688	1320	780	540	2
17	蓝天超市	13/7/25	6856321	9600		9600	10
18	蓝天超市	13/9/10	4355045	3200		3200	17
19	蓝天超市	13/9/15	4536665	1500		1500	18
20							

图 5-51

	A	B	C	D	E	F	G	H
1	供应商	发票日期	发票号码	发票金额	已付金额	余额	辅助列	
2	大唐装饰	13/6/20	5425601	72500	20000	52500	1	
3	蓝天超市	13/6/23	4545688	1320	780	540	2	
4	金立广告	13/6/30	6723651	18000	1200	16800	3	
5	惊天广告	13/7/4	8863001	6700	1000	5700	4	
6	诚意设计	13/7/11	5646787	6900		6900	5	
7	金立广告	13/7/12	3423614	12000		12000	6	
8	家宜商贸	13/7/15	4310325	18400	8000	10400	7	
9	大唐装饰	13/7/18	2222006	4560	2000	2560	8	
10	惊天广告	13/7/23	6565564	5600		5600	9	
11	蓝天超市	13/7/25	6856321	9600		9600	10	
12	家宜商贸	13/8/2	7645201	5650		5650	11	
13	诚意设计	13/8/8	5540301	43000	2000	41000	12	
14	诚意设计	13/8/12	4355002	15000		15000	13	
15	金立广告	13/8/13	2332650	33400	5000	28400	14	
16	大唐装饰	13/8/16	3423651	36700	2000	34700	15	
17	家宜商贸	13/9/3	5540332	20000	10000	10000	16	
18	蓝天超市	13/9/10	4355045	3200		3200	17	
19	蓝天超市	13/9/15	4536665	1500		1500	18	

图 5-52

5.4 数据合并计算

合并计算功能是将多个区域中的值合并计算到一个新区域中。比如各月销售数据、库存数据等分别存放于不同的工作表中，当需要进行季度或全年合计计算时，则可以利用数据合并计算功能快速一次性完成统计。

5.4.1 销售金额全年合并分析

财务人员经常需要对销售金额进行统计分析，例如对各表零散统计结果进行合并求和、求平均值等。

1. 销售金额全年合并求和

例如当前工作簿中包含 3 张工作表，分别为"上半年销售额""下半年销售额"和"全年合计"（如图 5-53 所示）。现在要将"上半年销售额"与"下半年销售额"中的数据汇总到"全年合计"工作表中。

图 5-53

❶ 切换到"全年合计"工作表中，选中 B2 单元格。

❷ 单击"数据"选项卡，在"数据工具"组中单击"合并计算"按钮，打开"合并计算"对话框，如图 5-54 所示。

❸ 在"函数"设置框中使用默认的"求和"函数，将光标定位到"引用位置"框中，单击右侧的按钮回到"上半年销售额"工作表，选择待计算的区域 C2:C12 单元格区域，如图 5-55 所示。

图 5-54 　　　　　　　　　　图 5-55

❹ 选择后，单击按钮回到"合并计算"对话框中，单击"添加"按钮添加第一个计算区域，如图 5-56 所示。

❺ 再次将光标定位到"引用位置"框中，回到"下半年销售额"工作表中选择 C2:C12 单元格区域，单击"添加"按钮将选择的区域添加到下方的"所有引用位置"列表框中，如图 5-57 所示。

图 5-56 　　　　　　　　　　　　　图 5-57

❻ 单击"确定"按钮可以看到"全年合计"工作表中显示了计算结果，如图 5-58 所示。

图 5-58 　　　　　　　　　　　　　图 5-59

> **技高一筹：设置自动更新数据源**
>
> 如果合并计算的数据源改变，那么合并计算的结果也需要更新。若结果不同自动更新，可按如下方法设置。
>
> 单击"合并计算"按钮，打开"合并计算"对话框，设置函数和引用位置，然后选中"创建指向源数据的链接"复选框，如图 5-59 所示。单击"确定"按钮后，将进行合并计算，并自动汇总数据，如果更改工作表中的数据，合并计算表中的数据将随之发生变化。

2. 计算求平均销售金额

在进行合并计算时，不仅能进行求和运算，还可求平均值、计数、求最大最小值等。例如在销售统计表中，可以利用此功能来求出每种产品的平均销售金额（如销售数量、销售金额等）。

❶ 选中合并计算后数据存放的起始单元格。在"数据"选项卡下的"数据工具"组中单击"合并计算"按钮，打开"合并计算"对话框。

❷ 在"函数"下拉菜单中选择"平均值"函数，如图 5-60 所示。

❸ 然后添加多个参与计算的单元格区域(添加方法与上一小节中介绍方法)，如图 5-61 所示。

❹ 设置完成后，单击"确定"按钮，即可合并计算出上半年与下半年各产品的平均销售金额，如图 5-62 所示。

图 5-60　　　　　　　图 5-61　　　　　　　图 5-62

5.4.2 业务员业绩提成季度汇总

当多张需要合并计算的表格的数据位置、顺序不完全相同时，要进行合并计算则需要设置按最左列的标签来进行计算，即按类别进行合并计算。

例如当前工作簿中包含 3 张工作表，分别为"一月业绩统计""二月业绩统计"和"三月业绩统计"（各月份中业务员有重复的，也有不重复的，而且每张工作表中业务员的姓名显示顺序也有可能是不一样的），如图 5-63 所示。现在需要将三张表格中业务员业绩合并得到第一季度的业绩统计表。

图 5-63

❶ 新建一张工作表，将其命名为"一季度统计"，在该工作表输入内容。

❷ 选中 A2 单元格，单击"数据"选项卡，在"数据工具"组中单击"合并计算"按钮（如图 5-64 所示），打开"合并计算"对话框。

❸ 在"函数"设置框中使用默认的"求和"函数，单击"引用位置"右侧的拾取器，依次添加"一月业绩统计""二月业绩统计"与"三月业绩统计"三个表格中的数据源，然后选中"最左列"复选框，如图 5-65 所示。

第 5 章　财务数据的统计分析

图 5-64

图 5-65

❹ 单击"确定"按钮，得到合并计算的结果，即每位销售人员在一季度中的业绩总额与总提金额，如图 5-66 所示。

图 5-66

81

第 6 章
数据透视表在财务分析中的应用

6.1 了解数据透视表的应用层面及结构

数据透视表是一种交互式报表，可以快速分类汇总、比较大量的数据，并可以随时选择其中页、行和列中的不同元素，以达到快速查看源数据的不同统计结果。

6.1.1 创建数据透视表的作用及应用范围

数据透视表很好地综合了数据排序、筛选、分类汇总等数据分析的优点，它可以方便地调整分类汇总的方式，灵活地以多种不同方式展示数据的特征。建立数据表之后，通过鼠标拖动来调节字段的位置可以快速获取不同的统计结果，即表格具有动态性。

一般情况下，如下的数据分析要求都非常适合使用数据透视表来解决。

①对庞大的数据库进行多条件统计。

②需要对得到的统计数据进行行列变化，把字段移动到统计数据中的不同位置上，迅速得到新的数据，满足不同的要求。

③需要在得到的统计数据中找出某一字段的一系列相关数据。

④需要将得到的统计数据与原始数据源保持实时更新。

⑤需要在得到的统计数据中找出数据内部的各种关系并满足分组的要求。

⑥需要将得到的统计数据用图形的方式表现出来，并且可以筛选控制哪些值可以用图表来表示。

如图 6-1 所示的表格记录了各个专柜商品的销售金额，现在要统计出专柜为"万达店"且品牌为"朵儿"的销售金额合计值，则可以建立如图 6-2 所示的数据透视表快速统计。（为方便数据显示，本例中只显示了有限的几条记录。）

图 6-1

图 6-2

A 源数据表

B 专柜为"万达店"且品牌为"朵儿"的记录

C 数据透视表

D D2、D8 单元格的合计值

由于数据透视表是交互式的,我们可以通过更改数据透视表相关元素,以便查看更多明细数据或计算不同的汇总额,如求平均值、计数、最大最小值、方差等。

6.1.2 数据透视表的结构与元素

新建数据透视表之后默认是空白的,并会在右侧出现"数字透视表字段"对话框(如图 6-3 所示),用户可以通过设置不同的字段至不同的字段列表,来达到不同的分析目的。

图 6-3

A 显示数据透视表的区域。

B 字段列表区域。

C 利用鼠标拖动设置行列字段的区域。

D 专门针对于数据透视表设置的菜单。

在数据透视表中一般包含的元素有:字段、项、Σ 数值和报表筛选,下面我们来逐一介绍这些元素的概念和应用技巧,帮助读者更好地理解数据透视表是如何通过这些元素创建的。

- 字段

建立数据透视表后,源数据表中的列标识都会产生相应的字段,如图 6-4 所示"选择要添加到报表的字段"列表中显示的都是字段（字段名称是根据源表格的行、列标识决定的）。

图 6-4

对于字段列表中的字段，根据其设置不同又分为行字段、列字段和数值字段。在如图 6-5 所示的数据透视表中，"专柜"字段被设置为行字段、"品牌"字段被设置为列字段、"销售金额"字段被设置为数值字段（如果是数据，表格会默认将其显示在数值字段）。

- 项

项是字段的子分类或成员。如图 6-5 所示，行标签下的具体专柜名称以及列标签下的具体品牌名称都称作为项。

图 6-5

- Σ 数值

用来对数据字段中的值进行合并的计算类型。数据透视表通常为包含数字的数据字段使用 SUM 函数，而为包含文本的数据字段使用 COUNT。建立数据透视表并设置汇总后，可以根据分析需要选择其他汇总函数，如 AVERAGE、MIN、MAX 和 PRODUCT。

- 报表筛选

字段下拉列表显示了可在字段中显示的项的列表，利用下拉菜列表可以进行数据的筛选。当包含 按钮时，则可单击打开下拉列表，如图 6-6 所示和 6-7 所示。

第 6 章 数据透视表在财务分析中的应用

图 6-6

图 6-7

6.1.3 创建数据透视表

要创建数据透视表分析数据，需要先准备好相关数据。例如本例中在 Excel 中建立了费用支出记录表（如图 6-8 所示），下面将针对于此张表格来说明如何使用数据透视表来分析财务数据。

图 6-8

❶ 打开数据表，选中数据表中任意单元格。

❷ 单击"插入"选项卡，在"表格"组中单击"数据透视表"按钮（如图 6-9 所示），打开"创建数据透视表"对话框。

❸ 在"选择一个表或区域"框中显示了当前要建立为数据透视表的数据源，因为第一步中选中了数据表的任意单元格，所以默认情况下将整张数据表作为建立数据透视表的数据源，如图 6-10 所示。

85

Excel 在会计与财务管理工作中的案例应用

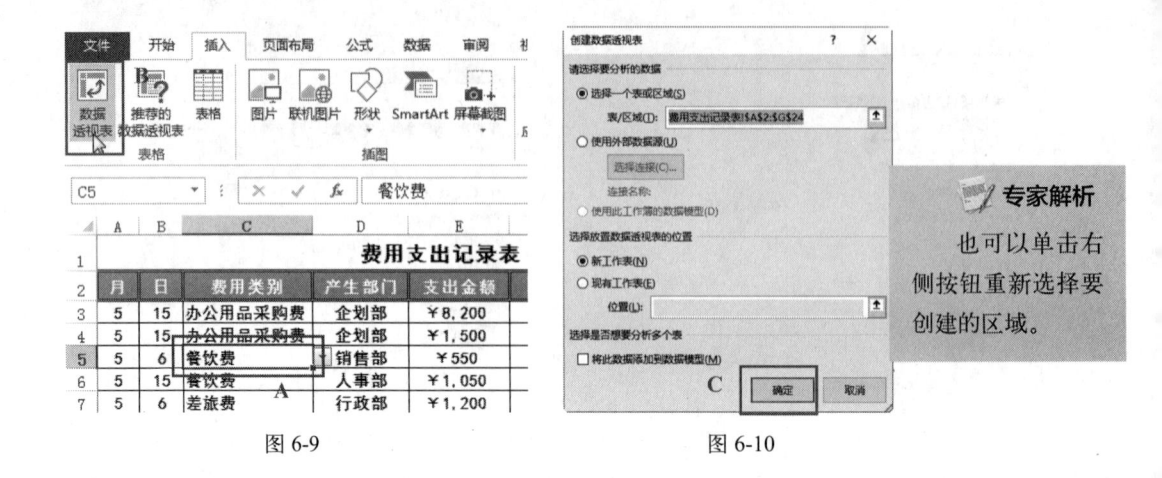

图 6-9

图 6-10

> **专家解析**
> 也可以单击右侧按钮重新选择要创建的区域。

> **专家提示**
> 默认建立的数据透视表将显示在一张新工作表中，如果想让数据透视表显示在当前工作表中可以选中"现有工作表"单选框，然后在"位置"框中设置存放数据透视表的起始单元格。

❹ 单击"确定"按钮即可新建一张工作表，如图 6-11 所示，该工作表即为数据透视表（需要通过设置字段才能达到统计目的）。

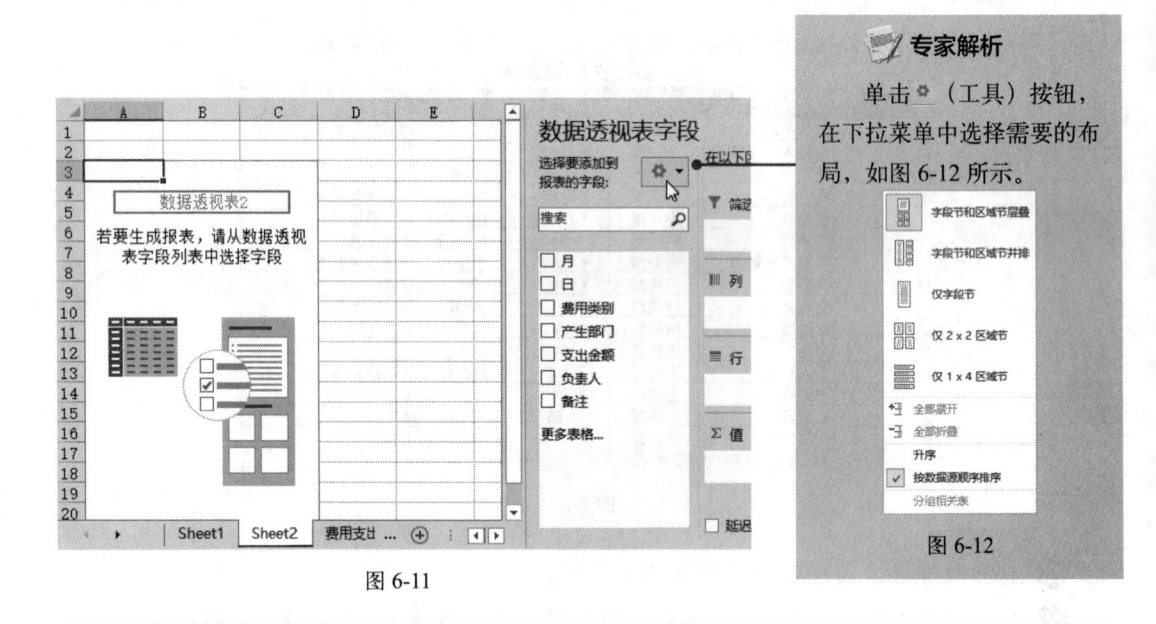

图 6-11

> **专家解析**
> 单击 ✿（工具）按钮，在下拉菜单中选择需要的布局，如图 6-12 所示。

图 6-12

> **专家提示**
> 当建立了数据透视表之后，主菜单中则会出现"数据透视表工具"菜单，该菜单包括"选项"和"设计"两个子菜单。选中据透视表时则会显示该菜单项，不选中数据透视表时该菜单自动隐藏。

86

第 6 章 数据透视表在财务分析中的应用

> **技高一筹：重新更改数据源**
>
> 若需要更改数据透视表的数据源，不需要重新创建，可以通过下面的方法更改。
>
> 选择当前的数据透视表，在"数据透视表工具"→"选项"选项卡的"数据"组中单击"更改数据源"下拉按钮，单击"更改数据源"命令（如图 6-13 所示），打开"移动数据透视表"对话框。
>
> 使"选择一个表或区域"右侧的拾取器回到工作表中重新选择数据源，如图 6-14 所示。单击"确定"按钮，即可更改数据透视表的数据源。

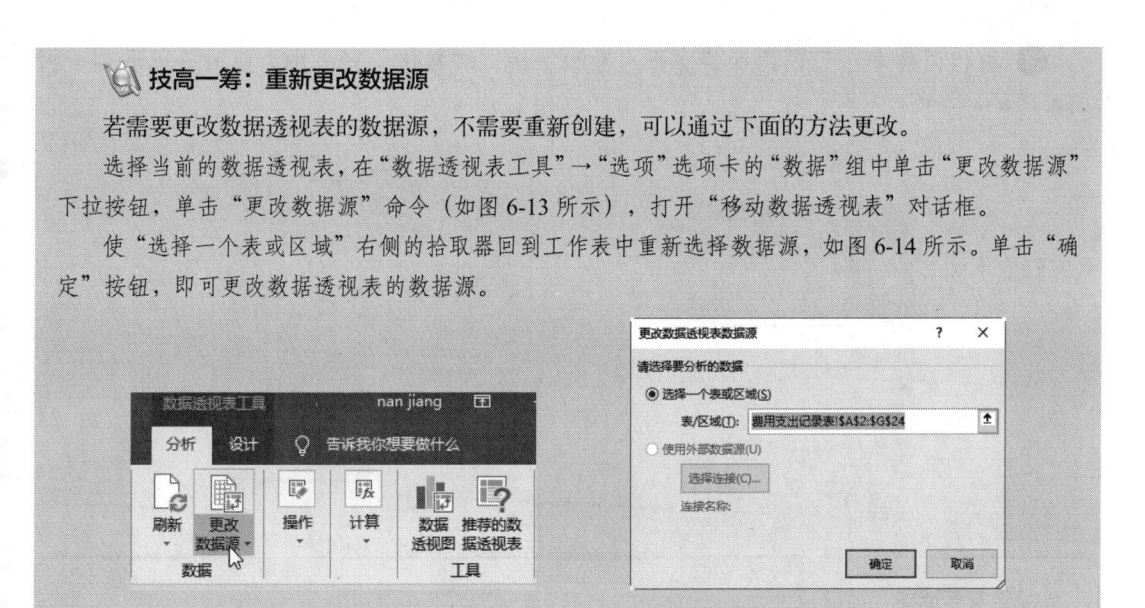

图 6-13   图 6-14

6.2 费用支出表的多种统计分析

默认建立的数据透视表只是一个框架，要得到相应的分析数据，则需要根据实际需要合理地设置字段，不同的字段设置可以得出不同的统计结果。同时通过相关的设置操作也可以达到不同的分析目的，例如设置字段汇总方式、设置值显示方式等。本节中将以"费用支出记录表"为例介绍如何对该表进行多种统计分析。

6.2.1 统计各部门支出的费用

❶ 建立数据透视表并选中后，窗口右侧可出现"数据透视表字段列表"任务窗口。在右侧的字段列表中选中"产生部门"字段，然后单击鼠标右键，在右键菜单中单击"添加到行标签"命令，如图 6-15 所示。

❷ 执行命令操作，即可让字段显示在指定位置，同时数据透视表也作相应的显示（即不再为空），如图 6-16 所示。

图 6-15    图 6-16

87

❸ 按相同的方法可以添加"支出金额"字段到"数值"列表中，此时可以看到数据透视表中统计了各个部门支出金额合计值，如图 6-17 所示。

图 6-17

> 专家提示
>
> 除了使用上面的方法添加字段之外，还可以使用鼠标拖动的方法。在字段列表中选中字段，按住鼠标左键拖动至目标框中释放鼠标即可。

技高一筹：不显示字段标题

默认情况下，数据透视表中的字段标题是显示出来的，如果不想让字段标题显示出来，可以通过如下方法来实现。

在数据透视表中选中任意单元格，单击"数据透视表工具"→"选项"选项卡"显示"组中的"字段标题"按钮（如图 6-18 所示），即可取消字段的标题，如图 6-19 所示。单击一次"字段标题"按钮，可以取消显示字段标题，再次单击"字段标题"按钮即可显示字段标题。

图 6-18　　　　　图 6-19

6.2.2　统计各个部门中各个费用类别的支出金额

❶ 添加"产生部门"字段到"行标签"列表中，接着再在字段列表中选中"费用类别"字段，按相同的方法将其添加到"行标签"列表中（其位置位于"产生部门"字段之后）。

❷ 添加"支出金额"字段到"数值"列表中，其统计效果为统计出各个部门中各个费用类别的支出金额，如图 6-20 所示。

图 6-20

> **技高一筹：如何删除字段？**
>
> 如果想删除字段，可以在"行标签""列标签""数值"框中选中要删除的目标字段，按住鼠标左键将其拖出即可；或在字段列表中取消选中要删除字段前面的复选框。

6.2.3 交叉方式统计各部门各费用类别的支出金额

❶ 要实现不同的统计结果，需要不断地调整字段的布局，因此对于之前设置的字段，如果不需要可以将其从"列标签"或"行标签"中删除，在"字段列表"中取消其前面的选中状态即可删除。根据上一小节的统计结果，首先删除"产生部门"字段在"行标签"中的显示，然后再将其拖到"列标签"字段中。

❷ 在字段列表中选中"费用类别"字段，按住鼠标左键拖动至"行标签"列表中；选中"产生部门"字段，按住鼠标左键拖动至"列标签"列表中；选中"支出金额"字段，按住鼠标左键拖动至"数值"列表中，统计效果如图 6-21 所示。在统计表中可以根据横纵交叉处的值来查看指定部门指定费用类别的支出金额，并在第 15 行中汇总了各个部门支出金额合计，在 G 列中汇总了各个费用类别支出金额合计。

图 6-21

❸ 也可以设置"费用类别"字段为"列标签"字段，设置"产生部门"字段为"行标签"

字段，其统计结果如图 6-22 所示。

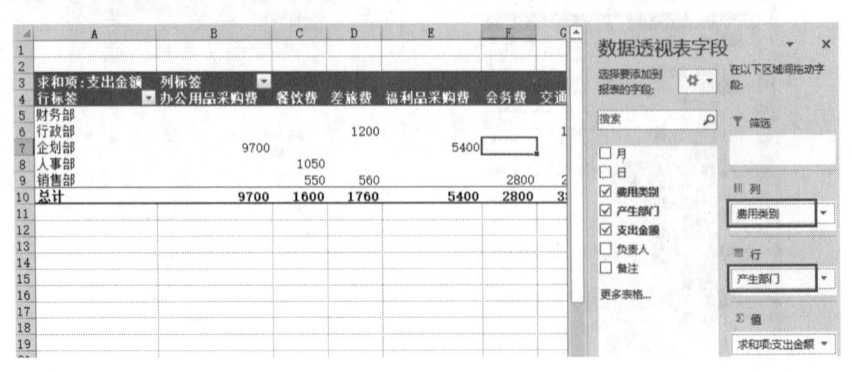

图 6-22

> **技高一筹：数据格式的设置**
>
> 如果数据透视表中的数字格式不能满足需求，可以更改数据透视表中的数字格式。例如可以设置让统计的金额以会计专用格式显示。
>
> 鼠标右键单击需要重设数字格式的单元格（如本例中右击"支出金额"字段下任意单元格），在右键菜单中单击"数字格式"命令（如图 6-23 所示），打开"设置单元格格式"对话框。在"分类"列表框中选择"会计专用"，然后设置"小数位数"为 2，如图 6-24 所示。单击"确定"按钮，即可让"支出金额"列数值以会计专用格式显示，如图 6-25 所示。

图 6-23　　　　　图 6-24　　　　　图 6-25

6.2.4　统计各类别费用支出的次数

当设置了某个字段为数值字段后，数据透视表会自动对数据字段中的值进行合并计算。数据透视表通常为包含数字的数据字段使用 SUM 函数（求和），而为包含文本的数据字段使用 COUNT 函数（求和）。如果想得到其他的统计结果，如求最大最小值、求平均值等，则需要修改对数值字段中值的合并计算类型。

❶ 设置"费用类别"字段为"行标签"字段，设置"支出金额"字段为"数值"字段（默认汇总方式为"求和"）。

第6章 数据透视表在财务分析中的应用

❷ 在"数值"列表框中单击"支出金额"数值字段,打开下拉菜单,单击"值字段设置"命令(如图6-26所示),打开"值字段设置"对话框。

❸ 选择"汇总方式"标签,在列表中可以选择汇总方式,如此处单击"计数",如图6-27所示。

❹ 单击"确定"按钮即可更改默认的求和汇总方式为计数,即统计出各个类别费用的支出次数,如图6-28所示。

图6-26   图6-27   图6-28

6.2.5 在一张表格中统计各类别费用支出总金额与次数

同一个字段可以一次性添加多个作为数值字段,它们的默认汇总方式都是相同的,因此需要设置其不同的汇总方式才有意义。本例需要将"支出金额"按费用类别汇总总金额,并按费用类别汇总支出次数。

❶ 设置"费用类别"字段为"行标签"字段,设置"支出金额"字段为"数值"字段。在字段列表中选中"支出金额"字段,将其拖到"数值"列表框中,显示为"求和项:支出金额2",如图6-29所示。

图6-29

❷ 选中第二个数值字段并单击鼠标左键,在打开的下拉菜单中单击"值字段设置"

命令，打开"值字段设置"对话框。在"自定义名称"设置框中重新为字段命名，如"支出次数"；选择"汇总方式"标签，在"计算类型"列表中选择"计数"，如图 6-30 所示。

❸ 单击"确定"按钮可以看到第二个字段被重新更名，并更改了汇总方式（计数），如图 6-31 所示。

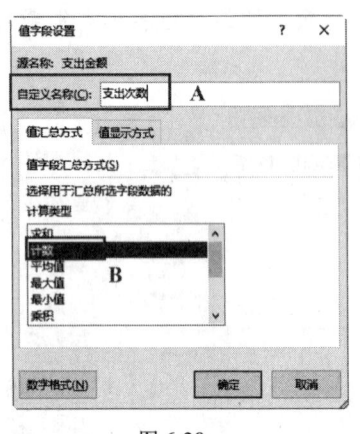

图 6-30

图 6-31

6.2.6 统计各部门支出费用占总支出金额的百分比

设置了数据透视表的数值字段之后，除了按上一小节的方法更改值的汇总方式，还可以设置值显示方式，例如让汇总出的支出额的值显示方式为占总支出金额的百分比，分析出哪个部门的支出费用占总支出费用比例最高。

❶ 设置"产生部门"字段为"行标签"字段，设置"支出金额"字段为"数值"字段。

❷ 在"数值"列表框中单击"支出金额"数值字段，打开下拉菜单，单击"值字段设置"命令（如图 6-32 所示），打开"值字段设置"对话框。

❸ 选择"值显示方式"标签，单击"值显示方式"设置框下拉按钮，在下拉列表中单击"总计的百分比"，如图 6-33 所示。

❹ 单击"确定"按钮，在数据透视表中可以看到各个部门支出金额占总支出金额的百分比，如图 6-34 所示。

图 6-32

图 6-33

图 6-34

6.3 数据透视表的移动、更新及删除

创建好数据透视表之后，可以根据需要移动、刷新、删除操作，还可以将数据透视表转换为普通表格形式应用到其他场景。

1. 移动数据透视表

建立数据透视表之后还可以将其移到其他位置，具体操作方法如下。

❶ 选中数据透视表，单击"数据透视表工具"→"选项"选项卡，在"操作"组中单击"移动数据透视表"按钮（如图6-35所示），打开"移动数据透视表"对话框。

❷ 可以设置将数据透视表移到当前工作表的其他位置，也可以将其移到其他工作表中，如图6-36所示。

图 6-35

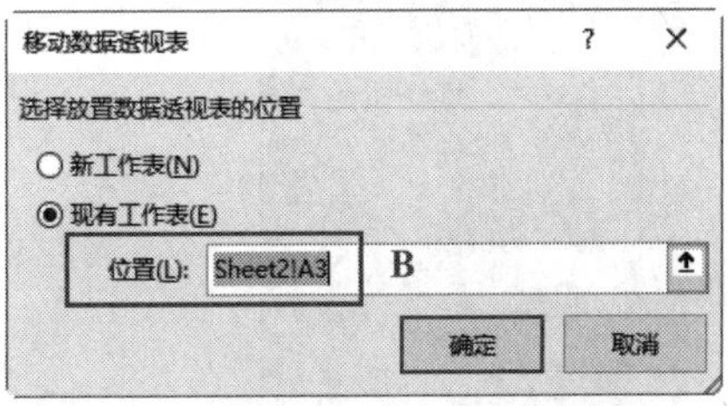

图 6-36

2. 刷新数据透视表

在默认情况下，当重新打开工作簿时，透视表数据将自动更新。在不重新打开工作簿的情况下，在原工作表的数据更改后，其刷新操作如下。

选中数据透视表，单击"数据透视表工具"→"选项"选项卡，在"数据"选项组中单击"刷新"按钮（如图6-37所示），即可按新数据源显示数据透视表。

图 6-37

> **专家提示**
>
> 普通数据更改后，单击"更新数据"按钮后，即可完成更新。若更改了已经拖入透视表中的字段名，则该字段将从透视中删除，需要重新添加。

3. 删除数据透视表

数据透视表是一个整体，不能单一地删除其中任意单元格的数据（删除时会弹出错误提示），要删除数据透视表需要整体删除，其操作方法如下。

❶ 选中数据透视表，单击"数据透视表工具"→"选项"选项卡，在"操作"组中单击"选择"按钮，从下拉菜单中选择"整个数据透视表"命令，将整张数据透视表选中。

❷ 按键盘上的"Delete"键，即可删除整张工作表。

4. 将数据透视表转化为普通表格使用

当数据透视表的数据源数据量非常大时，由于庞大的数据源或数据透视表缓存会增大工作簿文件的体积，因而在完成数据分析后，可以将数据透视表转换为普通的报表，仅保留数据透视表的分析结果。

❶ 选中整张数据透视表，按"Ctrl+C"组合键进行复制。

❷ 在当前工作或新工作表中选中一个空白单元格，按"Ctrl+V"组合键进行粘贴，此时出现"粘贴选项"按钮，单击打开下拉菜单，如图 6-38 所示。

❸ 单击"值和数字格式"，即可实现将数据透视表转换为普通表格，如图 6-39 所示。

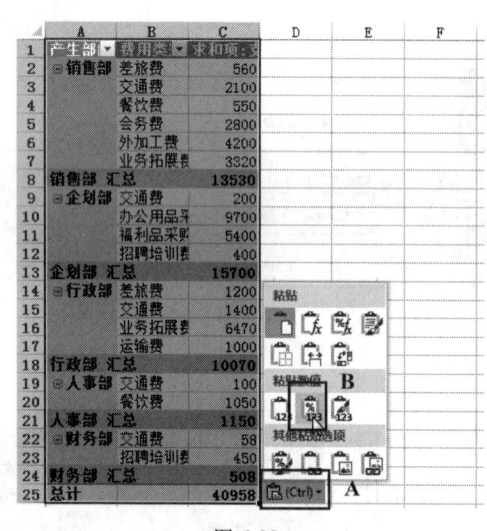

图 6-38

图 6-39

6.4 排序费用支出统计结果

使用数据透视表对数据分析后，可以对结果进行降序或者升序，了解数据的排名情况，进一步对数据分析研究。

6.4.1 排序费用支出金额

要实现按数值字段进行排序，关键在于根据实际需要选中目标单元格，然后执行排序命令即可。

❶ 当前需要对各部门的总支出金额进行排序，要选中"求和项:支出金额"列下的任意单元格，如图 6-40 所示。

❷ 单击"数据"选项卡，在"排序和筛选"组中单击"升序"按钮，即可显示出排序结果，如图 6-41 所示。

第 6 章 数据透视表在财务分析中的应用

图 6-40

图 6-41

6.4.2 "产生部门"与"费用类别"双字段排序

如果为数据透视表设置了两个行标签或是两个列标签，排序时首先安排位靠前的那个字段排序，如果要实现按第二个字段进行排序，则只能对满足第一个字段的记录再进行排序。例如本例中设置"产生部门"与"费用类别"两个字段为行标签，那么在进行排序时，首先可以按"产生部门"字段进行排序，然后再将同一部门中不同费用类别的支出金额进行排序。

❶ 选中"产生部门"字段下的任意一个项，如"销售部""企划部""人事部"等，如图 6-42 所示。

❷ 单击"数据"选项卡，在"排序和筛选"组中单击"升序"按钮，即可看到排序结果，如图 6-43 所示。

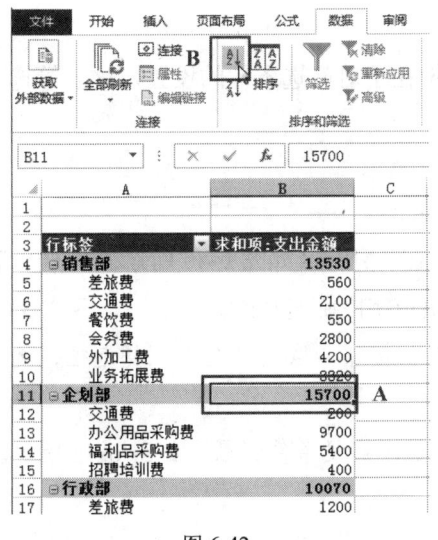

图 6-42

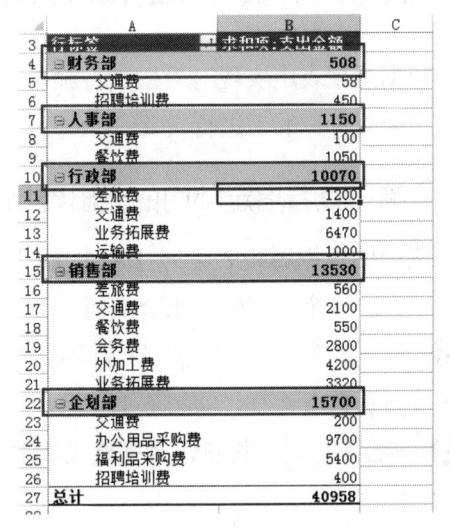

图 6-43

95

❸ 接着再对"费用类别"字段进行排序。选中"费用类别"字段下的任意一下项，如"差旅费""会务费""外加工费"等，单击"数据"选项卡，在"排序和筛选"组中单击"降序"按钮，如图 6-44 所示。即可看到排序结果，如图 6-45 所示。

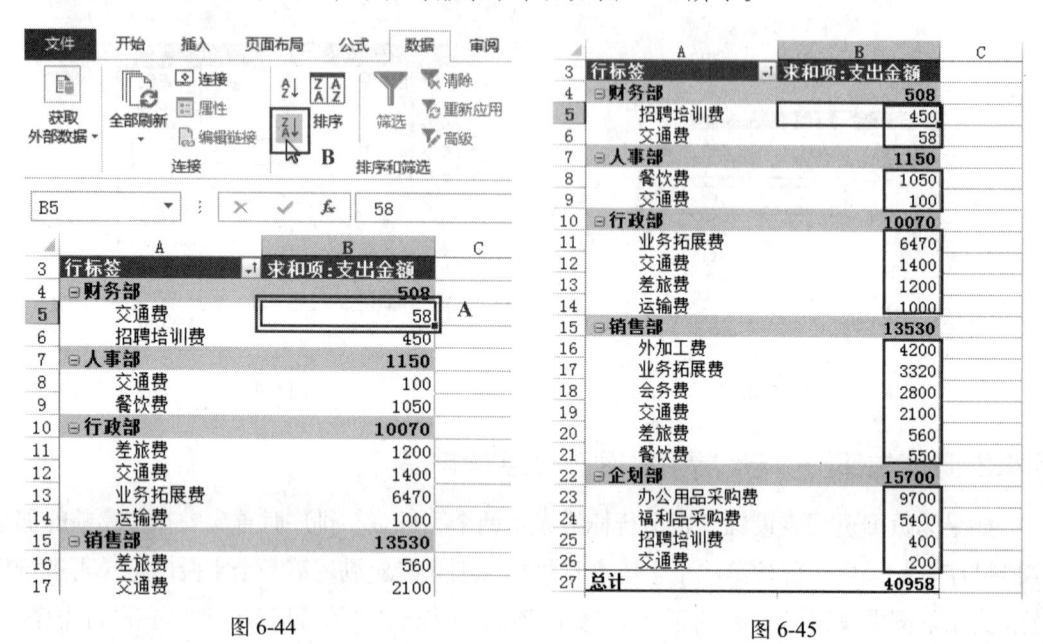

图 6-44

图 6-45

> **专家提示**
> 按特定数据值对项进行排序后，如果刷新或更新了报表，透视表会恢复到默认状态，需要重新进行排序。

6.5 筛选查看费用支出统计结果

在数据透视表中实现对数据进行筛选，关键在于对筛选条件的设置，这一筛选条件需要根据实际分析目的来进行设置。

6.5.1 筛选查看指定部门的支出费用

本例中的数据透视表显示了各个部门支出金额情况（如图 6-46 所示），如果想要只查看某一个或多个部门的支出金额情况，可以使用字段筛选功能。

❶ 在数据透视表中单击"行标签"右侧下拉按钮，取消"全选"复选框，选中要显示的项目前面的复选框，如图 6-47 所示。

❷ 单击"确定"按钮，数据透视表中则只显示满足条件记录，如图 6-48 所示。

第 6 章 数据透视表在财务分析中的应用

图 6-46 　　　　　　　　图 6-47 　　　　　　　　图 6-48

6.5.2　添加筛选字段查看指定月份的支出金额

通过添加字段到"报表筛选"标签中也可以实现对数据透视表的筛选，从而有选择地查看数据。

如图 6-49 所示的数据透视表中，添加了"月"字段到"报表筛选"列表框中。

❶ 在数据透视表中单击筛选字段右侧的下拉按钮，选择需要显示的月份，如图 6-50 所示。

❷ 单击"确定"按钮，数据透视表中则只显示指定月份下的记录，如图 6-51 所示。

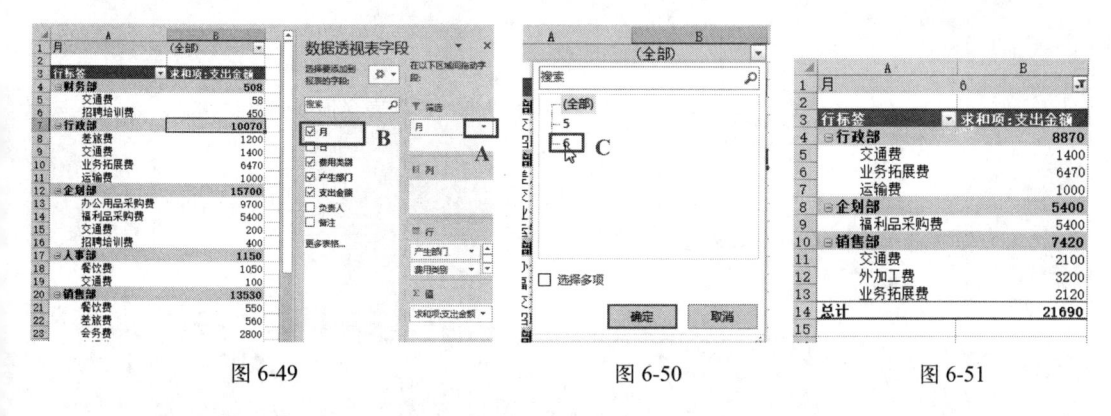

图 6-49　　　　　　　　图 6-50　　　　　　　　图 6-51

6.5.3　筛选出支出金额最高的两个部门

当前数据透视表中统计了各个部门各个类别费用支出金额，现在要查看支出金额排名前二的部门支出记录。

❶ 选中"产生部门"字段下的任意一个项，如"企划部""人事部""生产部"等，单击鼠标右键，在弹出的右键菜单中，鼠标指针指向"筛选"，在子菜单中单击"前 10 个"命令（如图 6-52 所示），打开"前 10 个筛选（产生部门）"对话框。

❷ 重新设置想显示的最大项，如此处设置为"2"，如图 6-53 所示。

❸ 设置完成后，单击"确定"按钮即可显示支出金额排名前 2 位的部门，以及各部门下不同费用类别的支出金额明细，如图 6-54 所示。

图 6-52 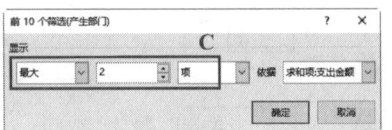　　　　　　　　　　　　图 6-53 　　　　　　　　　　　　图 6-54

技高一筹：添加切片器快速实现数据筛选

Excel中针对数据的筛选专门提供了一个切片器功能，此功能为数据的筛选提供很大便利。例如下面例子中要求从报表中筛选出指定产生部门的统计结果。

在数据透视表中选中任意单元格，切换到"数据透视表工具"→"选项"选项卡的"排序和筛选"组中，单击"插入切片器"按钮，如图6-55所示，弹出"插入切片器"对话框。在对话框中选中需要添加的筛选字段，本例中需要添加的是"产生部门"字段，如图6-56所示。

图 6-55 　　　　　　　　　　　　　　　　　　　　　　图 6-56

单击"确定"按钮，即可添加"产生部门"切片器，如图6-57所示。在切片器中选中需要查看的项，数据透视表即筛选出结果。如图6-58所示选中了"财务部"，数据透视表中给出了财务部的费用支出情况。

图 6-57 　　　　　　　　　　　　　　　　　　　　　　图 6-58

6.6 数据透视表布局及样式的快速套用

建立数据透视表之后，在"数据透视表工具"→"设计"选项卡下的"布局"组中提供了相应的布局选项，可以设置分类汇总项的显示位置、是否显示总计列、调整新的报表布局等。另外，在 Excel 中还提供了可以直接套用的数据透视表样式，方便快速美化编辑完成的数据透视表。

6.6.1 数据透视表布局更改

- 设置分类汇总项的显示位置

当行标签或列标签不只一个字段时，则会产生一个分类汇总项，该分类汇总项默认显示在组的顶部，可以通过设置更改其默认显示位置。

❶ 选中数据透视表，在"数据透视表工具"→"设计"选项卡下的"布局"组中单击"分类汇总"按钮，如图 6-59 所示。

❷ 从下拉菜单中单击"在组的底部显示所有分类汇总"命令，可看到数据透视表中组的底部显示了汇总项，如图 6-60 所示。

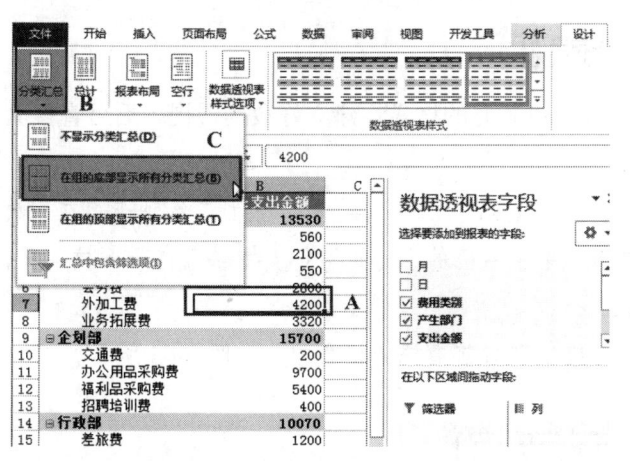

图 6-59   图 6-60

- 设置是否显示总计项

数据透视表"总计"项是否显示。

选中数据透视表，在"数据透视表工具"→"设计"选项卡下的"布局"组中单击"总计"按钮，在打开的下拉菜单中可以选择是否显示"总计"项，或在什么位置上显示"总计"项，如图 6-61 所示。

- 更改默认报表布局

数据透视表布局是指完成字段的设置后控制各字段在数据透视表中的显示样式，通过如下方法可以对默认的布局进行更改。

❶ 选中数据透视表，在"数据透视表工具"→"设计"选项卡下的"布局"组单击"报表布局"按钮，如图 6-62 所示。

❷ 从下拉菜单中单击"以表格形式显示"命令，可看到数据透视表立即更改显示布局，如图 6-63 所示。

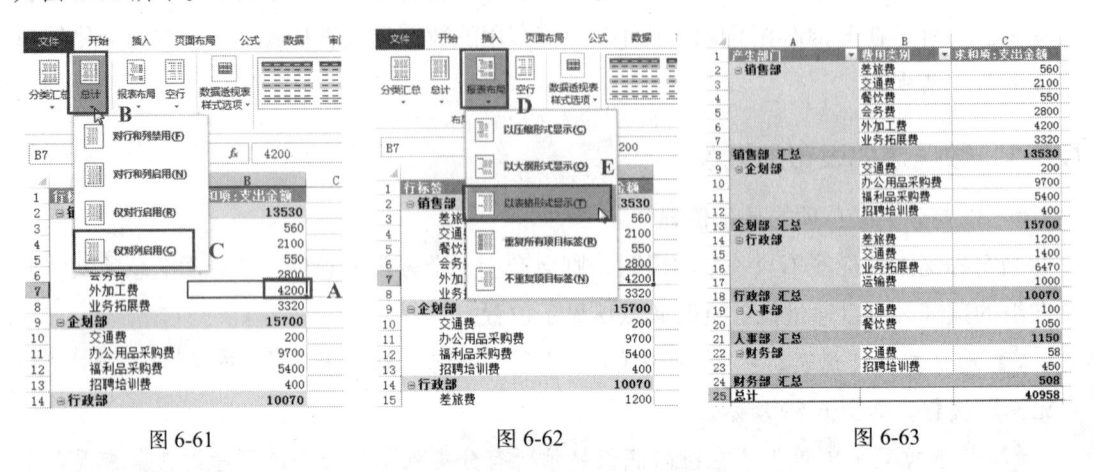

图 6-61　　　　　　　　图 6-62　　　　　　　　图 6-63

❸ 按相同的方法还可以设置以其他形式显示的报表布局。

6.6.2　通过套用样式快速美化数据透视表

"数据透视表样式"为用户提供了很多设置好的格式，建立好数据透视表后可直接套用样式达到快速美化的目的。

❶ 选中数据透视表任意单元格，单击"数据透视表工具"→"设计"选项卡，在"数据透视表样式"组中可以选择套用的样式，单击右侧的"其他"（▼）按钮可打开下拉菜单，有多种样式可供选择，如图 6-64 所示。

❷ 选中样式后，单击一次鼠标即可应用到当前数据透视表中，如图 6-65 所示。

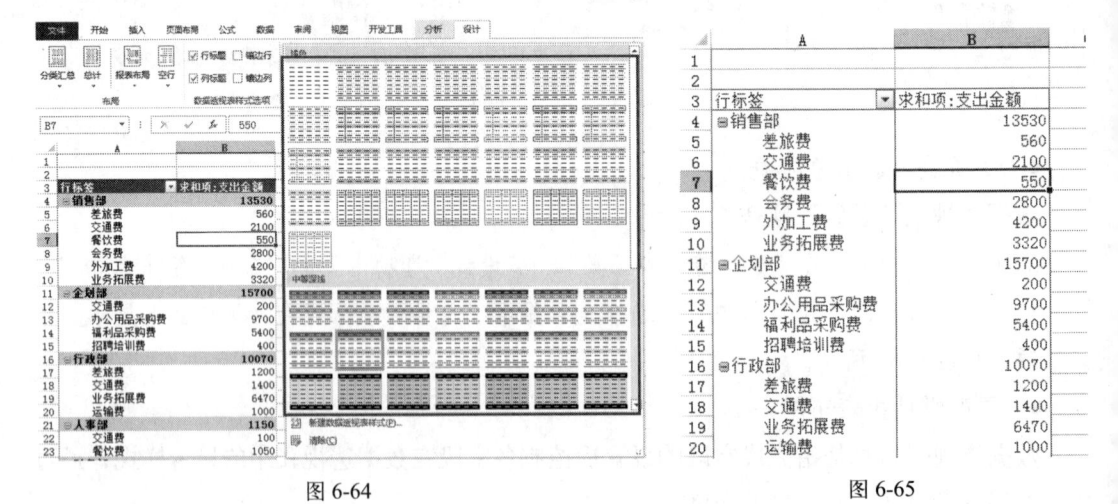

图 6-64　　　　　　　　　　　　　图 6-65

第 6 章 数据透视表在财务分析中的应用

> 技高一筹：设置默认的数据透视表样式。

如果在工作中需要经常使用某一种样式的数据透视表（包括字体格式、底纹填充等效果），可以将其设置为默认样式，下次创建时就会自动套用样式，不再需要重新设置样式。

如果需要的样式已经在"数据透视表样式"下拉列表中，可以在样式上右击，在弹出的菜单中再单击"设为默认值"命令即可（如图 6-66 所示）。如果要自定义数据透视表样式，可以打开"新建数据透视表样式"对话框中设置样式，然后选中"设置为此文档的默认数据透视表样式"复选框即可，如图 6-67 所示。

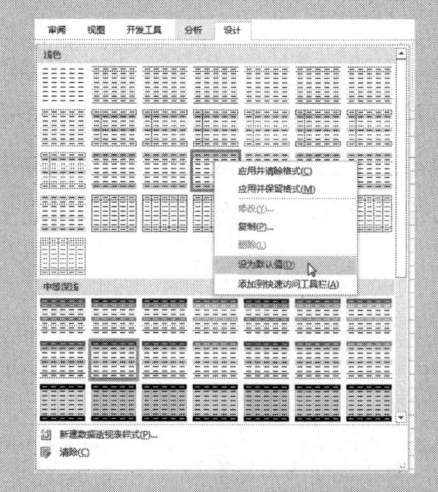

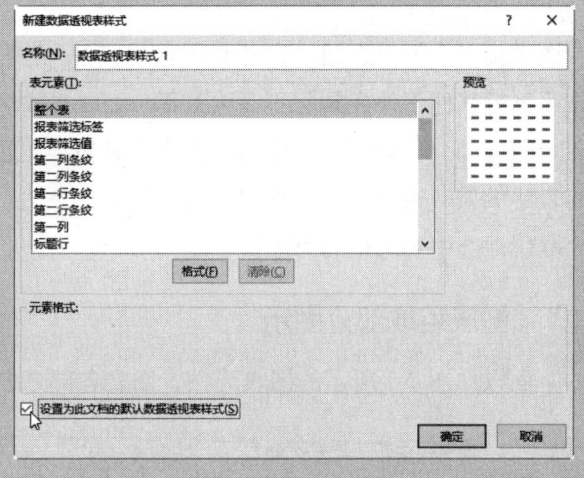

图 6-66

图 6-67

第 7 章
图表在财务分析中的应用

7.1 了解一张完整的图表所包含的要素

图表由多个部分组成,在新建图表时包含一些特定部件,另外还可以通过相关的编辑操作添加有其他部件或删除不需要的部件。了解图表各个组成部分的名称,能够准确地选中各个组成部分,对于图表编辑的操作非常重要。因为在建立初始的图表后,为了获取最佳的表达效果,通常还需要按实际需要进行一系列的编辑操作,而所有的编辑操作都需要首先准确地选中要编辑的对象。

7.1.1 图表组成部分图示

下面以如图 7-1 所示的图表为例,图表各部分名称如下:

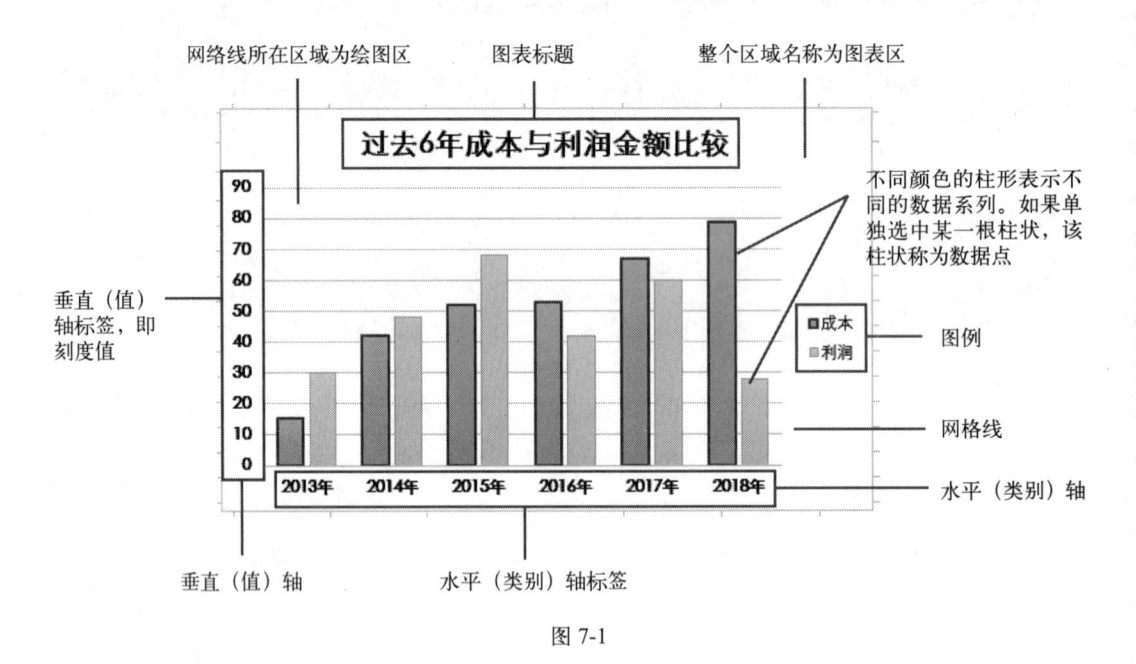

图 7-1

7.2.2 准确选中图表中对象

- 利用鼠标选择图表各个对象

在图表的边线上单击鼠标选中整张图表,然后将鼠标移动要选中对象上(停顿两秒,可出现提示文字,如图 7-2 所示),单击鼠标左键即可选中对象。

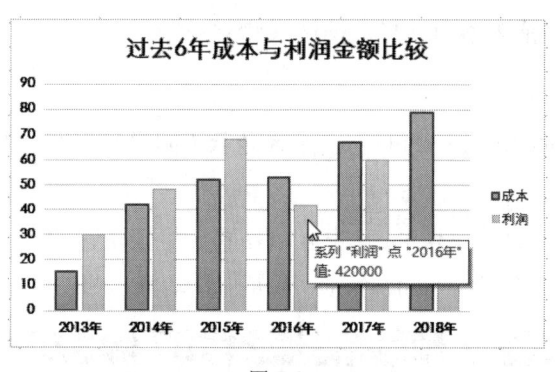

图 7-2

> **专家提示**
> 如果想选某一个系列中的一个数据点，那么则可以首先选中指定系列，再在目标数据点上单击一次鼠标即可只选中单独的数据点。

- 利用工具栏选择图表各对象

选中整张图表，单击"图表工具"→"格式"选项卡，在"当前所选内容"选项组中单击"▼"按钮，打开下拉菜单（如图 7-3 所示），此菜单中包含当前图表中的所有对象，单击即可选中。

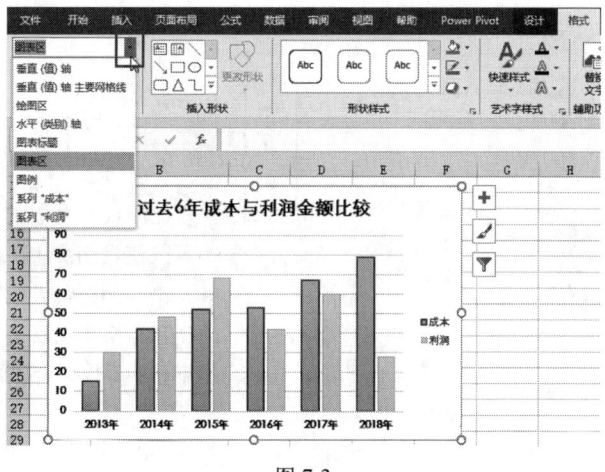

图 7-3

7.2 图表创建

图表具有能直观反应数据的能力，在日常财务工作中我们经常看到在分析某些数据时，常会展现一些图表来说明，比如分析各部门费用支出，分析各部门工资发放情况等。

7.2.1 按实际财务数据选用不同图表类型图

在使用图表的过程中，首先要学会判断什么样的数据使用哪种图表类型最合适，也要学会根据分析需求从当前表格中选择数据源来建立图表。

1. 各月份业绩比较

柱形图显示一段时间内数据的变化，或者显示不同项目之间的对比。下面创建柱形图比较各月份业绩。

❶ 在如图7-4所示的数据表中，选中A1:G2单元格区域，切换到"插入"选项卡，在"图表"组中单击"插入柱形图"（ ）按钮，打开下拉菜单，如图7-4所示。

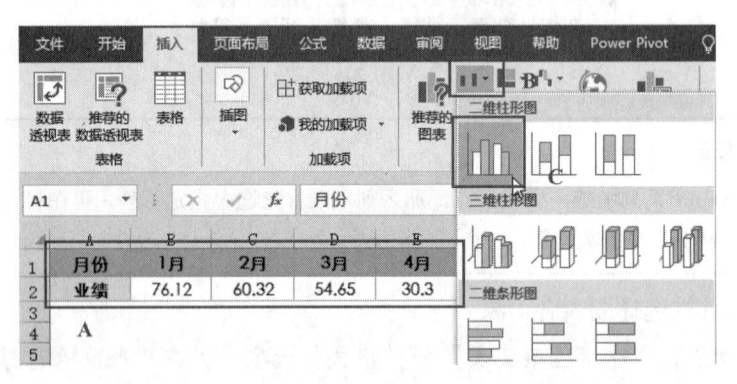

图 7-4

❷ 单击"簇状柱形图"子图表类型，即可新建图表，如图7-5所示。图表可以显示各个月份的业绩。

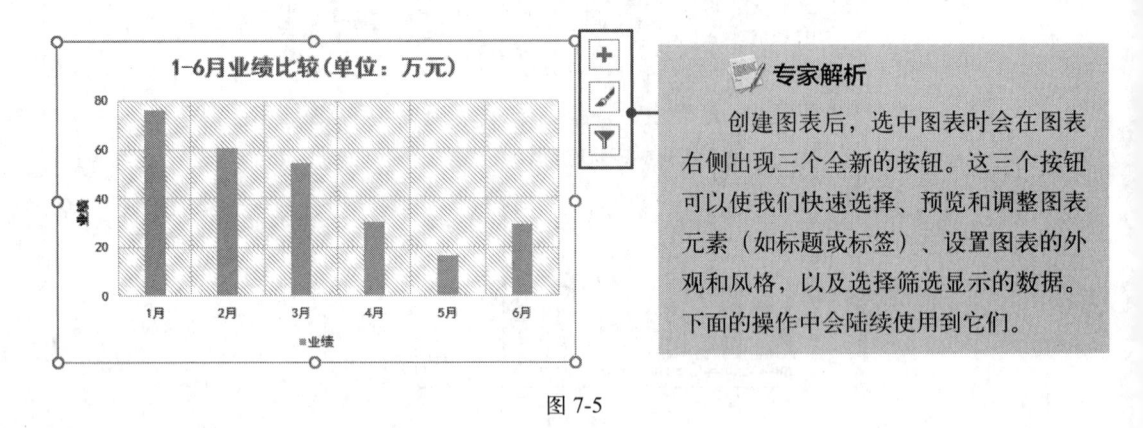

专家解析

创建图表后，选中图表时会在图表右侧出现三个全新的按钮。这三个按钮可以使我们快速选择、预览和调整图表元素（如标题或标签）、设置图表的外观和风格，以及选择筛选显示的数据。下面的操作中会陆续使用到它们。

图 7-5

2. 过去6年商场利润变化趋势

折线图显示随时间或类别的变化趋势。下面创建折线图来分析过去6年中商场利润的变化趋势。

❶ 选中A1:B7单元格区域，切换到"插入"选项卡，在"图表"组中单击"插入折线图"（ ）按钮，打开下拉菜单，如图7-6所示。

❷ 单击"折线图"子图表类型，即可新建图表，如图7-7所示。图表可以显示过去6年商场利润的变化趋势。

第 7 章 图表在财务分析中的应用

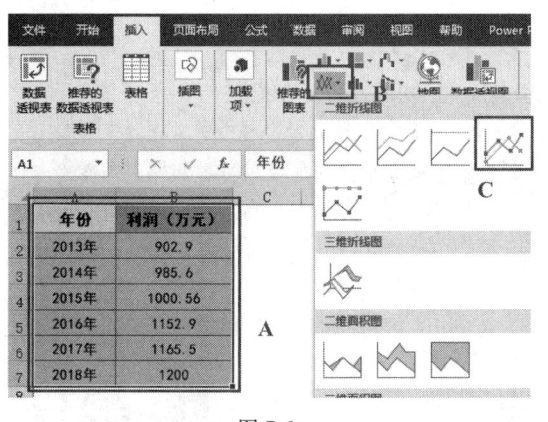

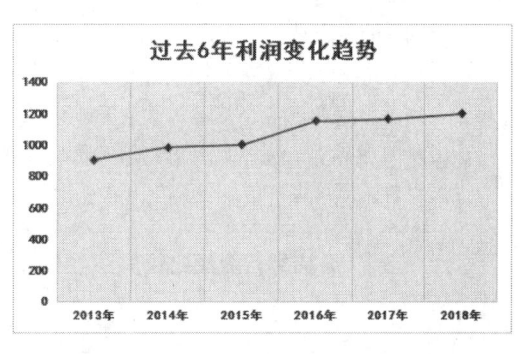

图 7-6

图 7-7

3. 分析各费用类别占比情况

饼图显示组成数据系列的项目在项目总和中所占的比例。下面创建饼图来分析各费用类别占比情况。

❶ 按住 Ctrl 键不放，选中 A2:A13 单元格区域、D2:D13 单元格区域，切换到"插入"选项卡，在"图表"组中单击"插入饼图"（ ）按钮，打开下拉菜单，如图 7-8 所示。

❷ 单击"饼图"子图表类型，即可新建图表，如图 7-9 所示。图表可以显示各费用类别占比情况。

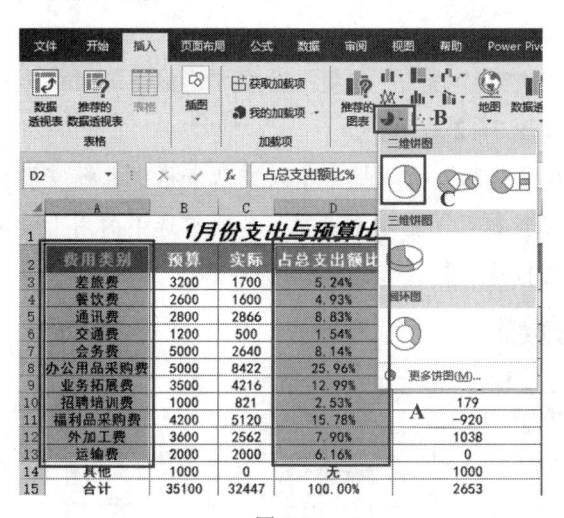

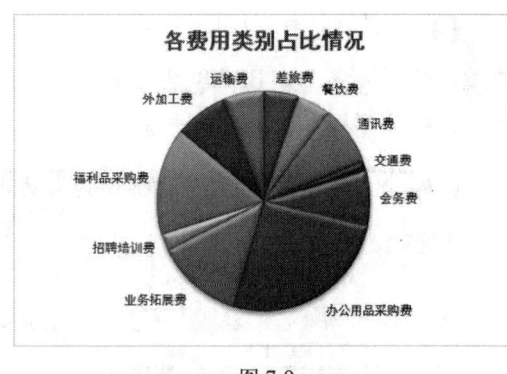

图 7-8

图 7-9

技高一等：添加数据系列

在创建图表之后，有新数据需要追加，则可以快速向原图表中添加新系列。

选择要添加的数据行，按"Ctrl+C"组合键进行复制。在图表边框上单击准确选中图表区，按"Ctrl+V"组合键进行粘贴，即可添加数据系列。

技高一筹：换行列改变图表的表达重点

当建立的图表默认没有达到分析目的时，可以切换行列改变图表的表达重点。

在默认情况下，图表将行标识绘制在水平轴上，例如如图 7-10 所示的图表表达重点在于比较数码设备和通讯设备在各个店铺的营业额。如果此时想着重比较各个店铺的数码设备和通讯的营业额（如图 7-11 所示），可以切换行列即可快速实现。

选中图表，单击"图表工具"→"设计"选项卡，在"数据"组中单击"切换行/列"按钮。

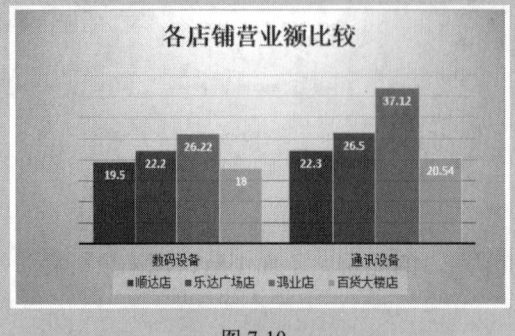

图 7-10

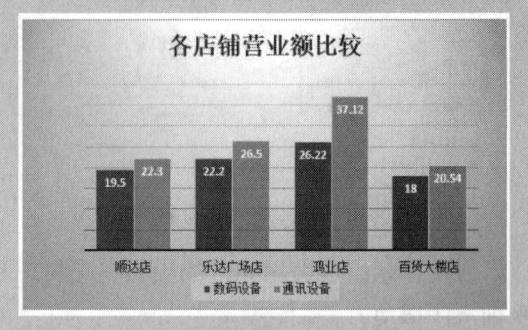

图 7-11

7.2.2 创建季度利润比较迷你图

迷你图是以单元格为绘图区域，根据已知数据绘制出简明的数据小图表，清晰地展现数据的变化情况。

❶ 选中要在其中绘制图表的单元格，切换到"插入"选项卡，在"迷你图"组中选择一种合适的迷你图类型，如"柱形图"，如图 7-12 所示。

❷ 打开"创建迷你图"对话框，在"数据范围"文本框中输入或从表格中选择需要引用的数据区域，如 B3:E3 单元格区域，"位置范围"框中自动显示为之前选中的用于绘制图表的单元格（如果之前未选择，则可以直接输入），如图 7-13 所示。

图 7-12

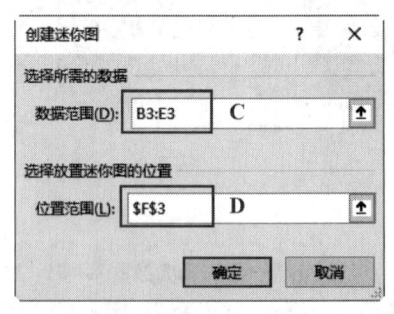

图 7-13

❸ 单击"确定"按钮，即可在 F3 单元格中创建一个柱形迷你图，如图 7-14 所示。

❹ 选中 F3 单元格，将鼠标放置在单元格右下角，当鼠标变成实心十字形，按住鼠

标向下拖动，即可得出其他数据的迷你图，可以方便地比较各个季度中各店的利润高低，如图 7-15 所示。

图 7-14

图 7-15

7.2.3 图表类型的更改

根据已知数据创建图表完成财务数据分析后，如果想要更改为其他图表类型，可以通过对话框直接更改而不需要重新选择数据源创建图表。

❶ 选中要更改其类型的图表，单击"图表工具"→"设计"选项卡"类型"组中的"更改图表类型"按钮（如图 7-16 所示），打开"更改图表类型"对话框。

❷ 在对话框中选择要更改的图表类型，如本例中选择折线图，并选择子图表类型，如图 7-17 所示。

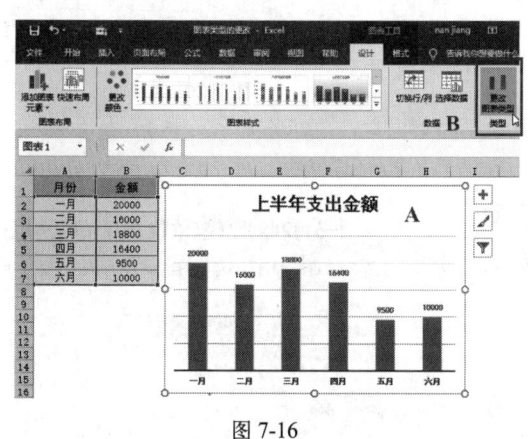

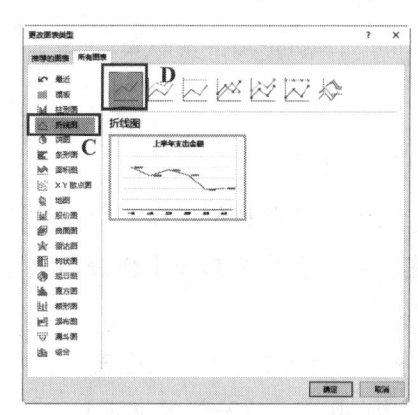

图 7-16

图 7-17

❸ 单击"确定"按钮即可将图表更改为折线图，如图 7-18 所示。

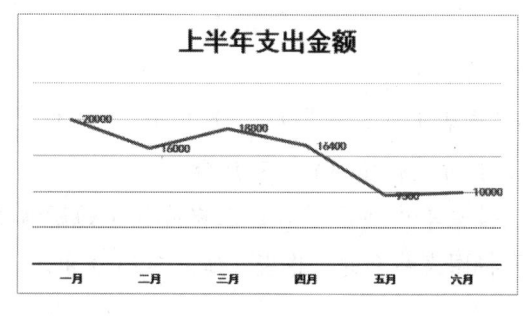

图 7-18

7.3 图表大小位置调整及复制

7.3.1 图表大小和位置的调整

建立图表后，经常要根据需要更改图表的大小、移动图表到合适的位置上。用户可以通过拖动鼠标左键直接手动调整。

1. 调整图表大小

选中图表，将光标定位到上、下、左、右控点上，当鼠标变成双向箭头时，按住鼠标左键进行拖动即可调整图表宽度或高度，如图 7-19 所示；将光标定位到拐角控点上，当鼠标变成双向箭头时，按住鼠标左键进行拖动即可按比例调整图表大小，如图 7-20 所示。

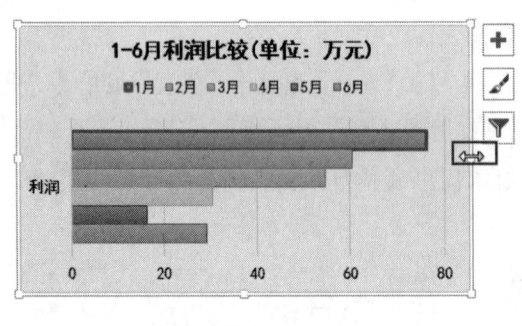

图 7-19

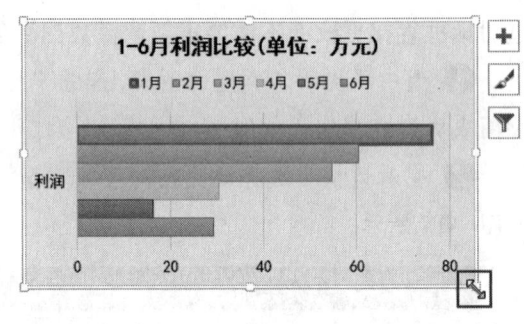

图 7-20

2. 移动图表

图表位置调整包括在当前工作表中移动图表、将图表移至其他工作表与创建图表工作表。

- 在当前工作上移动图表

选中图表，将光标定位到上、下、左、右边框上（注意非控点上），当光标变成双向十字型箭头时，按住鼠标左键进行拖动即可移动图表，如图 7-21 所示。

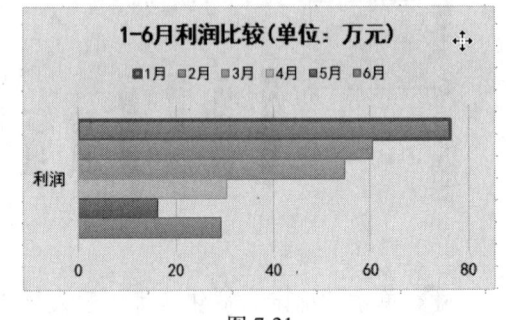

图 7-21

- 移动图表到其他工作表中

❶ 选中图表，单击"图表工具"→"设计"选项卡，在"位置"组中单击"移动图表"按钮（如图 7-22 所示），打开"移动图表"对话框。

❷ "对象位于"下拉菜单中显示了当前工作簿包含的所有工作表（当前图表位于 Sheet1 工作表），选择要将图表移至的工作表，如图 7-23 所示。

❸ 单击"确定"按钮即可。

第 7 章 图表在财务分析中的应用

> ▶ **专家提示**
> 在移动图表到其他工作表中,也可以采用复制的方法。

3. 固定图表大小和位置

❶ 选中图表,双击图表区,打开"设置图表区格式"窗格。

❷ 在"属性"栏下选中"大小和位置均固定"单选框,如图 7-24 所示。

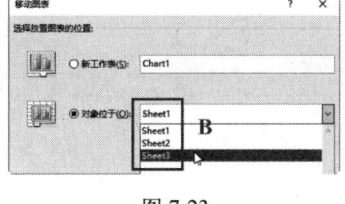

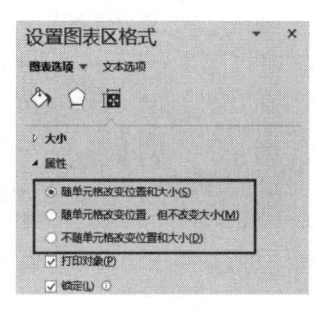

图 7-22   图 7-23   图 7-24

7.3.2 图表的复制使用

如果想要将创建好的图表应用到其他环境,可以通过各种复制方式实现,比如复制到 PPT 或者 Word 中使用等。

1. 以链接方式复制图表

● 复制图表到 Excel 表格中

选中目标图表,按"Ctrl+C"组合键进行复制,如果只在当前工作表中复制图表,则将鼠标定位到目标位置上,按"Ctrl+V"组合键进行粘贴即可;如果要将图表复制到其他工作表中,则在目标工作表标签上单击鼠标,然后定位目标位置,按"Ctrl+V"组合键进行粘贴即可。

● 复制图表到 Word 文档中

选中目标图表,按"Ctrl+C"组合键进行复制,切换到要使用该目标图表的 Word 文档,定位光标位置,按"Ctrl+V"组合键进行粘贴即可。

> ▶ **专家提示**
> 以此方式粘贴的图表与源数据源是相链接的,即当图表的数据源发生改变时,任何一个复制的图表也做相应更改。

2. 将半年度利润比较图表复制为图片

如果想将图表复制为图片的形式,则需要使用到"选择性粘贴"功能。不同的粘贴方式可以得到不同的粘贴效果。

❶ 选中目标图表，按"Ctrl+C"组合键进行复制，如图 7-25 所示。切换到目标位置上，在"开始"选项卡下"剪贴板"组中单击"粘贴"按钮打开下拉菜单。

❷ 在下拉菜单中单击"图片"命令，即可在目标位置上显示出粘贴为的图片，如图 7-26 所示。

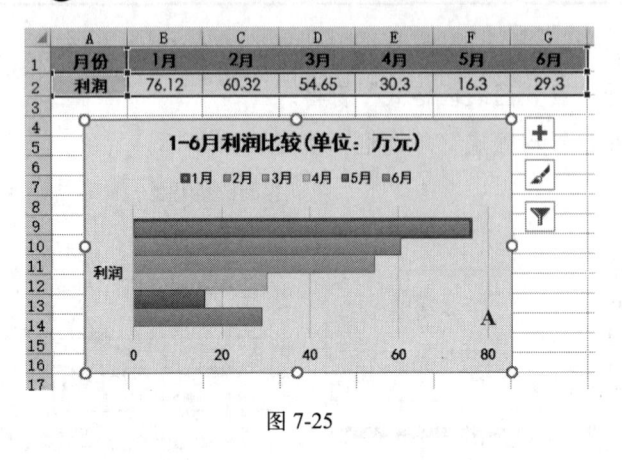

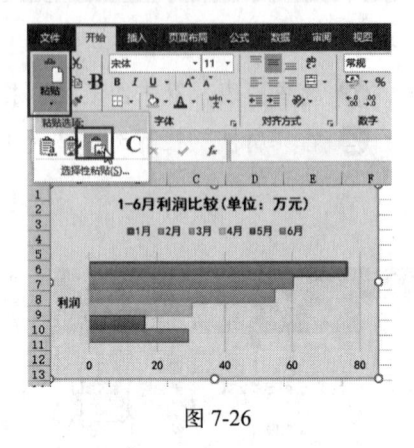

图 7-25

图 7-26

7.4 编辑图表

新建图表有时不能完全满足实际需要，例如有的图表大小位置需要调整，有的图表默认没有标题，有的图表需要重新更改坐标轴的刻度以获取最佳表达效果，有的图表需要添加数据标签等。因此创建完初始图表后，还需要进行相关编辑操作。

7.4.1 设置图例重新调整图例的显示位置

图例默认显示在图表右侧位置，通过图表的布局可以根据实际需要重新设置图例的显示位置。比如底部、上部、左侧、右侧等。

1. 移动图例到特定位置上

❶ 选中图表，单击"图表元素"按钮，打开下拉菜单，单击"图例"复选框，如图 7-27 所示。

❷ 在子菜单中选择图例要放置的位置（单击鼠标即可应用），如这里单击"右"，效果如图 7-28 所示。

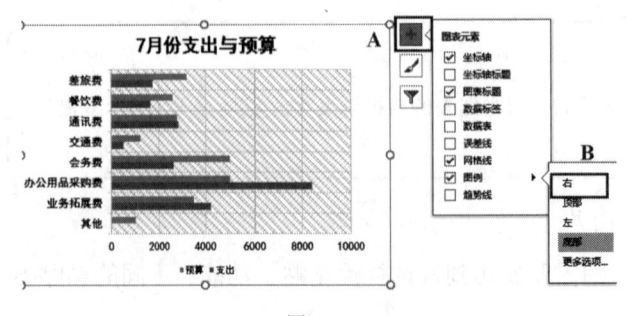

图 7-27

图 7-28

2. 移动图例到任意位置上

如果"图例"下拉菜单中提供的位置不满足实际需要，则可以按下列方法将图例移到任意位置上。

❶ 将光标定位图例上，当光标变成双向十字型箭头时，按住鼠标左键进行拖动即可移动图例（如图 7-29 所示），拖到目标位置上释放鼠标。

❷ 将光标定位到上、下、左、右、拐角控点上，当鼠标变成双向箭头时，按住鼠标左键进行拖动即可调整图表宽度或高度，如图 7-30 所示。

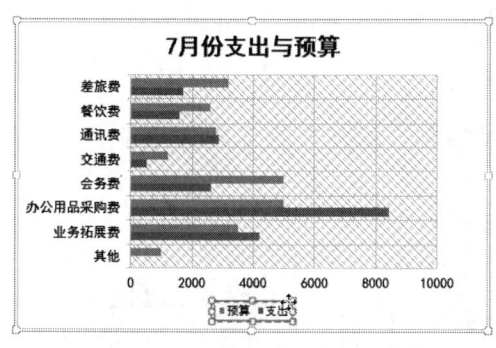

图 7-29

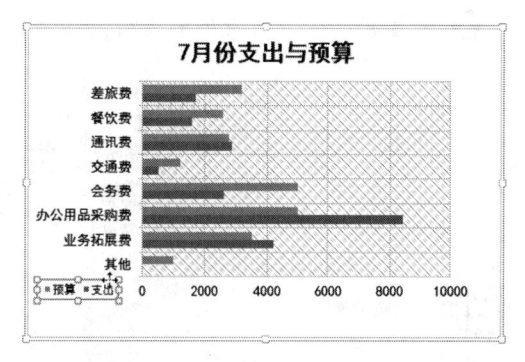

图 7-30

7.4.2 编辑图表坐标轴

通过对坐标轴的编辑可以实现对图表的优化设置，例如添加坐标轴标题、修改坐标轴的刻度、隐藏坐标轴的线条等。

1. 为坐标轴添加标题

坐标轴标题用于对当前图表中的水平轴与垂直轴表达的内容作出说明。默认情况下不含坐标轴标题，如需使用需要再添加。

❶ 选中图表，单击"图表元素"按钮，打开下拉菜单，单击"坐标轴标题"右侧按钮，如图 7-31 所示。

❷ 在子菜单中选择要添加的坐标轴标题（单击鼠标即可应用），如这里单击"主要纵坐标轴"，编辑后的效果如图 7-32 所示。

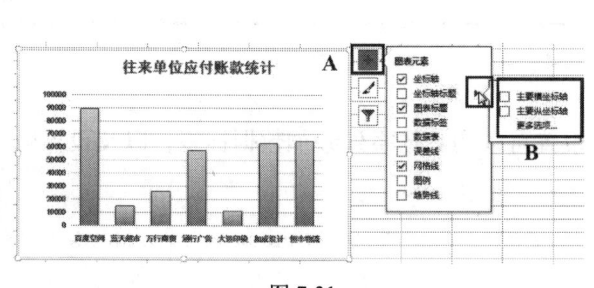

图 7-31

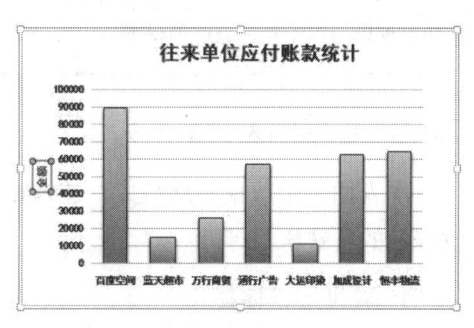

图 7-32

111

2. 重新设置坐标轴的刻度

在选择数据源建立图表时，程序会根据当前数据自动计算刻度的最大值、最小值及刻度单位，如果默认的刻度的值不完全满足实际需要，可以重新进行设置。

❶ 在要设置刻度的坐标轴，如垂直坐标轴，单击鼠标右键，在右键菜单中单击"设置坐标轴格式"命令（如图 7-33 所示），打开"设置坐标轴格式"窗格。

❷ 设置主要刻度，单击"显示单位"设置框右侧下拉按钮，在下拉菜单中单击"10000"，如图 7-34 所示。

❸ 设置完成后，图表中刻度改变了显示单位，变得更简洁了，如图 7-35 所示。

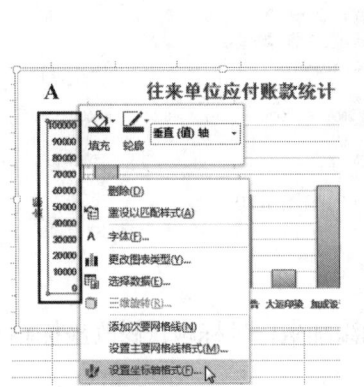

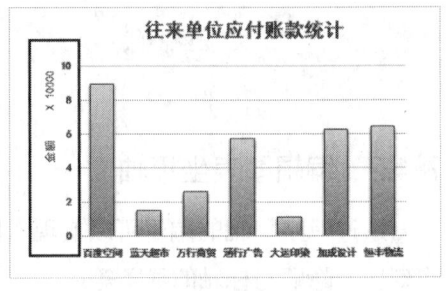

图 7-33　　　　　　　图 7-34　　　　　　　图 7-35

> **专家提示**
>
> 关于坐标轴的编辑还有"刻度线标记"（设置是否显示刻度线的标记或显示位置）、"标签"（设置是否显示标签或显示位置）、"数字"（设置坐标轴上数值的数字格式）几个选项，如图 7-36 所示。
>
> 值得一提的是"对数刻度"和"逆序刻度值"两个复选框，当系列数据相差很大时可以启用"对数刻度"；如果启用"逆序刻度值"则系列从后向前绘制。
>
> 图 7-36

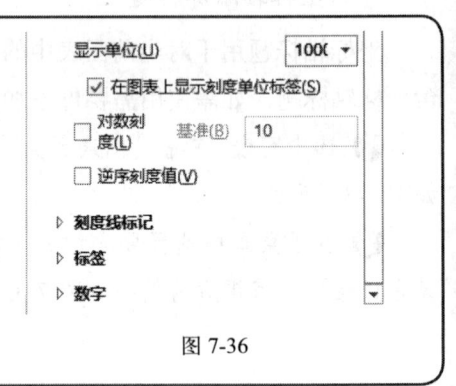

7.4.3　编辑图表数据系列

图表由多个数据系列组成，通过相关设置可以为数据系列添加数据标签，以及设置数据标签的特殊格式等。

1. 添加数据标签

添加数据系列标签是指将数据系列的值显示在图表上，将系列的值显示在系列上，即使不显示刻度，也可以直观地对比数据。

❶ 选中图表，单击"图表元素"按钮，打开下拉菜单，单击"数据标签"右侧按钮，如图7-37所示。

❷ 在子菜单中选择数据标签显示的位置（单击鼠标即可应用），如这里单击"数据标签外"，效果如图7-38所示。

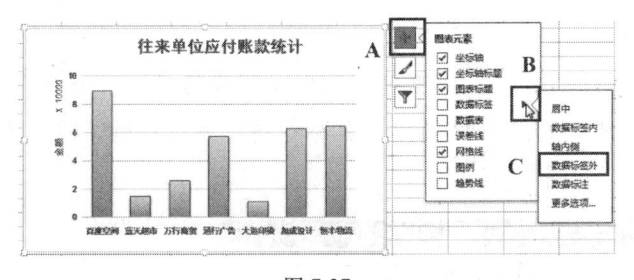

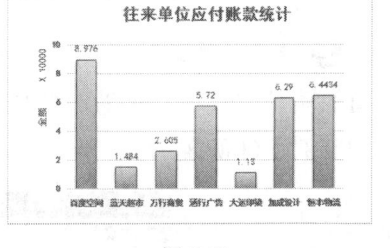

图 7-37

图 7-38

2. 同时显示出两种类型的数据标签

数据标签包括"值""系列名称"和"类别名称"等，最常用的是"值"数据标签，另外根据实际需要可以选择使用其他的标签。

❶ 选中图表，单击"图表元素"按钮，打开下拉菜单，单击"数据标签"右侧按钮，在子菜单中单击"更多选项"（如图7-39所示），打开"设置数据标签格式"窗格。

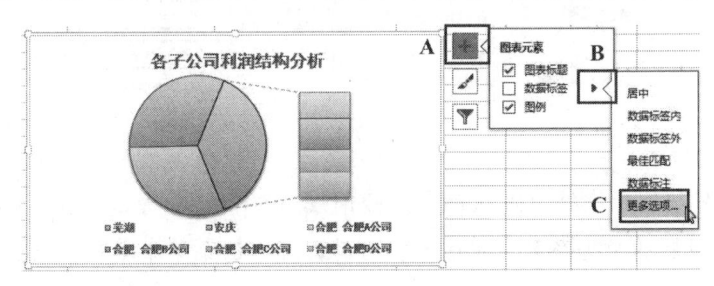

图 7-39

❷ 在"标签包括"栏下选中要显示标签前的复选框，如图7-40所示，这里选中"类别名称"和"百分比"，效果如图7-41所示。

图 7-40

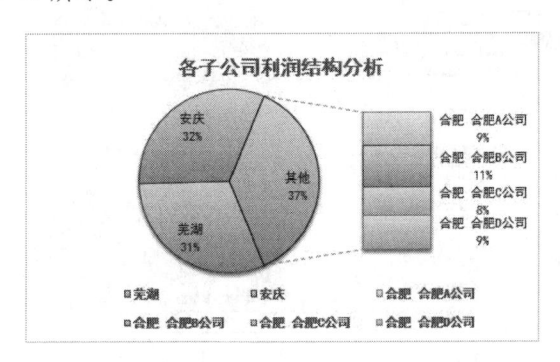

图 7-41

113

3. 折线图数据系列编辑

折线图数据系列是以线条形式存在的，折线图数据系列格式的设置包括对线条颜色、线型、数据标记样式等的设置。

- 设置系列线条颜色、线型、粗细

❶ 选中要设置线条格式的系列，在"图表工具"→"格式"选项卡下，单击"形状轮廓"按钮，打开下拉菜单。

❷ 在"主题颜色"栏中可以设置线条颜色；鼠标指向"粗细"，可以选择线条粗细值；鼠标指向"虚线"，可以选择线条样式，如图 7-42 所示。鼠标指向设置选项时，图表中选中系列即时预览。

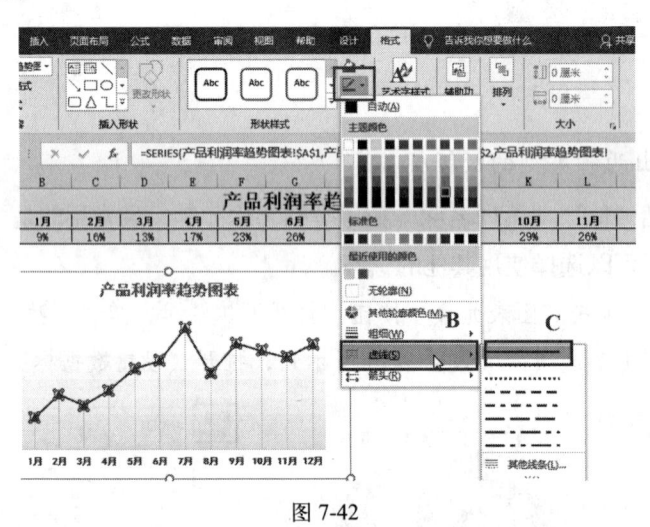

图 7-42

- 设置系列显示平滑线（默认拐角为棱角）

❶ 选中要设置的数据系列，单击鼠标右键，在右键菜单中单击"设置数据系列格式"命令（如图 7-43 所示），打开"设置数据系列格式"窗格。

❷ 在"填充线条"下单击"线条"标签，选中"平滑线"复选框（如图 7-44 所示），可以看到图表中选中系列显示平滑线，如图 7-45 所示。

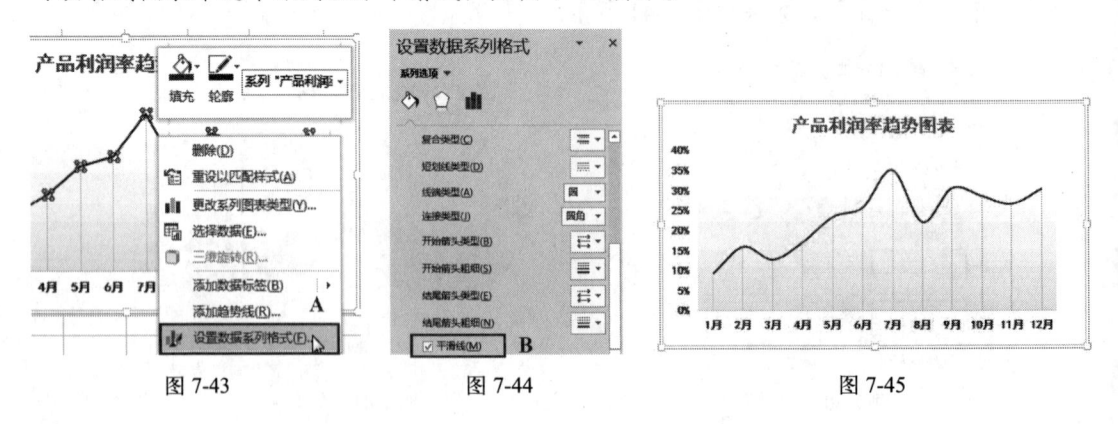

图 7-43　　　　　图 7-44　　　　　图 7-45

- 更改数据标记的类型与大小（默认数据标记是随机生成的）

❶ 选中要更改数据标记的系列，单击鼠标右键，选择"设置数据系列格式"命令，打开"设置数据系列格式"对话框，如图 7-46 所示。

❷ 在"填充线条"下单击"标记"标签，选中"内置"单选框，在"类型"下拉菜单中可以重新选择数据标记的类型（如图 7-47 所示），在"大小"设置中可以设置数据标记的大小，如图 7-48 所示。

❸ 设置完成后，效果如图 7-49 所示。

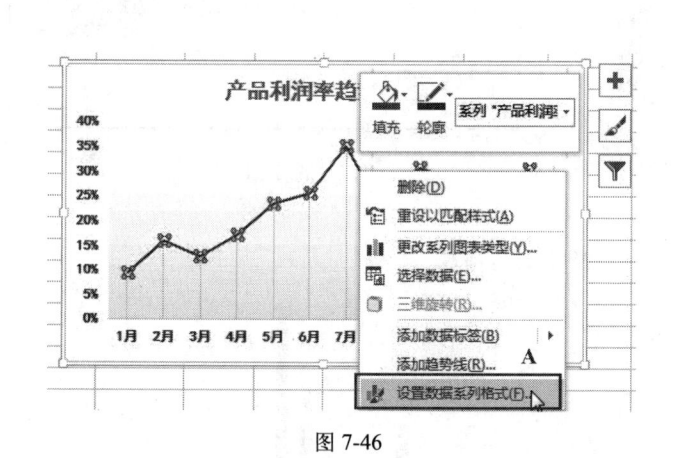

图 7-46

图 7-47

图 7-48

图 7-49

7.5 图表美化

7.5.1 套用图表样式快速美化图表

使用图表样式可以使坐标轴、系列、图表效果等都发生改变，即应用样式的同时，除了设置图表格式，同时也将图表合理布局。

❶ 选中图表，单击"图表工具"→"设计"选项卡，在"图表样式"组中单击"其他"按钮（如图 7-50 所示），打开下拉菜单，如图 7-51 所示。

❷ 选择某种样式后，单击一次鼠标即可应用到图表上，如图 7-52 所示。

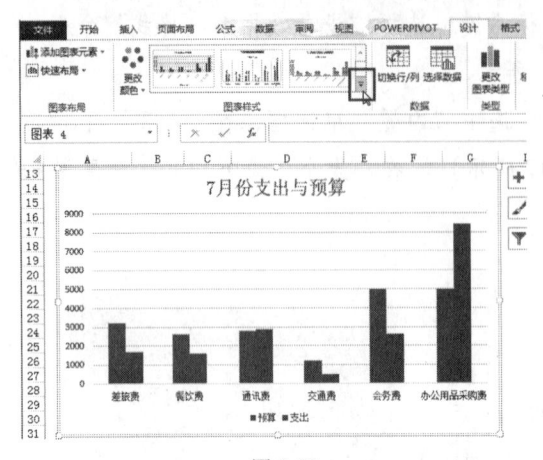

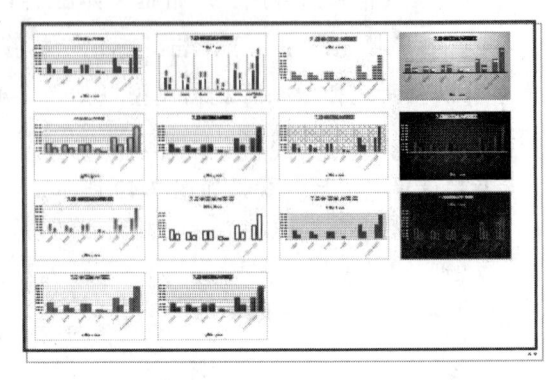

图 7-50

图 7-51

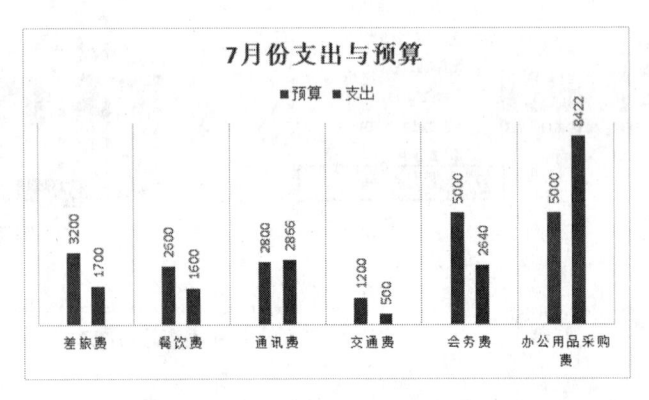

图 7-52

❸ 选中图表，单击"图表工具"→"设计"选项卡，在"图表样式"组中单击"更改颜色"按钮，打开下拉菜单，如图 7-53 所示。

❹ 选择某种颜色后，单击一次鼠标即可应用到图表上，如图 7-54 所示。

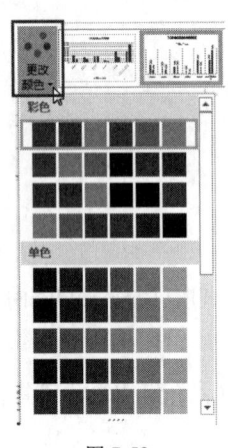

图 7-53

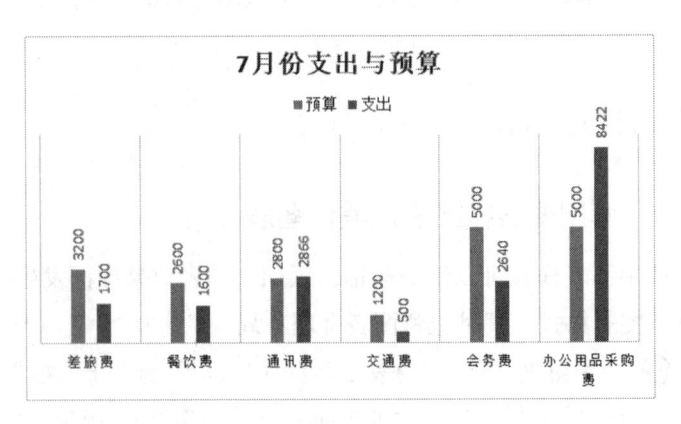

图 7-54

> **专家提示**
> 在套用图表样式之后，之前所设置的填充颜色、文字格式等效果将自动取消。因此如果想通过图表样式来美化图表，那么则可以在建立图表后立即套用，然后再进行局部修改。

7.5.2 设置图表文字格式

图表中文字一般包括图表标题、图例文字、水平轴菜单与垂直轴菜单。要重新更改默认的文字格式，在选中要设置的对象后，可以在"开始"菜单下的"字体"选项组中设置字体字号等，另外还可以设置艺术字效果（一般用于标题文字）。下面以设置标题文字格式为例介绍设置文字格式的方法。

❶ 在图表中选中标题。在"开始"选项卡下的"字体"组中可以设置标题字体、字号、字形、文字颜色等。设置时，鼠标指向时图表标题即时预览设置效果，如图7-55所示。

❷ 切换到"图表工具"→"格式"选项卡下，在"艺术字样式"组中单击"快速样式"按钮，从打开的下拉菜单中单击样式，即可快速应用于标题文字，如图7-56所示（鼠标指向时即可预览）。

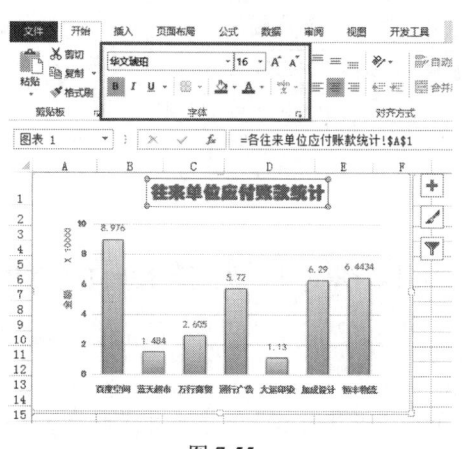

图 7-55

图 7-56

❸ 单击"文本效果"按钮，还可以设置阴影、映射、发光等特效。

> **专家提示**
> 在设置图表中其他对象的文字格式，可以首先将其选中，然后按相同的方法进行设置即可。

7.5.2 图表中对象边框、填充效果设置

图表中的各对象都可以重新设置其边框线条样式、颜色、填充效果等。无论是设置图表中哪一个对象，其操作方法都是一样的，关键是在设置前准确选中对象。选中哪个对象，操作将应用于哪个对象。因此本例只列举部分对象格式的设置方法，美化设计每个人各有不同思路，关键掌握学会设置要领。

1. 设置图表中对象边框线条

图表建立完成后，可以根据实际美化需要对各对象边框线条进行美化设置，包括线条的颜色、粗细、线型等。下面举例介绍设置系列的边框线条。

❶ 选中图表，切换到"图表工具"→"格式"选项下，在"形状样式"组中单击"形状轮廓"按钮，打开下拉菜单。

❷ 在"主题颜色"栏中可以设置边框线条颜色；鼠标指向"粗细"，可以选择线条粗细值（如图7-57所示）；鼠标指向"虚线"，可以选择线条样式。鼠标指向设置选项时，图表即时预览效果。

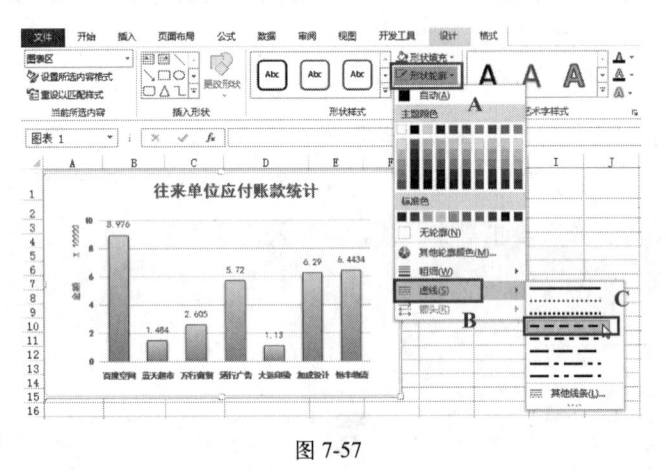

图 7-57

2. 设置图表中对象填充效果

要设置图表中对象的边框填充效果，首先需要将目标对象选中，然后再按如下方法设置（下面以设置图表区的边框填充效果为例）。

- 设置单色填充

❶ 选中图表区，在"图表工具"→"格式"选项卡的"形状样式"组中单击"形状填充"按钮，打开下拉菜单。

❷ 在"主题颜色"栏中可以选择填充颜色，鼠标指向设置选项时，图表即时预览效果，如图7-58所示。

- 设置渐变填充效果

❶ 选中图表，双击图表区，打开"设置图表区格式"窗格。

❷ 选中"渐变填充"单选框，单击"预设渐变"右侧的下拉按

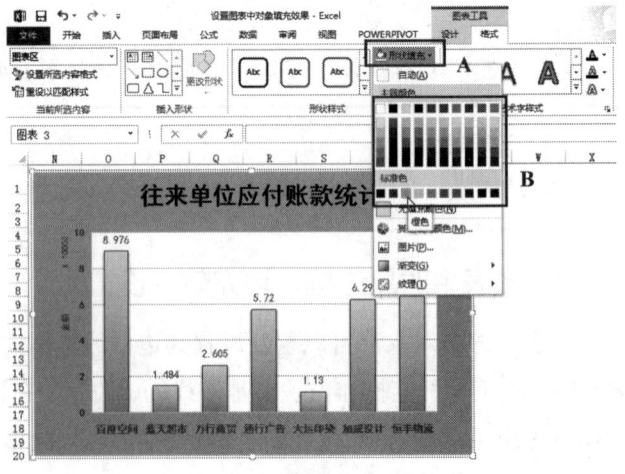

图 7-58

钮（如图 7-59 所示），展开列表，选择渐变效果，如图 7-60 所示。

❸ 设置完成后，可以看到图表区的渐变填充效果，如图 7-61 所示。

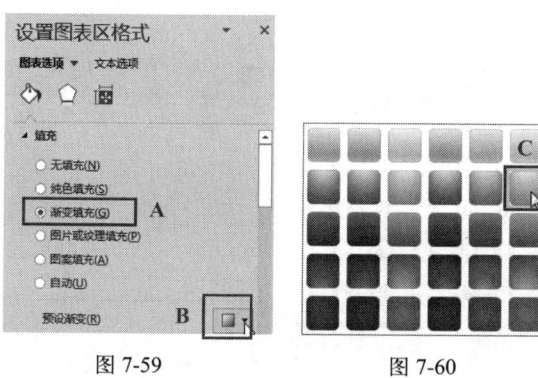

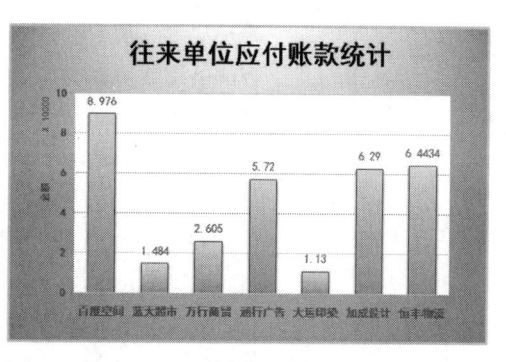

图 7-59　　　　　图 7-60　　　　　图 7-61

- 设置图片填充效果

❶ 选中图表，双击图表区，打开"设置图表区格式"窗格。

❷ 选中"图片或纹理填充"单选框，单击"文件"按钮（如图 7-62 所示），打开"插入图片"对话框，从本机中选择要用来填充的图片，如图 7-63 所示。

❸ 单击"插入"按钮，效果如图 7-64 所示。

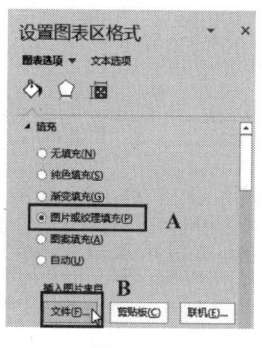

图 7-62　　　　　图 7-63　　　　　图 7-64

> ▶ **专家提示**
> 在"设置图表区格式"窗格中除了设置填充，还可以根据需要设置透明度等。

3. 设置形状特效

选中的对象还可以设置其特效，其中包括阴影特、发光特效、三维特效等。在美化图表的过程中，特殊的时候需要进行这些设置，例如下面举例将图表中的金额最大值设置特效。

- 设置三维特效

❶ 选中柱形图中金额最大的数据系列，选择"图表工具"→"格式"选项卡，在"形状样式"组中单击"形状效果"按钮，打开下拉菜单。

❷ 鼠标指针指向"棱台",打开子菜单可以选择多种棱台特效,鼠标指向设置选项时,图表即时预览效果,如图 7-65 所示。

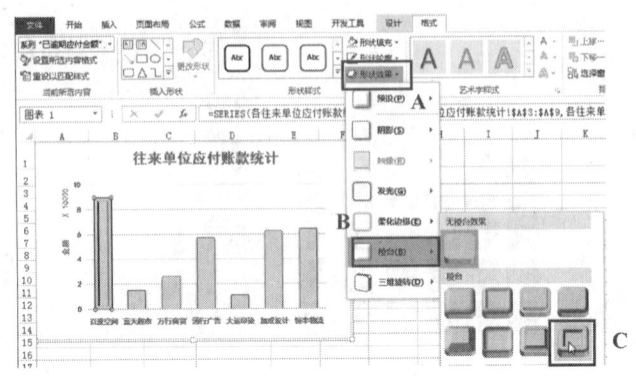

图 7-65

- 设置阴影特效

❶ 选中柱形图中金额最大的数据系列,选择"图表工具"→"格式"选项卡,在"形状样式"组单击"形状效果"按钮,打开下拉菜单。

❷ 鼠标指向"阴影",打开子菜单可以选择多种阴影特效,鼠标指向设置选项时,图表即时预览效果,如图 7-66 所示。

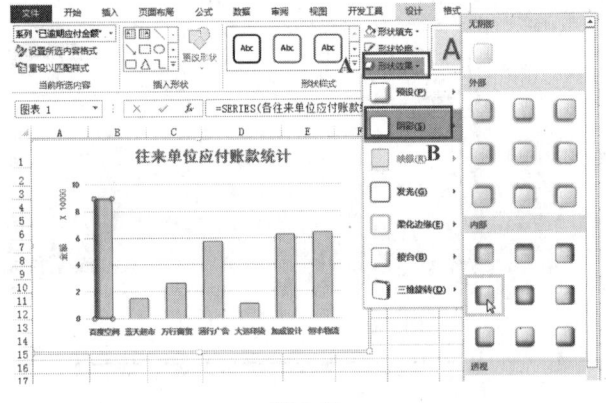

图 7-66

> **专家提示**
>
> 如果对内置的阴影、发光等效果不满意,则可以单击预设列表下面的"发光选项""阴影选项"等命令,打开右侧任务窗口进行详细的参数设置。

技高一筹:快速取消图表所有格式。

对图表进行了多种格式设置,若需要取消所有的格式,一步步还原比较麻烦,通过下面的方法可一次性取消所有的格式。

在图表上单击鼠标右键,单击"重设以匹配样式"命令,即可快速取消图表中的所有格式。

第 8 章
高级分析工具在财务分析中的应用

8.1 安装与卸载分析工具库

"分析工具库"是一组强大的数据分析工具。分析工具库中包含方差分析、相关系数、协方差、描述统计、指数平滑、移动平均、回归等数据分析工具，使用这些高级分析工具可以处理复杂的数据统计分析、数据分析预测、工程分析等操作。在 Excel 2019 中使用分析工具库中的工具，首先需要安装分析工具库。

8.1.1 安装分析工具库

分析工具库需要加载才可以使用，下面介绍如何加载分析工具库。

❶ 在 Excel 2019 工作簿中，单击"文件"→"选项"命令，打开"Excel 选项"对话框。在左侧列表中选中"加载项"标签，如图 8-1 所示。

❷ 在右侧下方单击"转到"按钮，打开"加载宏"对话框。在"加载宏"对话框中的"可用加载宏"列表中选择要加载的宏，如图 8-2 所示。

图 8-1

图 8-2

❸ 单击"确定"按钮，即可完成分析工具的加载。在工作簿的"数据"选项卡下自动生成"分析"组，并显示出所加载的分析工具，如图 8-3 所示。

图 8-3

> **专家提示**
> 要加载其他分析工具（规划求解等），操作方法与上面的步骤类似。

8.1.2 卸载分析工具库

当不需要使用分析工具库时，可以按如下方法将其卸载。

❶ 在 Excel 2019 工作簿中，单击"文件"→"选项"命令，打开"Excel 选项"对话框。在左侧列表中选中"加载项"标签，如图 8-4 所示。

❷ 在右侧下方单击"转到"按钮，打开"加载宏"对话框。在"可用加载宏"列表中取消选中要卸载的分析工具前的复选框，如图 8-5 所示。

❸ 单击"确定"按钮，即可卸载分析工具。

图 8-4

图 8-5

8.2 模拟运算表

模拟运算表是一个单元格区域，它可以显示一个或多个公式中替换不同值时的结果。模拟运算表有两种类型：单变量模拟运算表和双变量模拟运算表。

8.2.1 计算变动利率下的月还款额

单变量模拟运算表中，可以对一个变量输入不同的值从而查看它对一个或多个公式的影响。例如：某企业向银行贷款的年利率为 6.86%，需要贷款期限为 10 年，贷款金额为 20 万元。通过单变量模拟运算的计算结果，可以查看不同利率对贷款月还款额的影响。

❶ 在工作表中输入贷款相关数据，选中 D2 单元格，输入公式："=PMT(C2/12,B2*12,A2)"，按 Enter 键计算出月还款额，如图 8-6 所示。

❷ 在 A5:A8 单元格区域输入相关计算数据。选中 B5 单元格，并输入与 D2 单元格相同的公式："=PMT(C2/12,B2*12,A2)"，按 Enter 键，计算出月还款额，如图 8-7 所示。

❸ 选中 A5:B8 单元格区域，在"数据"选项卡"数据工具"组中，单击"模拟分析"下拉按钮，单击"模拟运算表"命令（如图 8-8 所示），打开"模拟运算表"对话框。

❹ 将"输入引用列的单元格"设置为"$C$2"，如图 8-9 所示。

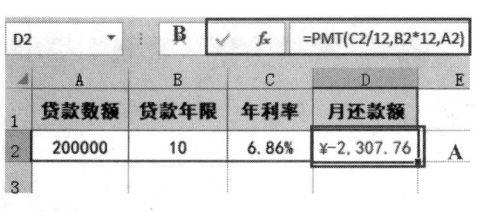

图 8-6

图 8-7

图 8-8

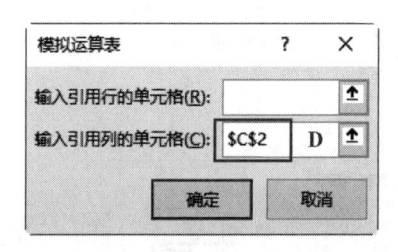

图 8-9

❺ 单击"确定"按钮，可计算出不同利率每月的还款额，如图 8-10 所示。

图 8-10

8.2.2 计算变动利率与贷款金额时的月还款额

双变量模拟运算表中，可以通过对两个变量键入不同值，来查看它对一个公式值的影响。例如：某企业向银行贷款的年利率为 6.86%，需要贷款期限为 10 年，贷款金额为 20 万元。利用双变量求解的计算，可以查看在利率和贷款总额均不同的情况下所对应的不同的月还款额。

❶ 在工作表中输入贷款相关数据，在表格中输入贷款的计算数据，分别在 B5 和 D2 单元格中输入公式："=PMT(C2/12,B2*12,A2)"，按 Enter 键计算出月还款额，如图 8-11 所示。

❷ 选择 A4:E8 单元格区域，在"数据"选项卡"数据工具"组中，单击"模拟分析"下拉按钮，单击"模拟运算表"命令（如图 8-12 所示），打开"模拟运算表"对话框。

❸ 将"输入引用行的单元格"设置为"$A$2"，将"输入引用列的单元格"设置为"$C$2"，如图 8-13 所示。

❹ 单击"确定"按钮，即可计算出不同利率、不同贷款额情况下的月还款额，如图 8-14 所示。

图 8-11

图 8-12

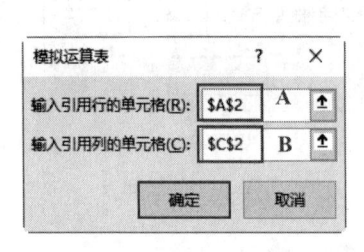

图 8-13

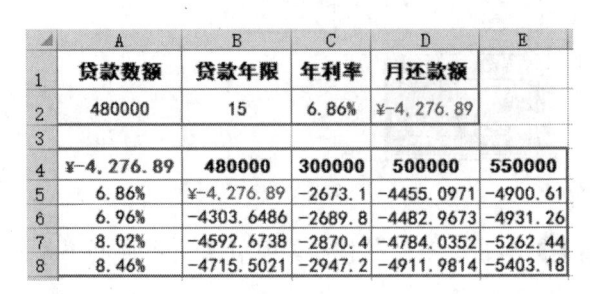

图 8-14

技高一筹：将模拟运算结果转换为常量

模拟运算得出的结果是以数组形式保存的，例如单变量模拟运算的结果保存类似 {=TABLE(,B2)}、{=TABLE(B2,)} 这样的形式，前者表示变量在列中，后者表示变量在行中；双变量模拟运算结果保存为类似 {=TABLE(B10,B11)} 这样的形式。在模拟运算返回的单元格区域中，不允许随意更改单个单元格的值，要对其进行编辑操作，则需要将其转换为常量，具体操作方法如下。

选择包含有模拟运算结果的单元格区域，按"Ctrl+C"组合键执行复制操作，如图 8-15 所示。

选择目标单元格，按"Ctrl+V"组合键进行粘贴，此时在粘贴单元格区域右下角出现"粘贴选项"按钮，单击此按钮，在下拉菜单中单击"值"选项（如图 8-16 所示），即可将模拟运算结果的数组形式更改为数值形式。

图 8-15

图 8-16

第 8 章　高级分析工具在财务分析中的应用

> **专家提示**
>
> 由于模拟运算得出的结果是以数组形式保存，所以无法删除运算结果中单个单元格的值，如果只选择模拟运算单个单元格或部分单元格区域，并进行删除，会弹出如图 8-17 所示的提示框。要删除模拟运算结果，选中显示模拟运算结果的单元格区域（注意要全部选中），按"Delete"键即可删除。

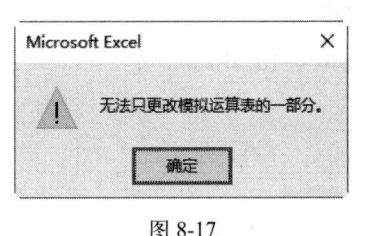

图 8-17

8.3　单变量求解

单变量求解是根据提供的目标值，将引用单元格的值不断调整，直至达到所需要求的公式的目标值时，变量的值才能确定。下面通过实例介绍该功能的使用方法。

8.3.1　单变量求解预定销售计划

单变量模拟运算表中，可以对一个变量输入不同的值从而查看它对一个或多个公式的影响。例如：假设某产品的销售单价为 68 元，除了合肥的销量未知，其他地区的销量都已统计出来。下面预测计算出销售地"合肥"的销售量为多少时，总销售额可以达到 150000。

❶ 选中 C13 单元格，在公式编辑栏中输入公式："=SUM(C5:C12)*B2"，按"Enter"键得出结果，如图 8-18 所示。

❷ 在"数据"选项卡"数据工具"组中，单击"模拟分析"下拉按钮，单击"单变量求解"命令，打开"单变量求解"对话框，如图 8-19 所示。

图 8-18 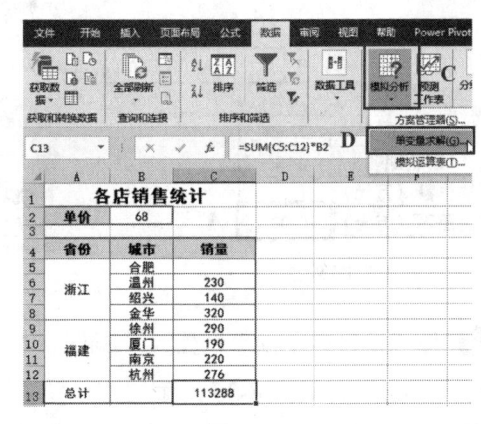　　　　　图 8-19

❸ 将"目标单元格"设置为"$C$13"，在"目标值"中输入"150000"，将"可变单元格"设置为"$C$5"，如图 8-20 所示。

❹ 单击"确定"按钮，即可根据设置的参数条件进行单变量求解计算，如图 8-21 所示。

❺ 单击"确定"按钮，即可显示出"合肥"的销量约为 540 时，才能使总销量达到 150000，如图 8-22 所示。

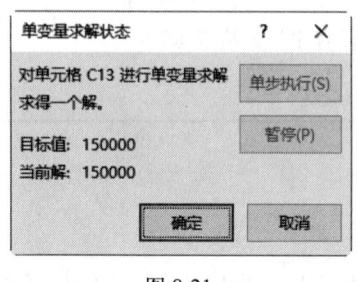

图 8-20

图 8-21

图 8-22

8.3.2　单变量求解可贷款金额

本例假设某企业向银行贷款的年利率为 7.67%，需要贷款期限为 10 年，企业每年的偿还能力为 50 万元。现在要计算出企业可以贷款金额，可以使用单变量求解功能来实现。

❶ 在工作表中输入贷款的年利率和贷款期限，选中 B4 单元格，输入公式："=PMT(B1, B2,B3)"，按"Enter"键计算出年偿还额（因为当前贷款总额不确定，所以结果为 0），如图 8-23 所示。

❷ 在"数据"选项卡"数据工具"组中，单击"模拟分析"下拉按钮，在下拉菜单中单击"单变量求解"命令（如图 8-24 所示），打开"单变量求解"对话框。

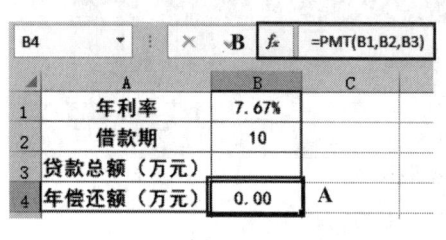

图 8-23

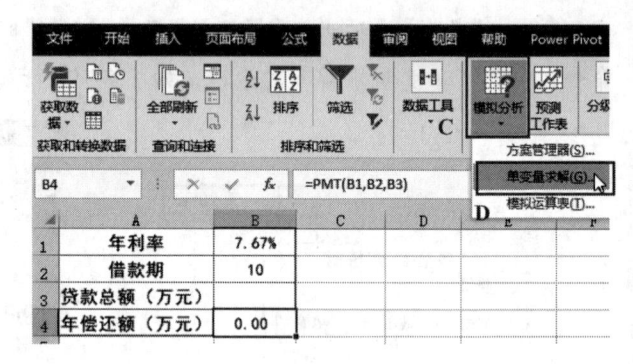

图 8-24

❸ 将"目标单元格"设置为"B4"，在"目标值"中输入"50"，将"可变单元格"设置为"$B$3"，如图 8-25 所示。

❹ 单击"确定"按钮，即可根据设置的参数条件进行单变量求解计算，如图 8-26 所示。

❺ 单击"确定"按钮，求解出年利率为 7.67%、贷款期限为 10 年、每年的偿还额为 50 万元时，可贷款的金额为 340.55 万元，如图 8-27 所示。

图 8-25 　　　　　　　　图 8-26 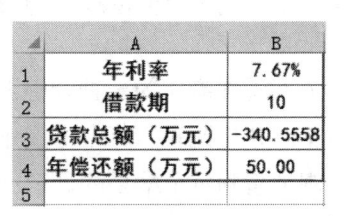　　　　　　　　图 8-27

8.3.3　单变量求解贷款年限

本例假设某企业需要贷款金额为 100 万元，贷款的年利率为 7.67%，企业能承担的年偿还额为 20 万元，现在要计算企业需要贷款的年限，利用单变量求解来实现。

❶ 在工作表中输入贷款的年利率、贷款总额、借款年限（假设值，可以随意输入），选中 B4 单元格，输入公式："=PMT(B1,B2,B3)"，按"Enter"键计算出年偿还额，如图 8-28 所示。

❷ 在"数据"选项卡"数据工具"组中，单击"模拟分析"下拉按钮，在下拉菜单中单击"单变量求解"命令，打开"单变量求解"对话框。

❸ 将"目标单元格"设置为"B4"，在"目标值"中输入"20"，将"可变单元格"设置为"$B$2"，如图 8-29 所示。

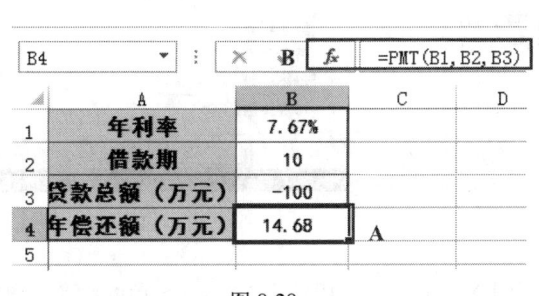

图 8-28 　　　　　　　　　　　　　　图 8-29

❹ 单击"确定"按钮，即可根据设置的参数条件进行单变量求解计算，如图 8-30 所示。

❺ 单击"确定"按钮，即可计算出可贷款的年限约为 6.5 年，如图 8-31 所示。

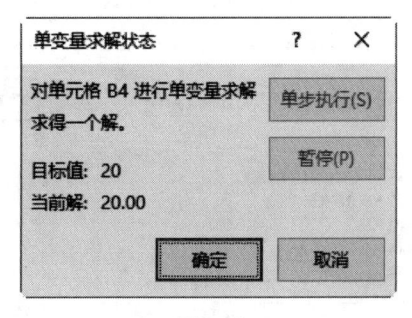

图 8-30 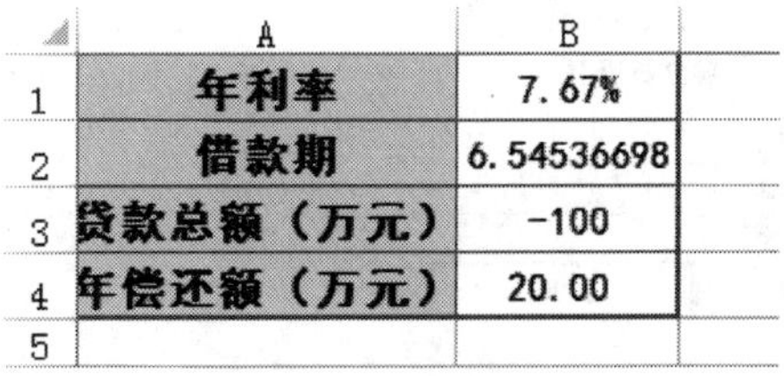　　　　　　　　　　　　　　图 8-31

8.4 方案管理器进行贷款方案决策

方案管理器作为一种分析工具，能够管理多变量情况下的数据变化情况，它可以进行多方案的分析比较。每个方案允许财务管理人员建立一组假设条件，自动产生多种结果，并直观地看到每个结果的显示过程，还可以将多种结果同时存在一个工作表中，十分方便。企业对于较为复杂的计划，可能需要制定多个方案进行比较，然后进行决策。

8.4.1 建立不同贷款方案

假设某公司向银行申请贷款，经过了解，有四家银行愿意为其提供贷款，但这四家银行的贷款额、贷款利率和偿还年限都不一样，贷款条件如图 8-32 所示。

粗略一看，其中 B 银行提供贷款的年利率最小，但同时偿还年限也最短，那么如何选择呢？下面我们就借助 Excel 2019 的方案管理功能进行分析，确定最优贷款方案。

❶ 新建一个工作簿，将"Sheet 1"工作表标签重命名为"方案模型"，在工作表中建立方案分析模型，该模型是假设不同的贷款额、贷款利率和偿还年限，对每月偿还额的影响。在该模型中有三个可变量：贷款额、贷款利率和偿还年限；一个因变量：月偿还额，如图 8-33 所示。

图 8-32

图 8-33

❷ 选中 B5 单元格，输入公式："=PMT(B3/12,B4*12,B2)"，按 Enter 键。由于相关数据还没输入，暂时会显示一个错误信息，如图 8-34 所示。

❸ 在当前工作表中单击"数据"选项卡，在"数据工具"组中单击"模拟分析"按钮，打开下拉菜单，如图 8-35 所示。

图 8-34

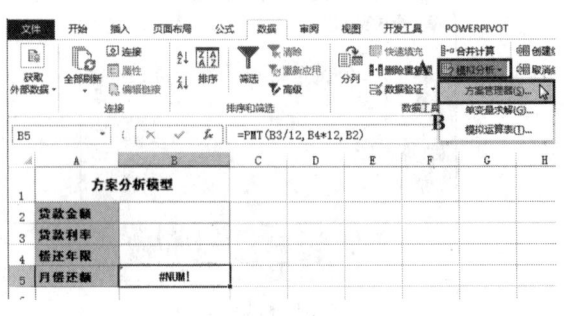

图 8-35

❹ 单击"方案管理器"命令（如图 8-36 所示），打开"方案管理器"对话框。

❺ 单击"添加"按钮，弹出"添加方案"对话框中，在"方案名"框中输入方案名，输入"A 银行方案"。在"可变单元格"框中输入单元格的引用，在这里输入"B2:B4"，如图 8-37 所示。

图 8-36

图 8-37

❻ 设置完成后，单击"确定"按钮，进入"方案变量值"对话框中，编辑每个可变单元格的值，在这里依次输入 A 银行贷款方案中的贷款总额、贷款利率、偿还年限，即依次为：200000、4.8%、10，如图 8-38 所示。

❼ 输入完成后，单击"添加"按钮，打开"添加方案"对话框，在"方案名"框中输入方案名，输入"B 银行方案"，如图 8-39 所示。

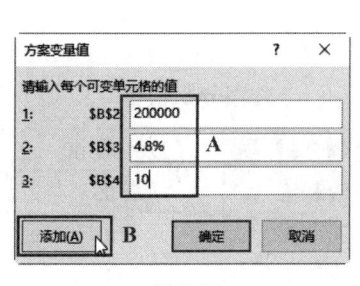

图 8-38

图 8-39

❽ 单击"确定"按钮，进入"方案变量值"对话框中，编辑每个可变单元格的值，在这里依次输入 B 银行贷款方案中的贷款总额、贷款利率、偿还年限，即依次为：180000、0.047、8，如图 8-40 所示。

❾ 重复以上步骤输入 C 银行、D 银行的方案，设置完成后，单击"确定"按钮，回到"方案管理器"对话框中，可以看到建立的方案，如图 8-41 所示。

图 8-40 　　　　　　　　　　　　　图 8-41

8.4.2　显示方案

在同一张工作表中建立了多个方案之后，要查看不同的方案，可以按下方法来操作。

❶ 在建立了方案的工作表中单击"数据"选项卡，在"数据工具"组中单击"模拟分析"按钮，在下拉菜单中单击"方案管理器"命令，打开"方案管理器"对话框，此时可以显示出当前工作表中建立的所有方案，如图 8-42 所示。

❷ 选中要显示的方案（如"C 银行方案"），单击"显示"按钮即可显示方案，如图 8-43 所示为 A 银行的贷款方案。

❸ 可以按相同的方法一一查看。

图 8-42 　　　　　　　　　　　　　图 8-43

8.4.4　重新编辑方案

方案建立完成后，当可变量数据发生变化后，还可以对可变量数据进行重新修改。

❶ 在要修改方案的工作表中，进入"数据"选项卡下的"数据工具"组中，单击"模

拟分析"按钮，在展开的下拉菜单中单击"方案管理器"命令，打开"方案管理器"对话框。

❷ 在"方案"列表中选中要修改的方案，如："A银行方案"（如图8-44所示）。单击"编辑"按钮，打开"编辑方案"对话框，如图8-45所示。

❸ 在"编辑方案"对话框中，可以对方案名、可变单元格进行重新更改。更改完成后，单击"确定"按钮即可。

图 8-44

图 8-45

> **专家提示**
>
> 如果要删除不需要的方案，只需要打开"方案管理器"对话框，在"方案"列表中选中不需要的方案。单击"删除"按钮，即可从"方案"列表中删除不需要的方案。

8.4.5 创建方案摘要得出决策结论

方案建立完成后，可以建立方案摘要来直观显示不同变量值时的计算结果，从而得出决策结论。

1. 建立方案摘要

❶ 打开建立了方案且想显示方案摘要的工作表，打开"方案管理器"，单击"摘要"按钮，如图8-46所示。

❷ 打开"方案摘要"对话框，选中"报表类型"单选框，设置结果单元格（结果单元格为想查看其值的单元格，本例中想查看结果为贷款金额、贷款利率、偿还年限、月偿还额，因此单击拾取器按钮回到工作表中选择B2:B5单元格区域），如图8-47所示。

❸ 设置完成后，单击"确定"按钮即可新建"方案摘要"工作表，显示摘要信息，即显示出不同银行贷款的贷款金额、贷款利率、偿还年限、月偿还额，如图8-48所示。从方案摘要中可以看出C银行提供的贷款方案，每月所需偿还额最小，而且可贷款额也较A、B银行提供的金额大，利率又比D银行稍小。所以应该选择C银行的贷款方案。

图 8-46

图 8-47

图 8-48

2. 建立"数据透视表"型方案摘要

❶ 再次打开"方案管理器",单击"摘要"按钮,打开"方案摘要"对话框时,还可以选中"方案数据透视表"单选框,如图 8-49 所示。

❷ 按相同方法设置好结果单元格,单击"确定"按钮即可建立"数据透视表"型方案摘要,如图 8-50 所示。在报表中也可以直观显示出不同银行的贷款方案。可以看出 C 银行提供的贷款方案,每月所需偿还额最小,而且贷款额也较 A、B 银行提供的金额大。所以应该选择 C 银行的贷款方案。

图 8-49

图 8-50

8.5 规划求解

利用"规划求解"功能可以求出工作表上某个单元格（称为目标单元格）中公式的最优值。借助于这一功能可以从多个方案中得出最优方案。比如使用规划求解求出最优生产方案，求解最佳现金持有量等。

8.5.1 规划求解确定最优生产方案

根据两种产品单件成本、单件的毛利、月成本限额几项已知数据，可以利用"规划求解"功能来求解出两种产品的生产量为多少时，才能让总收益额达到最高值。

1. 建立最优生产方案的模型

❶ 工作表中显示了两种产品每件成本额、毛利、每月成本限制额等基本信息。选中 E3 单元格，输入公式：=C3*D3，按 Enter 键，即可计算出 A 产品毛利合计（因为当前生产量未知，所以显示为 0）。

❷ 选中 E3 单元格，光标定位到该单元格右下角的填充柄上，向下复制公式到 E4 单元格中，即可计算出 B 产品毛利合计，如图 8-51 所示。

❸ 选中 B7 单元格，在公式编辑框中输入公式：=B3*D3+B4*D4，按 Enter 键即可计算出实际成本总额，如图 8-52 所示。

❹ 选中 B8 单元格，输入公式：=E3+E4，按 Enter 键即可计算两种产品的总收益额，如图 8-53 所示。

图 8-51

图 8-52

图 8-53

2. 使用"规划求解"获取利润最大化生产方案

❶ 在"数据"选项卡"分析"组中，单击"规划求解"按钮（如图 8-54 所示），打开"规划求解参数"对话框。

❷ 单击"设置目标"右侧的拾取器按钮回到工作表选择"B8"单元格；再单击"通过更改可变单元格"右侧的拾取器，选择可变单元格"D3:D4"单元格区域，如图8-55所示。

图 8-54 　　　　　　　　　　　图 8-55

❸ 单击"添加"按钮，打开"添加约束"对话框，设置条件为"B7<=B6"，表示实际成本耗费额不能超过每月成本限额，如图8-56所示。

❹ 单击"添加"按钮，即可添加该项约束条件，继续在"添加约束"对话框中设置条件为"D3：D4>=0"，表示生产值大于0，如图8-57所示。

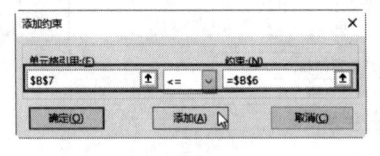

图 8-56 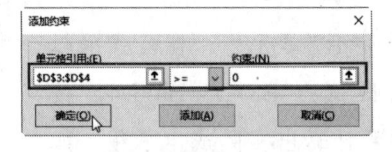　　　　　　　　　　　图 8-57

❺ 设置完成后，单击"确定"按钮，回到"规划求解参数"对话框，可看到添加的约束条件，如图8-58所示。

❻ 单击"求解"按钮，弹出"规划求解结果"对话框，如图8-59所示。

图 8-58 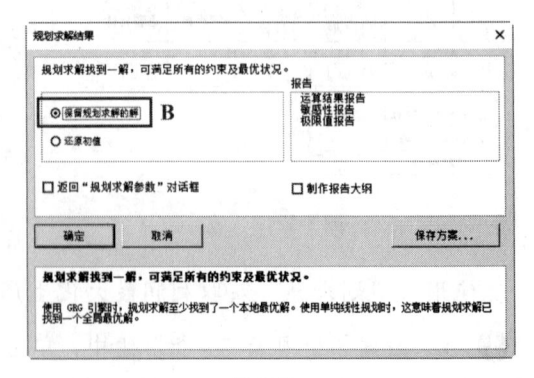　　　　　　　　　　　图 8-59

❼ 单击"确定"按钮，即可得出求解结果，可以看到在目标的生产条件下，本月应该只生产 A 产品 1250000 件，可以获得最大收益额为 7850000 元，如图 8-60 所示。

图 8-60

8.5.2 规划求解最佳现金持有量

本例假设某企业预计 1 个月经营所需现金为 1500000 元，准备用有价证券变现取得，每次买卖证券的固定成本为 250 元，证券市场的月利率为 1.5%，企业要求最低现金持有量为 120000 元。利用规划求解工具求解最佳现金持有量。

1. 建立最佳现金持有量的模型

❶ 在工作表中，建立如图 8-61 所示的"最佳现金持有量规划求解模型"表格。将已知的相关资料填入对应的单元格。

图 8-61

❷ 选中 E5 单元格，在公式编辑栏中输入公式：=E4/2*B6+B4/E4*B5，按 Enter 键，计算总成本，如图 8-62 所示。

❸ 选中 E6 单元格，在公式编辑栏中输入公式：=B4/E4，按 Enter 键，计算最佳变现次数，如图 8-63 所示。

图 8-62

图 8-63

2. 使用"规划求解"获取最佳现金持有量

❶ 在"数据"选项卡"分析"组中,单击"规划求解"按钮(如图8-64所示),打开"规划求解参数"对话框。

❷ 单击"设置目标"右侧的拾取器按钮回到工作表选择"E5",如图8-65所示。在"规划求解参数"对话框下的"遵守约束"栏中单击"添加"按钮,打开"添加约束"对话框。

图 8-64

图 8-65

❸ 设置"单元格的引用"为"E4"单元格(可手工输入也可单击拾取器按钮回到工作表中选择),设置条件为">=","约束"值为"120000",如图8-66所示。

❹ 单击"确定"按钮回到"规则求解参数"对话框中,在列表中可以看到添加的约束条件,如图8-67所示。

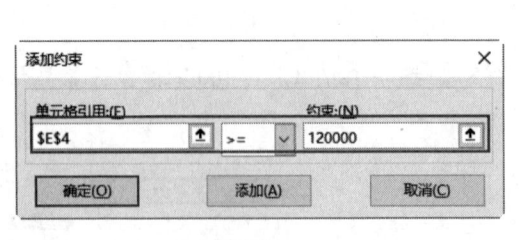

图 8-66

图 8-67

❺ 单击"求解"按钮,弹出"规划求解结果"对话框,如图8-68所示。

❻ 单击"确定"按钮,Excel就按要求计算相应的结果。根据求解的结果,可以得出最佳现金持有量为223606,变现次数为7次,如图8-69所示。

第 8 章　高级分析工具在财务分析中的应用

图 8-68

图 8-69

8.6　使用数据分析工具分析财务数据

Excel 中提供了一组强大的数据分析工具，称为"分析工具库"。分析工具库中包含直方图、回归、移动平均、协方差、描述统计、指数平滑、等分析工具，使用这些高级分析工具可以处理复杂的财务数据统计分析、数据分析预测等操作。

8.6.1　直方图分析员工工资

"直方图"分析工具可计算数据单元格区域和数据接收区间的累计频率。此工具可用于统计数据集中某个数值出现的次数。使用直方图工具可以对企业员工工资表进行分析，在直方图中可以很清晰地看出各级工资水平的员工人数。

❶ 这里将工资等级分为 7 级，下面来计算不同工资等级的员工人数。选中 E2:E8 单元格区域，在公式编辑栏中输入公式：=FREQUENCY(A2:A28,D2:D8)，按 "Ctrl+Shift+Enter" 组合键，分别计算出不同工资等级下的员工人数，如图 8-70 所示。从计算结果中可以看到 2000 元~3999 元工资的人数最多，有 10 人。

❷ 2000 元以下的累计频数就等于相对应的频数 2，这里选中 F2 单元格，输入公式："=E2"，按 Enter 键，计算结果如图 8-71 所示。

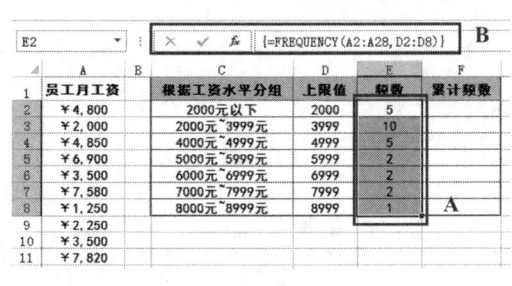

图 8-70

图 8-71

❸ 选中 F3 单元格，在公式编辑栏中输入公式：=F2+E3，按 Enter 键，向下复制公式到 F8 单元格，结果如图 8-72 所示。

137

图 8-72

❹ 在当前工作表中单击"数据"选项卡，在"分析"组中单击"数据分析"按钮（如图 8-73 所示），打开"数据分析"对话框。

❺ 在"分析工具"列表中单击"直方图"，单击"确定"按钮（如图 8-74 所示），弹出"直方图"对话框。

图 8-73 　　　　　　图 8-74

❻ 设置"输入区域"为 A2:A28 单元格区域，设置"接收区域"为 D2:D8 单元格区域，选中"新工作表组"单选框，并设置新工作表名为"图表直方图"，选中"图表输出"复选框，如图 8-75 所示。

❼ 单击"确定"按钮，返回工作表，系统会自动新建一个名为"直方图"的工作表。在该工作表中显示了描述工资分布水平的直方图，效果如图 8-76 所示。

图 8-75 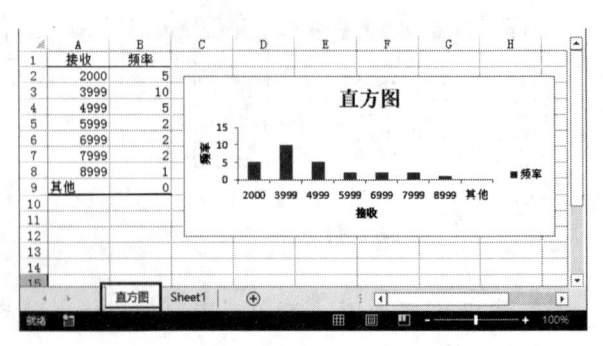　　　　　　图 8-76

❽ 因为所有待处理数据都包含在划分区域中，不存在"其他"区域的数据。所以这里打开"选择数据源"对话框，在"水平（分类）轴标签"下取消"其他"复选框，如图 8-77 所示。

❾ 输入横纵坐标轴标题，并将其图例删除。选中图表，单击"图表元素"按钮，打开下拉菜单，单击"数据标签"右侧按钮，如图 8-78 所示。在子菜单中选择数据标签显示的位置（单击鼠标即可应用），如这里单击"数据标签外"，效果如图 8-79 所示。

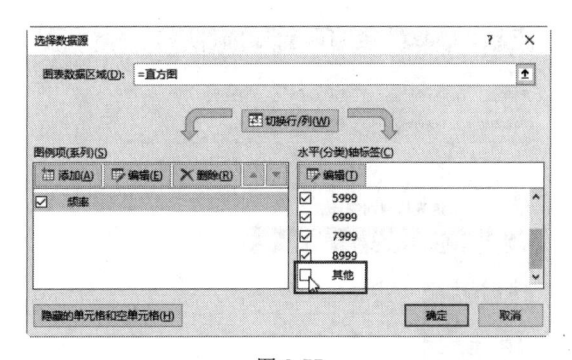

图 8-77

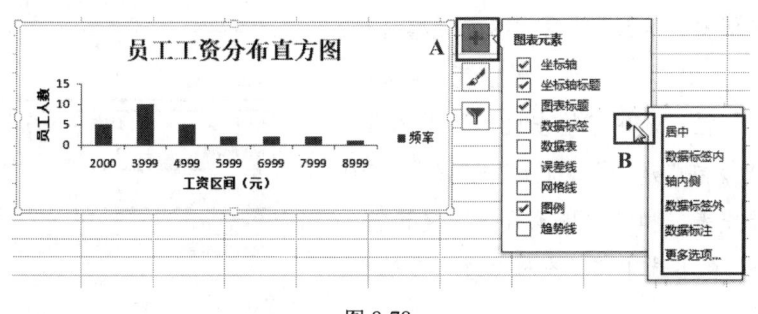

图 8-78

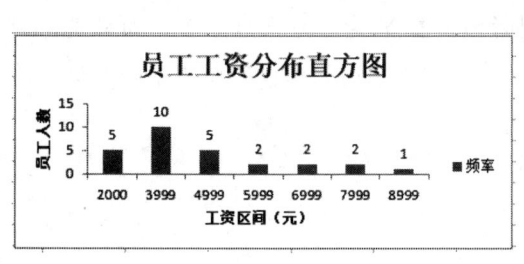

❿ 对直方图的进行适当的美化，并重新将图表中的字体都更改为"黑体"，得到员工工资分布直方图的最终效果如图 8-80 所示。

图 8-79

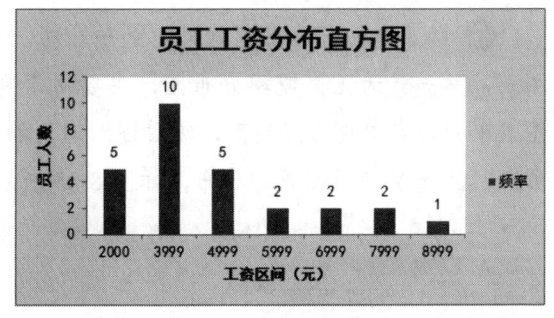

图 8-80

8.6.2 销量与利润总额回归分析

用户可以使用"回归"分析工具来对销量与利润总额进行分析。

❶ 在当前工作表中单击"数据"选项卡，在"分析"组中单击"数据分析"按钮（如图 8-81 所示），打开"数据分析"对话框。

❷ 在"分析工具"列表中单击"回归"，单击"确定"按钮（如图 8-82 所示），弹出"回归"对话框。

图 8-81

图 8-82

❸ 设置"Y 值输入区域"为 C2:C8 单元格区域,设置"X 值输入区域"为 B2:B8 单元格区域。在"输入"栏下选中"标志"和"置信度"复选框。在"输出选项"栏下选中"输出区域"单选框,选择 E2 单元格。在"残差"栏下选中"残差""残差图""标准残差"和"线性拟合图"复选框,在"正态分布"栏下选中"正态概率图"复选框,如图 8-83 所示。

❹ 单击"确定"按钮,返回工作表,此时可以看到从 E2 单元格开始了回归分析的全部输出结果,如图 8-84 所示。

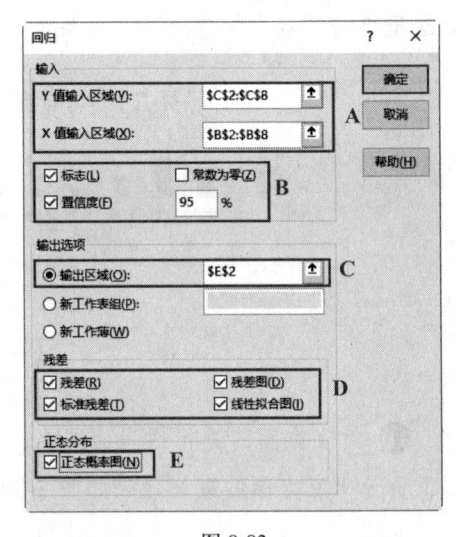

图 8-83

❺ 除了输出三个分析表外,还输出了三张图表,第一张为正态概率分布图,主要用来判断因变量 Y 是否为正态分布,如果是,则图表中的散点中央点应最高,然后逐渐向两侧下降。本例中的正态概率图中不是呈这样的形态,因此 Y 值不呈正态分布,如图 8-85 所示。

图 8-84

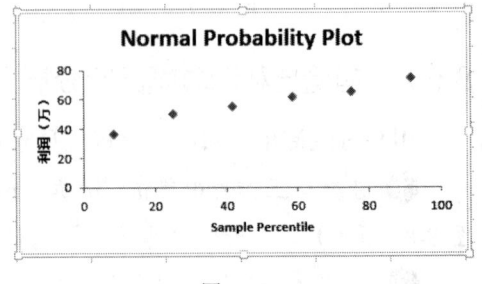

图 8-85

❻ 第二张图为残差图，用于判断回归方差的拟合程度，一般来说，如果残差散点随机分布在 0 值附近，则说明回归模型可以接受，否则就要通过其他的方式去得到该模型。本例中的残差散点在 0 的附近，因此回归方程的误差还是比较小的，如图 8-86 所示。

❼ 第三张图为线性拟合图，其中蓝色菱形的原点为利润总和，红色正方形的点为根据回归方程得到的预测值，如图 8-87 所示。

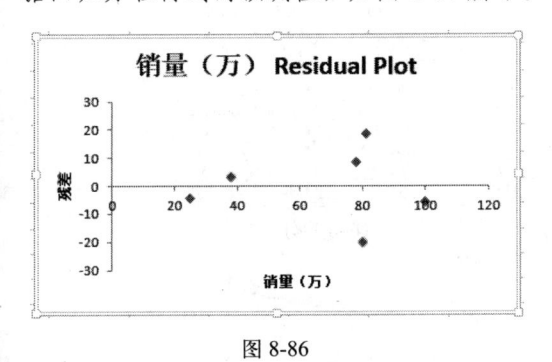

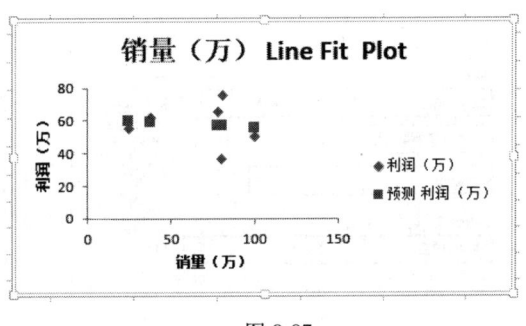

图 8-86

图 8-87

8.6.3 移动平均法分析主营业务利润

"移动平均"分析工具可以基于特定的过去某段时期中变量的平均值，对未来值进行预测。移动平均值提供了由所有历史数据的简单平均值所代表的趋势信息。本例中使用了"移动平均"分析工具分析主营业务利润。

❶ 在当前工作表中单击"数据"选项卡，在"分析"组中单击"数据分析"按钮（如图 8-88 所示），打开"数据分析"对话框。

❷ 在"分析工具"列表中单击"移动平均"，单击"确定"按钮（如图 8-89 所示），弹出"移动平均"对话框。

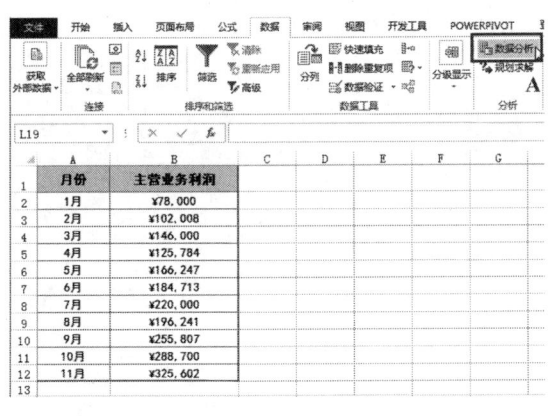

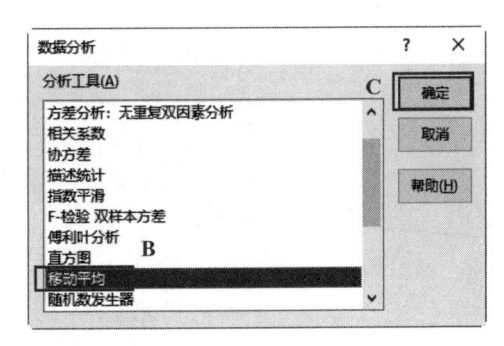

图 8-88

图 8-89

❸ 设置"输入区域"为 B2:B12 单元格区域，选中"标志位于第一行"复选框，在"间隔"设置框中输入"3"，设置"输出区域"为 D2 单元格，最后选中"图表输出"和"标准误差"复选框，如图 8-90 所示。

❹ 单击"确定"按钮，返回工作表，输出如图 8-91 所示的移动平均和标准误差值，并输出了一个移动平均图表，该图表中显示了实际值与预测值之间的趋势以及它们之间的差异。

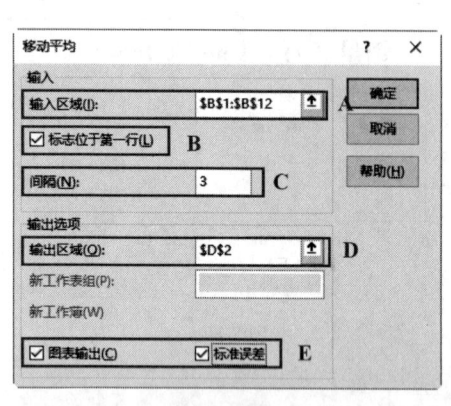

图 8-90

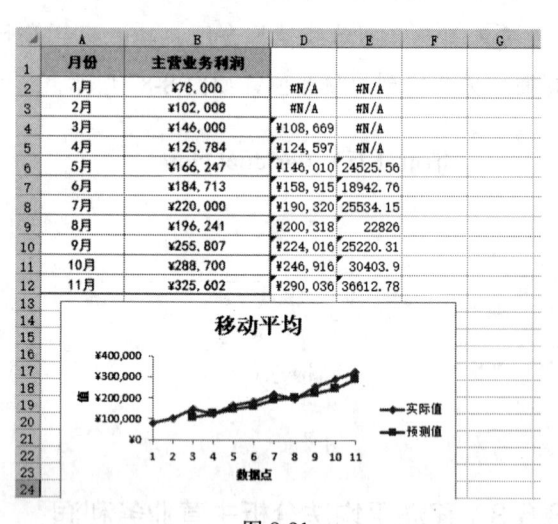

图 8-91

第 9 章
财务报表的打印与保护

9.1 美化财务报表

输入数据后，默认情况下的显示效果是："常规"格式、11 号宋体字、文本左对齐数字右对齐。而在实际操作中，尤其是需要打印输出的财务报表，一般都需要对这些默认的格式进行修改，以达到美化的效果。

9.1.1 设置提现登记表的文字格式

在单元格中输入的数据默认显示的字体格式为 11 号宋体字，用户可以根据实际需要重新设置数据的字体格式。

❶ 选中要重新设置字体的单元格，在"开始"选项卡下"字体"组中可以分别设置字体、字号、字形、文字颜色等，如本例中对标题文字设置了"黑体""20 号""黑色""倾斜"几种格式，显示效果如图 9-1 所示。（其设置方法为：单击命令按钮或单击" "按钮展开下拉菜单进行选择设置）。

❷ 也可以打开"设置单元格格式"对话框对文字格式进行详细设置。选中要重新设置字体的单元格后，在"开始"菜单的"字体"组中单击" "（设置单元格格式）按钮，打开"设置单元格格式"对话框。可以分别设置"字体""字形""字号"，如图 9-2 所示为在"下划线"下拉菜单中选择"会计用双下划线"。

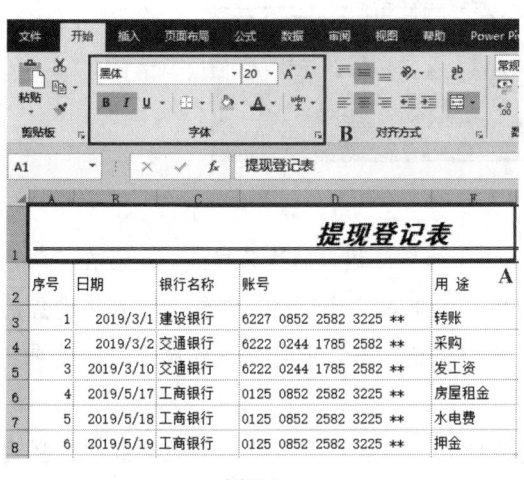

图 9-1　　　　　　　　　　　　　图 9-2

❸ 单击"确定"按钮即可实现对选中的数据设置字体效果，如图 9-3 所示。

[图 9-3 提现登记表]

图 9-3

9.1.2 设置提现登记表的边框底纹

为了使表格看起来更美观，可以设置边框底纹。例如下面在 Excel 2019 中介绍设置提现登记表的边框底纹。设置边框底纹后再执行打印可以将边框也打印出来。

1. 设置边框

Excel 2019 默认下显示的网格线只是用于辅助单元格编辑，实际上这些线条是不存在的（通过打印预览可以看到边框并不能被打印），因此表格编辑后，如果表格需要被打印输出，则必需要为其添加边框。

❶ 选中要设置表格边框的单元格区域，如：A2:H8 单元格区域。

❷ 在"开始"选项卡下的"字体"组中单击"设置单元格格式"（🔽）按钮（如图 9-4 所示），打开"设置单元格格式"对话框。

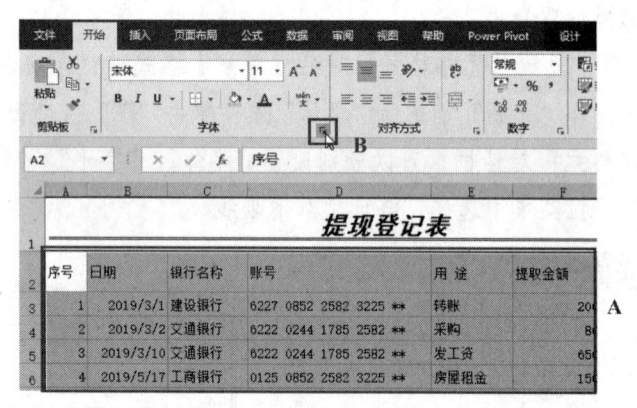

图 9-4

❸ 单击"边框"标签，在"样式"列表中先选择外边框的线条样式，接着在"颜色"下拉列表中选择外边框样式的颜色。在"预置"中单击"外边框"按钮，即可将设置的样式和颜色应用到表格外边框中，并且在下面的"预览"窗口中可以看到应用后的效果，如图 9-5 所示。

❹ 在"样式"列表中选择内边框的线条样式，接着在"颜色"下拉列表中选择内边框样式的颜色。在"预置"中单击"内部"按钮，即可将设置的样式和颜色应用到表格内边框中，并且在下面的"预览"窗口中同样可以看到应用后的效果，如图 9-6 所示。

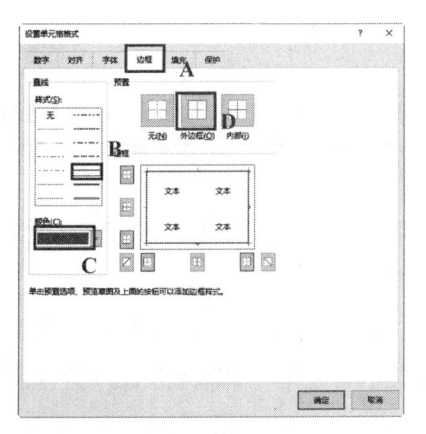

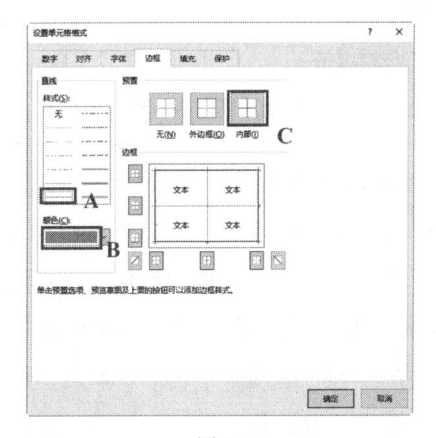

图 9-5　　　　　　　　　　　　　图 9-6

❺ 设置完成后，单击"确定"按钮，选中的单元格区域即可套用设置的边框效果，如图 9-7 所示。

图 9-7

2. 设置底纹

为特定的单元格设置底纹效果可以在很大程度上美化表格，可以设置单元格的单色填充效果，也可以设置图案、渐变等特殊填充效果。

- 单色填充效果

❶ 选中要设置表格底纹的单元格区域，如：此处选中表格列标识区域。

❷ 在"开始"选项卡下"字体"组中，单击"填充颜色"按钮，展开颜色选取下拉列表。

❸ 在"主题颜色""标准色"中，鼠标指向颜色时，表格中选中区域即可进行预览（如图 9-8 所示），单击鼠标即可应用填充颜色。

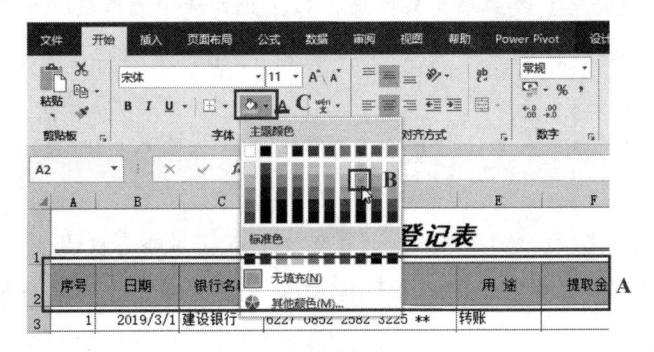

图 9-8

145

> **专家提示**
> 如果列表中没有自己想要的颜色，可以单击"其他颜色"命令，打开"颜色"对话框来进行设置。

- 图案填充效果

在"设置单元格格式"对话框的"填充"标签下，不仅可以设置单色填充效果，还可以设置特殊的填充效果，如图案填充、渐变填充等。

❶ 选中要设置表格底纹的单元格区域，如：此处选中表格标题所在单元格区域。

❷ 在"开始"选项卡下的"字体"选项组中单击"设置单元格格式"（ ）按钮，打开"设置单元格格式"对话框。

❸ 选择"填充"标签，在"背景色"栏中选择背景色。单击"图案颜色"设置框右侧的下拉按钮，选择图案颜色；单击"图案样式"设置框右侧的下拉按钮，选择图案样式，设置的效果会能预览显示，如图 9-9 所示。

❹ 设置完成后，单击"确定"按钮，所实现的图案填充效果如图 9-10 所示。

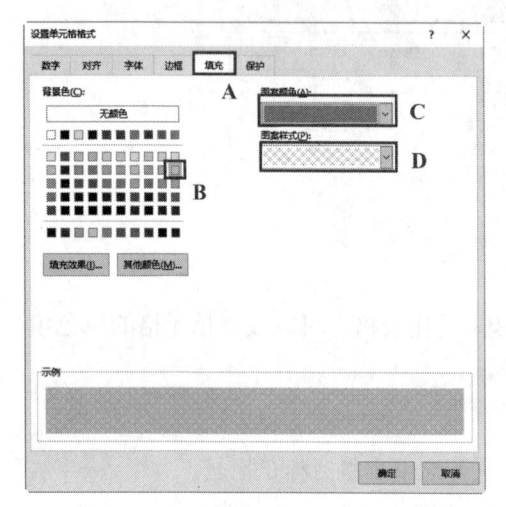

图 9-9

图 9-10

- 渐变填充效果

❶ 选中要设置表格底纹的单元格区域，如：此处选中表格数据编辑区域。

❷ 在"开始"菜单的"字体"选项组中单击"设置单元格格式"（ ）按钮，打开"设置单元格格式"对话框。

❸ 选择"填充"标签，单击"填充效果"按钮（如图 9-11 所示），打开"填充效果"对话框。

❹ 设置"颜色 1"与"颜色 2"，并选择底纹样式与变形样式，如图 9-12 所示。

❺ 设置完成后，依次单击"确定"按钮即可完成渐变底纹的效果设置，如图 9-13 所示。

第 9 章　财务报表的打印与保护

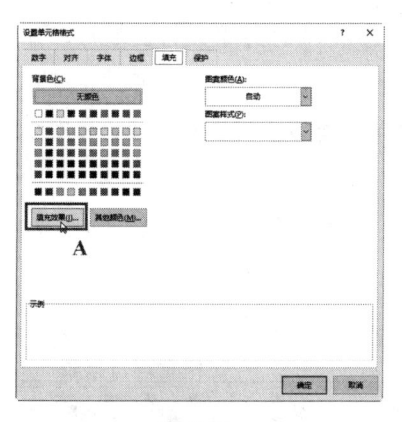

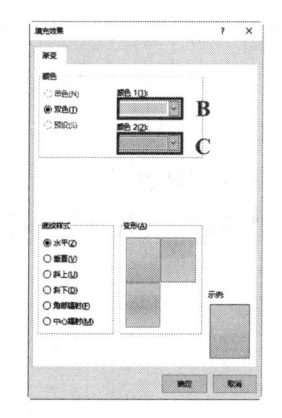

图 9-11

图 9-12

图 9-13

9.1.3　对齐出纳管理日报表中的数据

输入数据到单元格中默认的对齐方式为：输入的文本左对齐，输入的数字、日期等右对齐。因此可根据实际需要重新设置数据的对齐方式。

1. 水平对齐

❶ 选中要重新设置对齐方式的单元格，在"开始"选项卡下"对齐方式"组中可以设置不同的对齐方式：

- 三个按钮用于设置水平对齐方式，依次为：顶端对齐、垂直居中、底端对齐，输入的数据默认为"垂直居中；
- 三个按钮用于设置垂直对齐方式，依次为：文本左对齐、居中、文本右对齐；
- 通过单击"方向"按钮右侧的下拉按钮，还可以选择设置不同的倾斜方向或竖排文字，如图 9-14 所示。（其设置方法为：单击命令按钮或单击·按钮展开下拉菜单进行选择设置）

❷ 也可以打开"设置单元格格式"对话框对对齐方式进行详细设置。选

图 9-14

147

中要重新设置对齐方式的单元格（本例中选中2、3行的单元格区域），在"开始"选项卡下"对齐方式"组中单击"设置单元格格式"（ ）按钮，打开"设置单元格格式"对话框。在"水平对齐"与"垂直对齐"下拉菜单中有多个可选择选项；如图9-15所示在"水平对齐"下拉菜单中选择"分散对齐（缩进）"。

❷ 单击"确定"按钮即可实现对选中的数据对齐方式的设置，如图9-16所示。

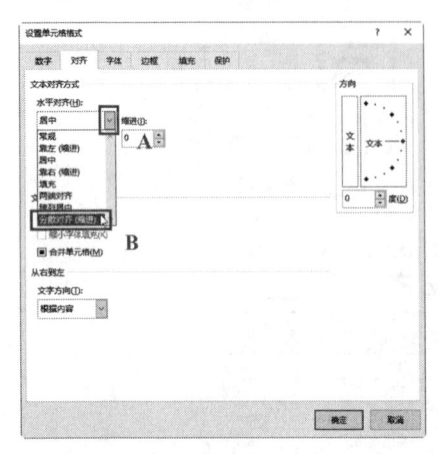

图9-15　　　　　　　　　　　　　　图9-16

> **专家提示**
>
> 在2.1节中介绍的通过设置单元格的"文本"格式、"数字"格式、"日期"格式，以实现输入特定类别的数据，也是对数据格式的设置。

2. 垂直对齐

❶ 选中要设置对齐方式的单元格区域，如：此处选中合并后的B5单元格。

❷ 切换到"开始"选项卡，在"对齐方式"组中分别单击"方向"按钮右侧的下拉按钮，打开下拉菜单（如图9-17所示），可以选择让文字以竖排效果显示，如图9-18所示为选择"竖排文字"的效果。

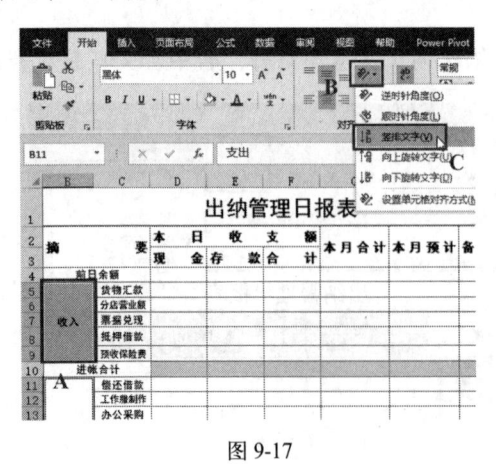

图9-17　　　　　　　　　　　　　　图9-18

148

❸ 在"开始"选项卡下"对齐方式"组中单击"设置单元格格式"（ ）按钮，打开"设置单元格格式"对话框。在"水平对齐"与"垂直对齐"下拉菜单中有多个可选选项；在"垂直对齐"下拉菜单中选择"分散对齐（缩进）"效果图，如图 9-19 所示。

❹ 单击"确定"按钮即可实现对选中的数据垂直对齐方式的设置，如图 9-20 所示。

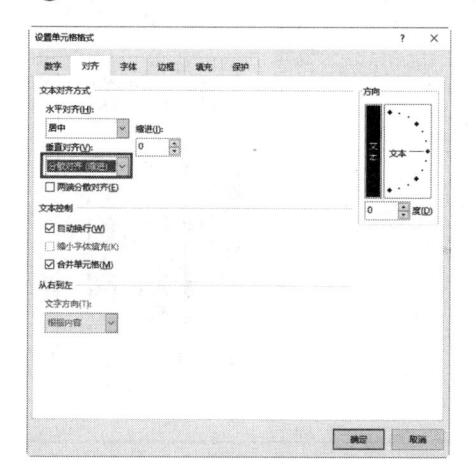

图 9-19　　　　　　　　　　　图 9-20

9.2　打印财务报表

创建好财务报表后，下一步需要对报表进行打印。打印之前可以在打印预览界面查看打印效果是否满意，不满意可以进行细节调节后再执行打印。

9.2.1　居中打印报表

为了节省纸张并让打印效果更加美观，可以将表格居中显示。

❶ 单击工作簿左上角的"文件"→"打印"命令，进入打印预览状态，如图 9-21 所示（默认表格以左上角对齐）。

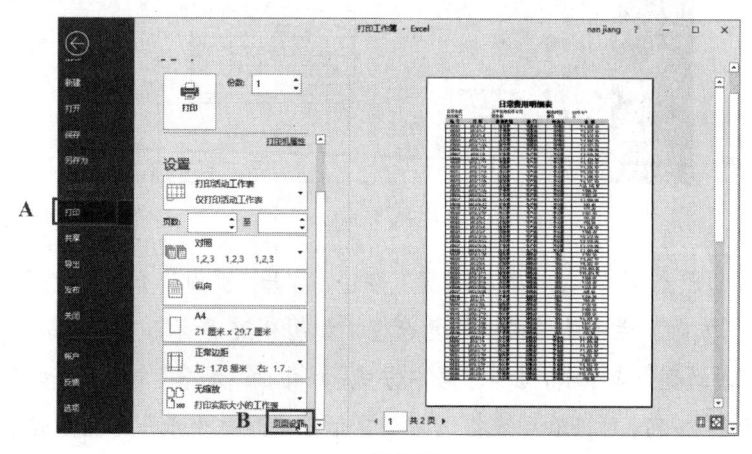

图 9-21

❷ 在打印预览状态下，单击"页面设置"按钮，打开"页面设置"对话框，切换到"页边距"标签，选中"居中方式"栏中的"水平"和"垂直"复选框，如图 9-22 所示。

❸ 单击"确定"按钮，可以看到表格位于纸张的正中位置，如图 9-23 所示。

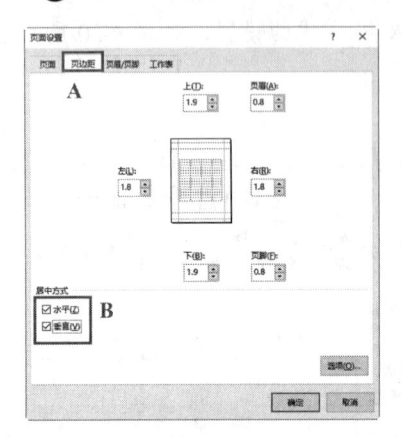

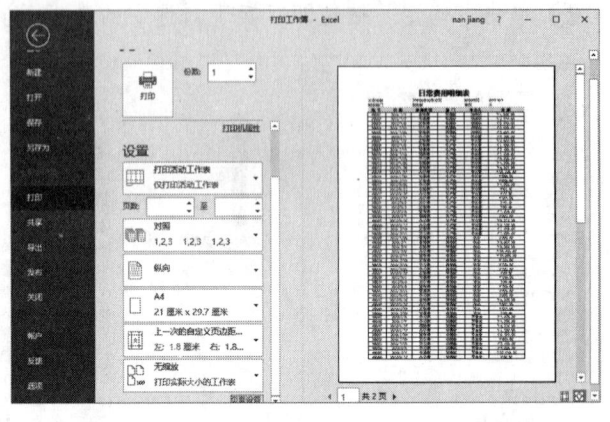

图 9-22　　　　　　　　　　　　　图 9-23

> **专家提示**
>
> 如果表格有少量内容未能显示出来，重新将剩余内容打印到另一页中肯定不合适，这时可以在"页边距"选项卡下，通过调小左右边距来让表格完成显示出来。

9.2.2　横向页面设置

当打印内容无法在一页中显示出来时，如果超出页面的部分较少，可以通过减小页边距的方法来让超出部分完整显示出来。但是如果当前待打印表格比较宽时，即使将页边距设置为 0 也无法显示完整（如图 9-24 所示），此时需要选择"横向"版式来打印。

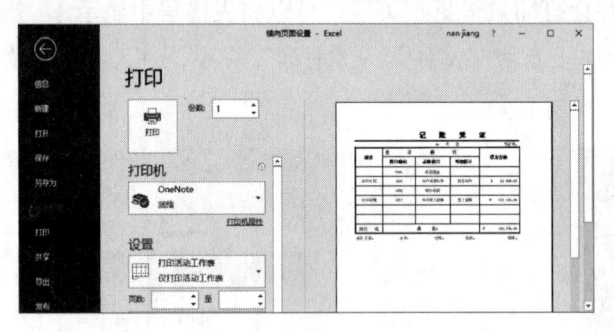

图 9-24

❶ 在打印预览状态下，单击"页面设置"按钮，打开"页面设置"对话框，切换到"页面"标签，选中"方向"栏中的"横向"复选框，如图 9-25 所示。

❷ 切换到"页边距"选项卡，选中"居中方式"栏中的"水平"复选框，如图 9-26 所示。

❸ 单击"确定"按钮，可以看到表格已完整显示出来且位于纸张的正中位置，如图 9-27 所示。

第 9 章　财务报表的打印与保护

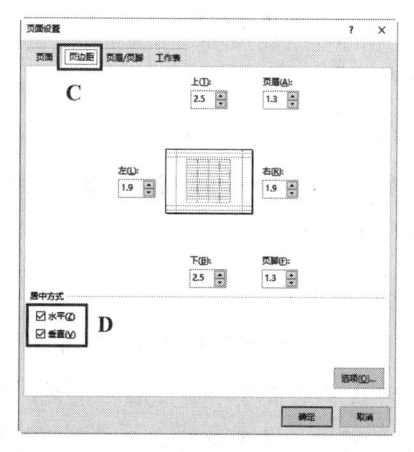

图 9-25

图 9-26

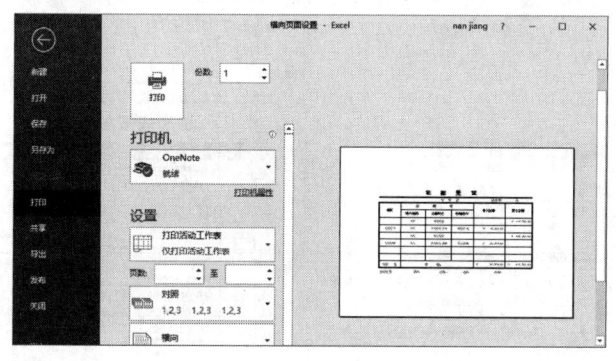

图 9-27

9.2.3　重新设置打印纸张

默认使用的打印纸张为 A4 纸，如果当前使用的打印纸张为其他规格，那在进行页面设置前首先要重新设置纸张。例如，本例中打印财务单据时，将使用专业的纸张来进行打印（有具体尺寸），因此需要重新设置纸张的大小。

❶ 在打印预览状态下，单击"页面设置"按钮，打开"页面设置"对话框，切换到"页面"标签，单击"纸张大小"设置框右侧下拉按钮，在下拉菜单下提供了几种可供选择的纸张样式，如图 9-28 所示。

❷ 设置纸张大小后，依次单击"确定"按钮重新回到打印预览状态下，重新查看报表的打印预览效果。

图 9-28

▶ **专家提示**

重新设置纸张后，如果页边距及对齐方式发生了改变，则需要重新设置。

151

9.2.4 设置页眉和页脚

页眉和页脚指的是打印在每张纸的页面顶部和底部的固定文字或图片，通常情况下用户会在这些区域设置一些表格标题、页码等内容。在完成了纸张的设置、页边距的设置等操作后，如果当前待打印的报表还需要添加页眉页脚，可以按如下方法来添加页眉页脚（以添加页眉为例，添加页脚操作相同）。

1. 添加文字页眉

❶ 在工作簿状态栏中单击"页面布局"按钮即可看到页眉页脚编辑区，如图9-29所示。

❷ 单击"单击可添加页眉"字样，即可进入页眉编辑状态，同时可以看到"页眉和页脚工具"菜单，其中包括多个对页眉页脚进行设置的选项，如图9-30所示。

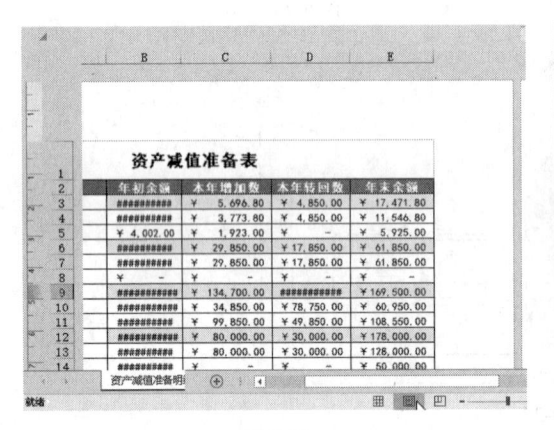

图 9-29 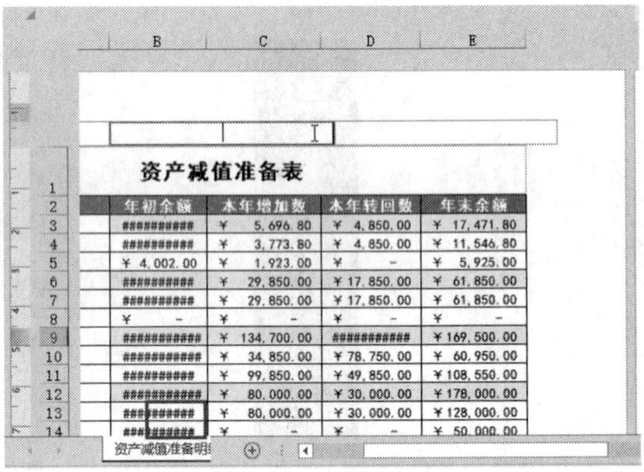　　　　　　　　　　　图 9-30

❸ 页眉编辑框分为左、中、右三个编辑框，根据实际需要将光标定位到目标编辑框中，输入页眉文字，如图9-31所示。

❹ 输入页眉文字后，选中页眉文字，在"开始"选项卡下的"字体"组中设置文字格式（字体、字号、字形等），如图9-32所示。

图 9-31 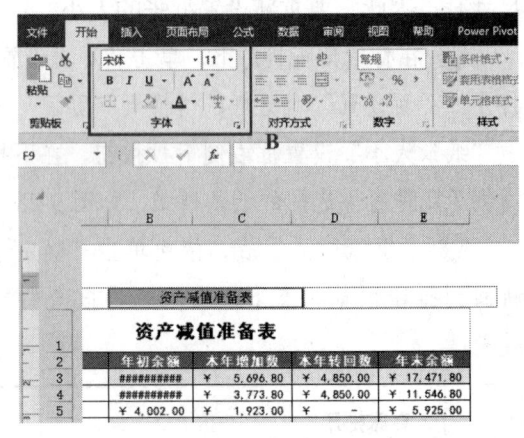　　　　　　　　　　　图 9-32

2. 添加"页数""当前日期"等页眉页脚元素

在建立页眉页脚时,"页眉和页脚工具"选项卡下提供了一些页眉页脚元素,单击即可添加。

❶ 将光标定位到页眉的"右"框中,在"页眉和页脚工具"→"设计"选项卡的"页眉和页脚元素"组中单击"当前日期"按钮,如图9-33所示。

❷ 选中"&[日期]",也可以在"开始"选项卡下"字体"组中设置其文字格式。设置完成后,退出页眉页脚的编辑状态(在工作表任意位置上单击一次鼠标即可退出编辑状态),可以看到页眉效果,如图9-34所示。

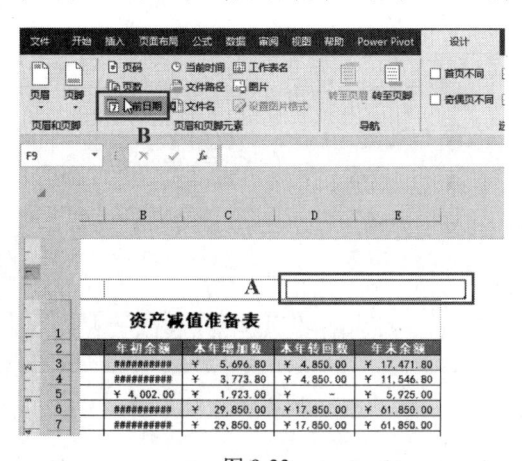

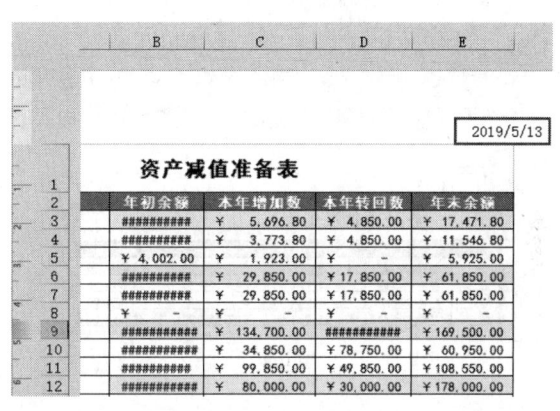

图 9-33

图 9-34

> **技高一筹:通过"页面设置"对话框设置页眉页脚**
>
> 上面介绍的是 Excel 内置的一些页眉和页脚样式,如果用户没有中意的页眉或页脚样式,还可以通过"页面设置"对话框设置页眉页脚。
>
> 在"页面设置"对话框中"页眉|页脚"标签下,单击"自定义页眉"按钮(如图9-35所示),打开"页眉"对话框,如图9-36所示。在"页眉"对话框中,用户可以在左、中、右3个位置设定页眉的样式,相应的内容会显示在纸张页面顶部的左端、中端和右端。

图 9-35

图 9-36

3. 添加图片到页眉中

根据实际需要还可以将图片添加到页眉页脚中来修饰表格，具体实现操作如下。

❶ 在工作簿状态栏中单击"页面布局"按钮显示出页眉页脚编辑区区域。定位要添加图片页眉的位置，在"页眉和页脚工具"→"设计"选项卡的"页眉和页脚元素"组中单击"图片"按钮（如图 9-37 所示），弹出"插入图片"界面（如图 9-38 所示），单击"浏览"按钮，弹出"插入图片"对话框。

图 9-37 　　　　　　　　　　　图 9-38

❷ 选中要作为页眉使用的图片（如图 9-39 所示），单击"插入"按钮即可添加图片到页眉中（页眉编辑状态下显示的为链接，退出后才能显示出图片），如图 9-40 所示。

图 9-39 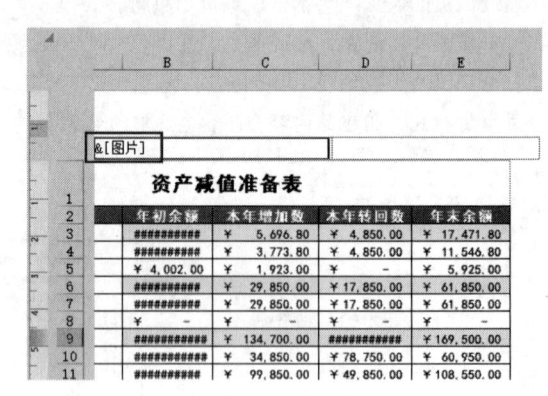　　　　　　　　　　　图 9-40

❸ 保持在页眉编辑状态下，在"页眉和页脚工具"→"设计"选项卡下，单击"页眉和页脚元素"组中的"设置图片格式"按钮（如图 9-41 所示），打开"设置图片格式"对话框。重新设置图片的宽度与高度，如图 9-42 所示。

第 9 章　财务报表的打印与保护

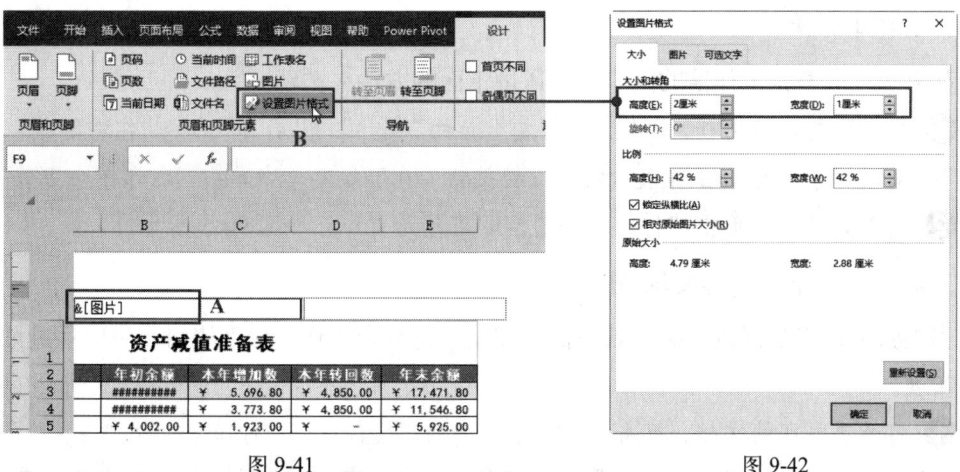

图 9-41　　　　　　　　　　　　　图 9-42

> **专家提示**
>
> 由于 Excel 中的页眉不同于 Word 中的页眉，所插入的图片只显示链接，只能在退出后才能看到图片。而页眉中的图片不易过大，所以我们在插入图片后，一定要打开此对话框来设置图片尺寸，一般保持图片高度不超过 2 厘米为宜。

❹ 单击"确定"按钮，然后退出页眉编辑状态，即可看到页眉中显示的图片，如图 9-43 所示。

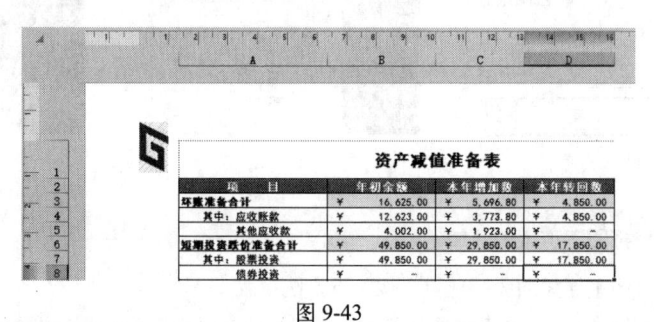

图 9-43

9.2.5　设置打印范围

在完成了页面设置准备进行打印时，还需要根据实际情况进行打印设置，如设置打印指定的页或只打印指定的区域，设置打印行号列标，设置每页打印表格标题，进行缩放打印等。

1. 打印指定的页

在执行打印前可以根据需要设置只打印指定页。

❶ 打开要打印的文档，单击工作簿左上角的"文件"→"打印"命令，在右侧的"设置"栏下"页数"设置框中输入要打印的页码或页码范围。

❷ 设置完成后，单击"打印"按钮，即可开始打印，如图 9-44 所示。

155

2. 打印工作簿

如果想打印整张工作簿的内容，可通过下面的方法来实现。

❶ 打开要打印的文档，单击工作簿左上角的"文件"→"打印"命令，在右侧的"设置"栏下下，单击"打印活动工作表"右侧下拉按钮，在下拉菜单中单击"打印整个工作表"。

❷ 设置完成后，单击"打印"按钮，即可开始打印，如图9-45所示。

3. 打印工作中某一特定区域

当整张工作表数据较多时，若只需打印某一部分内容作为参考资料，可以通过如下方法来实现。

❶ 打开要打印的文档，单击工作簿左上角的"文件"→"打印"命令，在右侧的"设置"栏下，单击"打印活动工作表"右侧下拉按钮，在下拉菜单中单击"打印选定区域"。

❷ 设置完成后，单击"打印"按钮，即可开始打印，如图9-46所示。

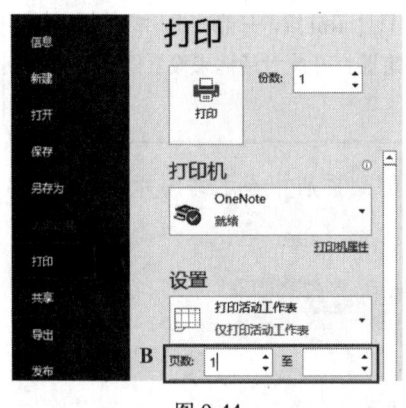

图 9-44 　　　　　图 9-45 　　　　　图 9-46

> **技高一筹：打印不连续的区域**
>
> 如果想一次性打印不连续的区域，可以按如下方法设置。
>
> 按住"Ctrl"键的同时，单击不需要打印的行（列）标，选中不需要打印出来的多个不连续的行（列）并右键单击，在弹出菜单中选择"隐藏"命令将其隐藏起来。

4. 将数据缩印在一页纸内打印

在打印文档时，当打印的内容超过一页时，会自动将剩余内容放在后面的新页中。若新页中的数据很少，再占用一页，会浪费纸张，可以通过设置将数据缩印在一页纸内。

❶ 打开需要打印的工作表，在"页面布局"选项卡下的"页面设置"组中单击右下角的"🔲"（页面设置）按钮（如图9-47所示），打开"页面设置"对话框。

❷ 单击"页面"标签，在其中选中"缩放"栏下的"调整为"单选框，在其设置框中分别输入数值"1"，如图9-48所示。

❸ 单击"确定"按钮，再执行打印操作，即可将剩余数据缩放到一页纸内进行打印。

第9章　财务报表的打印与保护

图 9-47

图 9-48

5. 打印出批注

在默认情况下，在打印文档时，文档中的批注是不会打印出来的。但若要打印出批注，可以通过下面的介绍来实现。

❶ 打开需要打印的工作表，在"页面布局"选项卡下的"页面设置"组中单击右下角的"　"（页面设置）按钮，打开"页面设置"对话框。

❷ 选择"工作表"标签，在"打印"栏下单击"批注"设置框右侧下拉按钮，在下拉菜单中选择打印批注的位置，如图 9-49 所示。

图 9-49

❸ 单击"确定"按钮，再执行打印操作时，即可将指定位置的批注打印出来。

6. 让表格标题信息在每一页中都显示

当打印的文档为多页时，文档的表头信息只在第一页中出现。通过如下的方法可以让文档的每一页都包含有表头，具体设置如下。

❶ 打开需要打印的工作表，在"页面布局"选项卡下的"页面设置"组中单击右下角的"　"（页面设置）按钮，打开"页面设置"对话框。

❷ 单击"工作表"标签，在"打印标题"栏下单击"顶端打印标题行"框右侧的拾取器按钮回到文档中，正确选择表头所在的单元格区域，如图 9-50 所示。

❸ 进入预览视图中即可看到每页中都显示有表格表头，如图 9-51 所示。

157

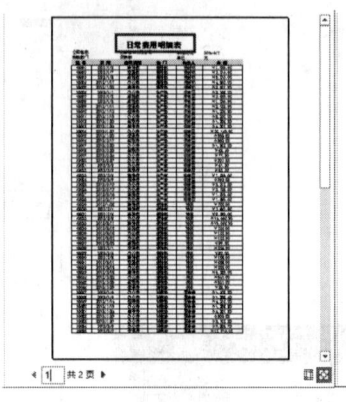

Excel 在会计与财务管理工作中的案例应用

图 9-50

图 9-51

7. 在打印时不打印单元格中的颜色和底纹效果

为单元格设置边框底纹效果后,如果表格打印出来只是为了作为资料参考,则可以设置不打印出底纹,从而节约资源。

❶ 打开需要打印的工作表,在"页面布局"选项卡下的"页面设置"组中单击右下角的" "(页面设置)按钮,打开"页面设置"对话框。

❷ 单击"工作表"标签,在"打印"栏中下选中"单色打印"复选框,如图 9-52 所示。

❸ 设置完成后,单击"确定"按钮开始打印(按此方式打印也是加快打印速度的一种方法)。

8. 将工作表上的网格线打印出来

在打印工作表时,默认情况下将不打印出网格线。如果希望打印出网格线,需要进行如下设置。

❶ 打开需要打印的工作表,在"页面布局"选项卡下的"页面设置"组中单击右下角的" "(页面设置)按钮,打开"页面设置"对话框。

❷ 单击"工作表"标签,在"打印"栏中下选中"网格线"复选框,如图 9-53 所示。

❸ 设置完成后,单击"确定"按钮,再执行打印即可。

图 9-52

图 9-53

9.3 财务报表的安全保护

在完成财务报表的编辑后，为了避免其中数据遭到破坏，可以使用数据保护功能对报表或工作簿进行保护，以提高数据安全性。

9.3.1 本期现金流量表的保护

现金流量表是财务部中的机密文件，但是又需要给领导查看，那么如果被人不小心修改了后果将非常严重，所以此时可以对本期的现金流量表进行保护。

1. 设置"本期利润表"密码保护

设置对工作表保护后，工作表中内容为只读状态，他人无法对其进行更改。

❶ 切换到要保护的工作表中，单击"审阅"选项卡，在"更改"组中单击"保护工作表"按钮（如图9-54所示），打开"保护工作表"对话框。

❷ 在"取消工作表保护时使用的密码"设置框中，输入工作表保护密码，如图9-55所示。

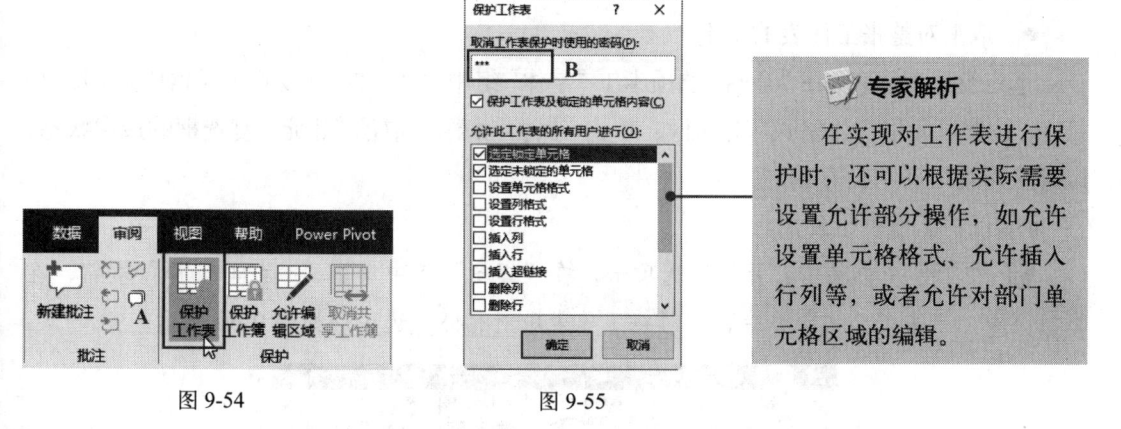

图 9-54

图 9-55

专家解析

在实现对工作表进行保护时，还可以根据实际需要设置允许部分操作，如允许设置单元格格式、允许插入行列等，或者允许对部门单元格区域的编辑。

❸ 单击"确定"按钮，提示输入确认密码，如图9-56所示。

❹ 设置完成后，单击"确定"按钮。此时可以看到"开始"选项卡下很多功能按钮都呈现灰色不可操作状态，如图9-57所示。

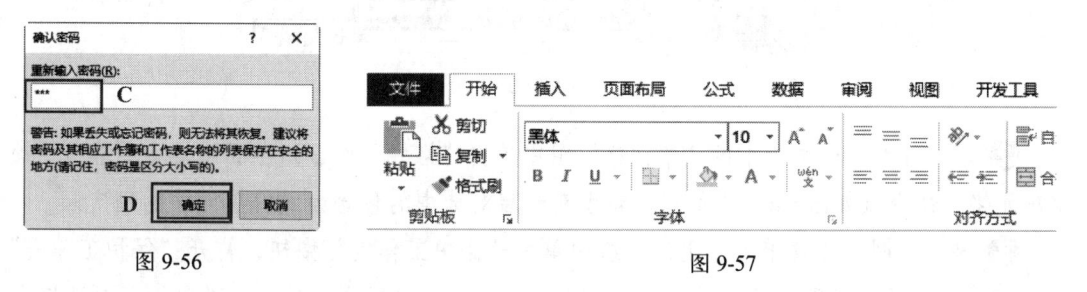

图 9-56

图 9-57

❺ 当再次打开该工作表时，对文档进行修改时，会弹出对话框提示文档已被保护，

无法修改，如图9-58所示。

图9-58

> **专家提示**
>
> 当需要编辑文档时，在"审阅"选项卡下"更改"组中单击"撤销工作表保护"按钮，输入建立保护时所设置的密码（如图9-59所示），即可取消保护。
>
> 图9-59

2. 保护"本期现金流量表"中的公式

执行工作表保护时，默认对锁定的单元格区域有效（所有单元格默认都为锁定状态），因此如果想实现只保护公式，则可以先取消所有单元格的锁定，然后只锁定公式区域，接着再执行保护操作即可。

- 取消对整张工作表的锁定

选定整个工作表，在"开始"选项卡下"字体"组中单击"□"（设置单元格格式）按钮，打开"设置单元格字体格式"对话框。单击"保护"标签，取消"锁定"复选框的选中状态，以解除对整个工作表的锁定。

- 保护工作表中公式

❶ 在工作表中单击"开始"选项卡，在"编辑"组中单击"查找与选择"按钮，在下拉菜单中单击"公式"命令，即可将工作表中所有公式选中，如图9-60所示。

图9-60

❷ 在"开始"选项卡下的"单元格"组中单击"格式"按钮，在下拉菜单中单击"锁定单元格"命令（如图9-61所示），即重新开启对选中的包含公式的单元格的锁定。

❸ 在"审阅"选项卡下"更改"组中单击"保护工作表"按钮，打开"保护工作表"对话框，设置保护密码即可实现对所有公式的保护。当编辑公式时，会弹出提示对话框，如图9-62所示。

第 9 章 财务报表的打印与保护

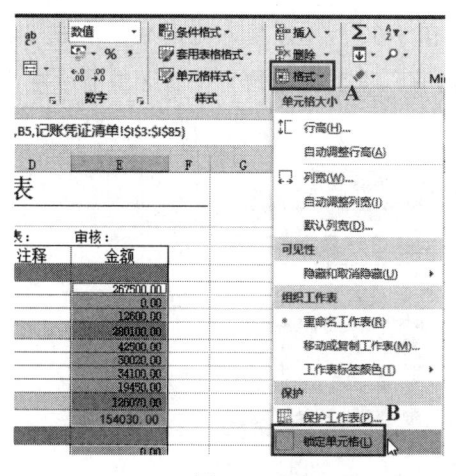

图 9-61

图 9-62

9.3.2 设置允许编辑的区域

当工作表受保护后，若只有某一特定区域常需要修改，那么可将该区域指定为工作表中的可编辑区域，让其他区域处于受保护状态。

1. 添加可编辑区域

❶ 在工作表中选中允许用户编辑的区域。在"审阅"选项卡下"更改"组中单击"允许用户编辑区域"按钮（如图 9-63 所示），打开"允许用户编辑区域"对话框。

图 9-63

❷ 单击"新建"按钮，如图 9-64 所示。弹出"新区域"对话框。在"标题"框中可以为允许用户编辑区域设置标题名称，"引用单元格"框中即为之前选中的允许用户编辑区域（如果之前没选择，可以单击右侧拾取器回到工作表中选择）。在"区域密码"框中输入密码（如图 9-65 所示），只要输入了此密码，即可对所设置的允许用户编辑区域进行修改操作。

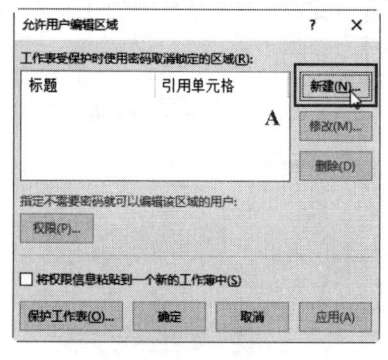

图 9-64

图 9-65

161

❸ 单击"确定"按钮,提示输入确认密码,如图9-66所示。输入完成后,单击"确定"再次进入"允许用户编辑区域"对话框中,此时可以看到定义的可编辑区域显示在列表中,如图9-67所示。

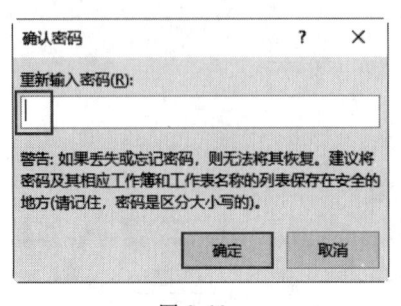

图 9-66

图 9-67

❹ 单击"新建"按钮,可以设置第2个允许用户编辑区域,单击"修改"可对所设定区域进行修改。

❺ 设置完成后,单击"确定"按钮回到工作表编辑状态,接着对整张工作表设置保护。设置完成后,当对设置了允许编辑的单元格区域进行任意操作时,则会弹出提示对话框。提示只要输入正确密码,即可进行编辑操作,如图9-68所示。

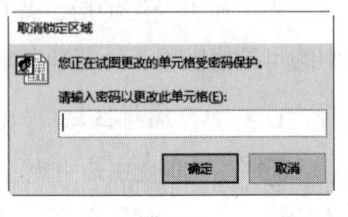

图 9-68

2. 设置可编辑区域的权限

通过设置可编辑区域的权限,可以实现指定特定用户不需要输入密码就可以编辑该区域。

❶ 设置允许用户编辑区域之后,在"允许用户编辑区域"对话框中,从列表中选中要设置权限的区域,如图9-69所示。

❷ 单击"权限"按钮,打开权限设置对话框,如图9-70所示。

图 9-69

图 9-70

❸ 单击"添加"按钮,打开"选择用户或组"对话框,添加特定用户名,如图9-71所示。

❹ 单击"确定"按钮,可以在权限设置对话框中看到添加的用户名,保证权限栏中选中"允许"复选框,如图9-72所示。

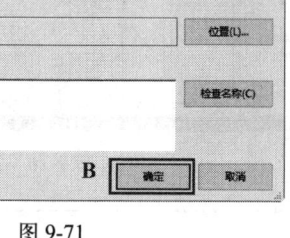

图 9-71

图 9-72

❺ 设置完成后,再对整张工作表进行保护。设置了"允许"权限的用户可以不输入密码即可对指定的允许编辑的区域进行编辑。

9.3.3 保护"月工资核算"工作簿

下面需要对"月工资核算"整个工作簿执行保护,防止他人查看和编辑。

1. 保护"月工资核算"工作簿结构

对"月工资核算"工作簿结构进行保护可以实现禁止对工作簿进行插入、删除、重命名以及移动和显示等操作。

❶ 单击"审阅"选项卡,在"更改"组中单击"保护工作簿"按钮,如图9-73所示。

❷ 打开"保护结构和窗口"对话框,分别选中"结构"复选框,在"密码"文本框中输入一个密码,如图9-74所示。

图 9-73

图 9-74

❸ 单击"确定"按钮,接着在打开的"确认密码"对话框中重新输入一遍密码,单击"确定"按钮,如图9-75所示。

❹ 保存工作簿,即可完成设置。当右击工作表标签,在打开的菜单中发现移动、复制、删除等命令灰色不可使用,如图9-76所示。

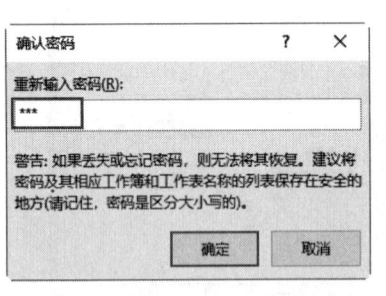

图9-75 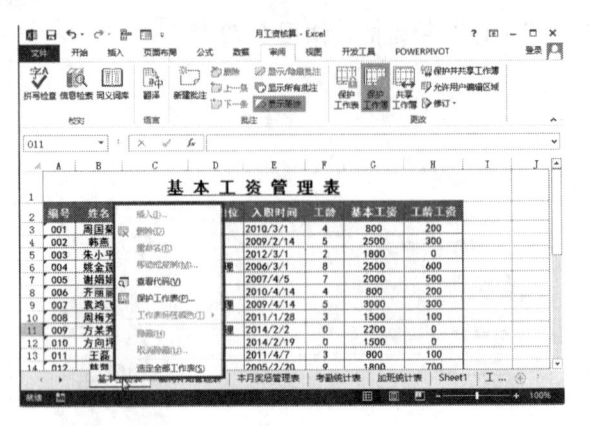　　　　　　　　　　　图9-76

> **专家提示**
>
> 如果要撤销工作簿保护,在"审阅"选项卡下"更改"组中单击"保护工作簿"按钮,弹出"撤销工作簿保护"对话框,输入保护密码,即可撤销保护。

2. 将"月工资核算"工作簿标记为最终状态

将文档标记为最终状态,文档就变成只读,以防止修改。

❶ 工作簿编辑完成后,单击工作簿左上角的"文件"→"信息"命令,在右侧单击"保护工作簿"下拉按钮,在下拉菜单中单击"标记为最终状态"命令,弹出提示对话框,如图9-77所示。

❷ 单击"确定"按钮弹出确认对话框,提示文档已被标记为最终状态,如图9-78所示。

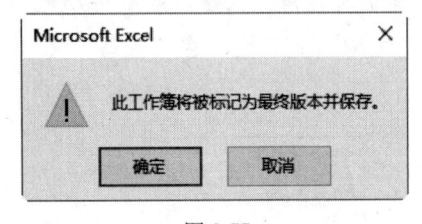

图9-77 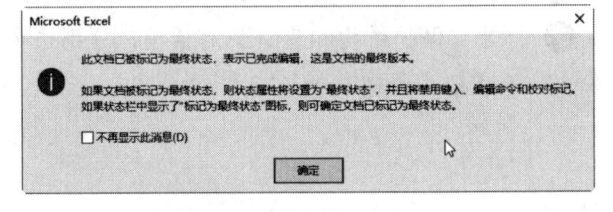　　　　　　　　　　　图9-78

❸ 单击"确定"按钮,该文档的状态属性被设置为"最终状态",并且将禁用键入、编辑等操作。

3. 设置"月工资核算"打开权限密码

如果不希望他人打开某工作簿,可以对该工作簿进行加密码。设置后,只有输入正确的密码才能打开工作簿。

❶ 工作簿编辑完成后,单击工作簿左上角的"文件"→"信息"命令,在右侧单击"保

护工作簿"下拉按钮，在下拉菜单中单击"用密码进行加密"命令，如图9-79所示。

❷ 打开"加密文档"对话框，在"密码"设置框中输入密码，单击"确定"按钮，如图9-80所示。

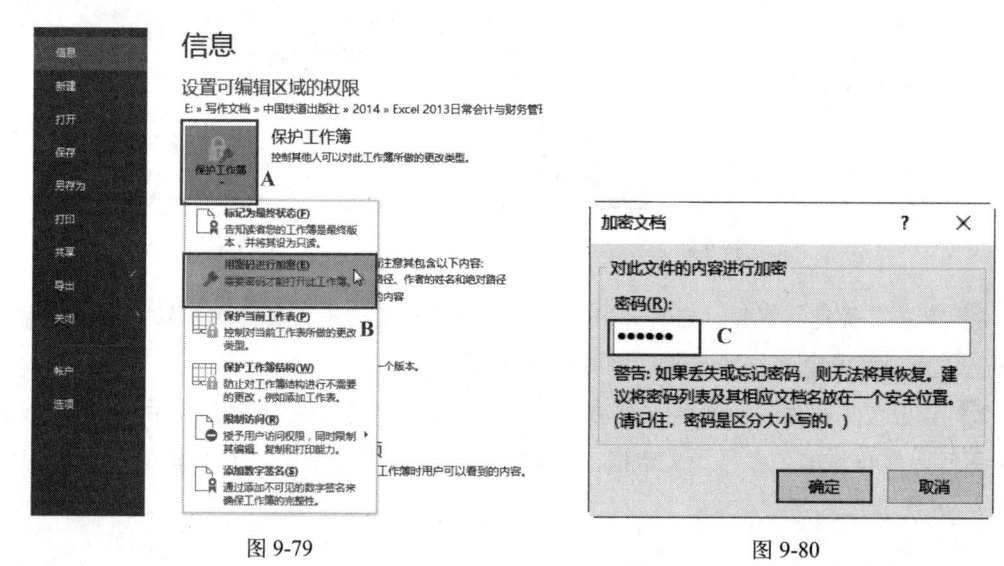

图 9-79　　　　　　　　　　　　　　　图 9-80

❸ 在打开的"确认密码"对话框中重新输入一遍密码，单击"确定"按钮，如图9-81所示。

❹ 再次打开文档此工作簿时，提示需要输入密码才能打开此工作簿，如图9-82所示。

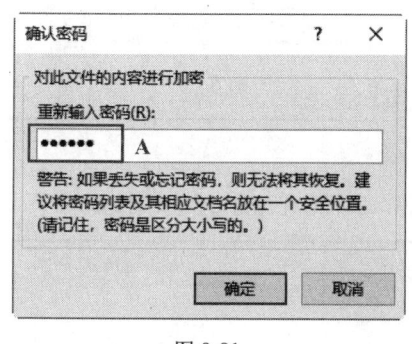

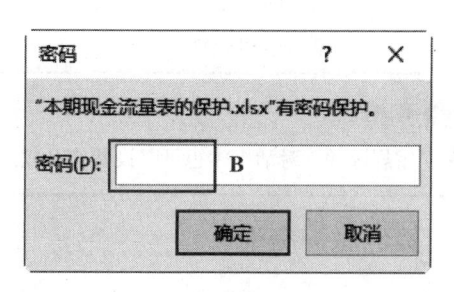

图 9-81　　　　　　　　　　　　　　　图 9-82

4. 设置"月工资核算"工作簿修改权限密码

如果需要限制用户修改工作簿内容，可以通过给工作簿设置修改权限密码来解决这个问题。下面介绍限制用户修改工作簿内容。

❶ 打开需要设置打开权限密码的工作簿，打开"另存为"对话框，单击左下角的"工具"按钮下拉菜单，在弹出的菜单中单击"常规选项"命令，如图9-83所示。

❷ 打开"常规选项"对话框，在打开的"常规选项"对话框中的"修改权限密码"设置框中输入一个密码，如图9-84所示。

165

图 9-83 　　　　　　　　　　　　　　　　　图 9-84

❸ 单击"确定"按钮，在打开的"确认"密码对话框中再次输入密码，单击"确定"按钮，返回到"另存为"对话框，如图 9-85 所示。

❹ 设置文件的保存位置和文件名，单击"保存"按钮保存文件。以后再次打开这个工作簿时，就会弹出"密码"文本框，只有输入正确的密码才能对工作簿内容进行修改，如图 9-86 所示。

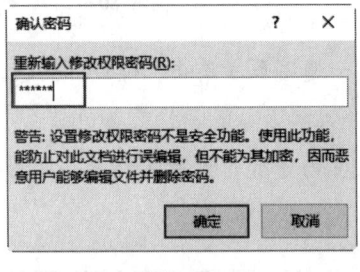

图 9-85 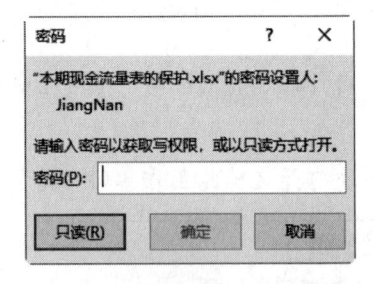　　　　　　　　　　　　　　　　　图 9-86

> **专家提示**
>
> 在"常规选项"对话框中也可以设置打开权限密码，从而达到加密工作簿的目的。

9.3.4 其他保护措施

1. 删除文档的属性信息

使用"文档检查器"可以查找并删除在 Excel 中创建的文档中的隐藏数据和个人信息。因此通过此操作可以有效避免他人查看文档的属性信息。

❶ 打开要删除文档个人信息的文档，单击工作簿左上角的"文件"→"信息"命令，在右侧单击"检查问题"下拉按钮，在下拉菜单中单击"检查文档"命令，打开"文档检查器"对话框，选中相应的复选框确定要检查的内容，如图 9-87 所示。

❷ 单击"检查"按钮，在"文档检查器"对话框显示检查结果，如图 9-88 所示。

❸ 单击"文档属性和个人信息"栏中的"全部删除"按钮即可实现删除文档的属性信息与个人信息。

第 9 章　财务报表的打印与保护

图 9-87　　　　　　　　　　　图 9-88

2. 阻止文档中的外部内容

为了帮助保护用户的安全和隐私，默认情况下 2019 Microsoft Office System 将配置为阻止工作簿中的外部内容（如图像、链接媒体、超链接和数据连接）。阻止外部内容有助于防止黑客利用 Web 信号和其他入侵方法侵犯用户的隐私，以及在用户不知情或未经用户同意的情况下诱使用户运行恶意代码。

❶ 在 Excel 中，单击"文件"→"选项"命令，弹出"Excel 选项"对话框。在左侧窗格中的"信任中心"标签，接着在右侧窗格中单击"信任中心设置"按钮，如图 9-89 所示。

❷ 在打开的"信任中心"对话框中，单击左侧窗格中的"外部内容"标签，在右侧窗格中的"工作簿链接的安全设置"栏中选中"禁用工作簿链接的自动更新"单选框，如图 9-90 所示。

图 9-89　　　　　　　　　　　图 9-90

❸ 单击"确定"按钮，返回到工作簿中，保存一下工作簿即可。

> **专家提示**
> 如果需要禁用工作表与外部数据的链接，则在"信任中心"对话框中的"数据连接的安全设置"栏中选中"禁用所有数据连接"单选框，单击"确定"按钮即可。

3. 禁用文档中的 ActiveX 控件

ActiveX 控件的功能非常强大，因为这种控件是组件对象模型（COM）对象，可以不

167

受限制地访问计算机。ActiveX 控件可以访问本地文件系统并且可以更改操作系统的注册表设置。如果黑客将 ActiveX 控件另作它用以控制用户的计算机，则可能带来严重危害。因此，如果没有特殊需要，可以禁用文档中的 ActiveX 控件。

❶ 单击"文件"→"选项"命令，弹出"Excel 选项"对话框。在左侧窗格中选择"信任中心"项，接着在右侧窗格中单击"信任中心设置"按钮。

❷ 打开"信任中心"对话框，单击左侧窗格中的"ActiveX 设置"标签，接着在右侧窗格中选中"禁用所有控件，并且不通知"单选框，如图 9-91 所示。

❸ 单击"确定"按钮，返回到工作簿中，保存一下工作簿即可。

> **专家提示**
>
> 如果需要恢复默认的 ActiveX 设置，使用相同的方法选中"以最小限制启用所有控件之前提示我"单选框，单击"确定"按钮即可。

4. 宏安全性设置

宏的用途是使常用任务自动化，宏可以在计算机上运行多条命令。因此，VBA 宏会引起潜在的安全风险。黑客可以通过某个文档引入恶意宏，一旦打开该文档，这个恶意宏就会运行，并且可能在计算机上传播病毒。通过如下设置可以防止宏病毒。

❶ 单击"文件"→"选项"命令，弹出"Excel 选项"对话框。在左侧窗格中选择"信任中心"项，接着在右侧窗格中单击"信任中心设置"按钮。

❷ 打开"信任中心"对话框，单击左侧窗格中的"宏设置"标签，接着在右侧窗格中选中"禁用所有宏，并且不通知"单选框，如图 9-92 所示。

图 9-91

图 9-92

❸ 单击"确定"按钮，返回到工作簿中，保存一下工作簿即可。

> **专家提示**
>
> 如果需要在禁用宏后，工作簿中包含宏时发出通知，可以使用相同的方法，选中"禁用所有宏，并发出通知"单选框。

第 10 章
财务部日常工作实用表单

10.1 差旅费报销明细表

差旅费报销明细表是出差人员完成出差任务回来以后进行费用报销的一种专门的格式单据,是员工出差任务的派出证明,可以记录员工出差的路线、时间、发生的费用等内容。

10.1.1 创建差旅费报销明细表格

差旅费也是企业常见的财务支出项目,所以差旅费报销明细表也是企业最常用的报销单据之一。可以在 Excel 2019 中建立差旅费报销明细表。

❶ 新建工作簿,并命名为"公司日常费用管理",将"Sheet1"工作表标签重命名为"差旅费报销明细表",在表格中建立相应列标识,并设置表格的文字格式、边框等,如图 10-1 所示。

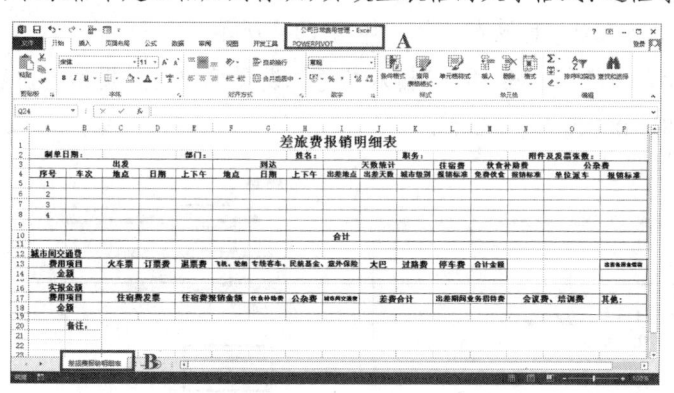

图 10-1

❷ 选中需要员工填写的单元格区域,单击"开始"选项卡,在"字体"组单击"颜色填充"下拉按钮,在其下拉列表中选择适合的填充颜色,单击即可应用,效果如图 10-2 所示。

图 10-2

10.1.2 设置数据验证提示输入

设置数据验证，报销人员可以通过提示消息提供的有关该单元格中输入的数据类型指令，快速录入符合要求的数据，提供数据录入效率。

❶ 选中L2单元格，单击"数据"选项卡，在"数据工具"组中单击"数据验证"按钮（如图10-3所示），打开"数据验证"对话框。

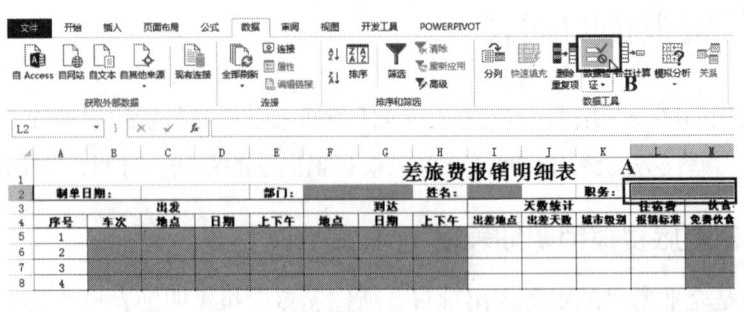

图 10-3

❷ 单击"设置"标签，在"允许"下拉列表中选择"序列"选项，在"来源"设置框中输入职务，这里输入"总经理,副总经理,销售总监,部门主任,副主任,主任助理,副高及以上技术职务人员,其他人员"，如图10-4所示。

❸ 单击"输入信息"标签，在"输入信息"设置框中输入提示的内容，这里输入"请选择职务"，如图10-5所示。

图 10-4 　　　　　　　　　　　图 10-5

❹ 单击"确定"按钮完成设置。当单击设置了数据验证的单元格，即可显示提示（如图10-6所示），且其右边都会出现一个下箭头，单击即可打开下拉菜单（如图10-7所示），从中可以选择需要的职务。

❺ 按住"Ctrl"键不放，选中D5:D8单元格区域和G5:G8单元格区域，单击"数据"选项卡，在"数据工具"组中单击"数据验证"按钮（如图10-8所示），打开"数据验证"对话框。

第 10 章 财务部日常工作实用表单

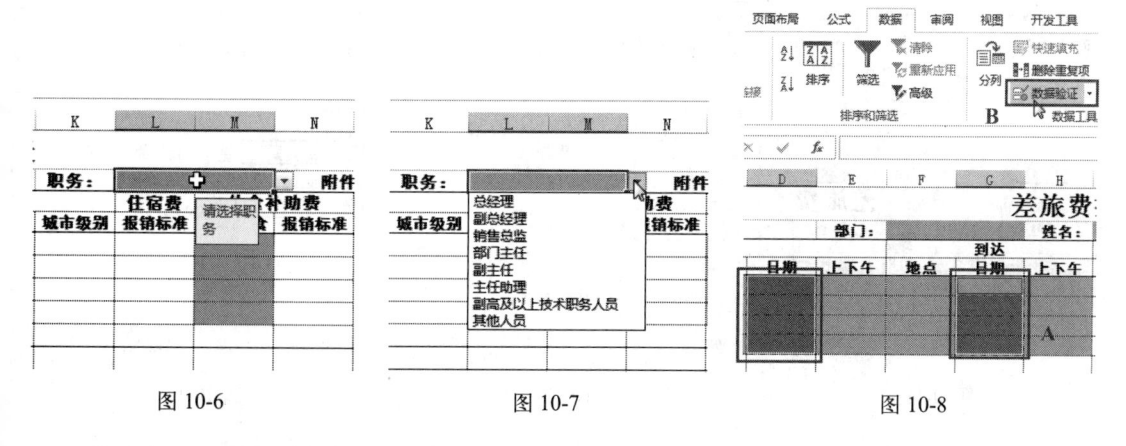

图 10-6

图 10-7

图 10-8

❻ 单击"输入信息"标签，在"输入信息"设置框中输入提示的内容，这里输入"3月5日填写示范：3-5"，如图 10-9 所示。

❼ 当单击设置了数据验证的单元格，即可显示提示，如图 10-10 所示。

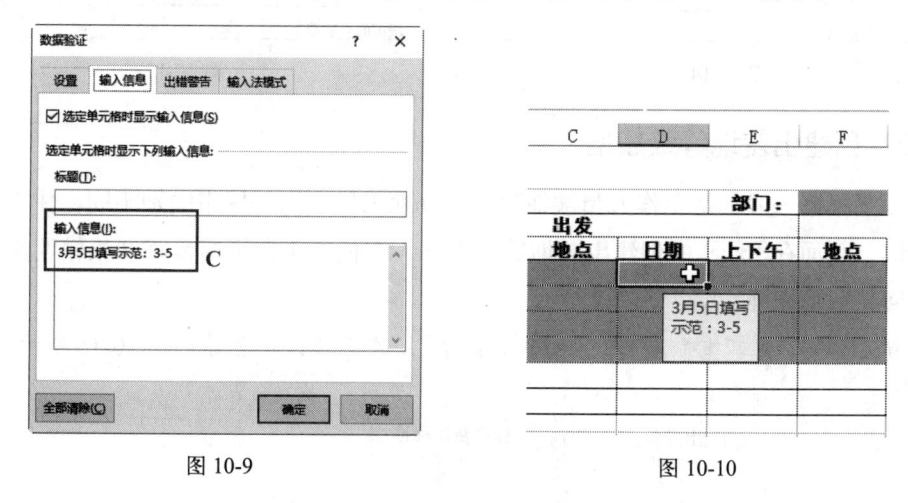

图 10-9

图 10-10

❽ 按住"Ctrl"键不放，选中 E5:E8 单元格区域和 H5:H8 单元格区域，单击"数据"选项卡，在"数据工具"组中单击"数据验证"按钮（如图 10-11 所示），打开"数据验证"对话框。

❾ 单击"设置"标签，在"允许"下拉列表中选择"序列"选项，在"来源"设置框中输入职务，这里输入"上午,下午或晚间"，如图 10-12 所示。单击"输入信息"标签，在"标题"设置框中输入"请在下拉框中选择"，在"输入信息"设置框中输入提示的内容，这里输入"以中午 12 点为分界点"，如图 10-13 所示。

❿ 单击"确定"按钮完成设置。当单击设置了数据验证的单元格，即可显示提示（如图 10-14 所示），且其右边都会出现一个下箭头，单击即可打开下拉菜单（如图 10-15 所示），从中可以选择上下午时间。利用相同的方法，设置其他需要提示的单元格或单元格区域。

171

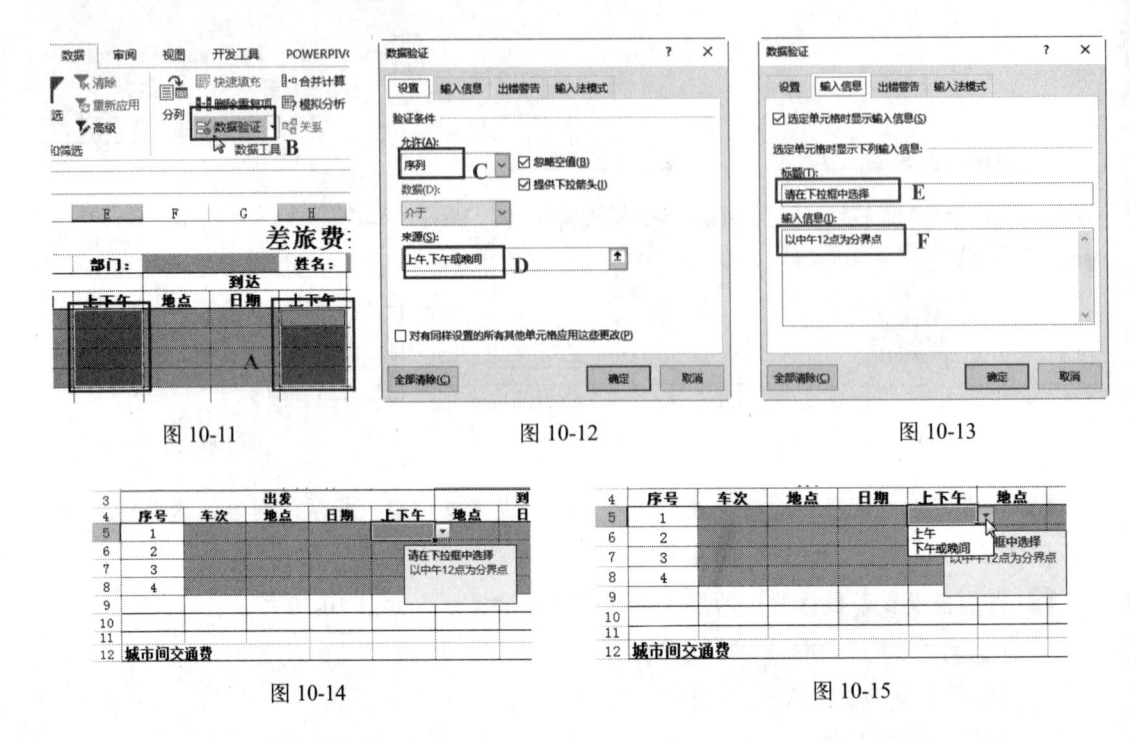

图 10-11　　　　　　　　　图 10-12　　　　　　　　　图 10-13

图 10-14　　　　　　　　　　　　　　　图 10-15

10.1.3　创建出差地等级表格

差旅费报销一般都是工作人员被临时派往外地工作，出差城市级别不同，住宿费用标准也不同。下面在 Excel 中创建出差地等级表格，方便员工在填写差路费报销明细表时，自动返回住宿费标准。

新建工作表，将其重命名为"出差地等级表"，在工作表中创建如图 10-16 所示的表格。

	A	B	C
1	出差地	级别	住宿费用标准
2	北京	一级	200.00
3	天津	一级	200.00
4	上海	一级	200.00
5	广州	一级	200.00
6	重庆	一级	200.00
7	深圳	一级	200.00
8	石家庄	二级	150.00
9	太原	二级	150.00
10	呼和浩特	二级	150.00
11	沈阳	二级	150.00
12	长春	二级	150.00
13	哈尔滨	二级	150.00

图 10-16

10.1.4　利用公式实现自动填写

在 Excel 中设置公式后，当报销人员填写相关数据后，设置公式的单元格可以实现自动填写。

1. 统计出差地点、天数、城市级别

❶ 选中 C2 单元格，在公式编辑栏中输入公式：

=TODAY()，按 Enter 键，即可返回制单日期，如图 10-17 所示。

❷ 选中 I5 单元格，在公式编辑栏中输入公式：

=IF(F5=""，""，F5)，按 Enter 键，即可返回出差地点（由于没有填写报销人员的信息，所以返回值为空白），如图 10-18 所示。

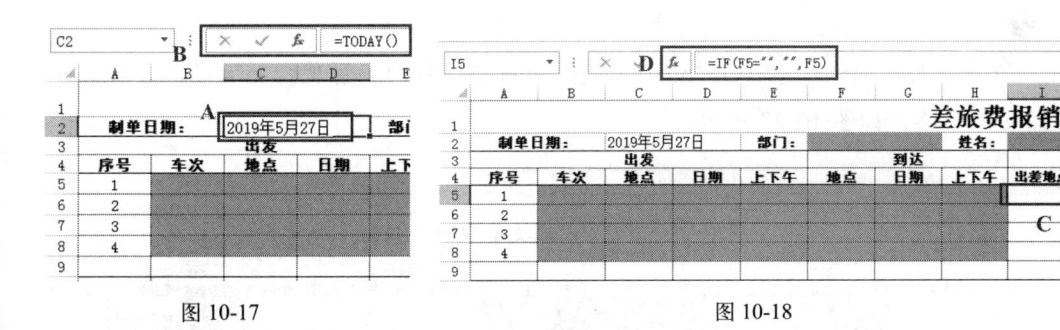

图 10-17

图 10-18

❸ 选中 J5 单元格，在公式编辑栏中输入公式：

=IF(F5<>"",G5-D5+IF(E5=H5,0.5,IF(E5=" 上午 ",1,0)),"")，按 Enter 键，即可返回出差天数，如图 10-19 所示。

❹ 选中 K5 单元格，在公式编辑栏中输入公式：

=IF(I5="","",(VLOOKUP(I5,出差地等级 !A:B,2,FALSE)))，按 Enter 键，即可返回城市级别，如图 10-20 所示。选中 I5:K5 单元格，向下复制公式，如图 10-21 所示。

图 10-19

图 10-20

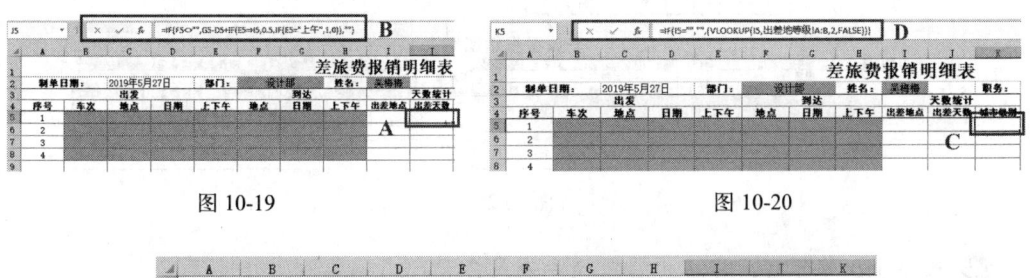

图 10-21

2. 统计住宿费、伙食补助费、公杂费、合计值

❶ 选中 L5 单元格，在公式编辑栏中输入公式：

=IF(I5="","",(VLOOKUP(I5,出差地等级 !A:C,3,FALSE)))，按 Enter 键，即可返回住宿费，向下复制公式到 K8 单元格，如图 10-22 所示。

图 10-22

❷ 选中 N5 单元格，在公式编辑栏中输入公式：

=IF(I5<>"",IF(M5=" 是 ",0,J5*50),"")，按 Enter 键，即可返回伙食补助费，向下复制公式到 N8 单元格，如图 10-23 所示。

图 10-23

❸ 选中 P5 单元格，在公式编辑栏中输入公式：

=IF(I5<>"",IF(O5=" 是 ",J5*15,J5*30),"")，按 Enter 键，即可返回公杂费，向下复制公式到 P8 单元格，如图 10-24 所示。

图 10-24

❹ 选中 J10 单元格，在公式编辑栏中输入公式：

=SUM(J5:J9)，按 Enter 键，即可返回合计值，向右复制公式到 P10 单元格，除 K10、O10、M10 单元格不复制公式，结果如图 10-25 所示。

图 10-25

3. 统计城市间交通费合计值、实报金额的费用项目

❶ 选中 M14 单元格，在公式编辑栏中输入公式：
=SUM(C14:L14)，按 Enter 键，即可计算出城市间交通费费用项目的合计值，如图 10-26 所示。

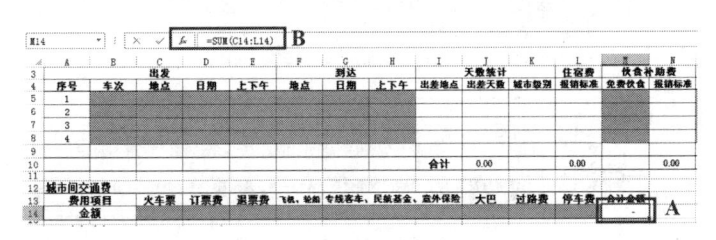

图 10-26

❷ 选中 E18 单元格，在公式编辑栏中输入公式：
=IF(C18>L10,L10,C18)，按 Enter 键，即可返回实报金额中的住宿费报销金额，如图 10-27 所示。

❸ 选中 G18 单元格，在公式编辑栏中输入公式：
=N10-M18*20，按 Enter 键，即可返回实报金额中的伙食补助费，如图 10-28 所示。

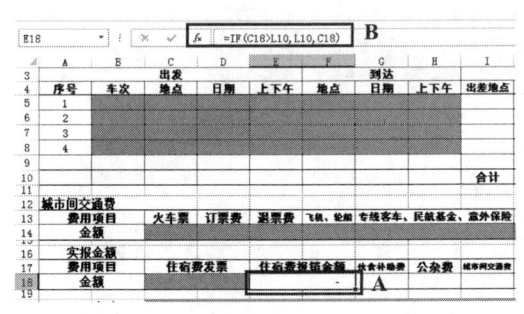

图 10-27

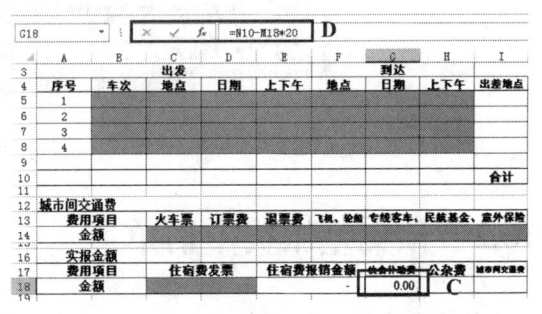

图 10-28

❹ 选中 H18 单元格，在公式编辑栏中输入公式：
=P10，按 Enter 键，即可返回实报金额中的公杂费，如图 10-29 所示。

❺ 选中 I18 单元格，在公式编辑栏中输入公式：
=M14，按 Enter 键，即可返回实报金额中的城市间交通费，如图 10-30 所示。

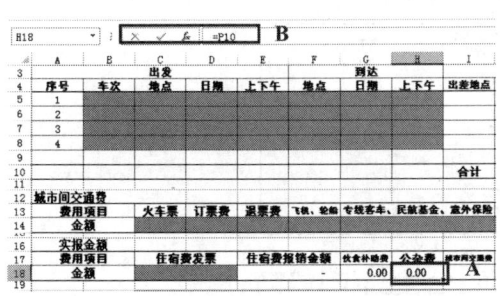

图 10-29

图 10-30

❻ 选中 J18 单元格，在公式编辑栏中输入公式：
=SUM(E18:I18)，按 Enter 键，即可返回实报金额中的各项费用的合计值，如图 10-31 所示。

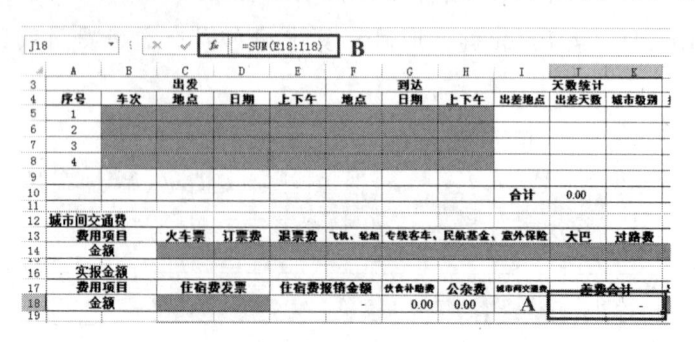

图 10-31

❼ 公式设置完成后，报销人员只能对灰色部分进行编辑，其余部分不能改动，效果如图 10-32 所示。

图 10-32

10.2 预支差旅费申请单

差旅费申请单包括申请人信息、出差日期、费用预算等各项基本信息。下面在 Excel 中创建预支差旅费申请单。

新建工作表，将其重命名为"预支差旅费申请单"，在工作表中创建如图 10-33 所示的表格。根据实际情况填写相关基本信息即可。

图 10-33

10.3 工资标准表

针对公司新进员工可以根据试行的最新工资标准执行，包括试用期工资、转正工资和加班津贴等。

新建工作表，将其重命名为“工资标准表”，在工作表中创建如图 10-34 所示的表格。根据实际情况填写相关基本信息即可。

公司员工工资标准表
（2019年6月试行）

部门	职位	试用期工资	转正工资	加班津贴
总经理办公室	总经理			
	副总经理			
	办事员	3500	4500	200
人事部	人事专员	3000	3500	200
	HR总监	7000	8500	200
财务部	会计	3500	4200	200
	财务总监	6500	8000	200
设计部	总工	7500	9000	200
	设计师	5000	6500	200
	设计师助理	3500	3800	200
市场部	市场专员	2000	2800	200
	市场总监	6500	8000	200
销售部	销售员	1200	1500	200
	销售总监	6500	8000	200

图 10-34

10.4 员工工资调整表

公司对员工的薪酬调整要得到各个部门主管以及总经理的意见审批，并在表格中填充调整工资的员工的基本信息。

新建工作表，将其重命名为“员工工资调整表”，在工作表中创建如图 10-35 所示的表格。根据实际情况填写相关基本信息即可。

公司员工工资调整表
（2019年6月试行）

姓名		部门		岗位	
性别		年龄		学历	
入职时间		转正时间			
调薪理由	申请人： 申请时间：				
调整工资	调薪前：	元/月	调薪后：	元/月	
部门经理意见					
HR意见					
总经理审批意见					
备注：					

图 10-35

10.5 员工奖金合计表

员工奖金合计表包括员工的基本信息和各项奖金明细。

新建工作表，将其重命名为"员工奖金合计表"，在工作表中创建如图10-36所示的表格。

图 10-36

10.6 个人所得税表

10.6.1 个人所得税纳税申报表

个人所得税的纳税申报表，是专门用于个人所得税纳税申报的报表，具体格式由地税局设计并指导填写。

新建工作表，将其重命名为"个人所得税纳税申报表"，在工作表中创建如图10-37所示的表格。根据实际情况填写相关基本信息即可。

图 10-37

10.6.2 扣缴个人所得税报告表

《扣缴个人所得税报告表》适用于扣缴义务人办理全员全额扣缴个人所得税申报（包

括向个人支付应税所得，但低于减除费用、不需扣缴税款情形的申报），以及特定行业职工工资、薪金所得个人所得税的月份申报。

新建工作表，将其重命名为"扣缴个人所得税报告表"，在工作表中创建如图10-38所示的表格。根据实际情况填写相关基本信息即可。

图 10-38

10.6.3 个人减免税表格

新建工作表，将其重命名为"个人所得税减免税"，在工作表中创建如图10-39所示的表格。根据实际情况填写相关基本信息即可。

图 10-39

10.7 纳税申请表

纳税申请表指纳税人履行纳税义务，按期向税务机关申报纳税期应缴税额时应填报的表格。纳税人必须按照规定进行纳税申报，向主管税务机关报送纳税申报表、财务会计报表和有关纳税资料，根据具体情况，分别就应税收入、应税所得、税种、税目、税率，应纳税额和其他应税资料，如实填写纳税申报表。

新建工作表，将其重命名为"纳税申请表"，在工作表中创建如图 10-40 所示的表格。根据实际情况填写相关基本信息即可。

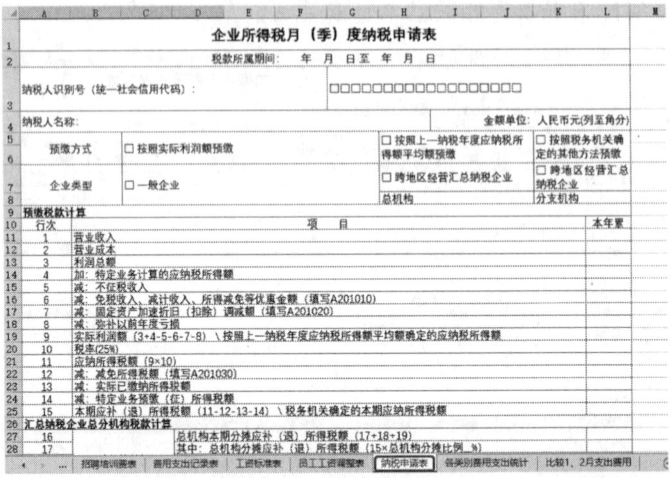

图 10-40

10.8 增值税纳税申报表

新的《增值税纳税申报表》（一般纳税人用）分浅绿和米黄两种颜色，浅绿色适用于增值税 A 类企业，米黄色适用于增值税 B 类企业。三个附表则统一为白色。新的《增值税纳税申报表》（一般纳税人用）从 1996 年 1 月 1 日起启用。在没有认定增税 A 类企业之前，所有增值税一般纳税人均使用米黄色申报表。纳税申报表由市局统一印制。

新建工作表，将其重命名为"增值税纳税申报表"，在工作表中创建如图 10-41 所示的表格。根据实际情况填写相关基本信息即可。

图 10-41

10.9 出纳管理日报表

新建工作表，将其重命名为“出纳管理日报表”，在工作表中创建如图 10-42 所示的表格。根据实际情况填写相关基本信息即可。

出纳管理日报表					
摘要		本日收支额			本月合计
前日余额		现金	存款	小计	
收入	销售进账				
	分店汇款				
	抵押借款				
	预收保险费				
	收入合计：				
支出	偿还借款				
	材料				
	采购品				
	设备				
	人事费				
	其他				
	支出合计：				

图 10-42

10.10 资金运用日报表

企业负责人为了明确资金收付去向，由出纳人员填制的表格即“资金运用日报表”。

新建工作表，将其重命名为“资金运用日报表”，在工作表中创建如图 10-43 所示的表格。根据实际情况填写相关基本信息即可。

资金运用日报表							
当前余额	现金	部门	金额		银行存款	账户	金额
		销售部				建设银行	
		财务部				农业银行	
		行政部					
		其他					
收入合计：					支出合计：		
		部门	摘要	金额	部门	摘要	金额
现金							
收入合计：					支出合计：		
银行							
收入合计：					支出合计：		

图 10-43

第 11 章
公司会计凭证创建与管理

范例概述

会计凭证是否真实、完整，对会计信息质量有十分重要的影响，可以说是保证会计信息质量的基础。填制会计凭证是会计核算的首要环节。

传统日常账务的处理都是手写账簿方式，这种方法不但工作量大，而且后期查账也非常繁琐，同时也不便于对账目进行计算与分析。本例将介绍利用 Excel 2019 来实现会计凭证的填制、汇总、整理、查询，并通过本期的记账凭证快速生成本期分类账。通过本例的学习，企业财务人员可在 Excel 2019 中通过合理使用表格、设置公式，为自己的财务工作带来更多便利。

范例效果

明细会计科目表

记账凭证清单表

企业会计科目

科目编码	科目名称
1001	库存现金
1002	银行存款
1015	其他货币基金
1121	应收票据
1122	应收账款
1231	其他应收款
1241	坏账准备
1401	材料采购
1406	库存商品
1501	待摊费用
1601	固定资产
1602	累计折旧
1901	待处理财产损益
2001	短期借款
2201	应付票据
2202	应付账款
2211	应付职工薪酬
2231	应付股利
2221	应交税费
2241	其他应付款
2401	预提费用
4001	实收资本

总账科目表

本 期 总 分 类 账
（2019年7月）

	借方总计	贷方总计	是否平衡
	582000.00	582000.00	平衡

科目编号	科目名称	期初余额 借方	期初余额 贷方	期初数	本期发生额 借方	本期发生额 贷方	期末数
1001	库存现金	5000.00	0.00	5000.00	18000.00	115500.00	(92500.00)
1002	银行存款	38000.00	0.00	38000.00	229500.00	226000.00	41500.00
1012	其他货币基金	0.00	0.00	0.00	0.00	0.00	0.00
1121	应收票据	38000.00	0.00	38000.00	0.00	0.00	38000.00
1122	应收账款	22200.00	0.00	22200.00	81000.00	0.00	103200.00
1221	其他应收款	0.00	0.00	0.00	32000.00	0.00	32000.00
1231	坏账准备	0.00	0.00	0.00	0.00	0.00	0.00
1401	材料采购	150000.00	0.00	150000.00	127500.00	0.00	277500.00
1405	库存商品	80000.00	0.00	80000.00	0.00	0.00	80000.00
1471	存货跌价准备	15000.00	0.00	15000.00	0.00	0.00	15000.00
1601	固定资产	380000.00	0.00	380000.00	0.00	0.00	380000.00
1602	累计折旧	0.00	54850.00	(54850.00)	0.00	0.00	(54850.00)
1901	待处理财产损益	1050.00	0.00	1050.00	0.00	5000.00	(3950.00)

总账分类表

范例实现

11.1 会计凭证的填制

在实际财务工作中，会计凭证的形式是多种多样的。在会计工作中，会计凭证可以分为原始凭证和记账凭证这两种。记账凭证又分为收款凭证和付款凭证。本节会介绍各种凭证的填制标准和审核标准。

11.1.1 原始凭证的填制标准

原始凭证是在经济业务事项发生时取得或填制的，用以证明经济业务发生和完成情况的原始凭据，是会计核算的原始依据。原始凭证种类很多，常见的有收货单、发货单、收款或付款凭证、支票等，都属于原始凭证。

原始凭证的填制有三种形式：一是根据实际发生或完成的经济业务，由经办人员直接填列；二是根据已经入账的有关经济业务，由会计人员利用账簿资料进行加工整理填制；三是根据若干张反映同类经济业务的原始凭证定期汇总填制汇总原始凭证。

原始凭证的种类不同，其具体填制方法和填制要求也不尽一致，但都应按下列要求填制原始凭证：

- 凭证填制的内容、数字等，必须根据实际情况填制，确保原始凭证所反映的经济业务真实可靠，符合实际情况。
- 填制的原始凭证必须由经办人员和部门签章。

- 原始凭证的各项内容，必须详尽地填写齐全，不得遗漏，而且凭证的各项内容，必须符合内部牵制原则。
- 原始凭证要用蓝色或黑色笔书写，字迹清楚、规范，填写支票必须使用碳素笔，属于需要套写的凭证，必须一次套写清楚，合计的小写金额前应加注币值符号，如"￥""$"等。

11.1.2 原始凭证审核标准

原始凭证主要审核内容标准如下：

- 发票的真伪辨别。
- 发票是否盖有发票专用章或财务专用章。
- 原始凭证的金额合计是否正确，且大小写金额必须一致。
- 原始凭证是否有经办人签字。
- 签字手续及单据是否齐全，如招待费是否有分管领导批准，培训费、固定资产购置及大额支出是否有申请批示。
- 原始凭证的填写是否完整规范，包括单位、数量、单价、金额、规格型号等。
- 手写发票是否双面复印。
- 原始单据的粘贴是否规范。
- 原始单据是否有经办人签字。
- 汇总发票是否附有机打小票或销售清单，且盖有发票专用章或财务专用章。
- 由于供货方原因无法取得有效凭证，是否向对方索取收据或其他证据，且盖有印章，并由证明人和经办人签字。

11.1.3 记账凭证填制标准

记账凭证是对原始凭证所反映的经济业务事项按其性质加以归类后由会计人员编制作为记账依据的凭证。记账凭证的作用主要在于对原始凭证进行分类归纳，便于登记会计账簿。

记账凭证包括收款凭证和付款凭证。

- 收款凭证。收款凭证是用来记录现金和银行存款等货币资金收款业务的记账凭证，它是根据有关现金和银行存款收入业务的原始凭证填制的。
- 付款凭证。付款凭证是用来记录现金和银行存款等货币资金付款业务的记账凭证，它是根据现金和银行存款付款业务的原始凭证填制的。

11.1.4 记账凭证审查标准

记账凭证审查时必须检查是否具备以下基本内容：

- 记账凭证的编号。
- 记账凭证的日期。
- 经济业务的内容摘要。
- 会计科目（包括一级、二级和明细科目）的名称、记账方法和金额。
- 所附原始凭证的张数。
- 制证、审核、记账、会计主管等有关人员签章，收款凭证和付款凭证还应由出纳人员签名或盖章。

11.1.5 收款凭证和填制标准

收款凭证是用来记录货币资金收款业务的凭证，它是由出纳人员根据审核无误的原始凭证收款后填制的。在借贷记账法下，在收款凭证左上方所填写的借方科目应是"现金"或"银行存款"科目。在凭证内所反映的是贷方科目。在凭证的右侧填写所附原始凭证张数，并在出纳及制单处签名或盖章。

例如：企业2019年5月10日销售产品，a产品价款为48000元，b产品价款为25000元，增值税销项税款1314元，收到购买单位支票及其他票据共3张，收讫7431400元现金。根据原始凭证填制的"现金"收款凭证，如图11-1所示。

摘要	贷方科目		金额	记账
	总账科目	明细科目	亿千百十万千百十元角分	
出售a产品	主营业务收入	a产品	4 8 0 0 0 0 0	
出售b产品	主营业务收入	b产品	2 5 0 0 0 0 0	
出售产品	应交税金	应交增值税、销项税额	1 3 1 4 0 0	
合计	¥ 7,431,400.00		7 4 3 1 4 0 0	

企业收款凭证　2019/5/10　会字第　号
借方科目：现金
财务主管：　记账：　出纳：　审核：　制单：
附单据3张

图 11-1

11.1.6 付款凭证的填制标准

付款凭证是用来记录货币资金付款业务的凭证，它是由出纳人员根据审核无误的原始凭证付款后填制的。在借贷记账法下，在付款凭证左上方所填写的贷方科目应是"现金"或"银行存款"科目。在凭证内所反映的借方科目。在凭证的右侧填写所附原始凭证的张数，并在出纳及制单处签名或盖章。

例如：企业2019年5月10日购入材料一批，价值38000元，增值税进项税额1154元，共计39154元，支付现金购材。根据审核无误的原始凭证填制的"银行存款"付款凭证，如图11-2所示。

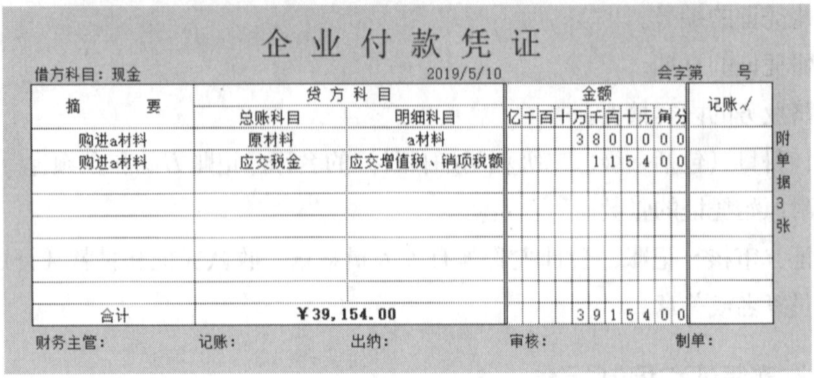

企 业 付 款 凭 证

借方科目：现金　　2019/5/10　　会字第　　号

摘　要	贷方科目		金额											记账√
	总账科目	明细科目	亿	千	百	十	万	千	百	十	元	角	分	
购进a材料	原材料	a材料					3	8	0	0	0	0	0	
购进a材料	应交税金	应交增值税、销项税额						1	1	5	4	0	0	
合计	¥39,154.00						3	9	1	5	4	0	0	

附单据3张

财务主管：　记账：　出纳：　审核：　制单：

图 11-2

11.2　建立和处理会计科目表

会计科目是指对会计对象的具体内容进行分类核算的标志或项目，它是处理账务所必须遵守的规则和依据，是正确组织会计核算的一个基本条件。通过设置会计科目，可以分类反映不同的经济业务。会计科目是处理账务必须遵守的规则和依据，是一种基本的会计核算方法。

11.2.1　会计科目的分类

在设置会计科目时，需对会计核算和监督的具体内容进行分类。例如，工业企业拥有的用于生产的机器设备、厂房，均属于劳动资料，将其称为“固定资产”；企业为生产经营购入的各种各样的材料，均属于劳动对象，将其称之为“原材料”。又如，企业的货币资金由于保管地点和收付方式不同，可以将其划分为两个类别：银行存款和现金。任何一个作为会计主体的单位都必须设置一套适合自身特点的会计科目体系。无论国家有关部门统一制定会计科目，还是企业单位自行设计会计科目，均应按照一定的原则进行。

1. 按其反映会计对象具体内容的不同分类

- 资产类科目（第一位数字为 1）

按资产的流动性分为反映流动资产的科目和反映非流动资产的科目。反映流动资产的科目有“现金”“原材料”“库存商品”“应收账款”等科目；反映非流动资产的科目有“长期股权投资”“固定资产”“无形资产”。

- 负债类科目（第一位数字为 2）

按负债的偿还期限分为反映流动负债的科目和反映长期负债的科目。反映流动负债的科目有“短期借款”“应付账款”“应交税金”等科目；反映长期负债的科目有“长期借款”“应付债券”“长期应付款”等科目。

- 所有者权益类科目（第一位数字为 4）

按权益的形成和性质可分为反映资本的科目和反映留存收益的科目。反映资本的科目有"实收资本"和"资本公积"等科目；反映留存收益的科目有"盈余公积""本年利润""利润分配"等科目。

- 成本类科目（第一位数字为5）

主要反映企业在生产产品和提供劳务过程发生的成本的科目，如"生产成本""制造费用"及"劳务成本"等科目。

- 损益类科目（第一位数字为6）

反映企业在生产经营过程中取得的各项收入和发生的各项费用的科目。收入类科目，如"主营业务收入""其他业务收入"等科目；费用类科目，如"管理费用""财务费用""营业费用""所得税"等科目。

2. 按其所提供信息的详细程度分类

- 总分类科目

总分类科目，亦称总账科目或一级科目，它是对会计对象的具体内容进行总括分类的项目。

- 明细分类科目

明细分类科目，是对总分类科目进一步分类的项目。

如果某一总分类科目所属的明细分类科目较多，可以增设二级科目。一级科目由4位数字组成，二级科目在一级科目的基础上再加两位数，即如果一级科目包含二级科目，那么前4位数字都是一样的，只在后面再添加数字进行识别；二级科目下面包含三级科目，则前6位数相同，再在其后添加两位数；其他依次类推。

如表11-1所示为新的《企业会计制度》规定的部分科目及对应的科目代码。

任何一个作为会计主体的单位都必须设置一套适合自身特点的会计科目体系。无论国家有关部门统一制定会计科目，还是企业单位自行设计会计科目，均应按照一定的原则进行。同时为了正确使用会计科目，还应该按一定的标准对会计科目进行分类。

❶ 按其反映会计对象具体内容的不同分类，可以分为：资产类科目（第一位数字为1）、负债类科目（第一位数字为2）、所有者权益类科目（第一位数字为4）、成本类科目（第一位数字为5）和损益类科目（第一位数字为6）。

❷ 按其所提供信息的详细程度分类，可以分为总分类科目和明细分类科目。

❸ 如果某一总分类科目所属的明细分类科目较多，可以增设二级科目。一级科目由4位数字组成，二级科目在一级科目的基础上再加两位数，即如果一级科目包含二级科目，那么前4位数字都是一样的，只在后面添加数字进行识别；二级科目下面包含三级科目，则前6位数相同，再在其后添加两位数；其他依次类推。

❹ 如表11-1所示为新的《企业会计制度》规定的部分科目及对应的科目代码。

表 11-1

类别	一级科目 科目代码	一级科目 科目名称	二级科目 科目代码	二级科目 科目名称
资产类	1001	库存现金		
	1002	银行存款		
	1015	其他货币基金		
	1101	交易性金额资产		
	1121	应收票据		
	1122	应收账款		
	1403	原材料		
	1406	库存商品		
负债类	2001	短期借款		
	2201	应付票据		
	2202	应付账款		
	2221	应交税费	222103	应交营业税
			222106	应交所得税
所有者权益	4001	实收资本（或股本）		
	4002	资本公积		
	4101	盈余公积		
成本类	5001	生产成本	500101	基本生产成本
			500102	辅助生产成本
	5101	制造费用		
损益类	6001	主营业务收入		
	6401	主营业务成本		
	6602	管理费用	660201	管理人员工资
			660202	办公费

> **专家提示**
>
> 此处罗列的是常用的科目代码，详细的科目代码见素材文件。

11.2.2 建立会计科目表

要在 Excel 2019 中进行账目的处理，首先要建立工作表来保存企业的会计科目代码与会计科目名称，从而便于后期处理账目时随时对科目的引用。

1. 建立明细会计科目表

❶ 新建工作簿，单击"保存"按钮，将保存文件名设置为"公司会计凭证创建与管理"，

在Sheet1工作表标签上双击鼠标左键进入文字编辑状态，重新输入名称为"会计科目表"，在A1单元格中输入表格名称为"会计科目设置"，在第二行中输入列标识，如图11-3所示。

❷ 分别输入科目编码与科目名称，设置表格的边框底纹效果，效果如图11-4所示。

图11-3 　　　　　　　　　　图11-4

2. 建立总账科目表

上面建立的会计科目包含二级科目，在后面建立分类账时需要使用总账科目，因此在完成上面的"会计科目表"建立后，可以复制一张工作表，将二级科目删除，从而形成"总账科目表"。

❶ 在"会计科目表"工作表标签上单击选中，同时按住鼠标左键与"Ctrl"键（此时光标变成纸形状），拖动鼠标到"会计科目表"标签后（有黑色箭头显示），释放鼠标即可复制工作表，如图11-5所示。

❷ 将工作表重命名为"总账科目"，将所有的二级科目全部删除，只保留一级科目，即可得到总账科目，如图11-6所示。

图11-5 　　　　　　　　　　图11-6

11.3 建立会计凭证汇总表

在 Excel 中建立会计凭证清单表是指将非汇总记账凭证定期加以汇总而重新编制，目的是为了简化登记总分类账的手续。记账凭证一般按会计期间（如月末、季末、年末等）进行汇总。

11.3.1 设计会计凭证汇总表

1. 建立会计凭证汇总基本表

❶ 插入工作表，双击工作表标签，将其重命名为"记账凭证清单表"，输入表格标题、记账凭证必要的列标识（如记账编号、凭证号、科目编码、借贷金额等），对表格字体、对齐方式、底纹和边框进行设置，设置后的效果如图 11-7 所示。

图 11-7

2. 会计凭证汇总表的相关属性设置

❶ 选中"凭证类型"列单元格区域，选择"数据"选项卡，在"数据工具"组中单击"数据验证"按钮，如图 11-8 所示。

❷ 打开"数据验证"对话框，单击"设置"标签，在"允许"栏下选择"序列"，在"来源"设置框中输入"现收,现付,银收,银付,转"凭证类型，如图 11-9 所示。

❸ 设置完成后，回到工作表中。选中设置了数据验证的任意单元格，右侧都会出现一个下拉按钮，从中可以选择凭证类型，如图 11-10 所示。

❹ 切换到"总账科目"工作表，选中"科目名称"列单元格区域，在名称框中设置名称为"总账科目名称"，按"Enter"键即可定义名称，如图 11-11 所示。

第 11 章 公司会计凭证创建与管理

图 11-8

图 11-9

图 11-10

图 11-11

❺ 选中"总账科目"列单元格区域，选择"数据"选项卡，在"数据工具"组中单击"数据验证"按钮，打开"数据验证"对话框。在"允许"栏下选择"序列"，在"来源"设置框中输入"=总账科目名称"，如图 11-12 所示。

❻ 设置完成后，选中设置了数据验证的任意单元格，右侧都会出现一个下拉按钮，从中可以选择总账科目，如图 11-13 所示。

图 11-12

图 11-13

191

❼ 选中"方向"列单元格区域,选择"数据"选项卡,在"数据工具"组中单击"数据验证"按钮,打开"数据验证"对话框。在"允许"栏的下拉菜单中选择"序列",在"来源"编辑框中输入"借,贷,平",如图 11-14 所示。设置完成后,选中设置了数据验证的任意单元格,右侧都会出现一个下拉按钮,从中可以选择方向,如图 11-15 所示。

图 11-14

图 11-15

❽ 对需要手工填写的项目进行填写,如图 11-16 所示。

图 11-16

11.3.2 自动生成会计凭证编号

当输入了凭证类别、凭证号之后,可以利用公式自动返回记账凭证编号。

❶ 选中 A4:A5 单元格,在"开始"选项卡下"数字"组中单击 按钮(如图 11-17 所示),打开"设置单元格格式"对话框。

❷ 在"分类"列表中单击"自定义",在右侧的"类型"下的文本框中输入"000",单击"确定"按钮,如图 11-18 所示。

第 11 章 公司会计凭证创建与管理

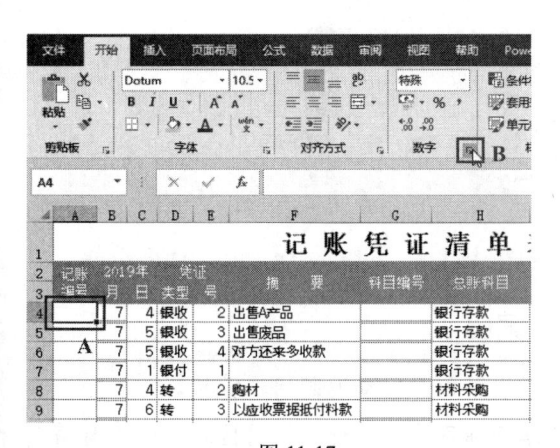

图 11-17

图 11-18

❸ 在 A4 单元格中输入"001"时，可以看到显示编号为"001"，而其值却为"1"（可以从公式编辑栏中查看到），表示可以参与运算，如图 11-19 所示。

❹ 选中 A5 单元格，在公式编辑栏中输入公式：

=IF(H5<>"",IF(AND(D5=D4,E5=E4),A4,MAX(A$4:A4)+1),"")，按 Enter 键，返回记账编号，如图 11-20 所示。

图 11-19

图 11-20

> **专家提示**
>
> 记账编号是以"0"开头的，要输入以 0 开头的编号，通常是将单元格的格式设置成"文本"格式，而设置"文本"格式后输入的编号不能进行计算操作，此处输入的第一条编号需要被作为数据参与下一条编号的生成。通过上面的方法即实现了输入以 0 开头的编号，同时保证数据具备计算功能。

❺ 选中 A5 单元格，光标定位到该单元格区域右下角，当出现黑色十字型时，按住鼠标左键向下拖动，拖动到目标位置后，释放鼠标即可完成公式的复制，按照实际情况填写凭证，即可自动返回记账编号，如图 11-21 所示。

193

图 11-21

11.3.3 根据会计科目名称自动显示科目编码

在输入了总账科目与明细科目后,可以通过设置公式自动返回科目编号。

❶ 切换到"会计科目表"工作表中,选择"科目编码"列单元格区域,在名称编辑框中定义其名称为"明细科目编码",按 Enter 键即可定义名称,如图 11-22 所示。

❷ 选择"科目名称"列单元格区域,在名称编辑框中定义其名称为"明细科目名称",按 Enter 键即可定义名称,如图 11-23 所示。

图 11-22 　　　　　　　　　图 11-23

❸ 切换到"记账凭证清单表"工作表中,选中 G4 单元格,在公式编辑栏中输入公式:
=IF(I4="",INDEX(明细科目编码 ,MATCH(H4, 明细科目名称 ,0)),INDEX(明细科目编码 ,MATCH(H4&"-"&I4, 明细科目名称 ,0))),按 Enter 键即可根据 H4 单元格、I4 单元格中的总账科目与明细科目返回对应的科目编码,如图 11-24 所示。

❹ 选中 G4 单元格,将光标定位到该单元格区域右下角,当出现黑色十字型时,按住鼠标左键向下拖动。拖动到目标位置后,释放鼠标即可完成公式的复制,如图 11-25 所示。

第 11 章 公司会计凭证创建与管理

图 11-24

图 11-25

公式解析

"=IF(I4="",INDEX(明细科目编码 ,MATCH(H4, 明细科目名称 ,0)),INDEX(明细科目编码 ,MATCH(H4&"-"&I4, 明细科目名称 ,0)))"公式解析：

1. 如果 I4 为空，表示不包含明细科目时，返回公式"INDEX(明细科目编码 ,MATCH(H4, 明细科目名称 ,0))"的值，即在"明细科目编码"单元格区域（之前定义为名称）中返回"MATCH(H4, 明细科目名称 ,0)"行处的值。

2. 当 I4 不为空，表示包含明细科目时，返回公式"INDEX(明细科目编码 ,,MATCH (H4&"-"&I4, 明细科目名称 ,0))"的值，即在"明细科目编码"单元格区域中返回"MATCH(,MATCH(H4&"-"&I4, 明细科目名称 ,0)"行处的值。

3. "MATCH(H4, 明细科目名称 ,0)"表示返回 F3 单元格的值在"明细科目名称"单元格区域的行数。

4. "MATCH(,MATCH(H4&"-"&I4, 明细科目名称 ,0)"表示将 H4 与 I43 单元格的值用"-"连接，并返回连接后的值在"明细科目名称"单元格区域中的行数。

❺ 按相同的方法将所有的记账凭证填制到工作表中（只填写需要手工填写的部分），创建完整的记账凭证汇总表，效果如图 11-26 所示。

图 11-26

11.4 建立总分类账

总分类账是按照总分类账户开设的，连续、分类登记某一类经济业务，并提供详细核算资料的账簿。它能够具体、详细地反映经济活动情况，建立总分类账可以为报表的编制提供必要的数据。在 Excel 2019 中可以利用函数的功能,由本期记账凭证快速建立本期总分类账。

11.4.1　设计总分类账表

❶ 新建工作表,在新建的工作表上双击鼠标,将其重命名为"总分类账",建立本期总分类账的相关列标识,包括"科目编号""科目名称""期初余额""本期发生额"等项目,设置表格的文字格式、边框、对齐方式等,如图 11-27 所示。

图 11-27

❷ 选中 A8 单元格,在公式编辑栏中输入公式:

=总账科目!A3,按 Enter 键即可返回"总账科目"工作表中 A3 单元格的科目编码,向下复制 A8 单元格的公式,可返回所有总账科目编码,如图 11-28 所示。

❸ 选中 B8 单元格的公式,在公式编辑栏中输入公式:

=总账科目!B3,按 Enter 键即可返回"总账科目设置"工作表中 B3 单元格的科目名称,向下复制 B8 单元格的公式,可返回所有总账科目名称,如图 11-29 所示。

图 11-28 　　　　　　图 11-29

11.4.2　计算本期发生额、期末数

❶ 从上期总分类账中得到期初余额(即上期的期末余额)。由于本例未涉及上期总分类账,因此采用手工的方式输入(图 11-30),否则可以从上期分类账中得到。

第 11 章 公司会计凭证创建与管理

❷ 选中 E8 单元格,在公式编辑栏中输入公式:

=C8-D8,按 Enter 键即可返回"1001"科目期初数,如图 11-31 所示。

图 11-30

图 11-31

❸ 选中 F8 单元格,在公式编辑栏中输入公式:

=SUMIF(记账凭证清单表 !$H$3:$H$100,B8, 记账凭证清单表 !$K$3:$K$100),按 Enter 键即可返回"1001"科目本期借方发生额,如图 11-32 所示。

❹ 选中 G8 单元格,在公式编辑栏中输入公式:

=SUMIF(记账凭证清单表 !$H$3:$H$100,B8, 记账凭证清单表 !$L$3:$L$100),按 Enter 键即可返回"1001"科目本期贷方发生额,如图 11-33 所示。

图 11-32

图 11-33

公式解析

=SUMIF(记账凭证清单表 !$H$3:$H$100,B8, 记账凭证清单表 !$K$3:$K$100) 公式解析:
在"记账凭证清单表!$H$3:$H$100"单元格区域中寻找与 B8 单元格相同的总账科目,找到后把对应在"记账凭证清单表!$K$3:$K$100"单元格区域上的值相加。

❺ 选中 H8 单元格,在公式编辑栏中输入公式:

=E8+F8-G8,按 Enter 键即可返回"1001"科目期末数,如图 11-34 所示。

❻ 选中 E8:H8 单元格区域,将光标定位到右下角,出现黑色十字型时按住鼠标左键向下拖动,拖动到最后一项记录释放鼠标,一次性得到各科目的期初数、本期借方发生额、本期贷方发生额、期末数,如图 11-35 所示。

197

图 11-34

图 11-35

11.4.3 进行试算平衡检测

通过试算平衡检测可以检查出本期借方发生额与贷方发生额是否相等，如果相等表示试算平衡，如果不相等表示账目出现问题，需要进行查账。

❶ 选中 F4 单元格，在公式编辑栏中输入公式：

=SUM(F8:F100)，按 Enter 键即可返回借方总计额，如图 11-36 所示。

❷ 选中 G4 单元格，在公式编辑栏中输入公式：

=SUM(G8:G100)，按 Enter 键即可返回贷方总计额，如图 11-37 所示。

图 11-36

图 11-37

❸ 选中 H4 单元格，在公式编辑栏中输入公式：

=IF(F4=G4,"平衡","不平衡")，

按 Enter 键即可根据 F4 与 G4 单元格的值返回是否平衡信息，如图 11-38 所示。

图 11-38

第 12 章
公司日记账管理

范例概述

为了全面地、连续地、序时地、逐笔地反映和监督现金的收入和支出、结存情况，防止现金收支差错及舞弊行为的发生，企业应设置"现金日记账"进行序时核算。公司与银行间的日记账也应建立管理表格，便于定期同银行对账单进行核对。

本实例建立了现金收支记录表、现金日报表和银行日记账工作表等相关表格。在表格制作过程中，将使用 Excel 表格对日常现金的收支做记录，并对现金日记账进行分析计算。

范例效果

现金收支记录表

现金日报表

记账凭证清单表

现金收支表

范例实现

12.1 现金日记账管理

现金是流动性最强、盈利性最低的资产，企业保持适量的现金，是为了实现收益最大化、风险最小化的目标。日常现金的收入与支出都需要妥善地管理，在 Excel 2019 中可以创建表格来统计、管理日常现金。

12.1.1 创建现金日记账记录表

1. 创建现金日记账记录表

新建工作簿，并将其命名为"日记账管理"，在 Sheet1 工作表标签上双击鼠标左键，将工作表重命名为"现金收支记录表"，在工作表中建立现金收支记录的列标识，并对表格进行文字格式、边框、对齐方式等设置，如图 12-1 所示。

2. 现金日记账记录表的相关属性设置

❶ 选中"摘要"列单元格区域，单击"数据"选项卡，在"数据工具"组中单击"数据验证"按钮（如图 12-2 所示），打开"数据验证"对话框。选择"输入信息"标签，输入提示信息，效果如图 12-3 所示。

图 12-1

图 12-2 　　　　　　　　　　图 12-3

❷ 单击"确定"按钮回到工作表中，选中"摘要"列任意单元格，则会出现所设置的提示信息，如图12-4所示。

❸ 选中"费用类别"列单元格区域，单击"数据"选项卡，在"数据工具"组中单击"数据验证"按钮（如图12-5所示），打开"数据验证"对话框。

❹ 在"允许"下拉菜单中选择"序列"，设置来源为"I4:I15"单元格区域，如图12-6所示。

图12-4

图12-5

图12-6

❺ 单击"确定"按钮回到工作表中，选中"费用类别"列任意单元格，右侧都会出现下拉按钮，单击可从下拉菜单中选择费用类别，效果如图12-7所示。

❻ 根据现金的收入与支出情况在"现金收支记录表"工作表中进行记录，如图12-8所示。

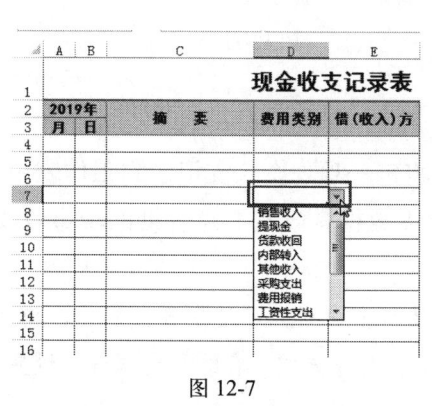

图12-7

图12-8

❼ 选中G5单元格，输入公式：

=G4+E5-F5，按Enter键得到第一次现金收入或支出后的余额，选中G5单元格，将

201

光标定位到右下角，出现黑色十字型时，按住鼠标左键向下拖动，释放鼠标即可快速得到每次现金收入或支出后的余额，如图12-9所示。

图12-9

❽ 选中显示金额的单元格区域，在"开始"选项卡的"数字"组中单击"会计数字格式"按钮（图12-10），在下拉菜单中选中一种会计格式，这里单击"¥中文（中国）"，效果如图12-11所示。

图12-10

图12-11

12.1.2 建立"现金日报表"表格

在建立了"现金收支记录表"后，可以按照日期将每一项现金收支记录到工作表中。此时可以建立现金日报表，用于查询每日现金的收支数据，以及汇总各期的现金收支数据。

❶ 插入新工作表，在工作表标签上双击鼠标，将其重命名为"现金日报表"，输入表格标题、各个费用和类别及其各项标识，对表格字体、对齐方式、底纹和边框进行设置，如图12-12所示。

❷ 选中A6:A19单元格区域，在"开始"选项卡"对齐方式"组中单击"方向"按钮，在下拉菜单中单击"竖排文字"（图12-13），效果如图12-14所示。

图 12-12

图 12-13 　　　　　　　　　　　图 12-14

❸ 再对表格进行相关格式设置，并在C2单元格中首先输入一个查询日期，如图12-15所示。

❹ 选中C11单元格，设置其公式为：

=SUM(C6:C10)，按 Enter 键，即可计算出本日现金收入合计。然后将公式复制到 D11 单元格中，计算本月累计现金收入合计，如图 12-16 所示。

图 12-15 　　　　　　　　　　　图 12-16

❺ 选中 C19 单元格，设置其公式为：

=SUM(C12:C18)，按 Enter 键，即可计算出本日现金支出合计。然后将公式复制到 D19 单元格中，用于计算本月累计现金支出合计，如图 12-17 所示。

图 12-17

12.1.3 设置公式求解指定日期的本日现金与本月累计

在设置公式之前，需要在"现金收入记录表"中定义名称以方便公式的引用。因为接下来统计指定日期的本日现金与本月累计都需要使用"现金收入记录表"中相应单元格区域的数据，因此将要引用的单元格区域定义为名称，可以简化公式的输入。

❶ 切换到"现金收支记录表"中，单击"公式"选项卡，在"定义的名称"组中单击"定义名称"按钮（图 12-18），打开"新建名称"对话框。设置名称为"月份"，引用位置为"=现金收支记录表!$A$4:$A$100"，如图 12-19 所示。

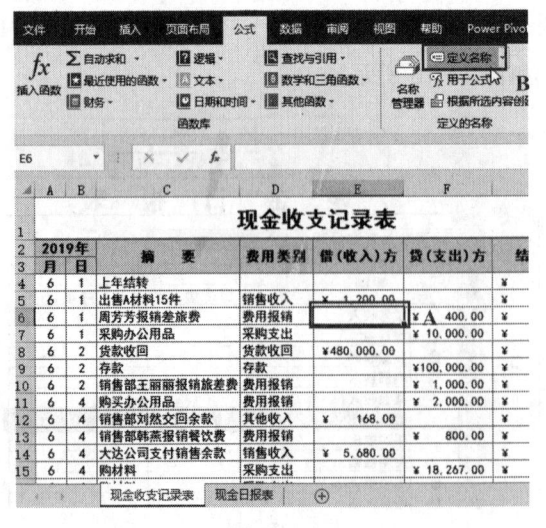

图 12-18

图 12-19

❷ 再次打开"新建名称"对话框,设置名称为"日期",引用位置为"=现金收支记录表!$B$4:$B$100",如图12-20所示。

❸ 按相同的方法定义名称"费用类别",引用位置为"=现金收支记录表!$D$4:$D$100";名称"收入现金",引用位置为"=现金收支记录表!$E$4:$E$100";名称"支出现金",引用位置为"=现金收支记录表!$F$4:$F$100"。打开"名称管理器"查看所有定义的名称,如图12-21所示。

图 12-20

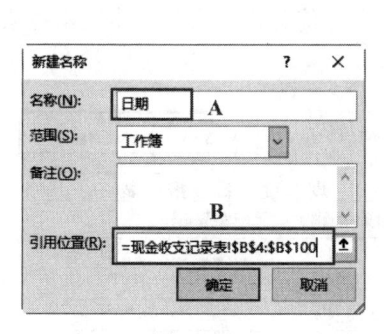

图 12-21

❹ 选中C6单元格,输入公式:

=SUMPRODUCT((月份=MONTH($C$2))*(日期=DAY($C$2))*(费用类别=$B6)*收入现金),按Enter键,即可统计出"销售收入"本日现金,如图12-22所示。

❺ 选中D6单元格,输入公式:

=SUMPRODUCT((月份=MONTH($C$2))*(费用类别=$B6)*收入现金),按Enter键,即可统计出"销售收入"本月累计,如图12-23所示。

图 12-22

图 12-23

❻ 选中C6:D6单元格区域,将光标定位到右下角,出现黑色十字型时,按住鼠标向下拖动至D10单元格中,释放鼠标即可一次性返回"现金收入"中各个类别现金的本日现金与本月累计,如图12-24所示。

❼ 选中 C12 单元格，输入公式：
=SUMPRODUCT((月份=MONTH($C$2))*(日期=DAY($C$2))*(费用类别=$B12)*支出现金)，按 Enter 键，即可统计出"采购支出"本日现金，如图 12-25 所示。

❽ 选中 D12 单元格，输入公式：
=SUMPRODUCT((月份=MONTH($C$2))*(费用类别=$B12)*支出现金)，按 Enter 键，即可统计出"采购支出"本月累计，如图 12-26 所示。

图 12-24

图 12-25

图 12-26

❾ 选中 C12:D12 单元格区域，将光标定位到右下角，出现黑色十字型时，按住鼠标向下拖动至 D18 单元格中。释放鼠标即可一次性返回"现金支出"中各个类别现金的本日现金与本月累计，如图 12-27 所示。

❿ 在 C2 单元格中输入要查询的日期，按 Enter 键，即可得到本日的现金日报表，显示了"2019-6-2"的现金收支金额，如图 12-28 所示。

图 12-27

图 12-28

12.1.4 根据凭证建立现金日记账

如果当前已经有了本期的记账凭证，则可以通过公式设置自动登记本期的日记账。

❶ 新建工作表，将工作表标签重命名为“记账凭证清单表”，建立一张记账凭证清单表，如图 12-29 所示。下面将要根据该表建立现金日记账。在 N 列建立辅助列，选中 N4 单元格，输入公式：=IF(H4=" 现金 ",ROW(),"")，按 Enter 键，判断 H4 单元格值是否为“现金”，如果是返回其行数，如果不是返回空值，选中 N4 单元格，向下复制公式，可以依次判断 H 列单元格的值是否为“现金”，如果是，返回其行数，如果不是返回空值，如图 12-29 所示。

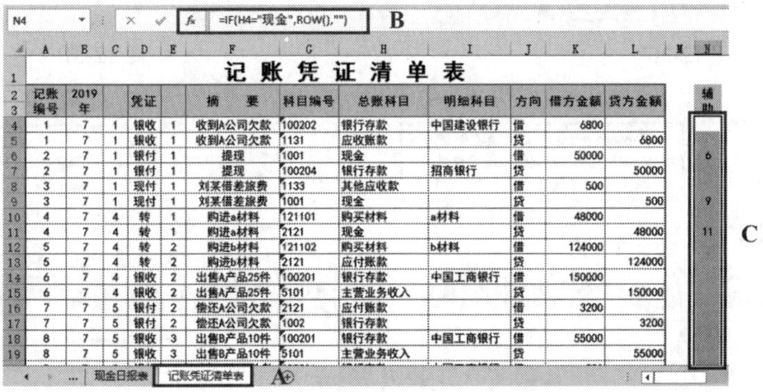

记账凭证清单表

记账编号	2019年		凭证		摘要	科目编号	总账科目	明细科目	方向	借方金额	贷方金额		辅助
1	7	1	银收	1	收到A公司欠款	100202	银行存款	中国建设银行	借	6800			
1	7	1	银收	1	收到A公司欠款	1131	应收账款		贷		6800		
2	7	1	银付	1	提现	1001	现金		借	50000			6
2	7	1	银付	1	提现	100204	银行存款	招商银行	贷		50000		
3	7	1	现付	1	刘某借差旅费	1133	其他应收款		借	500			
3	7	1	现付	1	刘某借差旅费	1001	现金		贷		500		9
4	7	4	转	1	购进a材料	121101	购买材料	a材料	借	48000			
4	7	4	转	1	购进a材料	2121	现金		贷		48000		11
5	7	4	转	2	购进b材料	121102	购买材料	b材料	借	124000			
5	7	4	转	2	购进b材料	2121	应付账款		贷		124000		
6	7	4	银收	2	出售A产品25件	100201	银行存款	中国工商银行	借	150000			
6	7	4	银收	2	出售A产品25件	5101	主营业务收入		贷		150000		
7	7	5	银付	2	偿还A公司欠款	2121	应付账款		借	3200			
7	7	5	银付	2	偿还A公司欠款	1002	银行存款		贷		3200		
8	7	5	银收	3	出售B产品10件	100201	银行存款	中国工商银行	借	55000			
8	7	5	银收	3	出售B产品10件	5101	主营业务收入		贷		55000		

图 12-29

❷ 再次新建工作表，并将新工作表标签重命名为“现金收支表”，输入表格标题，建立现金收支表的相关列标识，并设置表格文字格式、边框、对齐方式等格式。选中 B4 单元格，输入公式：

=IF(ISERROR(SMALL(记账凭证清单表 !N:N,ROW(B1))),"",INDEX(记账凭证清单表 !B:B,SMALL(记账凭证清单表 !N:N,ROW(B1))))，返回现金账第一条记录的月份，如图 12-30 所示。

❸ 选中 C4 单元格，分别输入公式：

=IF(ISERROR(SMALL(记账凭证清单表 !N:N,ROW(B1))),"",INDEX(记账凭证清单表 !C:C,SMALL(记账凭证清单表 !N:N,ROW(B1))))，按 Enter 键，返回现金账第一条记录的日期，如图 12-31 所示。

❹ 选中 D4 单元格，输入公式：

=IF(ISERROR(SMALL(记账凭证清单表 !N:N,ROW(B1))),"",INDEX(记账凭证清单表 !F:F,SMALL(记账凭证清单表 !N:N,ROW(B1))))，按 Enter 键，返回现金账第一条记录的摘要，如图 12-32 所示。

❺ 选中 E4 单元格，输入公式：

=IF(ISERROR(SMALL(记账凭证清单表 !N:N,ROW(B1))),"",INDEX(记账凭证清单表 !K:K,SMALL(记账凭证清单表 !N:N,ROW(B1))))，返回现金账第一条记录的借方金额，如图 12-33 所示。

图 12-30

图 12-31

图 12-32

图 12-33

❻ 选中 F4 单元格，输入公式：

=IF(ISERROR(SMALL(记账凭证清单表 !N:N,ROW(B1))),"",INDEX(记账凭证清单表 !L:L,SMALL(记账凭证清单表 !N:N,ROW(B1)))），按 Enter 键，返回现金账第一条记录的贷方金额，如图 12-34 所示。

❼ 切换到"现金收支表"表中，选中 G4 单元格，输入公式：

=IF(ISERROR(SMALL(记账凭证清单表 !N:N,ROW(B1))),"",INDEX(记账凭证清单表 !J:J,SMALL(记账凭证清单表 !N:N,ROW(B1)))），按 Enter 键，返回现金账第一条记录的方向，如图 12-35 所示。

图 12-34

图 12-35

❽ 选中 B4:G4 单元格区域，将光标定位到右下角，出现黑色十字型时，按住鼠标向下拖动（可适当向下多拖动一些，释放鼠标后，如果出现空白行则表示所有现金账记录都显示出来了），释放鼠标即可一次性返回所有现金账记录，如图 12-36 所示。

❾ 选中 H4 单元格，输入公式：

=E4-F4，按 Enter 键，返回余额，如图 12-37 所示。

现金收支表					
2019年		摘 要	借	贷	方向
月	日				
7	1	提现	50000	0	借
7	1	刘某借差旅费	0	500	贷
7	4	购进a材料	0	48000	贷
7	6	出售C产品15件	12500	0	借
7	7	现金存入	0	1500	贷
7	10	提现	40000	0	借
7	15	发付工资	0	28000	贷
7	16	收到罚款	200	0	借
7	17	支付保险费	0	10200	贷
7	17	支付职工住院费	0	1000	贷

图 12-36

H4 =E4-F4 B

现金收支表						
2019年		摘 要	借	贷	方向	余 额
月	日					
7	1	提现	50000	0	借	50000
7	1	刘某借差旅费	0	500	贷	
7	4	购进a材料	0	48000	贷	A
7	6	出售C产品15件	12500	0	借	
7	7	现金存入	0	1500	贷	
7	10	提现	40000	0	借	
7	15	发付工资	0	28000	贷	
7	16	收到罚款	200	0	借	

图 12-37

❿ 选中 H5 单元格，输入公式：

=H4+E5-F5，按 Enter 键，返回第一次现金收入或支出后的余额。选中 H5 单元格，将光标定位到右下角，出现黑色十字型时，按住鼠标左键向下拖动，释放鼠标即可快速得到每次现金收入或支出后的余额，如图 12-38 所示。

H5 =H4+E5-F5 A

现金收支表						
2019年		摘 要	借	贷	方向	余 额
月	日					
7	1	提现	50000	0	借	50000
7	1	刘某借差旅费	0	500	贷	49500
7	4	购进a材料	0	48000	贷	1500
7	6	出售C产品15件	12500	0	借	14000
7	7	现金存入	0	1500	贷	12500
7	10	提现	40000	0	借	52500
7	15	发付工资	0	28000	贷	24500
7	16	收到罚款	200	0	借	24700
7	17	支付保险费	0	10200	贷	14500
7	17	支付职工住院费	0	1000	贷	13500

B

图 12-38

12.2 银行日记账管理

企业为了方便与各客户间进行交易，一般都会开设多个银行账户，而各个银行账户每天都有往来账款发生，因此除了分别对各个银行日记账进行管理外，在期末还需要对各银行日记账进行统计汇总。

12.2.1 建立银行日记账工作表

新建工作表，建立相应列标识，设置表格格式以及"结算方式"列的选择填充序列。

❶ 新建工作簿，并将其命名为"银行存款日记账管理"，在 Sheet1 工作表标签上双击鼠标左键，将工作表重命名为"中国工商银行日记账"，在工作表中建立银行存款记录的列标识，并对表格进行文字格式、边框、对齐方式等设置，如图 12-39 所示。

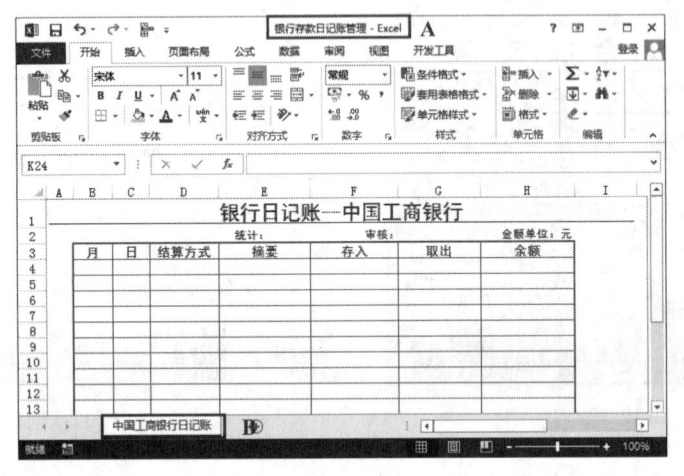

图 12-39

❷ 选中"结算方式"列单元格区域，在"数据"选项下"数据工具"组中单击"数据验证"按钮，打开"数据验证"对话框，选择"设置"标签，在"允许"下拉菜单中选择"序列"，在"来源"框中输入不同的结算方式（各文本之间使用英文状态下的逗号分隔），如图 12-40 所示。

❸ 选择"输入信息"标签，输入当鼠标选中时希望出现的提示信息，如图 12-41 所示。

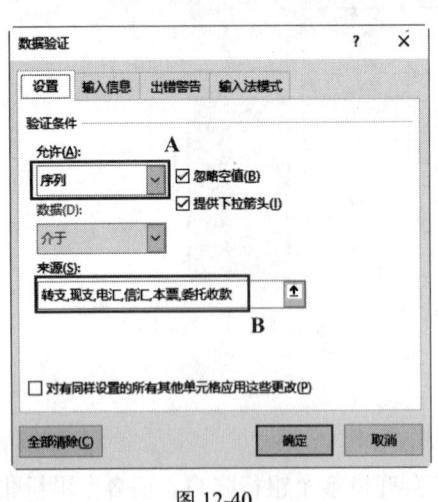

图 12-40　　　　　　　　图 12-41

❹ 设置完成后，单击"确定"按钮回到工作表中，选中"结算方式"列任意单元格，

都会出现提示信息，同时右侧都会出现下拉按钮，如图 12-42 所示。

❺ 单击下拉按钮可打开下拉菜单，从中可选择结算方式，如图 12-43 所示。

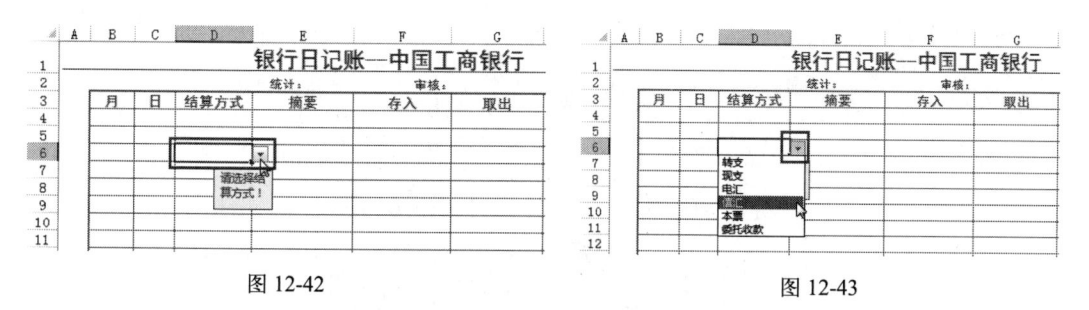

图 12-42　　　　　　　　　　　　图 12-43

❻ 根据银行结算凭证，在"银行日记账"工作表中进行记录，如图 12-44 所示。

图 12-44

❼ 选中 H5 单元格，输入公式：

=H4+F5-G5，按 Enter 键得到第一次账务往来后账户余额，向下复制 H5 单元格的公式，可以快速得到每次账务往来后账户余额，如图 12-45 所示。

图 12-45

⑧ 按相同的方法建立其他银行的日记账统计表格（建立某个银行的日记账表单后，可以通过复制的方法建立其他银行日记账，然后根据实际的结算凭证重新填写即可），如图 12-46 所示。

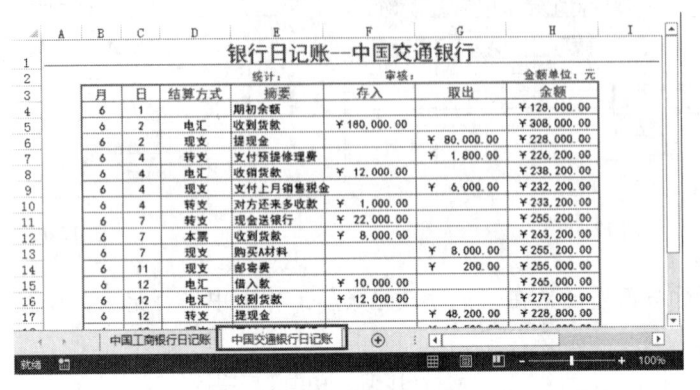

图 12-46

12.2.2 银行存款日记账汇总管理

通过不同的工作表来管理各个银行日记账之后，在期末还需要汇总各个银行账户的借贷金额。具体可按如下方法来操作。

❶ 新建工作表，将工作表标签重命名为"银行日记账汇总"，输入表格名称及列标识并设置表格格式，如图 12-47 所示。

❷ 输入当月日期，汇总期初余额值。选中 F4 单元格，输入公式：

= 中国工商银行日记账 !H4+ 中国交通银行日记账 !H4，按 Enter 键即可对期初余额进行汇总，如图 12-48 所示。

图 12-47 　　图 12-48

❸ 选中 D5 单元格，输入公式：

=SUMIF(中国工商银行日记账 !$C$5:$C$40,C5, 中国工商银行日记账 !$F$5:$F$40)+ SUMIF(中国交通银行日记账 !$C$5:$C$40,C5, 中国交通银行日记账 !$F$5:$F$40)，按 Enter 键即可计算出"1 日"存入合计值，如图 12-49 所示。

❹ 选中 E5 单元格，输入公式：

=SUMIF(中国工商银行日记账 !$C$5:$C$40,C5, 中国工商银行日记账 !$G$5:$G$40)+SUMIF(中国交通银行日记账 !$C$5:$C$40,C5, 中国交通银行日记账 !$G$5:$G$40)，按 Enter 键即可计算出"1 日"支取合计值，如图 12-50 所示。

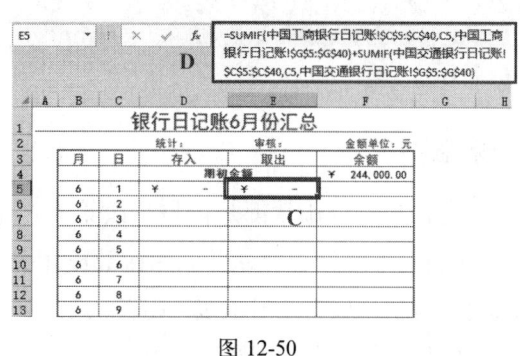

图 12-49

图 12-50

❺ 选中 F5 单元格，输入公式：
=F4+D5-E5，按 Enter 键即可计算出"1 日"交易后的余额值，如图 12-51 所示。

❻ 同时选中 D5:F5 单元格区域，将光标定位到右下角，出现黑色十字型时，按住鼠标左键向下拖动，可同时复制公式求出每日借方金额、贷方金额、余额，如图 12-52 所示。

图 12-51

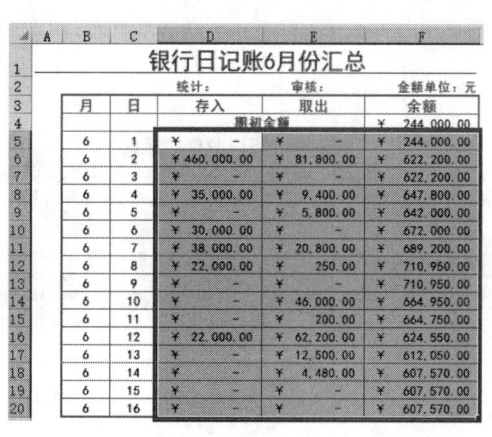

图 12-52

213

第13章
公司往来账款管理

范例概述

　　应收与应付账款都是由信用政策而产生的。对于企业产生的每笔应收账款可以建立 Excel 表格来统一管理，并利用函数或相关统计分析工具进行统计分析，从统计结果中获取相关信息，从而做出正确的财务决策。

　　应付账款是企业因购买商品或接受劳务而应当支付给对方的款项。企业要避免财务危机、维护企业信誉，就一定要加强对应付账款的管理。Excel 表格同样可以做到对应付账款的统一管理并分析，为企业的财务决策提供有力的依据。

范例效果

分客户分析应收账款账龄

公司名称	信用期金额	0-30	30-60	60-90	90天以上	合计
佳宜商贸	28700.00	5000.00	0.00	0.00	0.00	5000.00
好邻居超市	11000.00	4000.00	0.00	0.00	0.00	4000.00
美滋滋商贸	17800.00	15000.00	0.00	10000.00	0.00	25000.00
诺立科技	14000.00	0.00	0.00	0.00	25000.00	25000.00
中汽物流	13600.00	30000.00	0.00	0.00	0.00	30000.00
百大CBD	4000.00	13500.00	0.00	0.00	0.00	13500.00

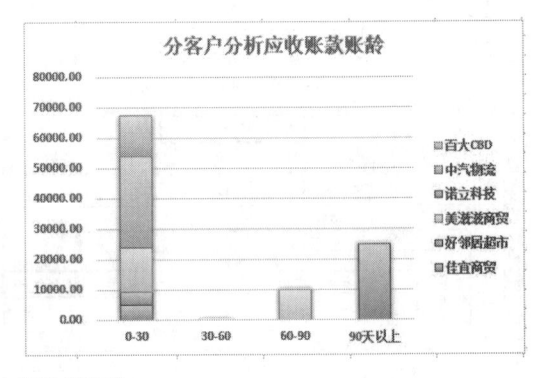

分客户分析应收账款账龄

往来单位应付账款统计

往来单位	应付金额	已付金额	已逾期应付金额
光印印刷	161900	33000	79200
宏图印染	21350	6900	5650
金立广告	108400	7000	73000
优乐商行	47000	8000	24000
伟业设计	29920	14320	5600

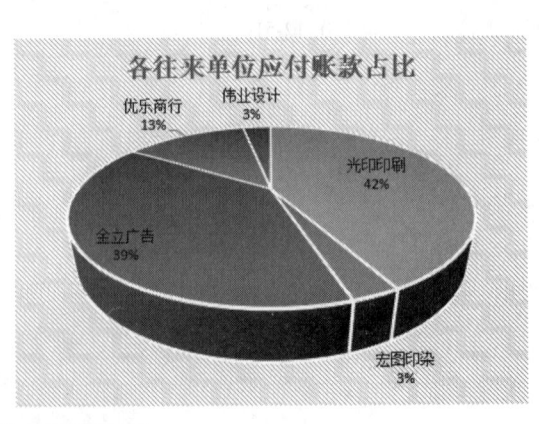

各往来单位应付账款统计

范例实现

13.1 应收账款管理

13.1.1 建立应收账款记录表

企业日常运作中产生的每笔应收账款都需要记录，在 Excel 中可以建立应收账款记录表管理应收账款，方便数据的计算，同时也便于后期对应收账款账龄的分析等。

1．规划应收账款记录表的框架

❶ 新建工作簿，并将其命名为"公司往来账款管理"。在 Sheet1 工作表标签上双击鼠标左键，将工作表重命名为"应收账款记录表"。输入表格标题表头信息、列标识，并设置表格的边框底纹、文字格式等，如图 13-1 所示。

❷ 在后面计算应收账款是否到期或计算账龄等都需要使用到当前日期，因此可选中 C2 单元格，在公式编辑栏中输入公式：

=TODAY()，按 Enter 键，返回当前日期，如图 13-2 所示。

图 13-1

图 13-2

❸ 选中"序号"列单元格区域，在"开始"选项卡下"数字"组中单击"▼"（数字格式）按钮，在下拉菜单中单击"文本"，如图 13-3 所示。

❹ 输入前两个序号，然后利用填充的方法完成序号的一次性输入，如图 13-4 所示。

❺ 选中"开票日期"列单元格区域，在"开始"选项卡下"数字"组中单击"▼"（数字格式）按钮，打开"设置单元格格式"对话框，单击"数字"标签，在"分类"列表中单击"日期"，在右侧"类型"列表中选择一种日期格式，如"12/3/14"，如图 13-5 所示。从而让输入的日期显示为如图 13-6 所示的格式。

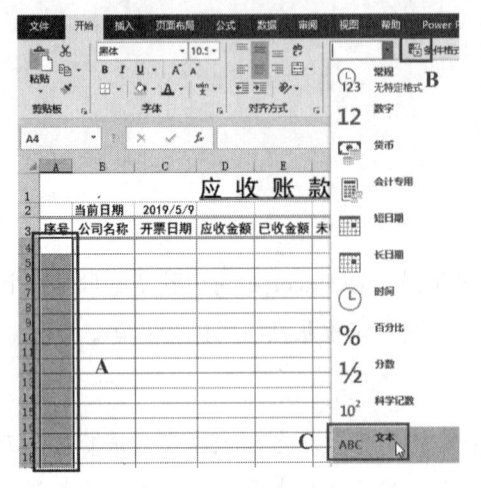

图 13-3

图 13-4

图 13-5

图 13-6

❻ 按日期顺序将应收账款基本数据（包括公司名称、开票日期、应收金额、已收金额等）记录到表格中，这些数据都是要根据实际情况手工输入的。输入后表格效果如图 13-7 所示。

图 13-7

2. 设置公式计算未收金额、是否到期、未到期金额

❶ 选中 F4 单元格，在公式编辑栏中输入公式：

=D4-E4，按 Enter 键，计算出第一条记录的未收金额。选中 F4 单元格，向下复制公式，快速计算出各条应收账款的未收金额，如图 13-8 所示。

❷ 选中 H4 单元格，在公式编辑栏中输入公式：

=IF((C4+G4)<$C$2,”是 "," 否 ")，按回车键，判断出第一条应收账款记录的是否到期。选中 H4 单元格，向下复制公式，快速判断出各条应收账款是否到到期，如图 13-9 所示。

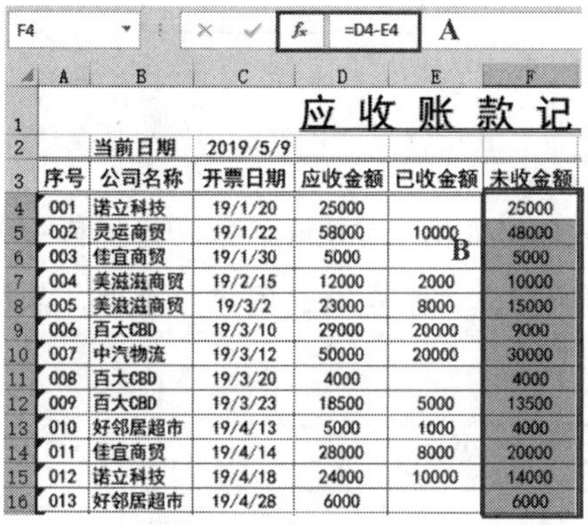

	A	B	C	D	E	F
1	应收账款记					
2		当前日期	2019/5/9			
3	序号	公司名称	开票日期	应收金额	已收金额	未收金额
4	001	诺立科技	19/1/20	25000		25000
5	002	灵运商贸	19/1/22	58000	10000	48000
6	003	佳宜商贸	19/1/30	5000		5000
7	004	美滋滋商贸	19/2/15	12000	2000	10000
8	005	美滋滋商贸	19/3/2	23000	8000	15000
9	006	百大CBD	19/3/10	29000	20000	9000
10	007	中汽物流	19/3/12	50000	20000	30000
11	008	百大CBD	19/3/20	4000		4000
12	009	百大CBD	19/3/23	18500	5000	13500
13	010	好邻居超市	19/4/13	5000	1000	4000
14	011	佳宜商贸	19/4/14	28000	8000	20000
15	012	诺立科技	19/4/18	24000	10000	14000
16	013	好邻居超市	19/4/28	6000		6000

图 13-8

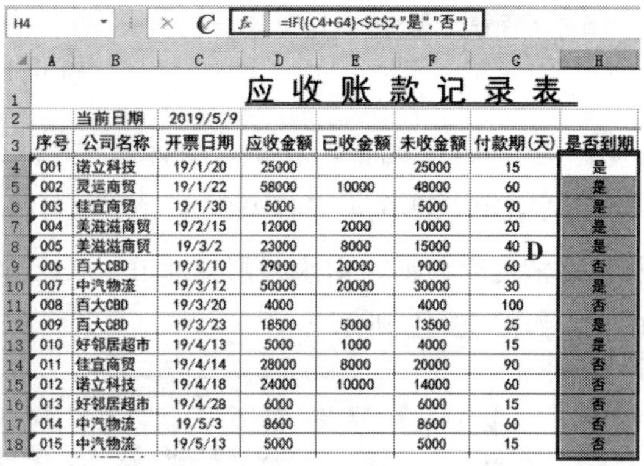

	A	B	C	D	E	F	G	H
1	应收账款记录表							
2		当前日期	2019/5/9					
3	序号	公司名称	开票日期	应收金额	已收金额	未收金额	付款期(天)	是否到期
4	001	诺立科技	19/1/20	25000		25000	15	是
5	002	灵运商贸	19/1/22	58000	10000	48000	60	是
6	003	佳宜商贸	19/1/30	5000		5000	90	是
7	004	美滋滋商贸	19/2/15	12000	2000	10000	20	是
8	005	美滋滋商贸	19/3/2	23000	8000	15000	40	是
9	006	百大CBD	19/3/10	29000	20000	9000	60	否
10	007	中汽物流	19/3/12	50000	20000	30000	30	是
11	008	百大CBD	19/3/20	4000		4000	100	否
12	009	百大CBD	19/3/23	18500	5000	13500	25	是
13	010	好邻居超市	19/4/13	5000	1000	4000	15	是
14	011	佳宜商贸	19/4/14	28000	8000	20000	90	否
15	012	诺立科技	19/4/18	24000	10000	14000	60	否
16	013	好邻居超市	19/4/28	6000		6000	15	否
17	014	中汽物流	19/5/3	8600		8600	60	否
18	015	中汽物流	19/5/13	5000		5000	15	否

图 13-9

❸ 选中 I4 单元格，在公式编辑栏中输入公式：

=IF($C$2-(C4+G4)<0,D4-E4,0)，按 Enter 键，计算出第一条应收账款记录的未到期金额。选中 I4 单元格，向下复制公式，快速计算出各条应收账款的未到期金额，如图 13-10 所示。

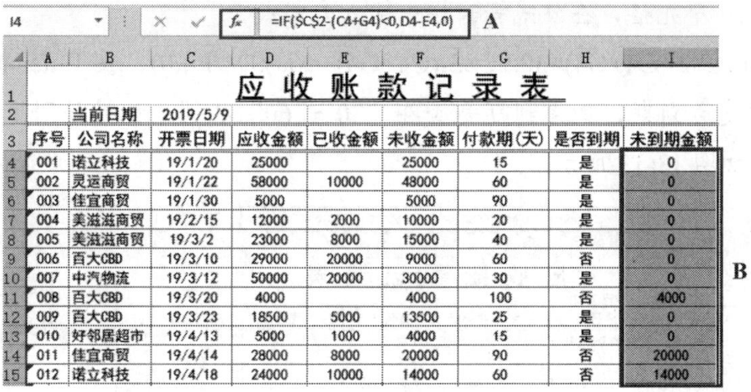

	A	B	C	D	E	F	G	H	I
1	应收账款记录表								
2		当前日期	2019/5/9						
3	序号	公司名称	开票日期	应收金额	已收金额	未收金额	付款期(天)	是否到期	未到期金额
4	001	诺立科技	19/1/20	25000		25000	15	是	0
5	002	灵运商贸	19/1/22	58000	10000	48000	60	是	0
6	003	佳宜商贸	19/1/30	5000		5000	90	是	0
7	004	美滋滋商贸	19/2/15	12000	2000	10000	20	是	0
8	005	美滋滋商贸	19/3/2	23000	8000	15000	40	是	0
9	006	百大CBD	19/3/10	29000	20000	9000	60	否	0
10	007	中汽物流	19/3/12	50000	20000	30000	30	是	0
11	008	百大CBD	19/3/20	4000		4000	100	否	4000
12	009	百大CBD	19/3/23	18500	5000	13500	25	是	0
13	010	好邻居超市	19/4/13	5000	1000	4000	15	是	0
14	011	佳宜商贸	19/4/14	28000	8000	20000	90	否	20000
15	012	诺立科技	19/4/18	24000	10000	14000	60	否	14000

图 13-10

13.1.2　计算各条应收账款的账龄

使用公式计算出各笔应收账款的账龄后，就可以采取措施对账龄较长或金额较大的账款进行催收。

❶ 在“应收账款记录表”表中建立账龄分段标识，如图 13-11 所示。

Excel 在会计与财务管理工作中的案例应用

图 13-11

❷ 选中 K4 单元格，在公式编辑栏中输入公式：

=IF(AND($C$2-(C4+G4)>0,$C$2-(C4+G4)<=30),D4-E4,0)，按 Enter 键，判断第一条应收账款记录是否到期，如果到期是否在"0～30"区间，如果是则返回应收金额，否则返回 0 值，如图 13-12 所示。

图 13-12

❸ 选中 L4 单元格，在公式编辑栏中输入公式：

=IF(AND($C$2-(C4+G4)>30,$C$2-(C4+G4)<=60),D4-E4,0)，按 Enter 键，判断第一条应收账款记录是否到期，如果到期是否在"30～60"区间，如果是则返回应收金额，否则返回 0 值，如图 13-13 所示。

图 13-13

❹ 选中 M4 单元格，在公式编辑栏中输入公式：

=IF(AND($C$2-(C4+G4)>60,$C$2-(C4+G4)<=90),D4-E4,0)，按 Enter 键，判断第一条应收账款记录是否到期，如果到期是否在"60～90"区间，如果是则返回应收金额，否则返回 0 值，如图 13-14 所示。

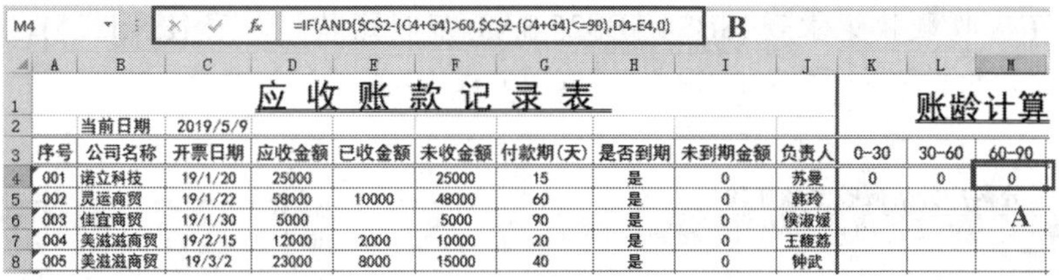

	A	B	C	D	E	F	G	H	I	J	K	L	M
1	应收账款记录表										账龄计算		
2		当前日期	2019/5/9										
3	序号	公司名称	开票日期	应收金额	已收金额	未收金额	付款期(天)	是否到期	未到期金额	负责人	0-30	30-60	60-90
4	001	诺立科技	19/1/20	25000		25000	15	是	0	苏曼	0	0	0
5	002	灵运商贸	19/1/22	58000	10000	48000	60	是	0	韩玲			
6	003	佳宜商贸	19/1/30	5000		5000	90	是	0	侯淑媛			
7	004	美滋滋商贸	19/2/15	12000	2000	10000	20	是	0	王馥荔			
8	005	美滋滋商贸	19/3/2	23000	8000	15000	40	是	0	钟武			

图 13-14

❺ 选中 N4 单元格，在公式编辑栏中输入公式：

=IF($C$2-(C4+G4)>90,D4-E4,0)，按 Enter 键，判断第一条应收账款记录是否到期，如果到期是否在“90 以上”区间，如果是返回应收金额，否则返回 0 值，如图 13-15 所示。

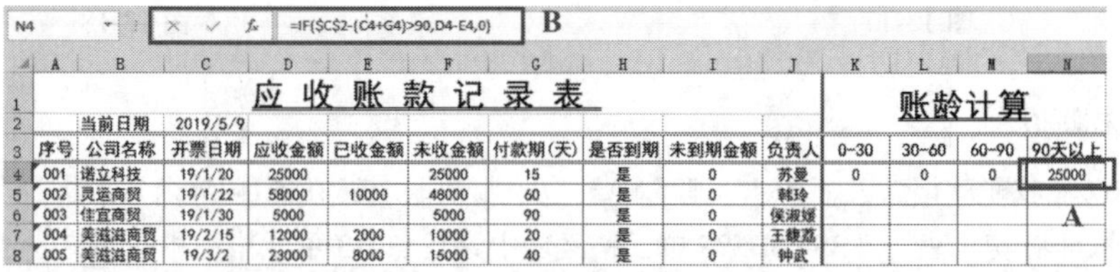

	A	B	C	D	E	F	G	H	I	J	K	L	M	N
1	应收账款记录表										账龄计算			
2		当前日期	2019/5/9											
3	序号	公司名称	开票日期	应收金额	已收金额	未收金额	付款期(天)	是否到期	未到期金额	负责人	0-30	30-60	60-90	90天以上
4	001	诺立科技	19/1/20	25000		25000	15	是	0	苏曼	0	0	0	25000
5	002	灵运商贸	19/1/22	58000	10000	48000	60	是	0	韩玲				
6	003	佳宜商贸	19/1/30	5000		5000	90	是	0	侯淑媛				
7	004	美滋滋商贸	19/2/15	12000	2000	10000	20	是	0	王馥荔				
8	005	美滋滋商贸	19/3/2	23000	8000	15000	40	是	0	钟武				

图 13-15

❻ 选中 K4:N4 单元格区域，将光标定位到该单元格区域右下角，当出现黑色十字型时，按住鼠标左键向下拖动。拖动到目标位置后，释放鼠标即可快速返回各条应收账款所在的账龄区间，如图 13-16 所示。

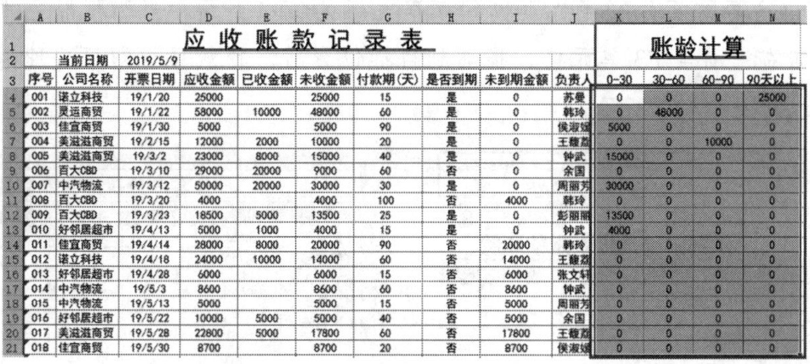

	A	B	C	D	E	F	G	H	I	J	K	L	M	N
1	应收账款记录表										账龄计算			
2		当前日期	2019/5/9											
3	序号	公司名称	开票日期	应收金额	已收金额	未收金额	付款期(天)	是否到期	未到期金额	负责人	0-30	30-60	60-90	90天以上
4	001	诺立科技	19/1/20	25000		25000	15	是	0	苏曼	0	0	0	25000
5	002	灵运商贸	19/1/22	58000	10000	48000	60	是	0	韩玲	0	48000	0	0
6	003	佳宜商贸	19/1/30	5000		5000	90	是	0	侯淑媛	5000	0	0	0
7	004	美滋滋商贸	19/2/15	12000	2000	10000	20	是	0	王馥荔	0	0	10000	0
8	005	美滋滋商贸	19/3/2	23000	8000	15000	40	是	0	钟武	15000	0	0	0
9	006	百大CBD	19/3/10	29000	20000	9000	60	否	0	余国	0	0	0	0
10	007	中汽物流	19/3/12	50000	20000	30000	30	是	0	周丽芳	30000	0	0	0
11	008	百大CBD	19/3/20	4000		4000	100	否	4000	韩玲	0	0	0	0
12	009	百大CBD	19/3/23	18500	5000	13500	25	是	0	彭丽丽	13500	0	0	0
13	010	好邻居超市	19/4/13	5000	1000	4000	15	是	0	钟武	4000	0	0	0
14	011	佳宜商贸	19/4/14	28000	8000	20000	90	否	20000	韩玲	0	0	0	0
15	012	诺立科技	19/4/18	24000	10000	14000	60	否	14000	王馥荔	0	0	0	0
16	013	好邻居超市	19/4/28	6000		6000	15	否	6000	张文轩	0	0	0	0
17	014	中汽物流	19/5/3	8600		8600	60	否	8600	钟武	0	0	0	0
18	015	中汽物流	19/5/13	5000		5000	15	否	5000	周丽芳	0	0	0	0
19	016	好邻居超市	19/5/22	10000	5000	5000	40	否	5000	余国	0	0	0	0
20	017	美滋滋商贸	19/5/28	22800	5000	17800	60	否	17800	王馥荔	0	0	0	0
21	018	佳宜商贸	19/5/30	8700		8700	20	否	8700	侯淑媛	0	0	0	0

图 13-16

13.1.3　分客户分析应收账款账龄

统计出各客户信用期内及各个账龄区间的金额，可以让财务人员清楚地了解哪些客户是企业的重点债务对象。

1. 建立“分客户分析应收账款账龄”表

❶ 插入新工作表，将工作表标签重命名为“分客户分析应收账款账龄”。输入表格名称及各项列标识并对表格进行格式设置，如图 13-17 所示。

❷ 在表格中输入公司名称，选中 B3 单元格，在公式编辑栏中输入公式：

=SUMIF(应收账款记录表 !$B$4:$B$25,$A3, 应收账款记录表 !I$4:I$25)，按 Enter 键，计算出"佳宜商贸"在信用期的金额，如图 13-18 所示。

图 13-17

图 13-18

公式解析

=SUMIF(应收账款记录表 !$B$4:$B$25,$A3, 应收账款记录表 !I$4:I$25) 公式解析：

在"应收账款记录表" $B$4:$B$25 单元格区域中寻找与 A3 单元格中相同的值，将所有找到值与对应在"应收账款记录表"K$4:K$25 单元格区域中的值相加。

❸ 选中 C3 单元格，在公式编辑栏中输入公式：

=SUMIF(应收账款记录表 !$B$4:$B$25,$A3, 应收账款记录表 !K$4:K$25)，按 Enter 键，计算出"佳宜商贸"在"0-30"天账龄内金额，如图 13-19 所示。

❹ 选中 C3 单元格，将光标定位到该单元格区域右下角，当出现黑色十字型时，按住鼠标左键向右拖动至 F3 单元格，拖动到目标位置后，释放鼠标即可快速返回各账龄区间内的金额，如图 13-20 所示。

图 13-19

图 13-20

专家提示

由于在"应收账款记录表"中，"0-30""30-60""60-90""90 以上"几列是连续显示的，所以在设置了 C3 单元格的公式（注意公式中对数据源的相对与绝对引用方式）后，可以利用复制公式的方法快速完成其他单元格公式的设置。

❺ 选中 G3 单元格，在公式编辑栏中输入公式：

=SUM(C3:F3)，按 Enter 键，计算出"佳宜商贸"应收账款合计金额，如图 13-21 所示。

❻ 选中B3:G3单元格区域,将光标定位到该单元格区域右下角,当出现黑色十字型时,按住鼠标左键向下拖动,释放鼠标即可快速返回各客户信用期内及各个账龄区间的金额,如图13-22所示。

图 13-21

图 13-22

2. 建立图表直观分析各客户账龄

在完成了上面统计表的建立后,接着可以建立图表来直观显示出各个账龄区间的金额。

❶ 选中A2:A8、C2:F8单元格区域。单击"插入"选项卡,在"图表"组中单击"柱形图"按钮,在下拉菜单中选择一种图表,这里单击"堆积柱形图",如图13-23所示。

❷ 执行上述操作,即可创建图表,选中图表,在"图表工具"→"设计"选项卡的"数据"组中单击"切换行/列"按钮(如图13-24所示),即可更改图表的表达重点,如图13-25所示。

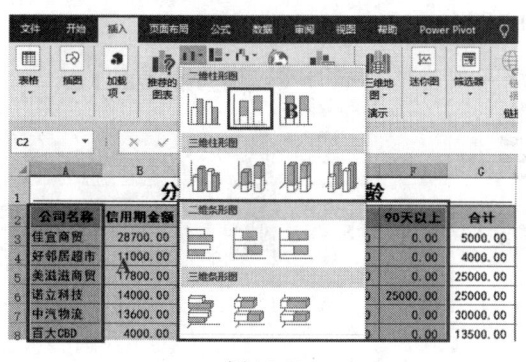

图 13-23

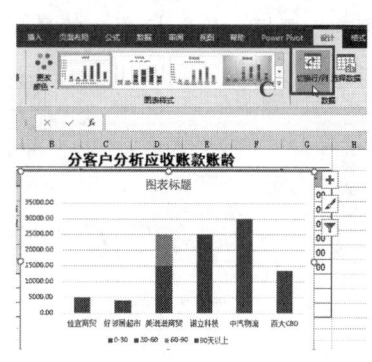

图 13-24

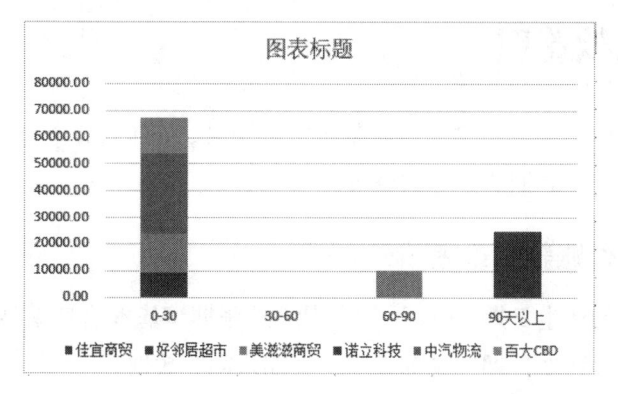

图 13-25

❸ 选中图表，单击"图表工具"→"设计"选项卡，在"图表样式"组中单击"其他"下拉按钮，打开下拉菜单，选择某种样式后，单击一次鼠标即可应用到图表上，如图 13-26 所示。

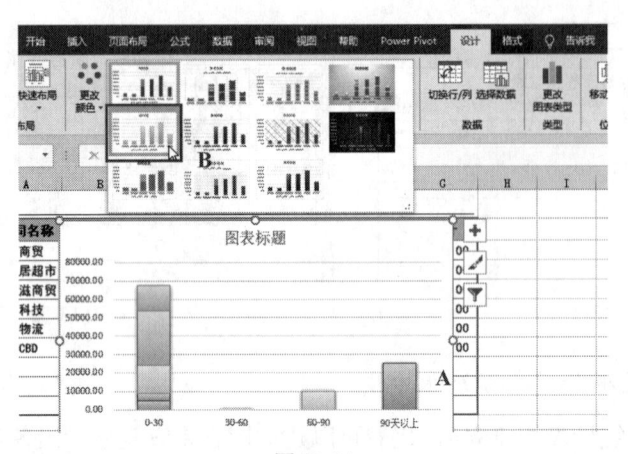

图 13-26

❹ 选中图表，单击"图表元素"按钮，打开下拉菜单，单击"图例"复选框，在下拉菜单中显示默认的图例位置，如图 13-27 所示。

❺ 选择图例要放置的位置（单击鼠标即可应用），如这里单击"右"，进一步完善，选中图表标题框，输入标题。效果如图 13-28 所示。

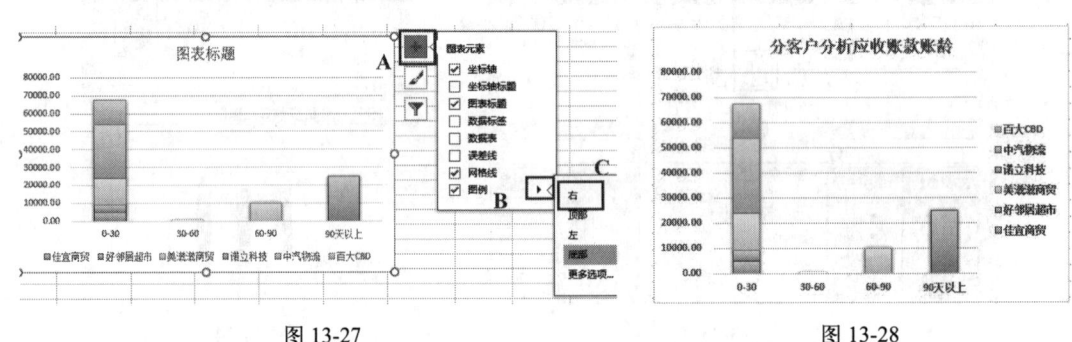

图 13-27   图 13-28

13.2 应付账款管理

企业日常运作中产生的各笔应付账款也需要记录。在 Excel 中可以建立应付账款记录表管理应付账款，便于后期的统计与分析。

13.2.1 建立应付账款记录表

各项应付账款的产生日期、金额、已付款、结账期等基本信息需要手工填入到表格中，再通过设置公式返回到期日期、逾期天数、逾期余额等数据。

❶ 插入新工作表，将工作表重命名为"应付账款记录表"。输入应收账款统计表的

各项列标识，包括用于显示基本信息的标识与用于统计计算的标识。再对工作表进行文字格式、边框、对齐方式等设置，如图 13-29 所示。

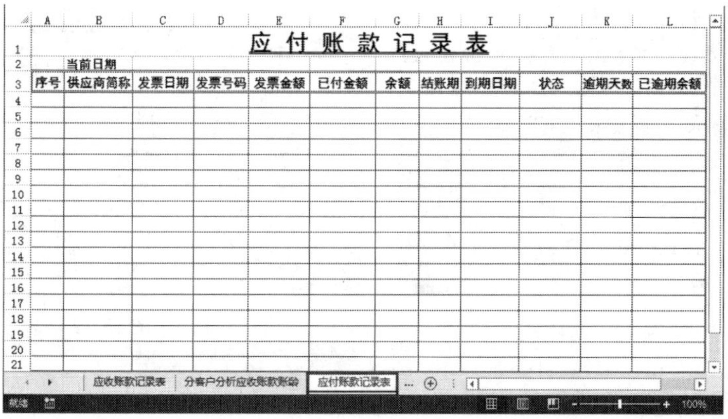

应付账款记录表

	当前日期										
序号	供应商简称	发票日期	发票号码	发票金额	已付金额	余额	结账期	到期日期	状态	逾期天数	已逾期余额

图 13-29

❷ 选中“序号”列单元格区域，按 13.1.1 节中的方法设置单元格的格式为“文本”，以实现输入以 0 开头的编号。

❸ 选中“发票日期”和“到期日期”列单元格区域，按 13.1.1 节中的方法设置单元格显示“12/3/14”形式的日期格式。

❹ 按日期顺序将应付账款基本数据（包括供应商名称、发票日期、应付金额、已付金额、结账期等）记录到表格中，如图 13-30 所示。

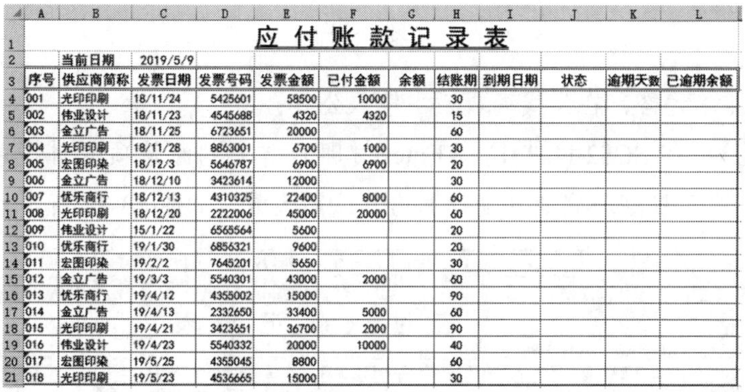

应付账款记录表

当前日期　2019/5/9

序号	供应商简称	发票日期	发票号码	发票金额	已付金额	余额	结账期	到期日期	状态	逾期天数	已逾期余额
001	光印印刷	18/11/24	5425601	58500	10000		30				
002	伟业设计	18/11/23	4545688	4320	4320		15				
003	金立广告	18/11/25	6723651	20000			60				
004	光印印刷	18/11/28	8863001	6700	1000		30				
005	宏图印染	18/12/3	5646787	6900	6900		20				
006	金立广告	18/12/10	3423614	12000			30				
007	优乐商行	18/12/13	4310325	22400	8000		60				
008	光印印刷	18/12/20	2222006	45000	20000		60				
009	伟业设计	15/1/22	6565564	5600			20				
010	优乐商行	19/1/30	6856321	9600			20				
011	宏图印染	19/2/2	7645201	5650			30				
012	金立广告	19/3/3	5540301	43000	2000		60				
013	优乐商行	19/4/12	4355002	15000			90				
014	金立广告	19/4/13	2332650	33400	5000		60				
015	光印印刷	19/4/21	3423651	36700	2000		90				
016	伟业设计	19/4/23	5540332	20000	10000		40				
017	宏图印染	19/5/25	4355045	8800			60				
018	光印印刷	19/5/23	4536665	15000			30				

图 13-30

13.2.2 设置公式分析各项应付账款

应付账款记录表中的到期日期、逾期天数、逾期余额等数据需要通过公式计算得到。

❶ 选中 G4 单元格，在公式编辑栏中输入公式：

=IF(E4="","",E4-F4)，按回车键即可根据发票金额与已付金额计算出应付余额。向下复制 G4 单元格的公式，可以得到每条应付账款的应付余额，如图 13-31 所示。

❷ 选中 I4 单元格，在公式编辑栏中输入公式：

=IF(C4="","",C4+H4)，按 Enter 键即可根据发票日期与结账期计算出到期日期，如图 13-32 所示。

图 13-31

图 13-32

❸ 选中 J4 单元格，在公式编辑栏中输入公式：

=IF(F4=E4," 已冲销√ ",IF($C$2>I4," 已逾期 "," 未到结账期 "))，按 Enter 键即可根据发票日期与到期日期返回其当前状态，如图 13-33 所示。

图 13-33

❹ 选中 K4 单元格，在公式编辑栏中输入公式：

=IF(J4=" 已逾期 ",$C$2-I4,"")，按 Enter 键即可首先判断该项应付账款是否逾期。如果逾期，则根据当前日期与到期日期计算出其逾期天数，如图 13-34 所示。

图 13-34

❺ 选中 L4 单元格，在公式编辑栏中输入公式：

=IF(E4="","",IF(J4=" 未到结账期 ",0,E4-F4))，按 Enter 键即可判断 J 列显示的是否为"未到结账期"。如果是，则返回 0 值；如果不是则根据发票金额与已付金额计算出应付余额，如图 13-35 所示。

224

图 13-35

❻ 选中 I4:L4 单元格区域,将光标定位到该单元格区域右下角,当出现黑色十字型时,按住鼠标左键向下拖动。释放鼠标即可快速返回各条应付账款的到期日期、状态、逾期天数、已逾期余额,如图 13-36 所示。

图 13-36

13.2.3 各往来客户总应付账款统计

根据建立完成的应付账款记录表,可以利用公式计算分客户应收账款金额。

1. 建立"各往来单位应付账款汇总"表

❶ 新建工作表,将工作表重命名为"各往来单位应付账款统计"。输入各供应商名称,建立"应付金额""已付金额""已逾期应付金额"列,设置表格格式,如图 13-37 所示。

❷ 选中 B3 单元格,在公式编辑栏中输入公式:

=SUMIF(应付账款记录表!$B$4:$B$50,A3,应付账款记录表!$E$4:$E$21),按 Enter 键即可从"应付账款记录表"中统计出对 A3 单元格单位的应付账款总计金额,如图 13-38 所示。

图 13-37

图 13-38

Excel 在会计与财务管理工作中的案例应用

> **公式解析**
> =SUMIF(应付账款记录表!$B$4:$B$50,A3,应付账款记录表!$E$4:$E$21) 公式解析：
> 在"应付账款记录表!$B$4:$B$50"单元格区域中寻找与 A3 单元格相同的名称，将所有找到的记录与对应在"应付账款记录表!$E$4:$E$2"单元格区域上的相加。

❸ 选中 C3 单元格，在公式编辑栏中输入公式：

=SUMIF(应付账款记录表!$B$4:$B$50,A3,应付账款记录表!$F$4:$F$21)，按 Enter 键即可从"应付账款记录表"中统计出对 A3 单元格单位的已付账款总计金额，如图 13-39 所示。

❹ 选中 D3 单元格，在公式编辑栏中输入公式：

=SUMIF(应付账款记录表!$B$4:$B$50,A3,应付账款记录表!$L$4:$L$21)，按 Enter 键即可从"应付账款记录表"中统计出对 A3 单元格单位的已逾期应付账款总计金额，如图 13-40 所示。

图 13-39

图 13-40

❺ 选中 B3:D3 单元格区域，将光标定位到右下角，出现黑色十字型时按住鼠标左键向下拖动，即可得出每个往来客户的应付账款总额、已付账款总额、已逾期应付金额，如图 13-41 所示。

	A	B	C	D
1	往来单位应付账款统计			
2	往来单位	应付金额	已付金额	已逾期应付金额
3	光印印刷	161900	33000	79200
4	宏图印染	21350	6900	5650
5	金立广告	108400	7000	73000
6	优乐商行	47000	8000	24000
7	伟业设计	29920	14320	5600

图 13-41

2. 分析各往来客户应付账款占比

在统计出各往来单位的应付账款后，可以建立图表来分析每个住来单位的应付账款额占总应付账款的百分比值。

❶ 按住 Ctrl 键依次选中 A2:A7 与 D2:D7 单元格区域，切换到"插入"选项卡，在"图表"组中单击"饼图"按钮，在下拉菜单中单击"三维饼图"，如图 13-42 所示。

图 13-42

❷ 执行上述操作，即可创建图表。选中图表标题框，修改图表标题。接着选中图表，单击"图表元素"按钮，打开下拉菜单，单击"数据标签"右侧按钮，在子菜单中单击"更多选项"（如图 13-43 所示），打开"设置数据标签格式"窗格。

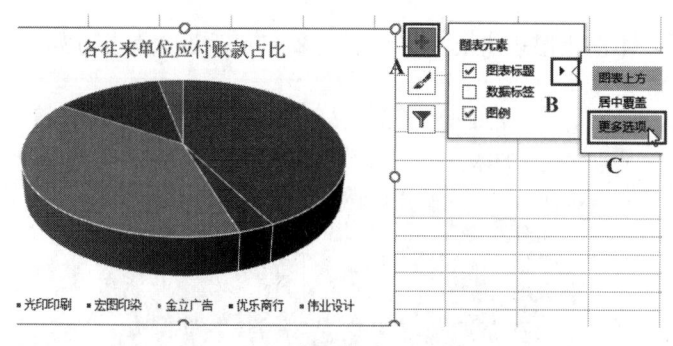

图 13-43

❸ 在"标签包括"栏下选中要显示标签前的复选框，这里选中"类别名称"和"百分比"（图 13-44），效果如图 13-45 所示。

图 13-44 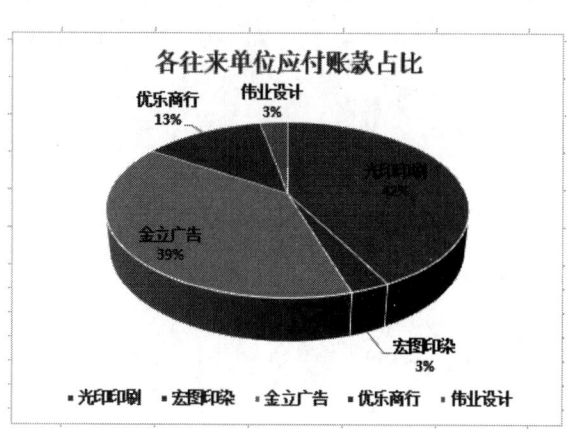　　　　　　　　　图 13-45

❹ 选中图表，单击"图表样式"按钮，打开下拉列表，在"样式"栏下选择一种图表样式（单击即可应用），效果如图 13-46 所示。

❺ 选中图表，在"图表工具"→"设计"选项卡下"图表样式"组中单击"更改颜色"按钮，在下拉菜单中选择一种图表样式（单击即可应用），效果如图 13-47 所示。

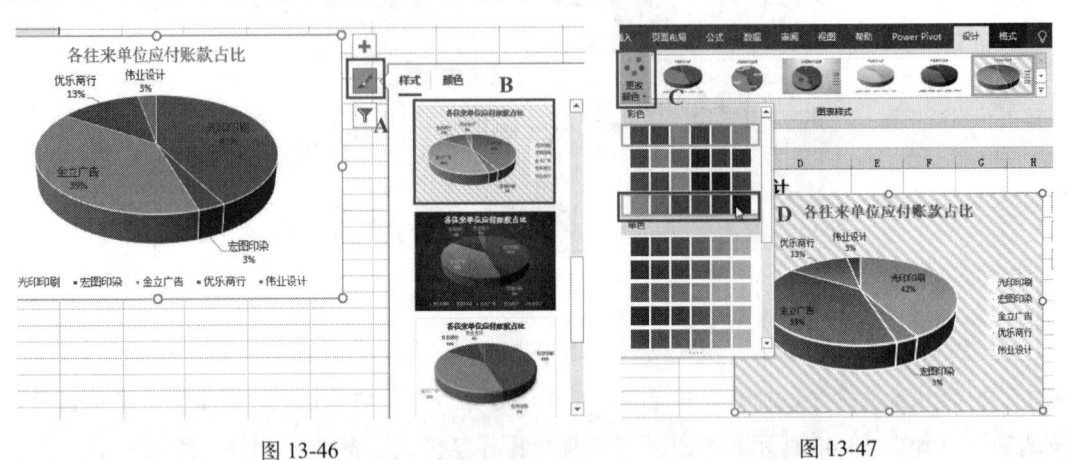

图 13-46

图 13-47

❻ 删除图例，并设置图表中文字格式。设置完成后图表如图 13-48 所示。

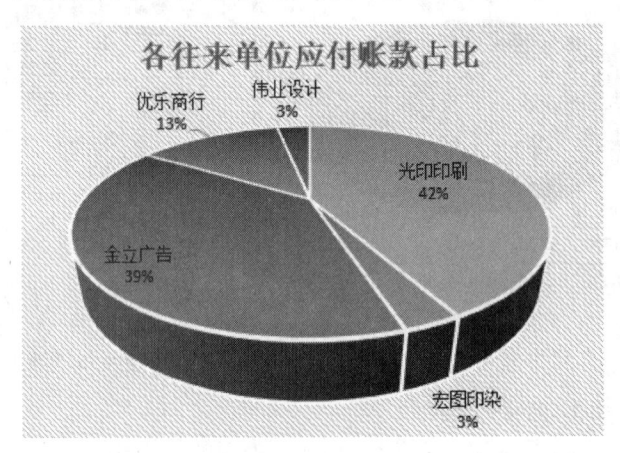

图 13-48

第 14 章
企业进销存管理

范例概述

　　企业正常运转的过程离不开入库、销售、库存的管理，合理地规划产品的入库数量，对于企业正常的生产运转、资金运转起到十分重要的作用。

　　本章主要介绍在 Excel 2019 程序中系统地管理出入库数据，可以通过设置相关公式达到自动化处理的效果；同时还可以利用函数、数据透视表等工具对出入库数据进行分析，从而为企业决策者提供更多参考信息。

范例效果

产品基本信息表

入库记录表

库存汇总

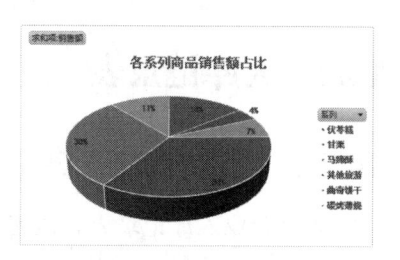

分析各系列商品销售额占比

范例实现

14.1 产品基本信息表

产品基本信息表中显示的是企业当前入库或销售的所有商品的列表，当增加新产品或减少老产品时，都需要在此表格中增加或删除。这个表格中的数据在后面的入库记录表与销售记录表中都需要使用到。

❶ 新建工作簿，并将其命名为"企业进销存管理"。在Sheet1工作表标签上双击鼠标，将其重命名为"产品基本信息表"。

❷ 设置好标题、列标识等，其中包括商品的编码、名称、出入库单价、期初库存等基本信息。建立好如图14-1所示的商品列表。

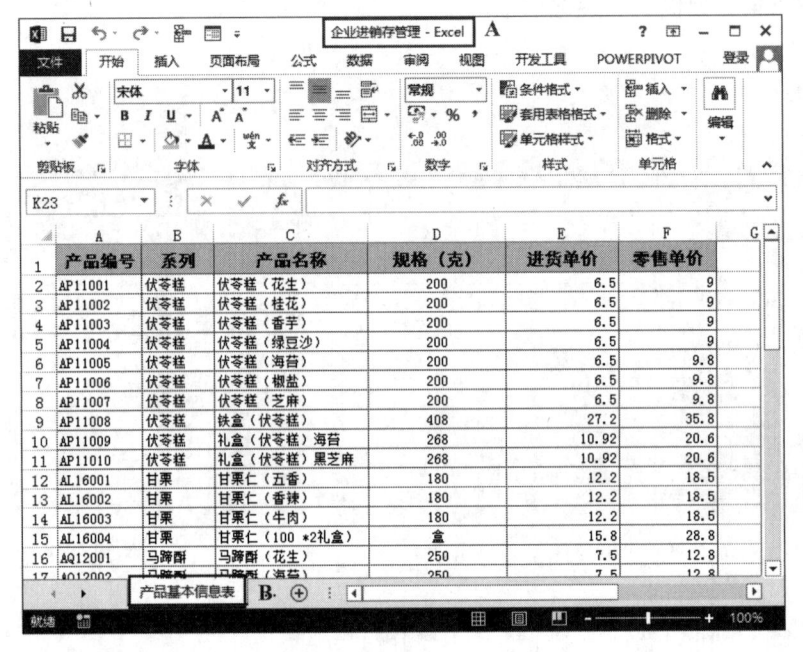

图 14-1

14.2 入库记录表

14.2.1 创建入库记录表

建立企业入库记录表，应包括产品的编号、系列、名称、规格、单价、入库数量、入库金额等信息。入库记录表中的很多商品基本数据是由前面的"产品基本信息表"得来的。

新建工作表，将其重命名为"入库记录表"。输入表格标题、列标识，对表格字体、对齐方式、底纹和边框设置，设置后的效果如图14-2所示。

第 14 章　企业进销存管理

图 14-2

14.2.2　设置公式自动返回入库产品的基本信息

下面利用公式返回入库产品编号、系列、名称、规格、单价、入库数量、入库金额等信息（根据"产品基本信息表"返回）。

❶ 选中 A2 单元格，在公式编辑栏中输入公式：

=IF(产品基本信息表 !A2="","", 产品基本信息表 !A2)，按 Enter 键即可从"产品基本信息表"中返回产品编号，向下填充公式，效果如图 14-4 所示。

❷ 选中 B2 单元格，在公式编辑栏中输入公式：

=VLOOKUP($A2, 产品基本信息表 !$A$1:$F$99,COLUMN(B1),FALSE)，按 Enter 键可根据 A2 单元格中的编号返回系列，如图 14-4 所示。

图 14-3 　　　　　　　　　　　图 14-4

> **函数说明**
>
> VLOOKUP 函数搜索某个单元格区域的第一列，然后返回该区域相同行上任何单元格中的值。

231

公式解析

"=VLOOKUP($A2,产品基本信息表!$A$1:$F$99,COLUMN(B1),FALSE)"公式解析：

在产品基本信息表的 $A$1:$F$99 单元格区域中寻找与 A2 单元格中相同的值。找到返回对应在第 2 列上的值，为对应的系列。

❸ 选中 B2 单元格，将光标定位到该单元格区域右下角，向右复制公式至 D2 单元格，可一次性返回 A2 单元格中指定编号的系列、产品名称、规格，如图 14-5 所示。

❹ 选中 B2:D2 单元格区域，将光标定位到该单元格区域右下角，出现黑色十字型时按住鼠标左键向下拖动。释放鼠标即可完成公式复制，效果如图 14-6 所示。

图 14-5

图 14-6

❺ 根据当前入库的实际情况，输入入库数量（这项数据需要手工输入，其他数据可以通过前面设置的公式自动返回）。输入完成后，效果如图 14-7 所示。

❻ 选中 F2 单元格，在公式编辑栏中输入公式：

=VLOOKUP($A2,产品基本信息表!$A$1:$F$99,5,FALSE)，按 Enter 键可根据 A2 单元格中的编号返回入库单价，如图 14-8 所示。

图 14-7

图 14-8

❼ 选中 G2 单元格，在公式编辑栏中输入公式：
=E2*F2，按 Enter 键即可计算出入库金额，如图 14-9 所示。

❽ 选中 F2:G2 单元格区域，将光标定位到该单元格区域右下角，出现黑色十字型时按住鼠标左键向下拖动。释放鼠标即可完成公式复制，结果如图 14-10 所示。

图 14-9

图 14-10

14.3 销售单据

销售单据是客户在购买产品时，提供给客户的购物凭据。它是客户调换产品的凭证，也是所购产品的质保凭证。销售单据通常包括商品的类别、名称、单价、销售金额等信息。

❶ 新建工作表，将其重命名为"销售单据"，在工作表中创建如图 14-11 所示的表格。

图 14-11

❷ 选中 G2 单元格，在"开始"选项卡的"数字"组中单击"数字格式"按钮，在其下拉列表中单击"文本"，即可为选定单元格设置文本格式。在 G2 单元格中输入编号，效果如图 14-12 所示。

❸ 选中 F11:F12 单元格区域，打开"设置单元格格式"对话框。选中"字体"标签，单击"下划线"设置框下拉按钮，在下拉菜单中单击"单下划线"，如图 14-13 所示。

图 14-12

图 14-13

❹ 设置完成后，单击"确定"按钮。选中 F11 单元格，在公式编辑栏中输入公式：=SUM(F4:F10)，按 Enter 键即可计算出合计金额（目前结果为 0，因为在表格中没有输入数据），效果如图 14-14 所示。

❺ 选中 F12 单元格，在公式编辑栏中输入公式：

=IF(F11<=500,F11,IF(F11<=1000,F11*0.95,F11*0.9))，表示如果单笔订单小于 500 元没有折扣，500-1000 元给予 95 折，大于 1000 元给予 9 折。按 Enter 键即可计算出折后金额（目前结果为 0，因为在表格中没有输入数据），效果如图 14-15 所示。

图 14-14

图 14-15

14.4 销售记录汇总表

14.4.1 创建销售记录汇总表

出库数据管理表的创建与前面 14.2 节中入库记录表的创建方法相似。创建表格后，可以根据每日的销售单据将销售数据汇总录入到该表格中（需要手工录入的部门采用手工录入，设置了公式的单元格区域则自动返回数据）。

1. 手工填入基本数据

❶ 新建工作表,将其重命名为"销售记录汇总表"。输入表格标题、列标识,对表格字体、对齐方式、底纹和边框设置,如图 14-16 所示。

图 14-16

❷ 设置好格式后,根据每日销售的各张销售单据在表格中依次录入销售日期、单号(如果一张单据中有多项产品则全部输入相同单号)、产品编号、数量基本信息,输入后如图 14-17 所示。

图 14-17

2. VLOOUP 函数返回其他基本信息

销售日期、单号、产品编号及销售数量这几项是必须要根据销售单据手工填写的项目,由于前面我们已经创建了"产品基本信息表",因此可以根据所录入的"产品编号",通过设置公式来实现自动返回"产品名称"和"规格"等其他基本数据,从而实现表格的自动化效果。

❶ 选中 D2 单元格,在公式编辑栏中输入公式:
=VLOOKUP($C2,产品基本信息表!$A$1:$F$99,COLUMN(B1),FALSE),按 Enter 键即可返回系列,如图 14-18 所示。

❷ 选中 D2 单元格,将光标定位到该单元格区域右下角,向右复制公式至 F2 单元格,可一次性返回指定编号的系列、产品名称、规格,如图 14-19 所示。

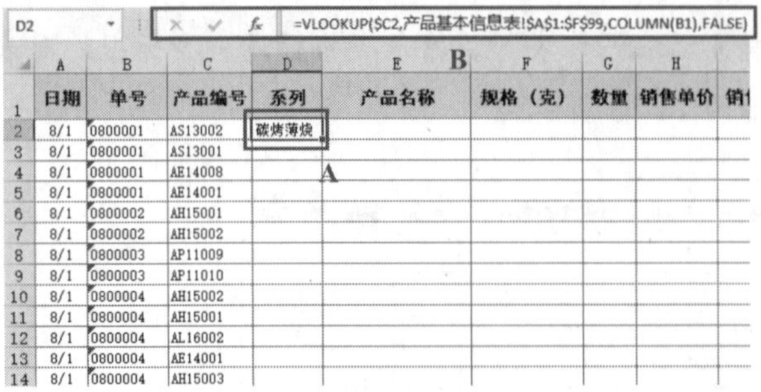

	A	B	C	D	E	F	G	H
1	日期	单号	产品编号	系列	产品名称	规格（克）	数量	销售单价
2	8/1	0800001	AS13002	碳烤薄烧				
3	8/1	0800001	AS13001					
4	8/1	0800001	AE14008					
5	8/1	0800001	AE14001					
6	8/1	0800002	AH15001					
7	8/1	0800002	AH15002					
8	8/1	0800003	AP11009					
9	8/1	0800003	AP11010					
10	8/1	0800004	AH15002					
11	8/1	0800004	AH15001					
12	8/1	0800004	AL16002					
13	8/1	0800004	AE14001					
14	8/1	0800004	AH15003					

图 14-18

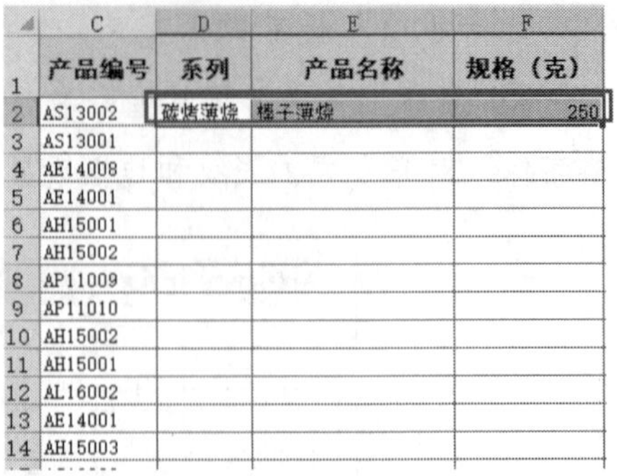

	C	D	E	F
1	产品编号	系列	产品名称	规格（克）
2	AS13002	碳烤薄烧	榛子薄烧	250
3	AS13001			
4	AE14008			
5	AE14001			
6	AH15001			
7	AH15002			
8	AP11009			
9	AP11010			
10	AH15002			
11	AH15001			
12	AL16002			
13	AE14001			
14	AH15003			

图 14-19

公式解析

"=VLOOKUP($C2, 产品基本信息表 !$A$1:$F$99,COLUMN(B1),FALSE)" 公式解析：

在"产品基本信息表 !$A$1:$F$99"单元格区域的首列中找 C2 单元格的值，找到后返回对应在"COLUMN(B1)"（返回值为 2）指定列上的值。

这个公式的关键在于对单元格引用方式的引用，由于建立的公式既需要向右复制又需要向下复制，所以必须正确设置引用方式才能得出正确结果。"$C2"保障向右复制时列序号不变，向下复制时行序号能自动变化。"COLUMN(B1)"返回的值依次为"2、3、4"，这正是我们需要指定的返回值的位置。

函数说明

VLOOKUP 函数搜索某个单元格区域的第一列，然后返回该区域相同行上任何单元格中的值。函数可从单行或单列区域或者从一个数组返回值。

COLUMN 函数表示返回引用单元格的列序号。

❸ 选中 D2:F2 单元格区域，将光标定位到该单元格区域右下角，出现黑色十字型时按住鼠标左键向下拖动。释放鼠标即可完成公式复制，效果如图 14-20 所示。

❹ 选中 H2 单元格，在公式编辑栏中输入公式：

=VLOOKUP(C2, 产品基本信息表 !$A$1:$F$99,6,FALSE)，按 Enter 键即可从"产品基本信息表"中返回销售单价，如图 14-21 所示。

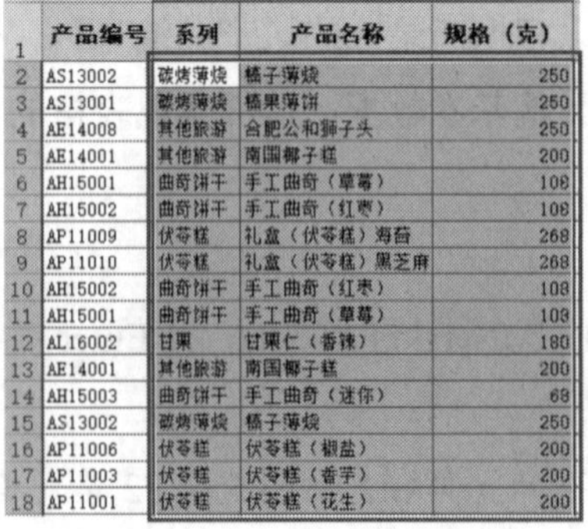

	C	D	E	F
1	产品编号	系列	产品名称	规格（克）
2	AS13002	碳烤薄烧	榛子薄烧	250
3	AS13001	碳烤薄烧	榛果薄饼	250
4	AE14008	其他旅游	合肥公和狮子头	250
5	AE14001	其他旅游	南国椰子糕	200
6	AH15001	曲奇饼干	手工曲奇（草莓）	108
7	AH15002	曲奇饼干	手工曲奇（红枣）	108
8	AP11009	伏苓糕	礼盒（伏苓糕）海苔	268
9	AP11010	伏苓糕	礼盒（伏苓糕）黑芝麻	268
10	AH15002	曲奇饼干	手工曲奇（红枣）	108
11	AH15001	曲奇饼干	手工曲奇（草莓）	108
12	AL16002	甘栗	甘栗仁（香辣）	180
13	AE14001	其他旅游	南国椰子糕	200
14	AH15003	曲奇饼干	手工曲奇（迷你）	68
15	AS13002	碳烤薄烧	榛子薄烧	250
16	AP11006	伏苓糕	伏苓糕（椒盐）	200
17	AP11003	伏苓糕	伏苓糕（香芋）	200
18	AP11001	伏苓糕	伏苓糕（花生）	200

图 14-20

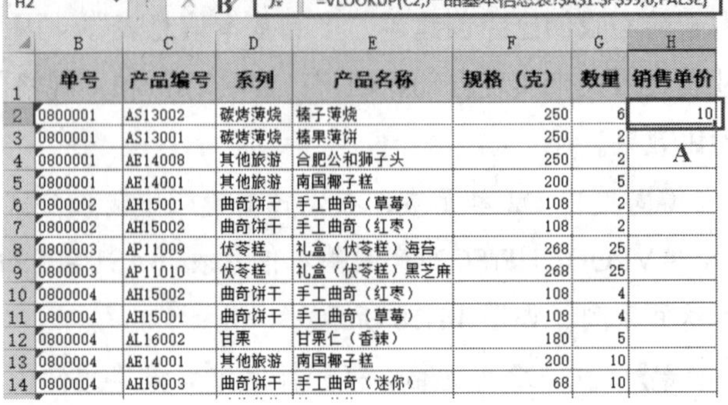

	B	C	D	E	F	G	H
1	单号	产品编号	系列	产品名称	规格（克）	数量	销售单价
2	0800001	AS13002	碳烤薄烧	榛子薄烧	250	6	10
3	0800001	AS13001	碳烤薄烧	榛果薄饼	250	2	
4	0800001	AE14008	其他旅游	合肥公和狮子头	250	2	
5	0800001	AE14001	其他旅游	南国椰子糕	200	5	
6	0800002	AH15001	曲奇饼干	手工曲奇（草莓）	108	2	
7	0800002	AH15002	曲奇饼干	手工曲奇（红枣）	108	2	
8	0800003	AP11009	伏苓糕	礼盒（伏苓糕）海苔	268	25	
9	0800003	AP11010	伏苓糕	礼盒（伏苓糕）黑芝麻	268	25	
10	0800004	AH15002	曲奇饼干	手工曲奇（红枣）	108	4	
11	0800004	AH15001	曲奇饼干	手工曲奇（草莓）	108	4	
12	0800004	AL16002	甘栗	甘栗仁（香辣）	180	5	
13	0800004	AE14001	其他旅游	南国椰子糕	200	10	
14	0800004	AH15003	曲奇饼干	手工曲奇（迷你）	68	10	

图 14-21

14.4.2 计算销售额、折扣、交易金额

填入各销售单据的销售数量与销售单价后，需要计算出各条记录的销售金额、折扣金额，以及最终的交易金额。

❶ 选中 I2 单元格，在公式编辑栏中输入公式：

=G2*H2，按 Enter 键即可计算出销售额，如图 14-22 所示。

❷ 计算折扣。这里设计一个公式，其目的是为了让单笔购买金额达到一定金额时给予相应的折扣。假设一个单号的总金额小于 500 无折扣，500-1000 给 95 折，1000 以上给 9 折。选中 J2 单元格，在公式编辑栏中输入公式：

=LOOKUP(SUMIF($B:$B,$B2,$I:$I),{0,500,1000},{1,0.95,0.9})，按 Enter 键即可根据 B 列中的单号计算出相应的折扣，如图 14-23 所示。

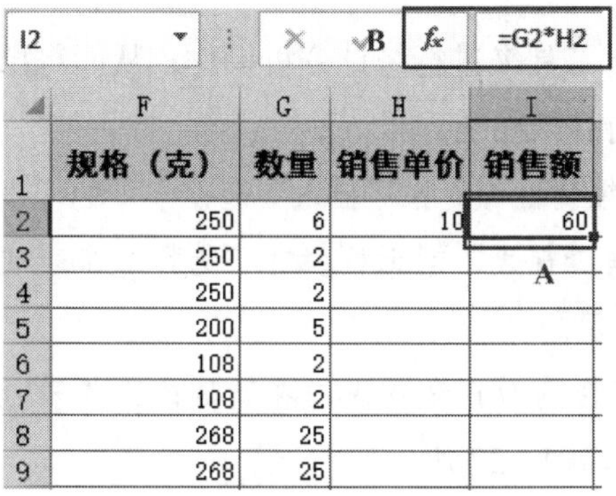

	F	G	H	I
1	规格（克）	数量	销售单价	销售额
2	250	6	10	60
3	250	2		
4	250	2		
5	200	5		
6	108	2		
7	108	2		
8	268	25		
9	268	25		

图 14-22

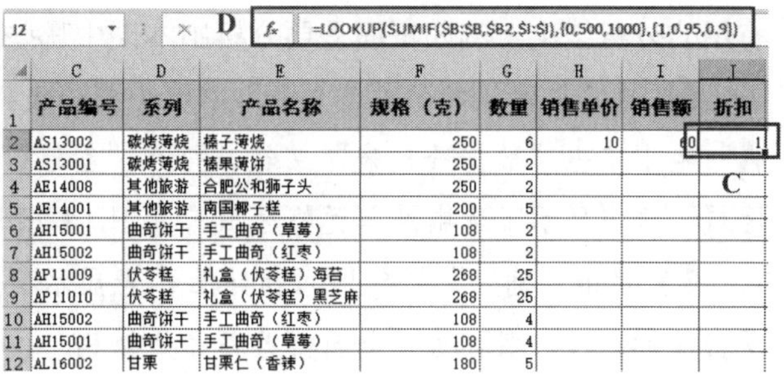

	C	D	E	F	G	H	I	J
1	产品编号	系列	产品名称	规格（克）	数量	销售单价	销售额	折扣
2	AS13002	碳烤薄烧	榛子薄烧	250	6	10	60	1
3	AS13001	碳烤薄烧	榛果薄饼	250	2			
4	AE14008	其他旅游	合肥公和狮子头	250	2			
5	AE14001	其他旅游	南国椰子糕	200	5			
6	AH15001	曲奇饼干	手工曲奇（草莓）	108	2			
7	AH15002	曲奇饼干	手工曲奇（红枣）	108	2			
8	AP11009	伏苓糕	礼盒（伏苓糕）海苔	268	25			
9	AP11010	伏苓糕	礼盒（伏苓糕）黑芝麻	268	25			
10	AH15002	曲奇饼干	手工曲奇（红枣）	108	4			
11	AH15001	曲奇饼干	手工曲奇（草莓）	108	4			
12	AL16002	甘栗	甘栗仁（香辣）	180	5			

图 14-23

公式解析

"=LOOKUP(SUMIF($B:$B,$B2,$I:$I),{0,500,1000},{1,0.95,0.9})"公式解析：

1. 利用 SUMIF 函数将 B 列中满足 $B2 单元格的单号对应在 $I:$I 区域中的销售额进行求和运算。

2. 判断 SUMIF 函数求和结果在哪个区间，不同的区间返回值不同。0-500 返回 1，500-1000 返回"0.95"；销售总金额 1000 以返回"0.9"。

函数说明

LOOKUP 函数可从单行或单列区域或者从一个数组返回值。

SUMIF 函数用于按照指定条件对若干单元格、区域或引用求和。

❸ 选中 K2 单元格，在公式编辑栏中输入公式：

=I2*J2，按 Enter 键即可计算出交易金额，如图 14-24 所示。

❹ 选中 H2:K2 单元格区域，将光标定位到该单元格区域右下角，出现黑色十字型时按住鼠标左键向下拖动。释放鼠标即可完成公式复制，效果如图 14-25 所示。

图 14-24

图 14-25

14.4.3 分析哪些商品最畅销

建立完成销售记录汇总表后，可以利用相关分析工具来进行统计分析操作，从而得出有用的分析结论。例如下面需要分析出本期中哪些商品最畅销。

❶ 在"创建销售记录汇总表"中选中整个表格编辑区域，在"插入"选项卡下的"表格"组中单击"数据透视表"按钮，打开"创建数据透视表"对话框。在"选择一个表或区域"框中显示了选中的单元格区域，如图 14-26 所示。

❷ 单击"确定"按钮即可新建工作表显示出空白的数据透视表，在新建的工作表上双击鼠标，输入名称为"分析哪些商品最畅销"，如图 14-27 所示。

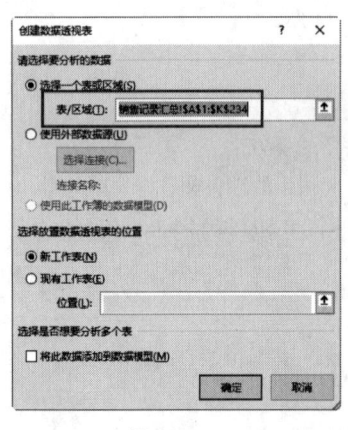

图 14-26

图 14-27

❸ 设置"产品名称"为行标签字段，设置"数量"为数值字段。可以看到数据透视表中统计了各产品的销售数量合计值，如图 14-28 所示。

❹ 选中"数量"列任意单元格（如图 14-29 所示），单击"数据"选项卡，在"排序和筛选"组中单击"排序"选项组中的"降序"按钮，即可对数量从大到小排序，从而很直观地看到哪几样商品是本期的畅销商品，如图 14-30 所示。

第 14 章　企业进销存管理

图 14-28　　　　　　　　图 14-29　　　　　　　　图 14-30

14.4.4　分析各系列商品销售额占比

利用 Excel 中的数据透视表可以快速地统计出各系列产品的销售额。还可以创建数据透视图来直观地分析各系列商品销售额占比，下面通过创建饼图图表来分析数据。

❶ 在"创建销售记录汇总表"中选中整个表格编辑区域，在"插入"选项卡下的"表格"组中单击"数据透视表"按钮，打开"创建数据透视表"对话框。在"选择一个表或区域"框中显示了选中的单元格区域。

❷ 单击"确定"按钮即可新建工作表显示出空白的数据透视表，在新建的工作表上双击鼠标，输入名称为"分析各系列商品销售额占比"。

❸ 设置"系列"为行标签字段，设置"销售额"为数值字段。可以看到数据透视表中统计了各系列的销售额总计，如图 14-31 所示（此处三个步骤和 14.4.3 的创建过程是一样的）。

❹ 选中数据透视表任意单元格，单击"数据透视表工具→分析"选项卡，单击"工具"组中的"数据透视图"按钮，如图 14-32 所示。

图 14-31 　　　　　　　　　　　　图 14-32

❺ 打开"插入图表"对话框，选择图表类型，如图 14-33 所示。

❻ 单击"确定"按钮即可新建数据透视图，如图 14-34 所示。

239

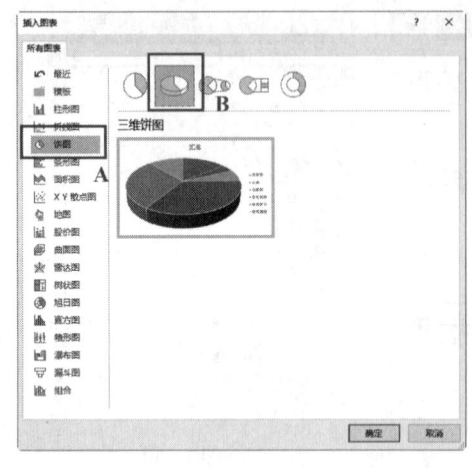

图 14-33 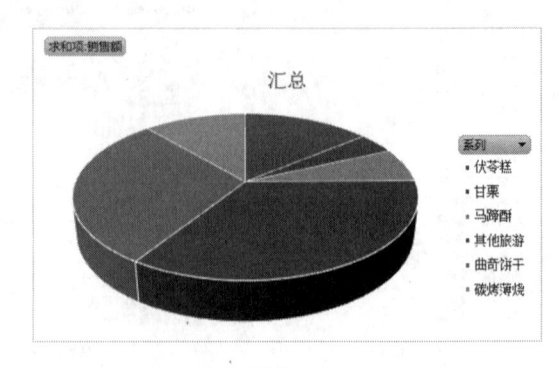　　　　　　　　　　　　图 14-34

❼ 新建图表后，可以在图表标题编辑框中重新输入图表名称。选中图表，单击"图表元素"按钮，打开下拉菜单，单击"数据标签"右侧按钮，在子菜单中单击"更多选项"（如图 14-35 所示），打开"设置数据标签格式"窗格。

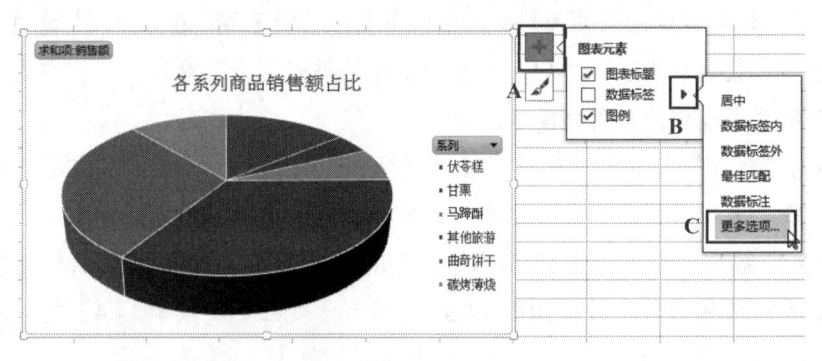

图 14-35

❽ 在"标签包括"栏下选中要显示标签前的复选框，这里选中"百分比"（如图 14-36 所示），进一步完善图表，最终效果如图 14-37 所示。

图 14-36 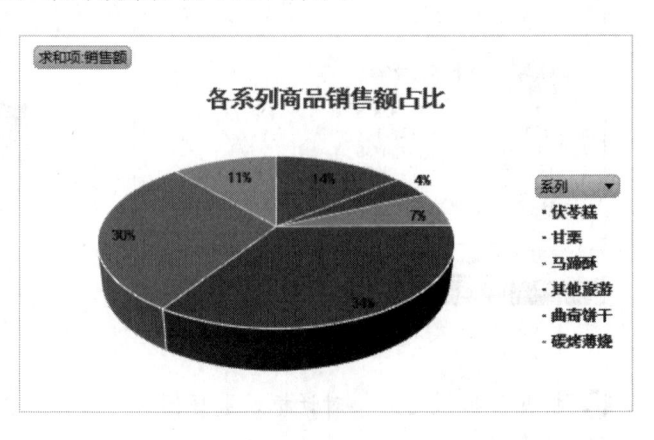　　　　　　　　　　　　图 14-37

14.5 库存汇总

14.5.1 建立库存汇总表

库存数据的管理牵涉到本期入库数据、本期销售数据、本期出库数据。有了这些数据之后，则可以利用公式自动计算各产品的库存数据。库存汇总数据需要引用到"产品基本信息表"和"入库记录表"中的数据。

❶ 新建工作表，将其重命名为"库存汇总"，并设置表格的格式。设置后的表格效果如图 14-38 所示。

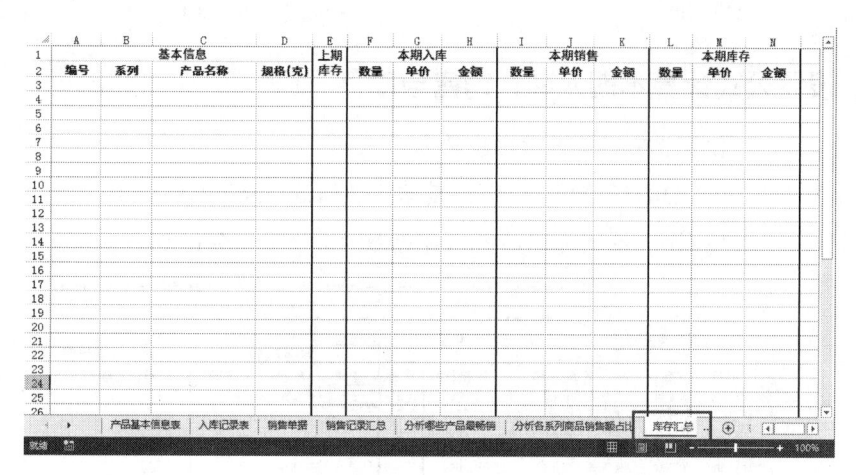

图 14-38

❷ 选中 A3 单元格，在公式编辑栏中输入公式：
=IF(产品基本信息表 !A2="","", 产品基本信息表 !A2)，按 Enter 键即可从"产品基本信息表"中返回产品编号，如图 14-39 所示。

图 14-39

❸ 选中 A3 单元格，将光标定位到该单元格区域右下角，向右复制公式至 D3 单元格，可一次性从"产品基本信息表"中返回编号、系列、产品名称、规格。选中 A3:D3 单元格区域，将光标定位到该单元格区域右下角，出现黑色十字型时按住鼠标左键向下拖动。释放鼠标即可完成公式复制，效果如图 14-40 所示。

❹ 根据当前的实际情况，输入上期库存，效果如图 14-41 所示。

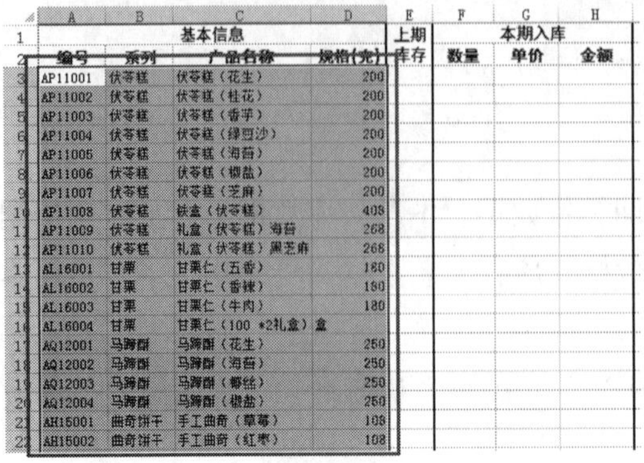

	A	B	C	D	E	F	G	H
1	基本信息				上期	本期入库		
2	编号	系列	产品名称	规格(克)	库存	数量	单价	金额
3	AP11001	伏苓糕	伏苓糕（花生）	200				
4	AP11002	伏苓糕	伏苓糕（桂花）	200				
5	AP11003	伏苓糕	伏苓糕（香芋）	200				
6	AP11004	伏苓糕	伏苓糕（绿豆沙）	200				
7	AP11005	伏苓糕	伏苓糕（海苔）	200				
8	AP11006	伏苓糕	伏苓糕（椒盐）	200				
9	AP11007	伏苓糕	伏苓糕（芝麻）	200				
10	AP11008	伏苓糕	铁盒（伏苓糕）	408				
11	AP11009	伏苓糕	礼盒（伏苓糕）海苔	268				
12	AP11010	伏苓糕	礼盒（伏苓糕）黑芝麻	268				
13	AL16001	甘栗	甘栗仁（五香）	180				
14	AL16002	甘栗	甘栗仁（香辣）	180				
15	AL16003	甘栗	甘栗仁（牛肉）	180				
16	AL16004	甘栗	甘栗仁（100 *2礼盒）	盒				
17	AQ12001	马蹄酥	马蹄酥（花生）	250				
18	AQ12002	马蹄酥	马蹄酥（海苔）	250				
19	AQ12003	马蹄酥	马蹄酥（椰丝）	250				
20	AQ12004	马蹄酥	马蹄酥（椒盐）	250				
21	AH15001	曲奇饼干	手工曲奇（草莓）	108				
22	AH15002	曲奇饼干	手工曲奇（红枣）	108				

图 14-40

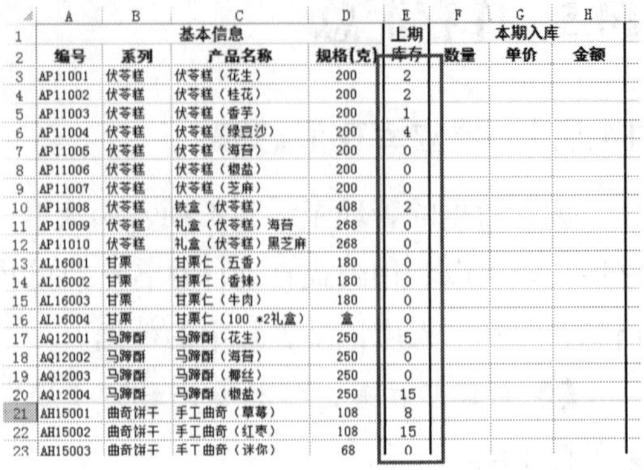

	A	B	C	D	E	F	G	H
1	基本信息				上期	本期入库		
2	编号	系列	产品名称	规格(克)	库存	数量	单价	金额
3	AP11001	伏苓糕	伏苓糕（花生）	200	2			
4	AP11002	伏苓糕	伏苓糕（桂花）	200	2			
5	AP11003	伏苓糕	伏苓糕（香芋）	200	1			
6	AP11004	伏苓糕	伏苓糕（绿豆沙）	200	4			
7	AP11005	伏苓糕	伏苓糕（海苔）	200	0			
8	AP11006	伏苓糕	伏苓糕（椒盐）	200	0			
9	AP11007	伏苓糕	伏苓糕（芝麻）	200	0			
10	AP11008	伏苓糕	铁盒（伏苓糕）	408	2			
11	AP11009	伏苓糕	礼盒（伏苓糕）海苔	268	0			
12	AP11010	伏苓糕	礼盒（伏苓糕）黑芝麻	268	0			
13	AL16001	甘栗	甘栗仁（五香）	180	0			
14	AL16002	甘栗	甘栗仁（香辣）	180	0			
15	AL16003	甘栗	甘栗仁（牛肉）	180	0			
16	AL16004	甘栗	甘栗仁（100 *2礼盒）	盒	0			
17	AQ12001	马蹄酥	马蹄酥（花生）	250	5			
18	AQ12002	马蹄酥	马蹄酥（海苔）	250	0			
19	AQ12003	马蹄酥	马蹄酥（椰丝）	250	0			
20	AQ12004	马蹄酥	马蹄酥（椒盐）	250	15			
21	AH15001	曲奇饼干	手工曲奇（草莓）	108	8			
22	AH15002	曲奇饼干	手工曲奇（红枣）	108	15			
23	AH15003	曲奇饼干	手工曲奇（迷你）	68	0			

图 14-41

14.5.2 设置公式计算本期入库、销售与库存

❶ 选中 F3 单元格，在公式编辑栏中输入公式：

=IF($A3="","",VLOOKUP($A3, 入库记录表 !$A$1:$E$38,5,FALSE))，按 Enter 键即可从“入库记录表”中统计出第一种产品的入库总数量，如图 14-42 所示。

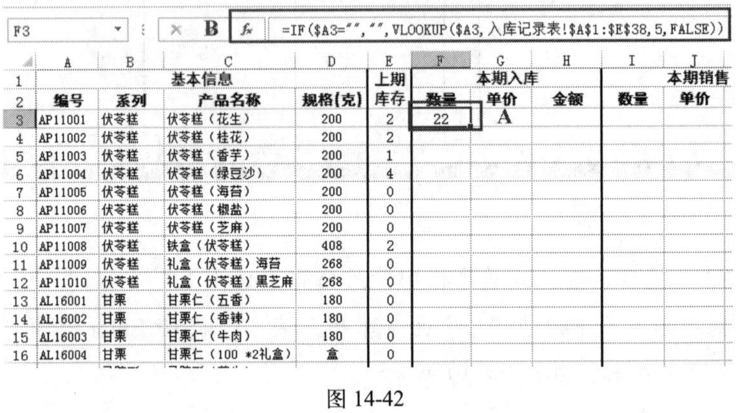

	A	B	C	D	E	F	G	H	I	J
1	基本信息				上期	本期入库				本期销售
2	编号	系列	产品名称	规格(克)	库存	数量	单价	金额	数量	单价
3	AP11001	伏苓糕	伏苓糕（花生）	200	2	22				
4	AP11002	伏苓糕	伏苓糕（桂花）	200	2					
5	AP11003	伏苓糕	伏苓糕（香芋）	200	1					
6	AP11004	伏苓糕	伏苓糕（绿豆沙）	200	4					
7	AP11005	伏苓糕	伏苓糕（海苔）	200	0					
8	AP11006	伏苓糕	伏苓糕（椒盐）	200	0					
9	AP11007	伏苓糕	伏苓糕（芝麻）	200	0					
10	AP11008	伏苓糕	铁盒（伏苓糕）	408	2					
11	AP11009	伏苓糕	礼盒（伏苓糕）海苔	268	0					
12	AP11010	伏苓糕	礼盒（伏苓糕）黑芝麻	268	0					
13	AL16001	甘栗	甘栗仁（五香）	180	0					
14	AL16002	甘栗	甘栗仁（香辣）	180	0					
15	AL16003	甘栗	甘栗仁（牛肉）	180	0					
16	AL16004	甘栗	甘栗仁（100 *2礼盒）	盒	0					

图 14-42

❷ 选中 G3 单元格，在公式编辑栏中输入公式：

=VLOOKUP($A3, 产品基本信息表 !$A$1:$F$99,5,FALSE)，按 Enter 键即可从“产品基本信息表”中统计出第一种产品的单价，如图 14-43 所示。

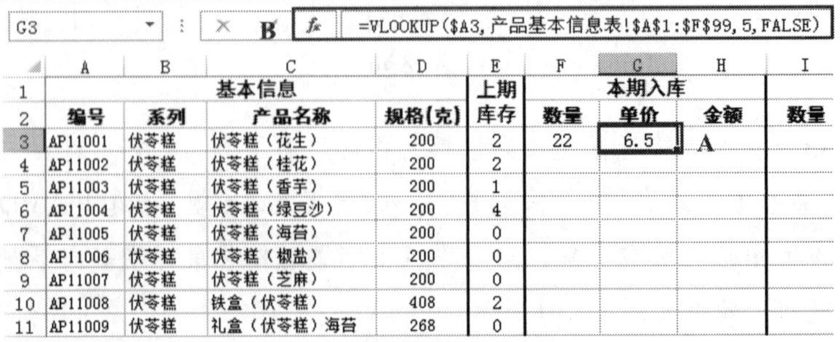

	A	B	C	D	E	F	G	H	I
1	基本信息				上期	本期入库			
2	编号	系列	产品名称	规格(克)	库存	数量	单价	金额	数量
3	AP11001	伏苓糕	伏苓糕（花生）	200	2	22	6.5		
4	AP11002	伏苓糕	伏苓糕（桂花）	200	2				
5	AP11003	伏苓糕	伏苓糕（香芋）	200	1				
6	AP11004	伏苓糕	伏苓糕（绿豆沙）	200	4				
7	AP11005	伏苓糕	伏苓糕（海苔）	200	0				
8	AP11006	伏苓糕	伏苓糕（椒盐）	200	0				
9	AP11007	伏苓糕	伏苓糕（芝麻）	200	0				
10	AP11008	伏苓糕	铁盒（伏苓糕）	408	2				
11	AP11009	伏苓糕	礼盒（伏苓糕）海苔	268	0				

图 14-43

❸ 选中 H3 单元格，在公式编辑栏中输入公式：

=F3*G3，按 Enter 键计算出第一种产品的入库总金额，如图 14-44 所示。

H3　　=F3*G3

	A	B	C	D	E	F	G	H
1	基本信息				上期	本期入库		
2	编号	系列	产品名称	规格(克)	库存	数量	单价	金额
3	AP11001	伏苓糕	伏苓糕（花生）	200	2	22	6.5	143
4	AP11002	伏苓糕	伏苓糕（桂花）	200	2			
5	AP11003	伏苓糕	伏苓糕（香芋）	200	1			
6	AP11004	伏苓糕	伏苓糕（绿豆沙）	200	4			
7	AP11005	伏苓糕	伏苓糕（海苔）	200	0			
8	AP11006	伏苓糕	伏苓糕（椒盐）	200	0			
9	AP11007	伏苓糕	伏苓糕（芝麻）	200	0			
10	AP11008	伏苓糕	铁盒（伏苓糕）	408	2			
11	AP11009	伏苓糕	礼盒（伏苓糕）海苔	268	0			

图 14-44

❹ 选中 I3 单元格，在公式编辑栏中输入公式：

=SUMIF(销售记录汇总 !$C$2:$C$234,A3, 销售记录汇总 !$G$2:$G$234)，按 Enter 键即可从“销售记录汇总”中统计出第一种产品的销售总数量，如图 14-45 所示。

I3　　=SUMIF(销售记录汇总!$C$2:$C$234,A3,销售记录汇总!$G$2:$G$234)

	A	B	C	D	E	F	G	H	I	J
1	基本信息				上期	本期入库			本期销售	
2	编号	系列	产品名称	规格(克)	库存	数量	单价	金额	数量	单价
3	AP11001	伏苓糕	伏苓糕（花生）	200	2	22	6.5	143	14	
4	AP11002	伏苓糕	伏苓糕（桂花）	200	2					
5	AP11003	伏苓糕	伏苓糕（香芋）	200	1					
6	AP11004	伏苓糕	伏苓糕（绿豆沙）	200	4					
7	AP11005	伏苓糕	伏苓糕（海苔）	200	0					
8	AP11006	伏苓糕	伏苓糕（椒盐）	200	0					
9	AP11007	伏苓糕	伏苓糕（芝麻）	200	0					
10	AP11008	伏苓糕	铁盒（伏苓糕）	408	2					
11	AP11009	伏苓糕	礼盒（伏苓糕）海苔	268	0					
12	AP11010	伏苓糕	礼盒（伏苓糕）黑芝麻	268	0					
13	AL16001	甘栗	甘栗仁（五香）	180	0					
14	AL16002	甘栗	甘栗仁（香辣）	180	0					

图 14-45

公式解析

“=SUMIF(销售记录汇总 !$C$2:$C$234,A3, 销售记录汇总 !$G$2:$G$234)”公式解析：

在“销售记录汇总 !$C$2:$C$234”单元格区域中寻找与 A3 单元格相同的编号，找到后把对应在“销售记录汇总 !$G$2:$G$234)”单元格区域上的值相加。

函数说明

SUMIF 函数用于按照指定条件对若干单元格、区域或引用求和。

❺ 选中 J3 单元格，在公式编辑栏中输入公式：

=VLOOKUP($A3, 产品基本信息表 !$A$1:$F$99,6,FALSE)，按 Enter 键即可从“产品基本信息表”中统计出第一种产品的单价，如图 14-46 所示。

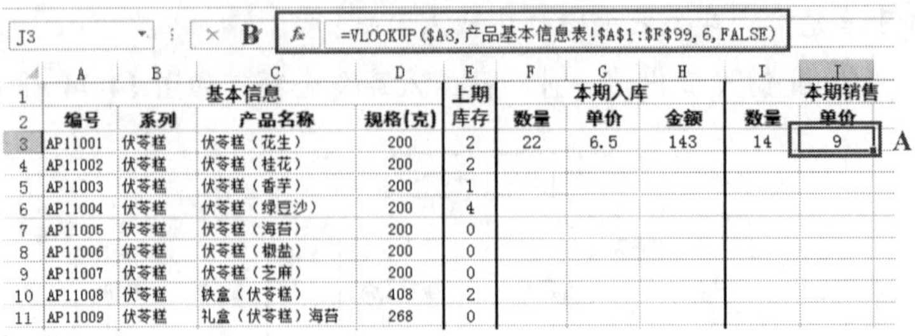

图 14-46

❻ 选中 K3 单元格，在公式编辑栏中输入公式：

=I3*J3，按 Enter 键计算出第一种产品的销售总金额，如图 14-47 所示。

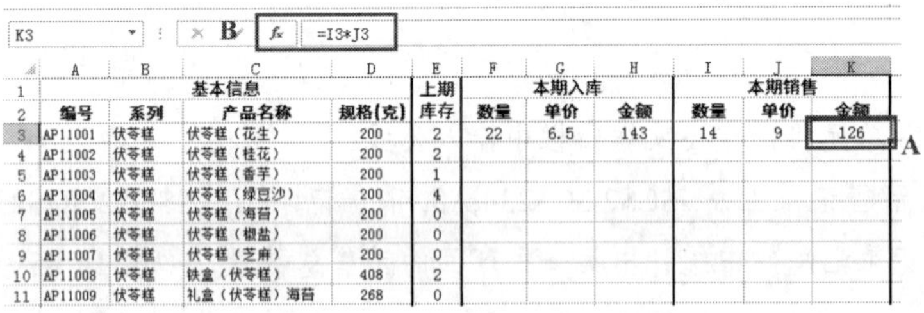

图 14-47

❼ 选中 L3 单元格，在公式编辑栏中输入公式：

=E3+F3-I3，按 Enter 键即可计算出本期库存数量，如图 14-48 所示。

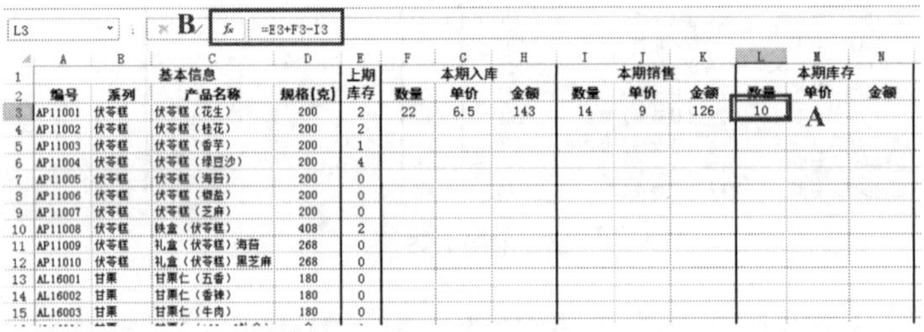

图 14-48

❽ 选中 M3 单元格，在公式编辑栏中输入公式：

=VLOOKUP($A3,产品基本信息表!$A$1:$F$99,5,FALSE)，按 Enter 键即可从"产品基本信息表"中统计出第一种库存产品的单价，如图 14-49 所示。

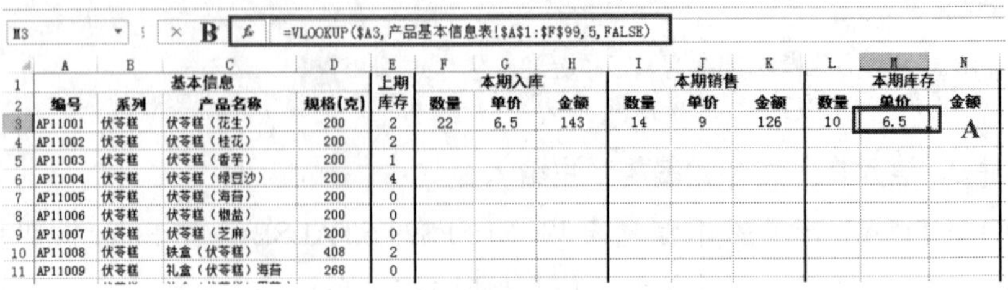

图 14-49

❾ 选中 N3 单元格，在公式编辑栏中输入公式：
=L3*M3，按 Enter 键计算出第一种产品的库存金额，如图 14-50 所示。

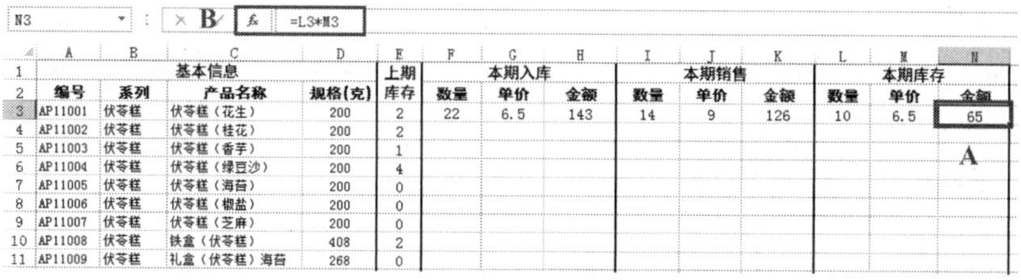

图 14-50

❿ 选中 F3:N3 单元格区域，将光标定位到该单元格区域右下角，出现黑色十字型时按住鼠标左键向下拖动。释放鼠标即可完成公式复制，效果如图 14-51 所示。

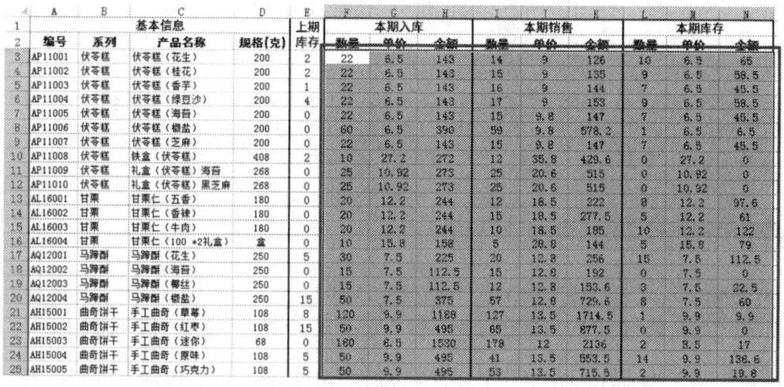

图 14-51

14.5.3 库存预警

财务人员可以为每一种产品的库存设置一个安全库存量，当库存量低于或等于安全库存量时，系统自动进行预警提示。例如下面将库存量小于 5 的设置库存预警。

❶ 选中 L3:L39 单元格区域，切换到"开始"选项卡，在"样式"组单击"条件格式"按钮，在弹出的下拉菜单中单击"突出显示单元格规则"→"小于"命令，如图 14-52 所示。

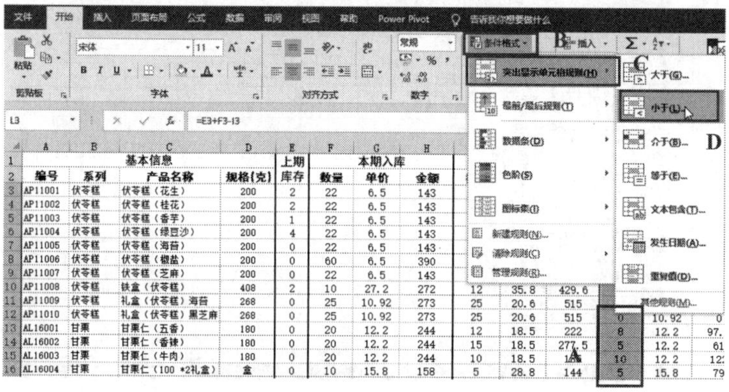

图 14-52

❷ 弹出设置对话框，设置单元格值小于"5"显示为"浅红填充色深红色文本"，如图14-53所示。

❸ 单击"确定"按钮回到工作表中，可以看到所有小于5的单元格都显示为红色，即表示库存不足，如图14-54所示。

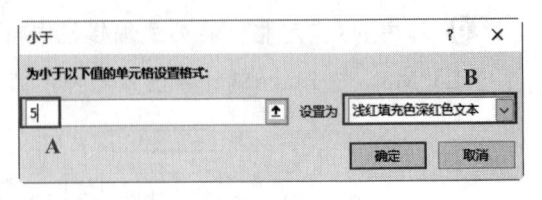

图 14-53

图 14-54

14.6 本期利润分析

建立本期库存汇总表之后，通过这些数据可以分析产品的收入及成本情况，从而判断各产品的盈利情况。使用筛选功能可以将盈利低的商品记录单独显示出来。

14.6.1 设置公式输入利润分析表格数据

❶ 新建工作表，并将其重命名为"本期利润分析"。在表格中输入表格标题、列标识，并对表格字体、对齐方式、底纹和边框进行设置。

❷ 从"产品基本信息表"工作表中复制当前销售的所有产品的基本信息到"本期利润分析"表中。完成上面几步操作后，表格如图14-55所示。

图 14-55

❸ 选中 D2 单元格，在公式编辑栏中输入公式：

=库存汇总!L3，按 Enter 键计算出第一种产品的存货数量，如图 14-56 所示。

❹ 选中 E2 单元格，在公式编辑栏中输入公式：

=VLOOKUP($A2,产品基本信息表!$A$1:$F$99,5,FALSE)，按 Enter 键即可从"产品基本信息表"中统计出第一种产品的采购单价，如图 14-57 所示。

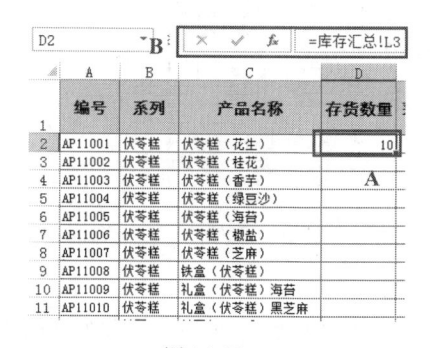

图 14-56

图 14-57

❺ 选中 F2 单元格，在公式编辑栏中输入公式：

=D2*E2，按 Enter 键返回第一种产品的存货占用资金额，如图 14-58 所示。

❻ 选中 G2 单元格，在公式编辑栏中输入公式：

=库存汇总!I3*E2，按 Enter 键返回第一种产品的销售成本，如图 14-59 所示。

图 14-58

图 14-59

❼ 选中 H2 单元格，在公式编辑栏中输入公式：

=库存汇总!I3*库存汇总!J3，按 Enter 键返回第一种产品的销售收入，如图 14-60 所示。

图 14-60

❽ 选中 I2 单元格，在公式编辑栏中输入公式：

=H2-G2，按 Enter 键返回第一种产品的销售毛利，如图 14-61 所示。

I2 =H2-G2 B

编号	系列	产品名称	存货数量	采购价格	存货占用资金	销售成本	销售收入	销售毛利	销售
AP11001	伏苓糕	伏苓糕（花生）	10	6.5	65	91	126	35	
AP11002	伏苓糕	伏苓糕（桂花）							
AP11003	伏苓糕	伏苓糕（香芋）							
AP11004	伏苓糕	伏苓糕（绿豆沙）							
AP11005	伏苓糕	伏苓糕（海苔）							
AP11006	伏苓糕	伏苓糕（椒盐）							
AP11007	伏苓糕	伏苓糕（芝麻）							
AP11008	伏苓糕	铁盒（伏苓糕）							
AP11009	伏苓糕	礼盒（伏苓糕）海苔							
AP11010	伏苓糕	礼盒（伏苓糕）黑芝麻							

A

图 14-61

❾ 选中 J2 单元格，在公式编辑栏中输入公式：

=TEXT(IF(I2=0,0,I2/G2),"0.00%")，按 Enter 键返回第一种产品的销售利润率，如图 14-62 所示。

J2 B =TEXT(IF(I2=0,0,I2/G2),"0.00%")

编号	系列	产品名称	存货数量	采购价格	存货占用资金	销售成本	销售收入	销售毛利	销售利润率
AP11001	伏苓糕	伏苓糕（花生）	10	6.5	65	91	126	35	38.46%
AP11002	伏苓糕	伏苓糕（桂花）							
AP11003	伏苓糕	伏苓糕（香芋）							
AP11004	伏苓糕	伏苓糕（绿豆沙）							
AP11005	伏苓糕	伏苓糕（海苔）							
AP11006	伏苓糕	伏苓糕（椒盐）							
AP11007	伏苓糕	伏苓糕（芝麻）							
AP11008	伏苓糕	铁盒（伏苓糕）							
AP11009	伏苓糕	礼盒（伏苓糕）海苔							
AP11010	伏苓糕	礼盒（伏苓糕）黑芝麻							

A

图 14-62

❿ 选中 D2:J2 单元格区域，将光标定位到该单元格右下角，出现黑色十字型时，按住鼠标左键向下拖动，即可快速得到其他产品库存分析数据，如图 14-63 所示。

编号	系列	产品名称	存货数量	采购价格	存货占用资金	销售成本	销售收入	销售毛利	销售利润率
AP11001	伏苓糕	伏苓糕（花生）	10	6.5	65	91	126	35	38.46%
AP11002	伏苓糕	伏苓糕（桂花）	9	6.5	58.5	97.5	135	37.5	38.46%
AP11003	伏苓糕	伏苓糕（香芋）	7	6.5	45.5	104	144	40	38.46%
AP11004	伏苓糕	伏苓糕（绿豆沙）	9	6.5	58.5	110.5	153	42.5	38.46%
AP11005	伏苓糕	伏苓糕（海苔）	7	6.5	45.5	97.5	147	49.5	50.77%
AP11006	伏苓糕	伏苓糕（椒盐）	1	6.5	6.5	383.5	578.2	194.7	50.77%
AP11007	伏苓糕	伏苓糕（芝麻）	7	6.5	45.5	97.5	147	49.5	50.77%
AP11008	伏苓糕	铁盒（伏苓糕）	0	27.2	0	326.4	429.6	103.2	31.62%
AP11009	伏苓糕	礼盒（伏苓糕）海苔	0	10.92	0	273	515	242	88.64%
AP11010	伏苓糕	礼盒（伏苓糕）黑芝麻	0	10.92	0	273	515	242	88.64%
AL16001	甘栗	甘栗仁（五香）	8	12.2	97.6	146.4	222	75.6	51.64%
AL16002	甘栗	甘栗仁（香辣）	5	12.2	61	183	277.5	94.5	51.64%
AL16003	甘栗	甘栗仁（牛肉）	10	12.2	122	122	185	63	51.64%
AL16004	甘栗	甘栗仁（100 *2礼盒）	5	15.8	79	79	144	65	82.28%
AQ12001	马蹄酥	马蹄酥（花生）	15	7.5	112.5	150	256	106	70.67%
AQ12002	马蹄酥	马蹄酥（海苔）	0	7.5	0	112.5	192	79.5	70.67%
AQ12003	马蹄酥	马蹄酥（椰丝）	3	7.5	22.5	90	153.6	63.6	70.67%
AQ12004	马蹄酥	马蹄酥（椒盐）	8	7.5	60	427.5	729.6	302.1	70.67%
AH15001	曲奇饼干	手工曲奇（草莓）	1	9.9	9.9	1257.3	1714.5	457.2	36.36%
AH15002	曲奇饼干	手工曲奇（红枣）	0	9.9	0	643.5	877.5	234	36.36%
AH15003	曲奇饼干	手工曲奇（迷你）	2	8.5	17	1513	2136	623	41.18%
AH15004	曲奇饼干	手工曲奇（原味）	14	9.9	138.6	405.9	553.5	147.6	36.36%

图 14-63

14.6.2 查询销售不理想的产品

从本期利润表格中可以看出销售毛利列有数据负值，负值表示本期销售不理想，导致销售成本大于销售收入。下面可以通过筛选功能来查看哪些产品销售不理想。

❶ 在"数据"选项卡的"排序和筛选"组中，单击"筛选"按钮，添加筛选下拉按钮，单击"销售毛利"标识右侧的下拉按钮，在打开的下拉菜单中鼠标指向"数字筛选"，在子菜单中单击"小于"命令（如图14-64所示），打开"自定义自动筛选方式"对话框。

❷ 单击第一个下拉按钮，在下拉菜单中选择"小于"，然后在后面的设置框中输入"50"，如图14-65所示。

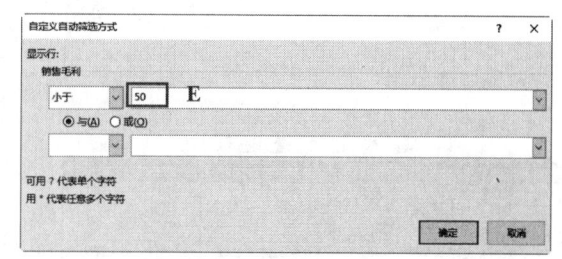

图 14-64

图 14-65

❸ 单击"确定"按钮即可筛选出销售毛利小于50的数据，如图14-66所示。

图 14-66

第 15 章
公司员工工资管理

范例概述

　　财务部门需要在月末核算公司员工薪资，如员工的基本工资、考勤扣款、加班工资、福利补贴、社会保险等。如果企业员工较多，采用手工方式计算这些数据，工作效率低下，并且也容易出错。为了提高工作效率，可以利用 Excel 表格来完成工资的核算与管理。

　　本例中将使用 Excel 程序中的函数创建一个工资管理系统，有了这个系统后，每个月在进行工资核算时，只需要更改部分数据即可快速建立出工资发放表。

范例效果

基本工资管理表

个人所得税计算表

工资统计表

按部门汇总员工工资金额

第 15 章 公司员工工资管理

工资条

范例实现

15.1 创建员工工资管理表格

员工的工资条中包含多项明细核算，如基本工资、工龄工资、各项补贴、加班工资、考勤扣款、个人所得税等，这些数据都需要创建表格来管理，然后在月末将其汇总到工资表中，从而得出最终的应发工资。

15.1.1 创建员工基本工资管理表

❶ 新建工作簿，并将其命名为"公司员工工资管理"，重命名"Sheet1"工作表标签为"基本工资表"，在表格中建立相应列标识，并设置表格的文字格式、边框底纹格式等，设置后如图 15-1 所示。

❷ 根据实际情况输入员工"编号""姓名""所在部门""所属职位""入职时间""基本工资"数据，如图 15-2 所示。

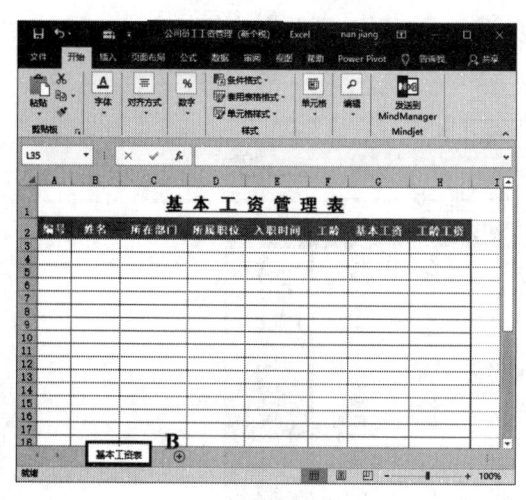

图 15-1　　　　　　　　　　图 15-2

251

1. 计算工龄

❶ 选中 F3 单元格，在公式编辑栏中输入公式：

=YEAR(TODAY())-YEAR(E3)，按 Enter 键返回日期值，选中 F3 单元格，将光标定位到该单元格右下角，当出现黑色十字型时向下拖动复制公式，可一次性计算出所有员工的工龄（返回日期值），如图 15-3 所示。

❷ 选中 F3:F33 单元格区域，在"开始"标签下的"数字"选项组中设置单元格的格式为"常规"，即可正确显示出工龄，如图 15-4 所示。

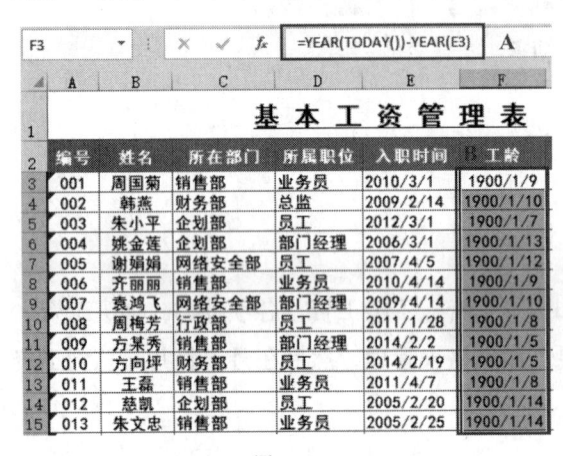

图 15-3

图 15-4

2. 计算工龄工资

本例中约定工龄工资的计算标准为：工龄不足 2 年时不计工龄工资，工龄大于 2 年时按每年 100 元递增。

选中 H3 单元格，在公式编辑栏中输入公式：

=IF(F3<=2,0,(F3-2)*100)，按 Enter 键可根据该员工工龄计算出其工龄工资，选中 H3 单元格，将光标定位到该单元格右下角，当出现黑色十字型时向下拖动复制公式，可一次性得出所有员工的工龄工资，如图 15-5 所示。

图 15-5

15.1.2 创建员工福利补贴管理表

根据企业规模的不同，对员工的福利保障水平也不相同。本例中假设包含住房补贴、伙食补贴、交通补贴几项，具体补贴规则约定如下：

- 住房补贴：性别为"女"，补贴为"300"；性别为"男"，补贴为"200"。
- 伙食补贴：部门为"销售部"，补贴为"200"；部门为"企划部"，补贴为"150"；部门为"网络安全部"，补贴为"150"；部门为"行政部"，补贴为"100"；部门为"财务部"，补贴为"100"。
- 交通补贴：部门为"销售部"，补贴为"300"；部门为"企划部"，补贴为"200"；部门为"网络安全部"，补贴为"200"；部门为"行政部"，补贴为"100"；部门为"财务部"，补贴为"100"。

❶ 新建工作表，将其重命名为"福利补贴管理表"，在表格中建立相应列标识，并设置表格的文字格式、边框底纹格式等。从档案表中复制"编号""姓名""性别""所在部门"这几项数据到表格中，如图 15-6 所示。

❷ 选中 E3 单元格，在公式编辑栏中输入公式：
=IF(C3=" 女 ",300,200)，按 Enter 键可根据该员工性别返回其住房补贴金额。选中 E3 单元格，向下复制公式，可一次性得出所有员工的住房补贴金额，如图 15-7 所示。

图 15-6

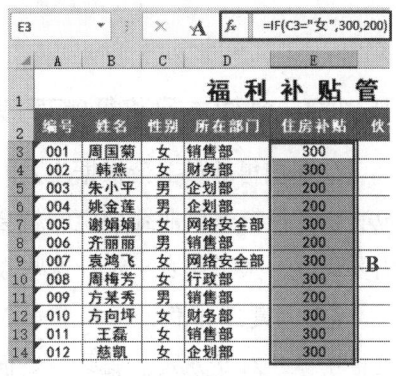

图 15-7

❸ 选中 F3 单元格，在公式编辑栏中输入公式：
=IF(D3=" 销售部 ",200,IF(D3=" 企划部 ",150,IF(D3=" 网络安全部 ",150,IF(D3=" 行政部 ",100,100))))，按 Enter 键可根据该员工所在部门返回其伙食补贴金额。选中 F3 单元格，向下复制公式，可一次性得出所有员工的伙食补贴金额，如图 15-8 所示。

❹ 选中 G3 单元格，在公式编辑栏中输入公式：
=IF(D3=" 销售部 ",300,IF(D3=" 企划部 ",200,IF(D3=" 网络安全部 ",200,IF(D3=" 行政部 ",100,100))))，按 Enter 键可根据该员工所在部门返回其交通补贴金额，如图 15-9 所示。选中 G3 单元格，向下复制公式，可一次性得出所有员工的交通补贴金额。

图 15-8　　　　　　　　　　　　　　图 15-9

❺ 选中 H3 单元格，在公式编辑栏中输入公式：

=SUM(E3:G3)，按 Enter 键可计算出第一位员工各项补贴的合计金额。选中 H3 单元格，向下复制公式，可一次性得出所有员工各项补贴的合计金额，如图 15-10 所示。

图 15-10

15.1.3　创建本月奖惩管理表

公司销售部员工会根据当月的销售业绩建立本月奖惩管理表，如果达到业绩规定会发放奖金，没有达到业绩规定的就会有罚金。这些数据都需要记录到本期工资数据中，因此需要建立一张工作表来统计这些数据。

❶ 新建工作表，将其重命名为"本月奖惩管理表"。输入表格标题、列标识，并对表格字体、对齐方式、底纹和边框等设置，设置后如图 15-11 所示。

❷ 将所有提成、奖金或罚款记录的员工的编号、姓名、所属部门记录到表格中，另外销售业绩金额、奖金金额、罚款金额等也是需要根据实际情况手工记录的，如图 15-12 所示。

图 15-11　　　　　　　　　　　　　　图 15-12

❸ 选中 E3 单元格，输入公式：

=IF(D3<=20000,D3*0.03,IF(D3<=50000,D3*0.05,D3*0.08))，按 Enter 键，根据 D3 单元格的销售业绩计算出其提成金额，如图 15-13 所示。注：此处约定如下：

- 当销售金额小于 20000 时，提成比例为 3%；
- 当销售金额在 20000-50000 时，提成比例为 5%；
- 当销售金额大于 50000 时，提成比例为 8%。

选中 E3 单元格，将光标定位到该单元格右下角，当出现黑色十字型时向下拖动复制公式到 E13 单元格中，可一次性计算出所有提成金额。

E3 =IF(D3<=20000,D3*0.03,IF(D3<=50000,D3*0.05,D3*0.08)) A

本月奖惩管理表

编号	姓名	所属部门	销售业绩	提成或奖金	罚款金额	奖励或罚款说明
001	周国菊	销售部	120000	9600		业绩提成
006	齐丽丽	销售部	46000	2300	100	业绩提成、损坏公物
009	方某秀	销售部	280000	22400		业绩提成
011	王磊	销售部	45000	2250		业绩提成
013	朱文忠	销售部	37000	1850		业绩提成
016	朱贤良	销售部	17000	510	B	业绩提成
019	白家国	销售部	120000	9600		业绩提成
021	徐莹	销售部	220000	17600		业绩提成
022	王海洋	销售部	328000	26240		业绩提成
026	慈春燕	销售部	280000	22400		业绩提成
029	王荣	销售部	12300	369		业绩提成

图 15-13

❹ 在核算工资时，需要计入满勤奖和因迟到或请假而产生的扣款。所以这里新建工作表，将其重命名为“考勤统计表”，输入相关数据，如图 15-14 所示。

❺ 根据企业日常运作的需要，加班随时可能产生，可能是工作日也可能是节假日，因此每日必须要像考勤一样对本日的加班情况进行记录，月末再对加班记录表进行统计，从而计算出加班工资。这里新建工作表，将其重命名为“加班统计表”，输入相关数据，如图 15-15 所示。

考勤统计分析　病假：40元　事假：60元　迟到：20元　旷工：100元

编号	姓名	性别	所在部门	出勤 ✓	病假 ⊕	事假 ⊙	迟到 ◎	旷工 ◇	婚假 ♀	产假 ♂	年假 ▲	出差 ★	实际工作天数	满勤奖	应扣工资
001	周国菊	女	销售部	17	1	0	1	0	0	0	0	2	19	0	60
002	韩燕	女	财务部	21	0	0	0	0	0	0	0	0	21	500	0
003	朱小平	男	企划部	20	0	1	0	0	0	0	0	0	20	0	60
004	姚金莲	男	企划部	15	0	0	1	0	0	0	5	0	15	0	20
005	谢娟娟	女	网络安全部	16	0	3	0	0	2	0	0	0	16	0	180
006	齐丽丽	男	销售部	19	0	0	0	0	0	0	0	2	21	500	0
007	袁鸿飞	女	网络安全部	19	0	1	0	1	0	0	0	0	19	0	160
008	周梅芳	女	行政部	20	0	1	0	0	0	0	0	0	20	0	60
009	方某秀	男	销售部	20	0	0	0	0	0	0	0	1	21	500	0
010	方向坪	女	财务部	19	1	0	0	1	0	0	0	0	19	0	140
011	王磊	女	销售部	16	0	3	2	0	0	0	0	0	16	0	220
012	慈凯	女	企划部	0	0	0	0	0	0	21	0	0	0	0	0
013	朱文忠	男	销售部	20	0	0	1	0	0	0	0	0	20	0	20
014	唐敏	女	行政部	19	1	0	1	0	0	0	0	0	19	0	60
015	王兴亮	男	网络安全部	20	0	1	0	0	0	0	0	0	20	0	60
016	朱贤良	女	销售部	17	0	2	2	0	0	0	0	0	17	0	160
017	方佳	女	行政部	17	0	3	0	1	0	0	0	0	17	0	280
018	陈建	男	行政部	17	1	3	0	0	0	0	0	0	17	0	220
019	白家国	男	销售部	21	0	0	0	0	0	0	0	0	21	500	0

基本工资表　福利补贴管理表　本月奖惩管理表　考勤统计表

图 15-14

加班统计表　工作日加班：50/小时　节假日加班：基本工资/工作日*2

编号	姓名	性别	所在部门	工作日加班(小时)	节假日加班(天)	工作日加班费	节假日加班费	加班费合计
001	周国菊	女	销售部	3	1	150	400	550
002	韩燕	女	财务部	6.5	0	325	0	325
003	朱小平	男	企划部	5	1	250	600	850
004	姚金莲	男	企划部	2	0	100	0	100
005	谢娟娟	女	网络安全部	1	1	50	571.43	621.43
006	齐丽丽	男	销售部	4	0	200	0	200
007	袁鸿飞	女	网络安全部	3.5	0	175	0	175
008	周梅芳	女	行政部	2	3	100	1314.29	1414.29
009	方某秀	男	销售部	0	0	0	0	0
010	方向坪	女	财务部	0	0	0	0	0
011	王磊	女	销售部	2	1	100	390.48	490.48
012	慈凯	女	企划部	0	0	0	0	0
013	朱文忠	男	销售部	2	1	100	447.62	547.62
014	唐敏	女	行政部	5.5	1	275	419.05	694.05
015	王兴亮	男	网络安全部	3	2	150	1200	1350
016	朱贤良	女	销售部	0	0	0	0	0
017	方佳	女	行政部	5	0	250	0	250
018	陈建	男	行政部	0	0	0	0	0

基本工资表　福利补贴管理表　本月奖惩管理表　考勤统计表　加班统计表

图 15-15

15.2 创建工资统计表

完成了前面一些基本表格的创建后,接着可以创建工资统计表,这张表格的数据需要引用前面表格的各项数据来完成。我们仍然利用公式来返回工资表中各数据,从而让建立的工资表每月都可以使用,无需更改。

15.2.1 创建工资统计表格

❶ 新建工作表,并将其重命名为"工资统计表"。建立工资统计表中的各项列标识(根据实际情况可能略有不同),并设置表格编辑区域的文字格式、对齐方式、边框底纹等,如图 15-16 所示。

图 15-16

❷ 在 A3 单元格中输入公式为:

=基本工资表!A3,按 Enter 键,向右复制公式到 C3 单元格,返回第一位职员的编号、姓名、所属部门,如图 15-17 所示。

❸ 选中 A3:C3 单元格区域,向下复制公式,即可得到每位员工的编号、姓名、所属部门,如图 15-18 所示。

图 15-17

图 15-18

第 15 章 公司员工工资管理

> **专家提示**
> 当"基本工资表"中员工的基本信息发生变化时,"工资统计表"中的数据也将随之更改。

15.2.2 计算工资表中应发金额

工资表中数据包含应发工资和个人所得税两部分,应发工资合计减去个人所得税即可得到实发工资金额。

❶ 选中 D3 单元格,在公式编辑栏中输入公式:

=VLOOKUP(A3,基本工资表 !$A$2:$H$32,7),按 Enter 键,即可从"基本工资表"中返回第一位员工的基本工资,如图 15-19 所示。

❷ 选中 E3 单元格,在公式编辑栏中输入公式:

=VLOOKUP(A3,基本工资表 !$A$2:$H$32,8),按 Enter 键,即可从"基本工资表"中返回第一位员工的工龄工资,如图 15-20 所示。

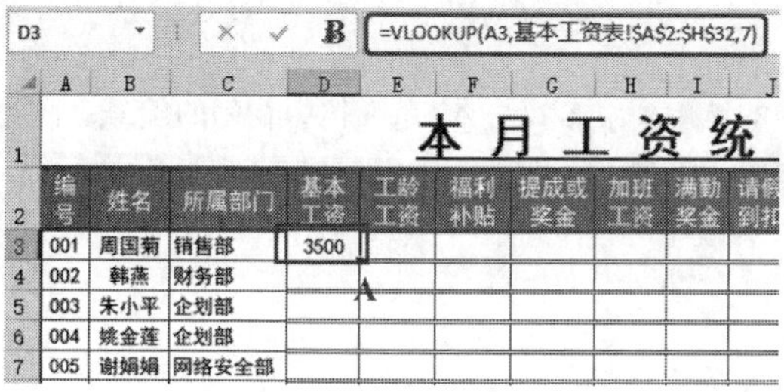

图 15-19

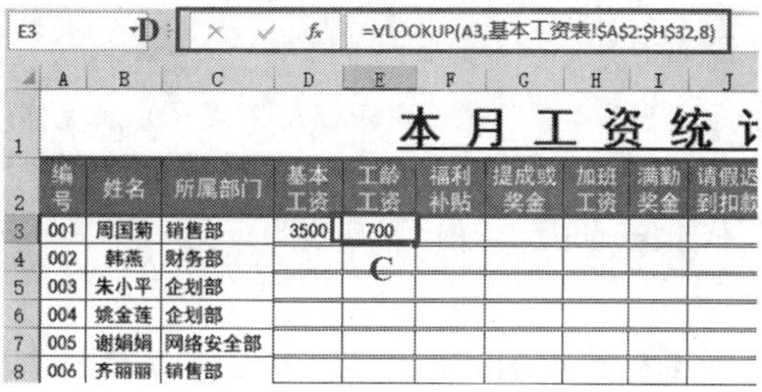

图 15-20

公式解析

=VLOOKUP(A3,基本工资表 !$A$2:$H$32,7) 公式解析:
公式表示在"基本工资表 !$A$2:$H$32"单元格区域的首列中寻找与 A3 单元格相同的编号,找到后返回对应在第 7 列上的值。

❸ 选中 F3 单元格,在公式编辑栏中输入公式:

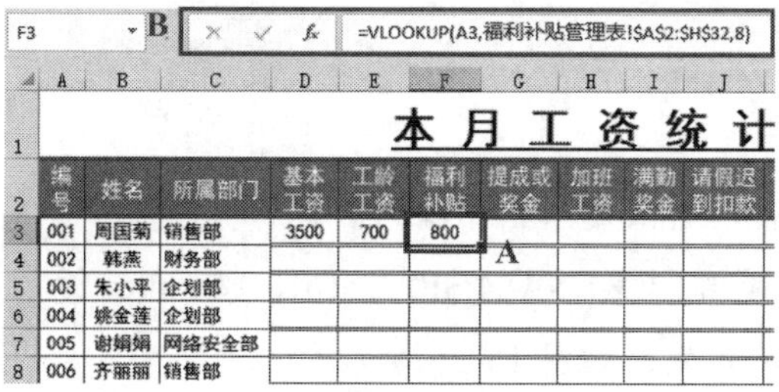

=VLOOKUP(A3,福利补贴管理表 !$A$2:$H$32,8),按 Enter 键,即可从"基本工资表"中返回第一位员工的福利补贴,如图 15-21 所示。

图 15-21

257

❹ 选中 G3 单元格，在公式编辑栏中输入公式：
=IF(ISERROR(VLOOKUP(A3,本月奖惩管理表!$A$2:$F$40,5,FALSE)),"",VLOOKUP(A3,本月奖惩管理表!$A$2:$F$40,5,FALSE))，按 Enter 键，即可从"本月奖惩管理表"中返回第一位员工的提成或奖金，如图 15-22 所示。

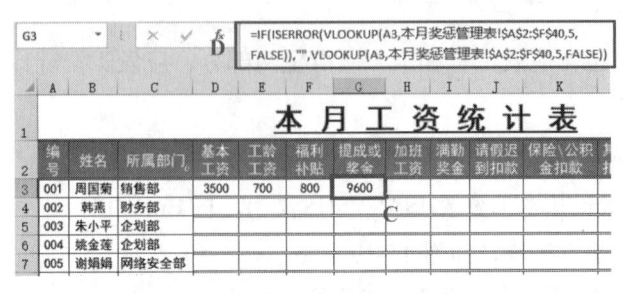

图 15-22

> **公式解析**
>
> =IF(ISERROR(VLOOKUP(A3,本月奖惩管理表!$A$2:$F$40,5,FALSE)),"",VLOOKUP(A3,本月奖惩管理表!$A$2:$F$40,5,FALSE)) 公式解析：
>
> 在"本月奖惩管理表!$A$2:$F$40"单元格区域的第 1 列中寻找与 A3 单元格中相同的编号，找到后返回对应在第 5 列上的值。如果"本月奖惩管理表!$A$2:$F$40"单元格区域第 5 列中为空则返回空值（ISERROR 函数实现的）。

❺ 选中 H3 单元格，在公式编辑栏中输入公式：
=VLOOKUP(A3,加班统计表!$A$2:$I$32,9)，按 Enter 键，即可从"加班统计表"中返回第一位员工的加班工资，如图 15-23 所示。

❻ 选中 I3 单元格，在公式编辑栏中输入公式：
=VLOOKUP(A3,考勤统计表!$A$4:$P$33,15)，按 Enter 键，即可从"考勤表"中返回第一位员工的满勤奖金，如图 15-24 所示。

图 15-23

图 15-24

❼ 选中 J3 单元格，在公式编辑栏中输入公式：
=VLOOKUP(A3,考勤统计表!$A$4:$P$33,16)，按 Enter 键，即可从"考勤表"中返回第一位员工的请假迟到扣款，如图 15-25 所示。

❽ 选中 K3 单元格，在公式编辑栏中输入公式：

=(D4+E4+F4)*0.08+(D4+E4+F4)*0.02+(D4+E4+F4)*0.12，按 Enter 键计算出第一位职员的保险及公积金扣款，如图 15-26 所示。注：此处约定如下：

- 养老保险个人缴纳比例为：（基本工资＋工龄工资）*8%；
- 医疗保险个人缴纳比例为：（基本工资＋工龄工资）*2%；
- 住房公积金个人缴纳比例为：（基本工资＋工龄工资）*12%

图 15-25

图 15-26

❾ 选中 L3 单元格，在公式编辑栏中输入公式：
=IF(ISERROR(VLOOKUP(A3,本月奖惩管理表!$A$2:$F$40,6,FALSE)),"",VLOOKUP(A3,本月奖惩管理表!$A$2:$F$40,6,FALSE))，按 Enter 键，即可从"本月奖惩管理表"中返回第一位员工的其他扣款，如图 15-27 所示。

❿ 选中 M3 单元格，在公式编辑栏中输入公式：
=SUM(D3:I3)-SUM(J3:L3)，按 Enter 键，即可计算出应发合计，如图 15-28 所示。

图 15-27

图 15-28

15.2.3 计算工资表中应扣金额并生成工资表

1. 计算实发工资

❶ 选中 N3 单元格，在公式编辑栏中输入公式：
=VLOOKUP(A3,所得税计算表!A2:H32,8)，按 Enter 键，即可从"所得税计算表"中返回第一位员工的个人所得税（由于还没有建立该表所以返回 0），如图 15-29 所示。

❷ 选中 O3 单元格，在公式编辑栏中输入公式：
=M3-N3，按 Enter 键，即可计算出实发工资，如图 15-30 所示。

❸ 选中 D3:O3 单元格区域，将光标定位到右下角的填充柄上，按住鼠标向下拖动复制公式至最后一条记录，可以快速得出所有员工的工资，如图 15-31 所示。

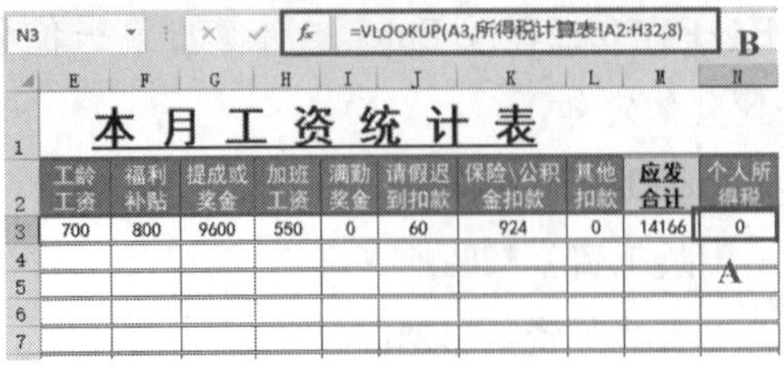

图 15-29

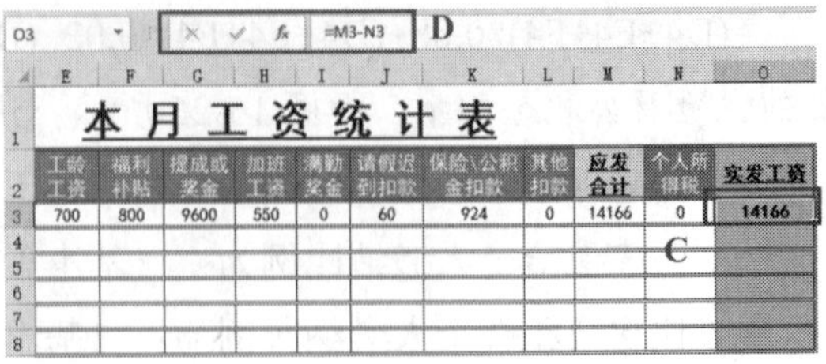

图 15-30

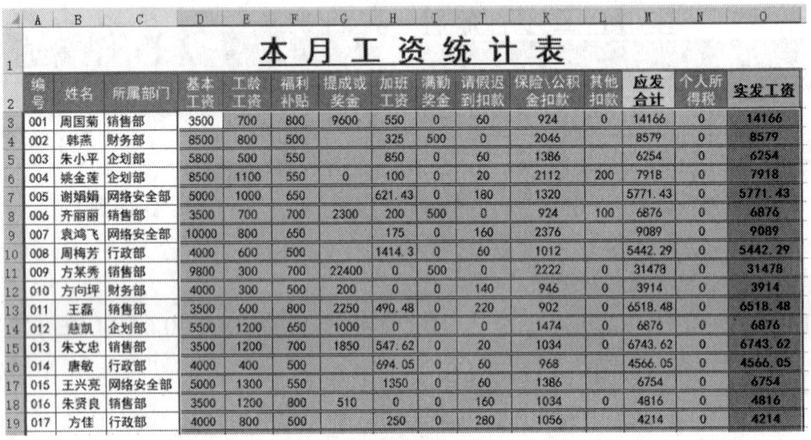

图 15-31

2. 计算个人所得税

由于个人所得税的计算牵涉到税率的计算、速算扣除数的等，因此我们可以另建一张表格来进行计算。本例表格计算个税时假设只扣除起征点 5000 后作为应纳税所得额。

用 IF 函数配合其他函数计算个人所得税。相关规则如下：

- 起征点为 5000；
- 税率及速算扣除数如表 15-1 所示（本月是按月统计）。

表 15-1

应纳税所得额（元）	税率（%）	速算扣除数（元）
不超过 3000	3	0
3001～12000	10	210
12001～25000	20	1410
25001～35000	25	2660
35001～55000	30	4410
55001～80000	35	7160
超过 80001	45	15160

第 15 章 公司员工工资管理

❶ 创建"所得税计算表",输入基本数据与用于求解的几项标识,如图 15-32 所示。

❷ 选中 E3 单元格,在公式编辑栏中输入公式:

=IF(工资统计表 !M3>5000, 工资统计表 !M3-5000,0),按 Enter 键得出第一条位员工的"应缴税所得额",如图 15-33 所示。

图 15-32

图 15-33

> 专家提示
>
> "工资统计表"中的 M3 单元格显示的是第一位员工的应发合计金额。

❸ 选中 F3 单元格,在公式编辑栏中输入公式:

=IF(E3<=3000,0.03,IF(E3<=12000,0.1,IF(E3<=25000,0.2,IF(E3<= 35000,0.25,IF(E3<=55000,0.3,IF(E3<=80000,0.35,0.45)))))),按 Enter 根据"应纳税所得额"得出第一位员工的"税率",如图 15-34 所示。

❹ 选中 G3 单元格,在公式编辑栏中输入公式:

=VLOOKUP(F3,{0.03,0;0.1,210;0.2,1410;0.25,2660;0.3,4410;0.35,7160;0.45,15160},2,),按 Enter 键根据"税率"得出第一位员工的"速算扣除数",如图 15-35 所示。

图 15-34

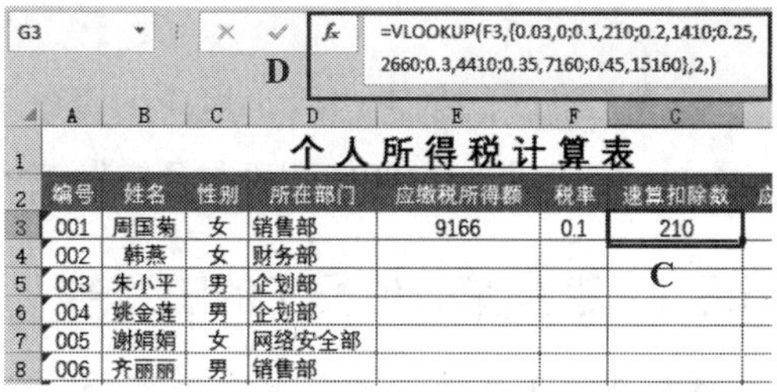

图 15-35

❺ 选中 H3 单元格,在公式编辑栏中输入公式:

=E3*F3-G3,按 Enter 键计算得出第一位员工的"应缴所得税",如图 15-36 所示。

❻ 选中 E3:H3 单元格区域,将光标定位到右下角的填充柄上,按住鼠标向下拖动复

261

制公式，即可批量得出每一位员工的应缴所得税额，如图 15-37 所示。

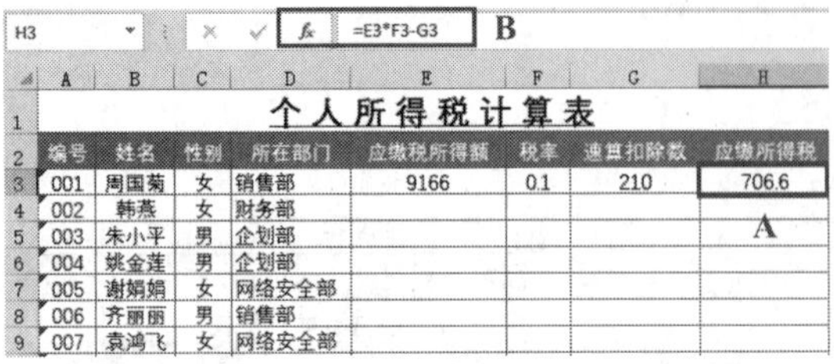

个人所得税计算表

编号	姓名	性别	所在部门	应缴税所得额	税率	速算扣除数	应缴所得税
001	周国菊	女	销售部	9166	0.1	210	706.6
002	韩燕	女	财务部				
003	朱小平	男	企划部				
004	姚金莲	男	企划部				
005	谢娟娟	女	网络安全部				
006	齐丽丽	男	销售部				
007	袁鸿飞	女	网络安全部				

图 15-36

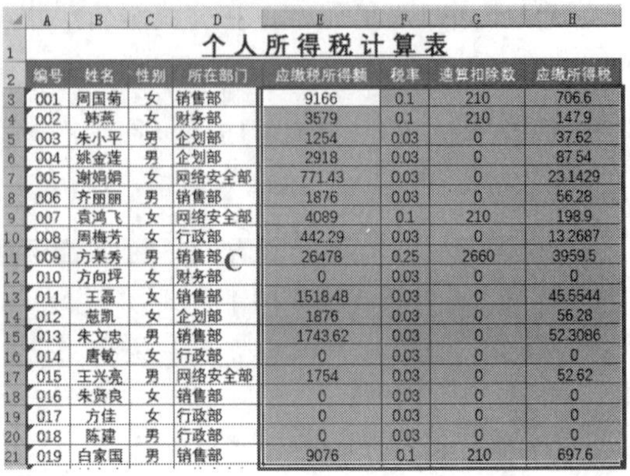

个人所得税计算表

编号	姓名	性别	所在部门	应缴税所得额	税率	速算扣除数	应缴所得税
001	周国菊	女	销售部	9166	0.1	210	706.6
002	韩燕	女	财务部	3579	0.1	210	147.9
003	朱小平	男	企划部	1254	0.03	0	37.62
004	姚金莲	男	企划部	2918	0.03	0	87.54
005	谢娟娟	女	网络安全部	771.43	0.03	0	23.1429
006	齐丽丽	男	销售部	1876	0.03	0	56.28
007	袁鸿飞	女	网络安全部	4089	0.1	210	198.9
008	周梅芳	女	行政部	442.29	0.03	0	13.2687
009	方某秀	男	销售部	26478	0.25	2660	3959.5
010	方向坪	女	财务部	0	0.03	0	0
011	王磊	女	销售部	1518.48	0.03	0	45.5544
012	慈凯	女	企划部	1876	0.03	0	56.28
013	朱文忠	男	销售部	1743.62	0.03	0	52.3086
014	唐敏	女	行政部	0	0.03	0	0
015	王兴亮	男	网络安全部	1754	0.03	0	52.62
016	朱贤良	女	销售部	0	0.03	0	0
017	方佳	女	行政部	0	0.03	0	0
018	陈建	男	行政部	0	0.03	0	0
019	白家国	男	销售部	9076	0.1	210	697.6

图 15-37

❼ 切换到“工资统计表”中，可以看到之前计算的个人所得税和实发工资返回最终的结果，如图 15-38 所示。

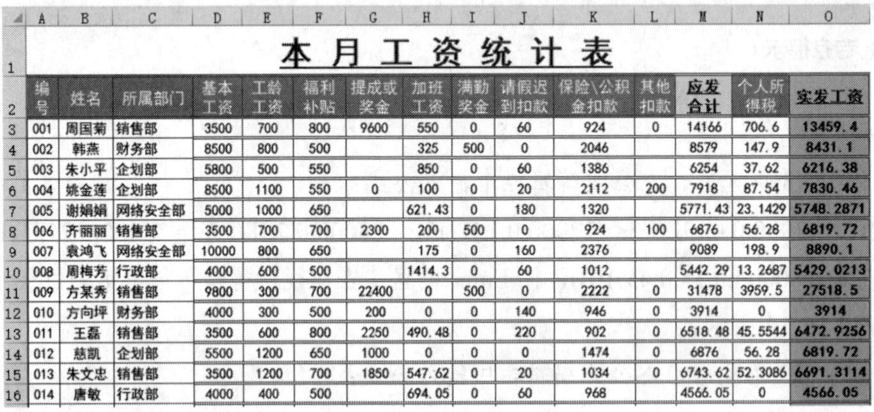

本月工资统计表

编号	姓名	所属部门	基本工资	工龄工资	福利补贴	提成或奖金	加班工资	满勤奖金	请假迟到扣款	保险\公积金扣款	其他扣款	应发合计	个人所得税	实发工资
001	周国菊	销售部	3500	700	800	9600	550	0	60	924	0	14166	706.6	13459.4
002	韩燕	财务部	8500	800	500		325	500	0	2046		8579	147.9	8431.1
003	朱小平	企划部	5800	500	550		850	0	60	1386		6254	37.62	6216.38
004	姚金莲	企划部	8500	1100	550	0	100	0	20	2112	200	7918	87.54	7830.46
005	谢娟娟	网络安全部	5000	1000	650		621.43	0	180	1320		5771.43	23.1429	5748.2871
006	齐丽丽	销售部	3500	700	700	2300	200	500	0	924	100	6876	56.28	6819.72
007	袁鸿飞	网络安全部	10000	800	650		175	0	160	2376		9089	198.9	8890.1
008	周梅芳	行政部	4000	600	500		1414.3	0	60	1012		5442.29	13.2687	5429.0213
009	方某秀	销售部	9800	300	700	22400	0	500	0	2222	0	31478	3959.5	27518.5
010	方向坪	财务部	4000	300	500	200	0	0	140	946	0	3914	0	3914
011	王磊	销售部	3500	600	800	2250	490.48	0	220	902	0	6518.48	45.5544	6472.9256
012	慈凯	企划部	5500	1200	650	1000	0	0	0	1474	0	6876	56.28	6819.72
013	朱文忠	销售部	3500	1200	700	1850	547.62	0	20	1034	0	6743.62	52.3086	6691.3114
014	唐敏	行政部	4000	400	500		694.05	0	60	968		4566.05	0	4566.05

图 15-38

15.3 生成员工工资条

完成工资表的创建之后，生成工资条是一项必要的工作。工资条是员工领取工资的一个详单，便于员工详细地了解本月应发工资明细与应扣工资明细。

15.3.1 建立第一位员工的工资条

❶ 新建工作表，并将其重命名为“工资条”。规划好工资条的结构，建立标识并预留出显示值的单元格，设置好编辑区域的文字格式、边框底纹等，如图 15-39 所示。

❷ 切换到“工资统计表”工作表中，选中从第 2 行开始的包含列标识的数据编辑区域，在名称编辑框中定义其名称为“工资表”（如图 15-40 所示）。按 Enter 键即可完成名称的定义。

第 15 章 公司员工工资管理

图 15-39

图 15-40

❸ 切换回到"工资条"工作表中，在 B2 单元格中输入第一位员工的编号。选中 E2 单元格，在公式编辑栏中输入公式：

=VLOOKUP(B2,工资表,2)，按 Enter 键，即可返回第一位员工的姓名，如图 15-41 所示。

❹ 选中 H2 单元格，在公式编辑栏中输入公式：

=VLOOKUP(B2,工资表,3)，按 Enter 键，即可返回第一位员工的所属部门，如图 15-42 所示。

图 15-41　　　　　　　　　　　图 15-42

❺ 选中 K2 单元格，在公式编辑栏中输入公式：

=VLOOKUP(B2,工资表,15)，按 Enter 键，即可返回第一位员工的实发工资，如图 15-43 所示。

图 15-43

263

❻ 选中 A5 单元格，在公式编辑栏中输入公式：

=VLOOKUP($B2,工资表,COLUMN(D1))，按 Enter 键，即可返回第一位员工的基本工资，选中 A5 单元格，将光标定位到该单元格右下角，出现黑色十字型时按住鼠标左键向右拖动至 K5 单元格，释放鼠标即可一次性返回第一位员工的工龄工资、福利补贴、提成或奖金等，如图 15-44 所示。

图 15-44

公式解析

=VLOOKUP($B2,工资表,COLUMN(D1)) 公式解析：

"COLUMN(D1)"返回值为"4"，而基本工资正处于"工资表"（之前定义的名称）单元格区域的第 4 列中。之所以这样设置，是为了接下来复制公式的方便，当复制 A5 单元格的公式到 B5 单元格中时，公式更改为：=VLOOKUP(B$2,工资表,COLUMN(E1))，"COLUMN(E1)"返回值为"5"，而工龄工资正处于"工资表"单元格区域的第 5 列中。依次类推。如果不采用这种办法来设置公式，则需要依次手动更改返回值所在的列数。

15.3.2 快速生成每位员工的工资条

当生成了第一位员工的工资条后，则可以利用填充的办法来快速生成每位员工的工资条。这里需要预留一行空白行作为每位员工工资明细的分隔。

❶ 选中 A2:K6 单元格区域（这里预留一行空行，方便分隔每一位员工的工资明细），将光标定位到该单元格区域右下角，出现黑色十字型时，按住鼠标左键向下拖动，释放鼠标即可得到每位员工的工资条，如图 15-45 所示。（拖动什么位置释放鼠标要根据当前员工的人数来决定，即通过填充得到所有员工的工资条后释放鼠标。）

图 15-45

15.3.3 打印输出工资条

创建好工资条之后需要将其打印出来。在打印之前需要进行页面设置，工资条比较宽，如果采用默认的"纵向"方向，则会有较大一部分无法打印出来，可以更改为"横向"。

❶ 单击"页面设置"选项卡，在"页面设置"组中单击"纸张方向"按钮，在下拉菜单中单击"横向"，如图15-46所示。

❷ 单击"文件"→"打印"命令，可以看到打印预览的效果，如图15-47所示。单击"页面设置"链接，打开"页面设置"对话框。

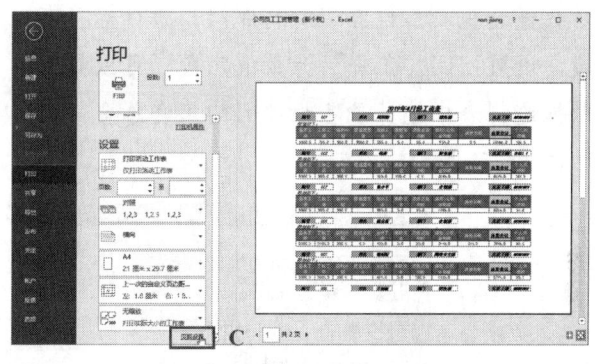

图 15-46

图 15-47

❸ 在"居中方式"栏中同时选中"水平"和"垂直"两个复选框，如图15-48所示。

❹ 单击"确定"按钮，可以看到打印预览达到比较满意的效果，如图15-49所示。

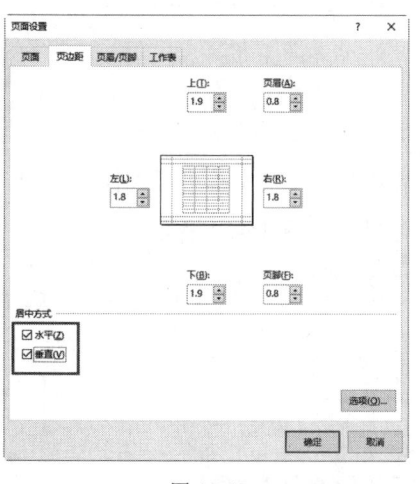

图 15-48

图 15-49

15.4 按部门汇总员工工资金额

利用数据透视表分析工具可以快速地统计出各个部门的工资总额，方便比较各部门的工资总额高低。

15.4.1 建立数据透视表统计各部门的工资额

❶ 切换到"工资统计表"工作表，单击编辑区域任意单元格，在"插入"选项卡下单击"数据透视表"按钮，打开"创建数据透视表"对话框。在"选择一个表或区域"编辑框中显示了选中的单元格区域，如图 15-50 所示。

❷ 单击"确定"按钮即可新建工作表显示数据透视表。设置"所属部门"为行标签字段，设置"实发工资"为数值字段。可以看到数据透视表中统计了各个部门的工资总金额，如图 15-51 所示。

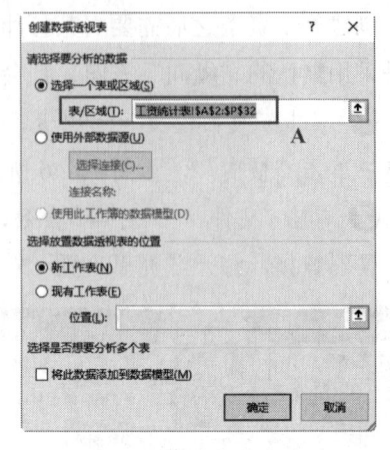

图 15-50

图 15-51

15.4.2 建立数据透视图比较各部门的工资额

❶ 切换到"数据透视表工具"→"选项"选项卡，在"工具"组中单击"数据透视图"按钮，打开"插入图表"对话框，选择"簇状条形图"类型，如图 15-52 所示。

❷ 单击"确定"按钮即可新建数据透视图，如图 15-53 所示。

图 15-52

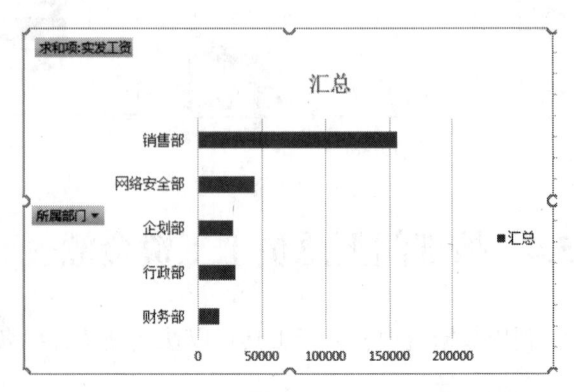

图 15-53

❸ 选中图表，在"图表工具"→"设计"选项卡下"图表样式"组中单击"更改颜色"按钮，在下拉菜单中选择一种图表样式（单击即可应用），效果如图 15-54 所示。

❹ 选中图表，单击"图表工具"→"设计"选项卡，在"图表样式"组中单击"其他"下拉按钮，打开下拉菜单，选择某种样式后，单击一次鼠标即可应用到图表上，如图 15-55 所示。

图 15-54

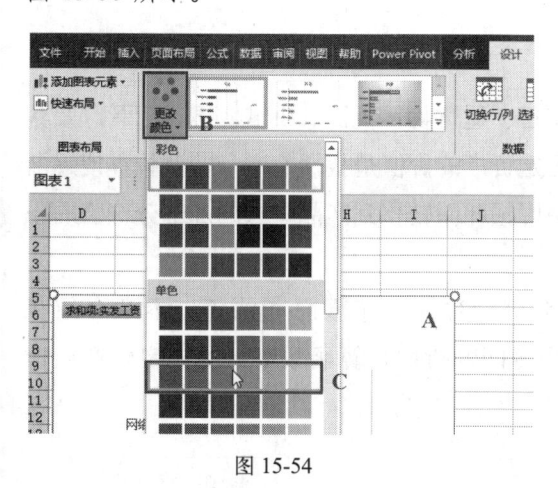

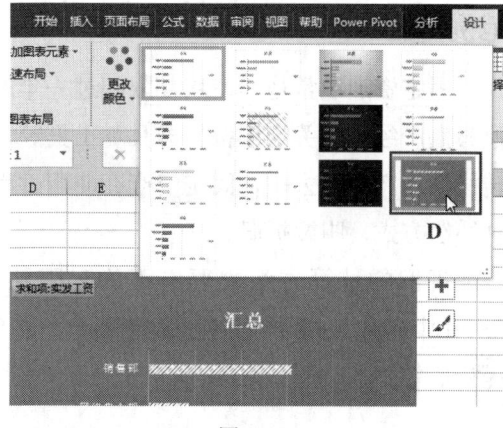

图 15-55

❺ 重新编辑图表的标题，效果如图 15-56 所示。从图表中可以直观比较各个部门的工资总金额（销售部工资总额最高，财务部工资总额最低）。

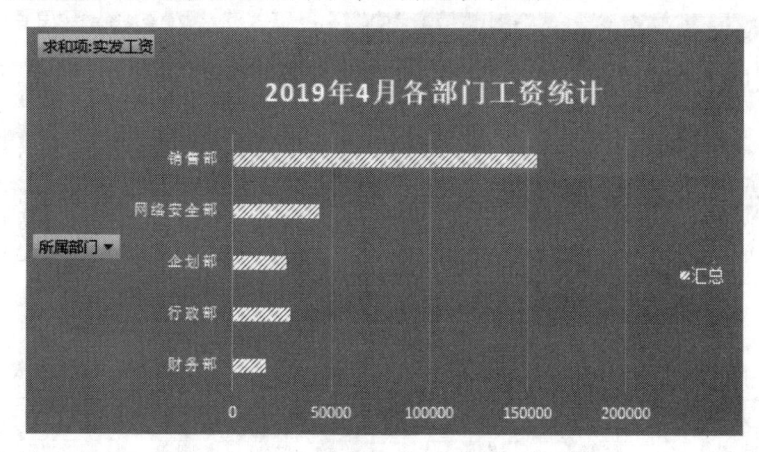

图 15-56

第16章
公司固定资产管理与分析

范例概述

固定资产通常是指使用期限超过一年的房屋、建筑物、机器、机械、运输工具以及其他与生产经营有关的设备、器具和工具等。固定资产的价值是根据它本身的磨损程度逐渐转移到新产品中去的，固定资产在使用过程中因损耗而转移到产品中去的那部分价值的一种补偿方式，叫做折旧。

折旧的计算方法主要有平均年限法、双倍余额法、年限总和法等。本章介绍在 Excel 中建立表格管理企业固定资产，并采用专门的折旧计算函数来计算固定资产应计提折旧等。

范例效果

固定资产清单

双倍余额递减法计提折旧表

余额法计提折旧表

年限总和法计提折旧表

范例实现

16.1 建立固定资产清单

企业的固定资产是其进行生产经营活动的根本条件，在企业总资产中占有相当大的比重。固定资产清单相当于一个固定资产的数据库，用来记录固定资产的所有数据。有了这一数据库，后期无论是固定资产的增加、减少、调拨等都可以在数据库统一管理。

❶ 新建"公司固定资产管理与分析"工作簿，并将 Sheet1 工作表标签重命名为"固定资产清单"，在工作表中输入表头、标识项以及相关固定资产信息。接着对表头、表格进行美化设置，设置完成后的效果，如图 16-1 所示。

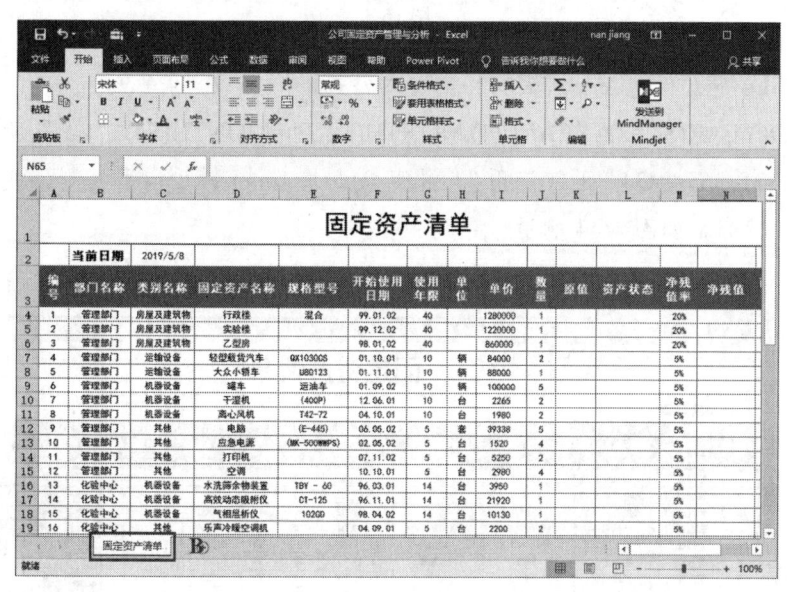

图 16-1

❷ 选中 C2 单元格，在公式编辑栏中输入公式：
=TODAY()，按 Enter 键，即可得到当前年月，如图 16-2 所示。

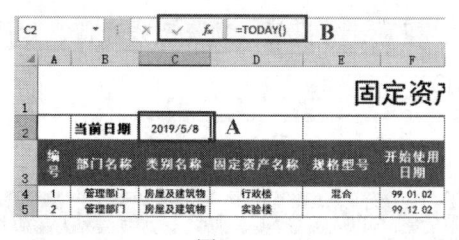

图 16-2

❸ 选中 K4 单元格，在公式编辑栏中输入公式：
=I4*J4，按 Enter 键后向下复制公式，即可得到固定资产原值，如图 16-3 所示。

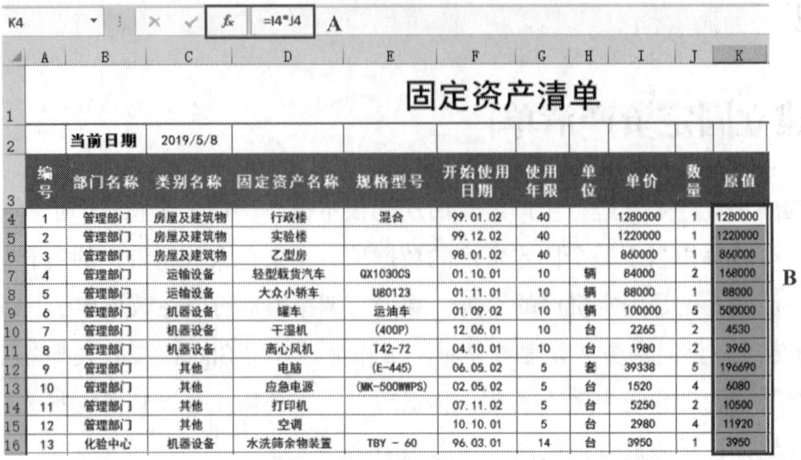

固定资产清单

	当前日期	2019/5/8								
编号	部门名称	类别名称	固定资产名称	规格型号	开始使用日期	使用年限	单位	单价	数量	原值
1	管理部门	房屋及建筑物	行政楼	混合	99.01.02	40		1280000	1	1280000
2	管理部门	房屋及建筑物	实验楼		99.12.02	40		1220000	1	1220000
3	管理部门	房屋及建筑物	乙型房		98.01.02	40		860000	1	860000
4	管理部门	运输设备	轻型载货汽车	QX1030CS	01.10.01	10	辆	84000	2	168000
5	管理部门	运输设备	大众小轿车	U80123	01.11.01	10	辆	88000	1	88000
6	管理部门	机器设备	罐车	运油车	01.09.02	10	辆	100000	5	500000
7	管理部门	机器设备	干湿机	(400P)	12.06.01	10	台	2265	2	4530
8	管理部门	机器设备	离心风机	T42-72	04.10.01	10	台	1980	2	3960
9	管理部门	其他	电脑	(E-445)	06.05.02	5	套	39338	5	196690
10	管理部门	其他	应急电源	(MK-500WWPS)	02.05.02	5	台	1520	4	6080
11	管理部门	其他	打印机		07.11.02	5	台	5250	2	10500
12	管理部门	其他	空调		10.10.01	5	台	2980	4	11920
13	化验中心	机器设备	水洗筛余物装置	TBY - 60	96.03.01	14	台	3950	1	3950

图 16-3

❹ 选中 L4 单元格，在公式编辑栏中输入公式：

=IF(AND(YEAR($C$2)=YEAR(F4),MONTH($C$2)=MONTH(F4)),"当月新增",IF((DAYS360(F4,$C$2))/365<=G4,"正常使用","报废"))，按 Enter 键后向下复制公式，即可得到固定资产目前状态，如图 16-4 所示。

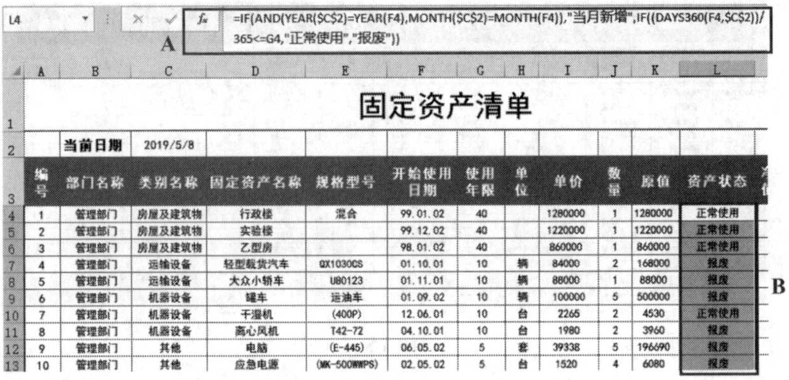

固定资产清单

	当前日期	2019/5/8									
编号	部门名称	类别名称	固定资产名称	规格型号	开始使用日期	使用年限	单位	单价	数量	原值	资产状态
1	管理部门	房屋及建筑物	行政楼	混合	99.01.02	40		1280000	1	1280000	正常使用
2	管理部门	房屋及建筑物	实验楼		99.12.02	40		1220000	1	1220000	正常使用
3	管理部门	房屋及建筑物	乙型房		98.01.02	40		860000	1	860000	正常使用
4	管理部门	运输设备	轻型载货汽车	QX1030CS	01.10.01	10	辆	84000	2	168000	报废
5	管理部门	运输设备	大众小轿车	U80123	01.11.01	10	辆	88000	1	88000	报废
6	管理部门	机器设备	罐车	运油车	01.09.02	10	辆	100000	5	500000	报废
7	管理部门	机器设备	干湿机	(400P)	12.06.01	10	台	2265	2	4530	正常使用
8	管理部门	机器设备	离心风机	T42-72	04.10.01	10	台	1980	2	3960	报废
9	管理部门	其他	电脑	(E-445)	06.05.02	5	套	39338	5	196690	报废
10	管理部门	其他	应急电源	(MK-500WWPS)	02.05.02	5	台	1520	4	6080	报废

图 16-4

❺ 选中 N4 单元格，在公式编辑栏中输入公式：

=K4*M4，按 Enter 键，即可计算出第一项资产残净值，如图 16-5 所示。

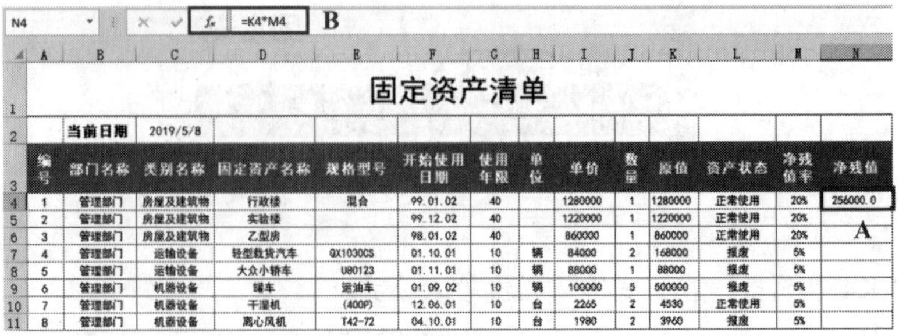

固定资产清单

	当前日期	2019/5/8											
编号	部门名称	类别名称	固定资产名称	规格型号	开始使用日期	使用年限	单位	单价	数量	原值	资产状态	净残值率	净残值
1	管理部门	房屋及建筑物	行政楼	混合	99.01.02	40		1280000	1	1280000	正常使用	20%	256000.0
2	管理部门	房屋及建筑物	实验楼		99.12.02	40		1220000	1	1220000	正常使用	20%	
3	管理部门	房屋及建筑物	乙型房		98.01.02	40		860000	1	860000	正常使用	20%	
4	管理部门	运输设备	轻型载货汽车	QX1030CS	01.10.01	10	辆	84000	2	168000	报废	5%	
5	管理部门	运输设备	大众小轿车	U80123	01.11.01	10	辆	88000	1	88000	报废	5%	
6	管理部门	机器设备	罐车	运油车	01.09.02	10	辆	100000	5	500000	报废	5%	
7	管理部门	机器设备	干湿机	(400P)	12.06.01	10	台	2265	2	4530	正常使用	5%	
8	管理部门	机器设备	离心风机	T42-72	04.10.01	10	台	1980	2	3960	报废	5%	

图 16-5

❻ 选中 O4 单元格，在公式编辑栏中输入公式：

=IF(A4="","",IF(L4=" 当 月 新 增 ",0,(YEAR($C$2)-YEAR(F4))*12+MONTH($C$2)-MONTH(F4)-1))，按 Enter 键，即可计算出第一项已计提的月数，如图 16-6 所示。

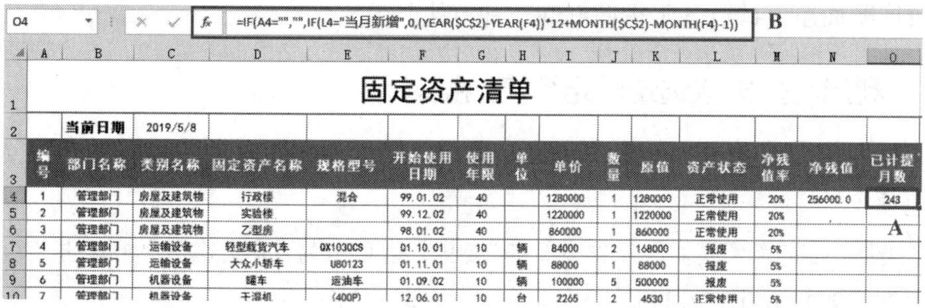

固定资产清单														
	当前日期	2019/5/8												
编号	部门名称	类别名称	固定资产名称	规格型号	开始使用日期	使用年限	单位	单价	数量	原值	资产状态	净残值率	净残值	已计提月数
1	管理部门	房屋及建筑物	行政楼	混合	99.01.02	40		1280000	1	1280000	正常使用	20%	256000.0	243
2	管理部门	房屋及建筑物	实验楼		99.12.02	40		1220000	1	1220000	正常使用	20%		
3	管理部门	房屋及建筑物	乙型房		98.01.02	40		860000	1	860000	正常使用	20%		
4	管理部门	运输设备	轻型载货汽车	QX1030CS	01.10.01	10	辆	84000	2	168000	报废	5%		
5	管理部门	运输设备	大众小轿车	U80123	01.11.01	10	辆	88000	1	88000	报废	5%		
6	管理部门	机器设备	罐车	运油车	01.09.02	10	辆	100000	5	500000	报废	5%		
7	管理部门	机器设备	干湿机	(400P)	12.06.01	10	台	2265	2	4530	正常使用	5%		

图 16-6

❼ 选中 P4 单元格，在公式编辑栏中输入公式：

=IF(L4=" 报废 ",0,IF(AND(YEAR(F4)<YEAR($C$2),YEAR($C$2)<(YEAR(F4)+G4)),12, 12-MONTH(F4)))，按 Enter 键，即可计算出第一项本年度应该计提的折旧月数，如图 16-7 所示。

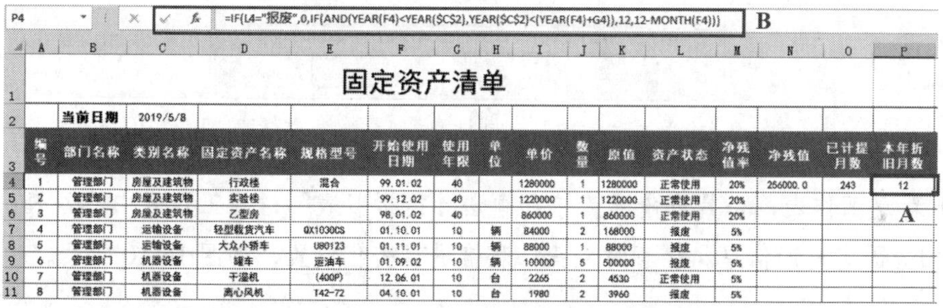

固定资产清单															
	当前日期	2019/5/8													
编号	部门名称	类别名称	固定资产名称	规格型号	开始使用日期	使用年限	单位	单价	数量	原值	资产状态	净残值率	净残值	已计提月数	本年折旧月数
1	管理部门	房屋及建筑物	行政楼	混合	99.01.02	40		1280000	1	1280000	正常使用	20%	256000.0	243	12
2	管理部门	房屋及建筑物	实验楼		99.12.02	40		1220000	1	1220000	正常使用	20%			
3	管理部门	房屋及建筑物	乙型房		98.01.02	40		860000	1	860000	正常使用	20%			
4	管理部门	运输设备	轻型载货汽车	QX1030CS	01.10.01	10	辆	84000	2	168000	报废	5%			
5	管理部门	运输设备	大众小轿车	U80123	01.11.01	10	辆	88000	1	88000	报废	5%			
6	管理部门	机器设备	罐车	运油车	01.09.02	10	辆	100000	5	500000	报废	5%			
7	管理部门	机器设备	干湿机	(400P)	12.06.01	10	台	2265	2	4530	正常使用	5%			
8	管理部门	机器设备	离心风机	T42-72	04.10.01	10	台	1980	2	3960	报废	5%			

图 16-7

❽ 选中 N4:P4 单元格区域，向下复制公式，即可计算出其他项固定资产残净值、已计提的折旧月数、本年度应该计提的折旧月数，如图 16-8 所示。

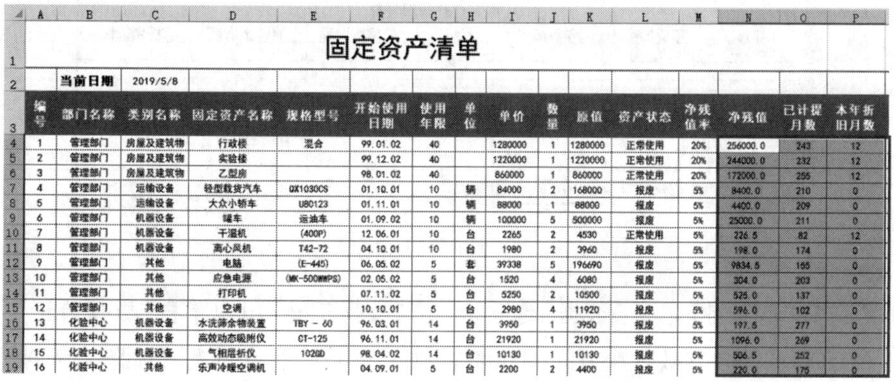

固定资产清单															
	当前日期	2019/5/8													
编号	部门名称	类别名称	固定资产名称	规格型号	开始使用日期	使用年限	单位	单价	数量	原值	资产状态	净残值率	净残值	已计提月数	本年折旧月数
1	管理部门	房屋及建筑物	行政楼	混合	99.01.02	40		1280000	1	1280000	正常使用	20%	256000.0	243	12
2	管理部门	房屋及建筑物	实验楼		99.12.02	40		1220000	1	1220000	正常使用	20%	244000.0	232	12
3	管理部门	房屋及建筑物	乙型房		98.01.02	40		860000	1	860000	正常使用	20%	172000.0	255	12
4	管理部门	运输设备	轻型载货汽车	QX1030CS	01.10.01	10	辆	84000	2	168000	报废	5%	8400.0	210	0
5	管理部门	运输设备	大众小轿车	U80123	01.11.01	10	辆	88000	1	88000	报废	5%	4400.0	209	0
6	管理部门	机器设备	罐车	运油车	01.09.02	10	辆	100000	5	500000	报废	5%	25000.0	211	0
7	管理部门	机器设备	干湿机	(400P)	12.06.01	10	台	2265	2	4530	正常使用	5%	226.5	82	12
8	管理部门	机器设备	离心风机	T42-72	04.10.01	10	台	1980	2	3960	报废	5%	198.0	174	0
9	管理部门	其他	电脑	(E-445)	06.05.02	5	套	39338	5	196690	报废	5%	9834.5	155	0
10	管理部门	其他	应急电源	(MK-500WWPS)	02.05.02	5	台	1520	4	6080	报废	5%	304.0	203	0
11	管理部门	其他	打印机		07.11.02	5	台	5250	2	10500	报废	5%	525.0	137	0
12	管理部门	其他	空调		10.10.01	5	台	2980	4	11920	报废	5%	596.0	102	0
13	化验中心	机器设备	水洗筛余物装置	TBY - 60	96.03.01	14	台	3950	1	3950	报废	5%	197.5	277	0
14	化验中心	机器设备	高效动态吸附仪	CT-125	96.11.01	14	台	21920	1	21920	报废	5%	1096.0	269	0
15	化验中心	机器设备	气相层析仪	102GD	98.04.02	14	台	10130	1	10130	报废	5%	506.5	252	0
16	化验中心	其他	乐声冷暖空调机		04.09.01	5	台	2200	2	4400	报废	5%	220.0	175	0

图 16-8

16.2 余额法计提折旧表

固定余额递减法是固定资产折旧法中的一种，它是指用一个固定的折旧率乘以各个年初固定资产账面净值计算各年折旧额的一种方法。

16.2.1 利用函数提取选定固定资产数据项

在"固定资产清单"工作表中定义名称后，可以使用 VLOOKUP 函数获取选定固定资产其他项。

❶ 打开"固定资产清单"工作表，在"公式"选项卡的"定义名称"组单击"定义名称"按钮，打开"新建名称"对话框。

❷ 在"名称"设置框中输入"编号"，接着设置引用位置公式为："=OFFSET(固定资产清单!$A$4,,,COUNTA(固定资产清单!$A:$A)-3,)"，如图16-9所示。

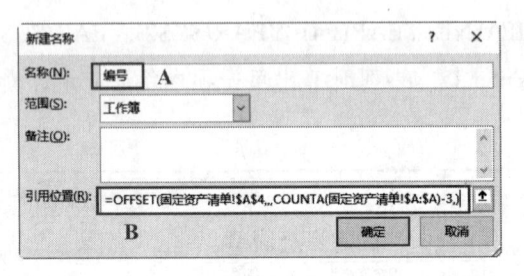

图 16-9

❸ 新建工作表，将其重命名为"余额法计提折旧表"，在工作表中输入表头、标识项以及相关固定资产信息。接着对表头、表格进行美化设置，如图16-10所示。

图 16-10

❹ 选中B4单元格，单击"数据"选项卡，在"数据工具"组中单击"数据验证"按钮（如图16-11所示），打开"数据验证"对话框，在"允许"下拉列表中选择"序列"，设置来源为：=编号，如图16-12所示。

第 16 章 公司固定资产管理与分析

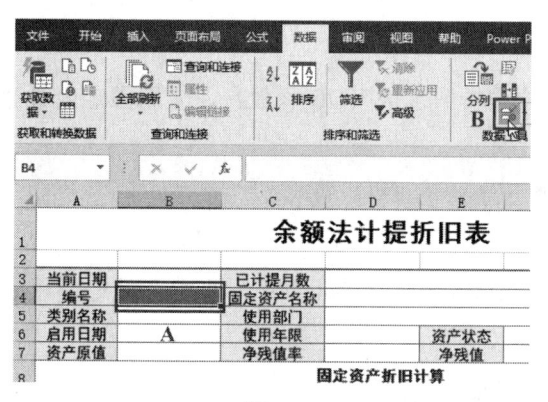

图 16-11

图 16-12

❺ 返回工作表中，单击 B4 单元格右侧的下拉按钮，可以直接从下拉列表中选择需要计算折旧的固定资产编号，如图 16-13 所示。

❻ 选中 B3 单元格，在公式编辑栏中输入公式：
=TODAY()，按 Enter 键，即可计算出当前日期，如图 16-14 所示。

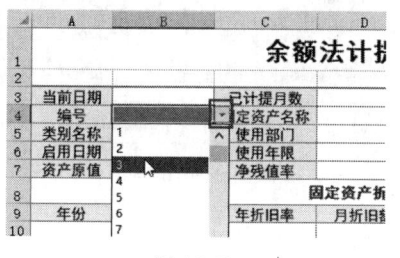

图 16-13

图 16-14

❼ 选中 B5 单元格，在公式编辑栏中输入公式：
=VLOOKUP($C$4,固定资产清单!$A:$O,3,FALSE)，按 Enter 键，即可得到固定资产类别名称，如图 16-15 所示。

❽ 使用类似的公式完成其他数据的提取，如图 16-16 所示。

图 16-15

图 16-16

> 💡 **专家提示**
>
> 根据公式"=VLOOKUP($C$4,固定资产清单!$A:$O,3,FALSE)"，在"固定资产清单"工作表中找到所需提取项所在单元格为第几列，更改公式中的列所在数值"3"即可。

16.2.2 利用公式计算折旧数据

在 Excel 中，有专门的固定资额递减法折旧函数（DB 函数），使用固定余额递减法函数可以计算出该法的资产相关的折旧数据。

❶ 在表格中输入月份，以及第 0 年折余价值（资产原值）。

选中 B11 单元格，在公式编辑栏中输入公式：

=DB($B$7,$F$7,$D$6,A11,12-MONTH($B$6))，按 Enter 键，即可按固定余额法计算第一年折旧额，如图 16-17 所示。

❷ 选中 C11 单元格，在公式编辑栏中输入公式：

=IF(A11="","",B11/$B$7)，按 Enter 键，即可计算出第一年折旧率，如图 16-18 所示。

图 16-17

图 16-18

❸ 选中 D11 单元格，在公式编辑栏中输入公式：

=IF($A11="","",ROUND(B11/12,2))，按 Enter 键，即可计算出第一年月折旧额，如图 16-19 所示。

❹ 选中 E11 单元格，在公式编辑栏中输入公式：

=IF(A11="","",ROUND(C11/12,5))，按 Enter 键，即可计算出第一年月折率，如图 16-20 所示。

图 16-19

图 16-20

❺ 选中 F11 单元格，在公式编辑栏中输入公式：

=IF(A11="","",B11+F10)，按 Enter 键，即可计算出第一年累积折旧额，如图 16-21 所示。

❻ 选中 G11 单元格，在公式编辑栏中输入公式：
=IF(A11="","",$G$10-F11)，按 Enter 键，即可计算出第一年折余价值，如图 16-22 所示。

图 16-21

图 16-22

❼ 选中 B11:G11 单元格，向下复制公式，即可计算出各年年折旧额、年折旧率、月折旧额、月折旧率、累计折旧额、折余价值，如图 16-23 所示。

图 16-23

16.3 年限总和法计提折旧表

年限总和法是将固定资产的原值减去残值后的净额乘以一个逐年递减的分数计算确定资产折旧额的一种方法，可以使用 SYD 函数。

复制"余额法计提折旧表"工作表，将其重命名为"年限总和法计提折旧表"，更改表格标题为"年限总和法计提折旧表"，选中 B11 单元格，在公式编辑栏中更改公式：
=SYD($B$7,$F$7,$D$6,A11)，按 Enter 键后向下复制公式，其余列中的数据会自动更改，如图 16-24 所示。

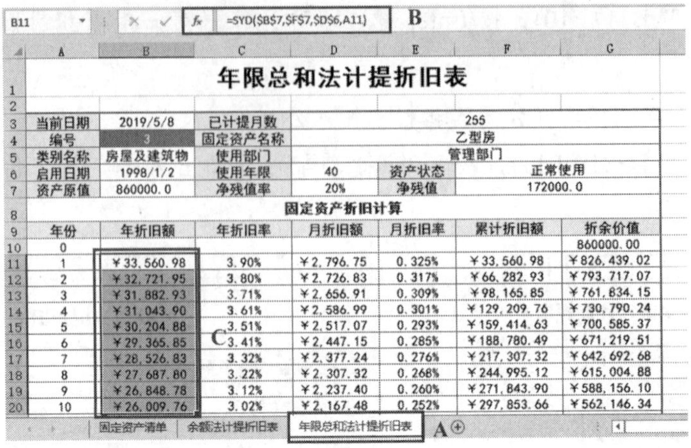

年限总和法计提折旧表

当前日期	2019/5/8	已计提月数	255			
编号	3	固定资产名称	乙型房			
类别名称	房屋及建筑物	使用部门	管理部门			
启用日期	1998/1/2	使用年限	40	资产状态	正常使用	
资产原值	860000.0	净残值率	20%	净残值	172000.0	
固定资产折旧计算						
年份	年折旧额	年折旧率	月折旧额	月折旧率	累计折旧额	折余价值
0						860000.00
1	¥33,560.98	3.90%	¥2,796.75	0.325%	¥33,560.98	¥826,439.02
2	¥32,721.95	3.80%	¥2,726.83	0.317%	¥66,282.93	¥793,717.07
3	¥31,882.93	3.71%	¥2,656.91	0.309%	¥98,165.85	¥761,834.15
4	¥31,043.90	3.61%	¥2,586.99	0.301%	¥129,209.76	¥730,790.24
5	¥30,204.88	3.51%	¥2,517.07	0.293%	¥159,414.63	¥700,585.37
6	¥29,365.85	3.41%	¥2,447.15	0.285%	¥188,780.49	¥671,219.51
7	¥28,526.83	3.32%	¥2,377.24	0.276%	¥217,307.32	¥642,692.68
8	¥27,687.80	3.22%	¥2,307.32	0.268%	¥244,995.12	¥615,004.88
9	¥26,848.78	3.12%	¥2,237.40	0.260%	¥271,843.90	¥588,156.10
10	¥26,009.76	3.02%	¥2,167.48	0.252%	¥297,853.66	¥562,146.34

图 16-24

16.4 双倍余额递减法计提折旧表

双倍余额递减法是加速折旧方法中的一种，是在不考虑固定自残净残值的情况下，根据每年年初固定资产账面余额和双倍直线折旧率计算固定资产的一种折旧方法。

❶ 复制“年限总和法计提折旧表”工作表，将其重命名为“双倍余额递减法计提折旧表”，更改表格标题为“双倍余额递减法计提折旧表”，选中 B11 单元格，在公式编辑栏中输入公式：

=DDB($B$7,$F$7,$D$6,A11)，按 Enter 键，即可使用双倍余额递减法计算出第一年的年折旧额。选中 B11:G11 单元格区域，向下填充到 B21:21 单元格区域，即可得到双倍余额递减法进行折旧计算后的所有数据，如图 16-25 所示。

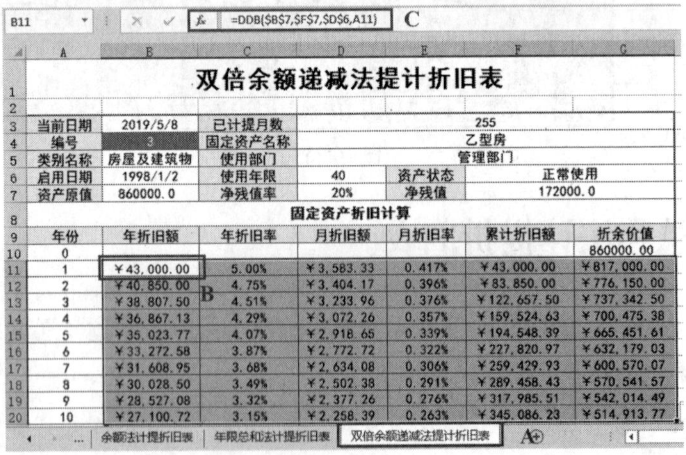

双倍余额递减法提计折旧表

当前日期	2019/5/8	已计提月数	255			
编号	3	固定资产名称	乙型房			
类别名称	房屋及建筑物	使用部门	管理部门			
启用日期	1998/1/2	使用年限	40	资产状态	正常使用	
资产原值	860000.0	净残值率	20%	净残值	172000.0	
固定资产折旧计算						
年份	年折旧额	年折旧率	月折旧额	月折旧率	累计折旧额	折余价值
0						860000.00
1	¥43,000.00	5.00%	¥3,583.33	0.417%	¥43,000.00	¥817,000.00
2	¥40,850.00	4.75%	¥3,404.17	0.396%	¥83,850.00	¥776,150.00
3	¥38,807.50	4.51%	¥3,233.96	0.376%	¥122,657.50	¥737,342.50
4	¥36,867.13	4.29%	¥3,072.26	0.357%	¥159,524.63	¥700,475.38
5	¥35,023.77	4.07%	¥2,918.65	0.339%	¥194,548.39	¥665,451.61
6	¥33,272.58	3.87%	¥2,772.72	0.322%	¥227,820.97	¥632,179.03
7	¥31,608.95	3.68%	¥2,634.08	0.306%	¥259,429.93	¥600,570.07
8	¥30,028.50	3.49%	¥2,502.38	0.291%	¥289,458.43	¥570,541.57
9	¥28,527.08	3.32%	¥2,377.26	0.276%	¥317,985.51	¥542,014.49
10	¥27,100.72	3.15%	¥2,258.39	0.263%	¥345,086.23	¥514,913.77

图 16-25

❷ 在 B4 单元格中选中不同固定资产的编号，可以得到不同固定资产使用双倍余额递减法计算出的折旧数据，如图 16-26 所示。

第 16 章 公司固定资产管理与分析

图 16-26

16.5 固定资产查询

当企业固定资产较多时，如果想查看某项固定资产则不太方便，此时可以使用 Excel 2019 中的筛选功能，查看不同固定资产的使用情况。

16.5.1 查询报废的固定资产

1. 筛选出所有报废的固定资产

下面查询出所有报废的固定资产，可以使用筛选功能将资产状态为"报废"的记录全部筛选出来。

❶ 复制"固定资产清单"工作表，将其重命名为"固定资产查询"。接着选中 A3:Q3 单元格区域，在"数据"选项卡的"排序和筛选"组单击"筛选"按钮，即可为列标识添加筛选按钮，如图 16-27 所示。

❷ 单击"资产状态"列标识右侧的下拉按钮，在下拉菜单中选中"报废"复选框，如图 16-28 所示。

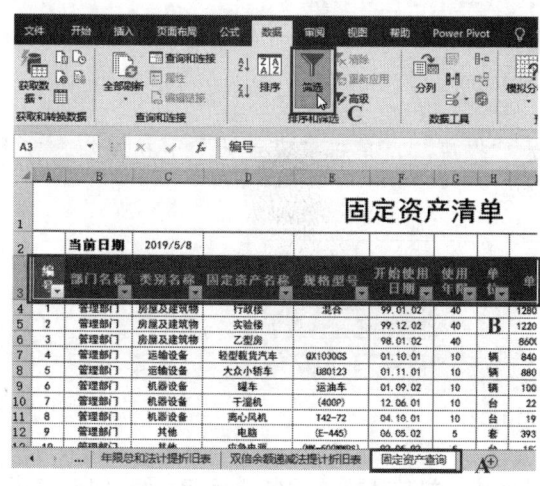

图 16-27

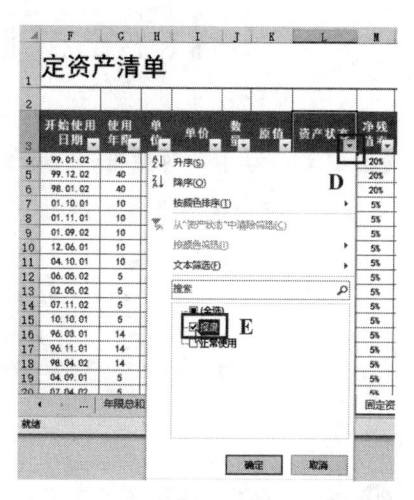

图 16-28

277

❸ 单击"确定"按钮即可查询出所有报废的固定资产，如图 16-29 所示。

图 16-29

2. 为报废固定资产做标记

通过上面的方法可以将报废的固定资产筛选出来。另外，如果资产报废了，可以用特殊的标记将其突出显示，可以按如下方法操作。

❶ 选中"资产状态"列的单元格区域，单击"开始"选项卡，在"样式"组中单击"条件格式"按钮，打开下拉菜单，鼠标指针指向"突出显示单元格规则"，在子菜单中单击"等于"，如图 16-30 所示。

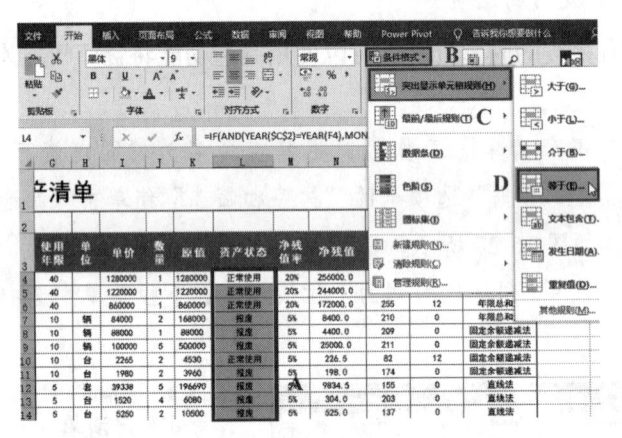

图 16-30

❷ 打开"等于"对话框，设置条件为"报废"，单击"设置为"下拉按钮，在下拉菜单中选择一种合适的格式，如图 16-31 所示。

图 16-31

❸ 单击"确定"按钮即可实现当出现"报废"文字时就显示特殊标记，如图 16-32 所示。

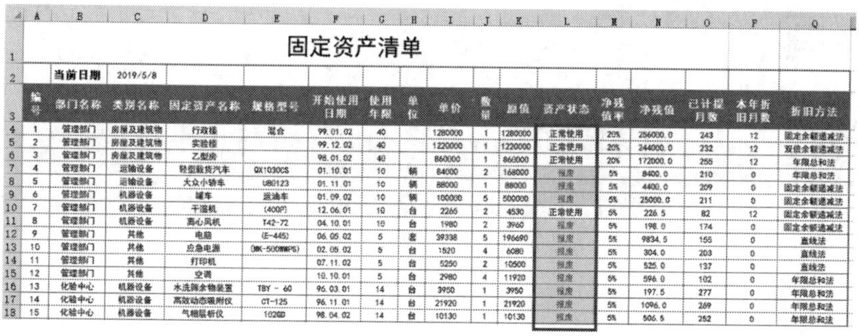

第 16 章 公司固定资产管理与分析

图 16-32

16.5.2 查询出特定使用年限的固定资产

要查询特定使用年限或在某一年限区域内的固定资产信息,可以使用筛选功能来实现。

❶ 添加自动筛选后,单击"使用年限"按钮右侧的下拉按钮,鼠标指针指向"数字筛选",在子菜单中单击"大于或等于",如图 16-33 所示。

❷ 打开"自定义自动筛选方式"对话框,设置小于或等于年限为"40",如图 16-34 所示。

图 16-33 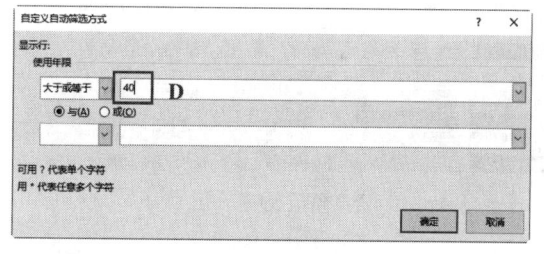　　　　　图 16-34

❸ 单击"确定"按钮即可查询出所有使用年限大于或等于 40 年的固定资产,如图 16-35 所示。

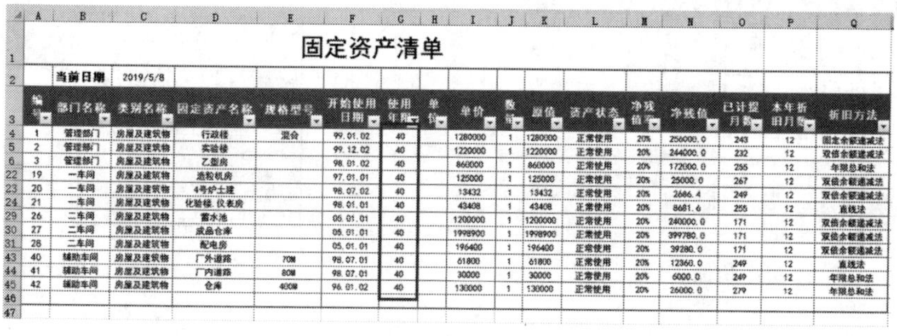

图 16-35

279

第 17 章
公司资产负债表管理与分析

范例概述

创建财务报表是财务部门的一项必备工作，因为通过财务报表可以反映出某一时期公司的财务状况、公司的经营状况。资产负债表、利润表、现金流量表是财务分析中的三大主表，是财务报告最重要的组成部分，也是财务分析的重要依据。

本实例中介绍资产负债表的制作过程。制作过程中运用了公式和函数来快速统计单元格的数据并对数据进行分析。

范例效果

资产负债表

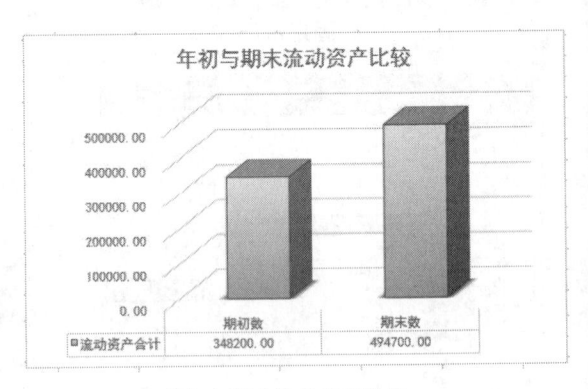

年初与期末流动资产比较

资产负债表结构分析

货币资金分析

范例实现

17.1 建立资产负债表

资产负债表反映了企业一定时期（如月末、季末或年末）公司的资金来源及分布状况，因此资产负债表又叫财务状况表。对资产负债表的基本分析内容包括了解分析公司当时的财务结构、经营能力、盈利水平和偿债能力。

17.1.1 计算"流动资产"类项目期初数与期末数

❶ 新建工作簿并命名为"公司资产负债表管理与分析"，重命名"Sheet1"工作表为"资产负债表"，输入资产负债表包含的所有项目对建立的资产负债表进行格式设置。其中包括表格编辑区域边框设置、特定区域底纹设置、文字字体设置、对齐方式设置，如图17-1所示。

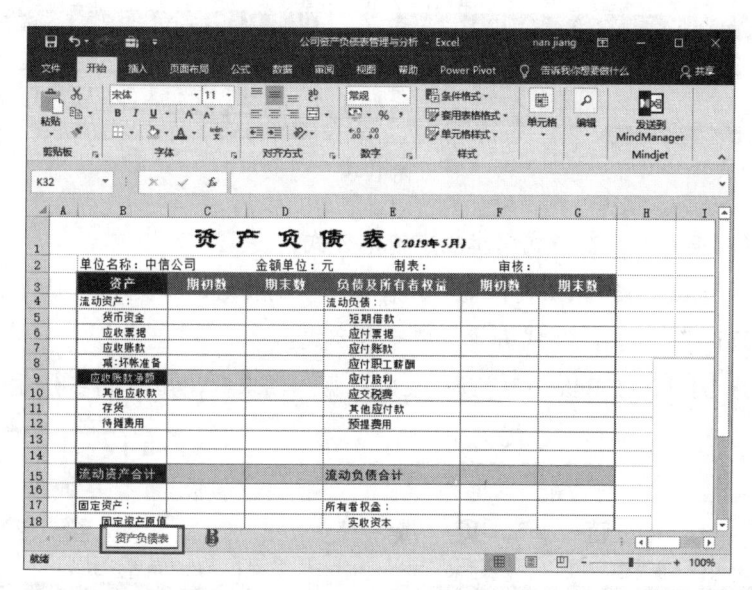

图 17-1

❷ 资产负债表中的数据来自于该时期的总分类账。在第11章中我们介绍了在Excel中建立总分类账的操作方法，例如，如图17-2所示为建立完成后本期总分类账。

❸ 切换到"资产负债表"工作表中，选中C5单元格，在公式编辑栏输入公式：
= 总分类账 !E8+ 总分类账 !E9+ 总分类账 !E10，按 Enter 键即可求出"货币资金"科目的期初数，如图 17-3 所示。

❹ 选中 D5 单元格，在公式编辑栏输入公式：
= 总分类账 !H8+ 总分类账 !H9+ 总分类账 !H10，按 Enter 键即可求出"货币资金"科目的期末数，如图 17-4 所示。

图 17-2

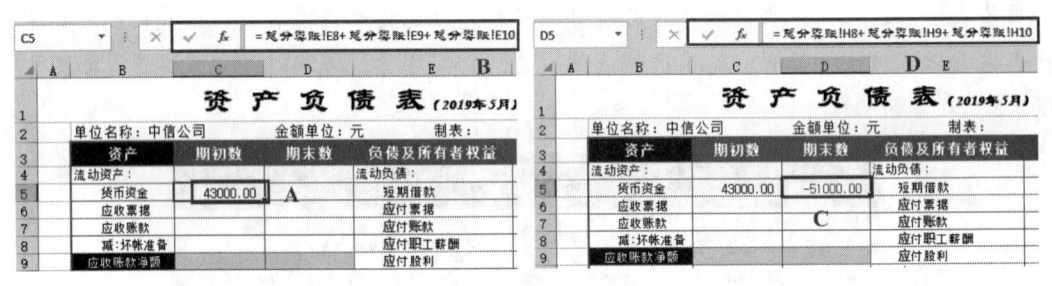

图 17-3

❺ 选中 C6 单元格,在公式编辑栏中输入公式:

= 总分类账 !E11,按 Enter 键得到"应收票据"期初数,如图 17-4 所示。

❻ 选中 D6 单元格,在公式编辑栏中输入公式:

= 总分类账 !H11,按 Enter 键得到"应收票据"期末数,如图 17-5 所示。

图 17-4

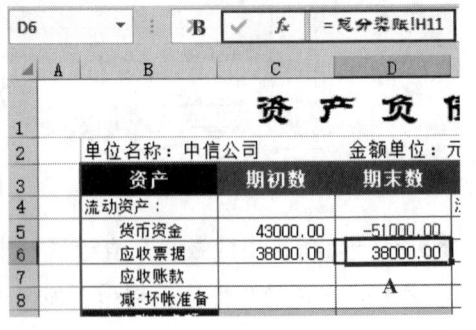

图 17-5

❼ 选中 C7 单元格,在公式编辑栏中输入公式:

= 总分类账 !E12,按 Enter 键得到"应收账款"期初数,如图 17-6 所示。

❽ 选中 D7 单元格,在公式编辑栏中输入公式:

= 总分类账 !H12,按 Enter 键得到"应收账款"期末数,如图 17-7 所示。

图 17-6 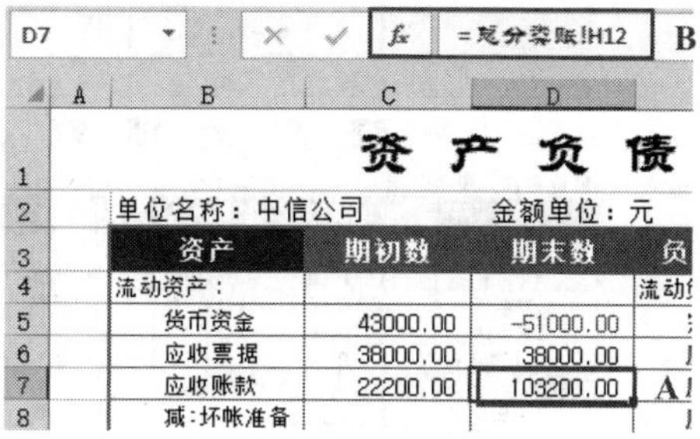　　　　　　　　　　　　　　　　图 17-7

❾ 选中 C8 单元格，在公式编辑栏中输入公式：

= 总分类账 !E14，按 Enter 键得到"坏账准备"期初数，如图 17-8 所示。

❿ 选中 D8 单元格，在公式编辑栏中输入公式：

= 总分类账 !H14，按 Enter 键得到"坏账准备"期末数，如图 17-9 所示。

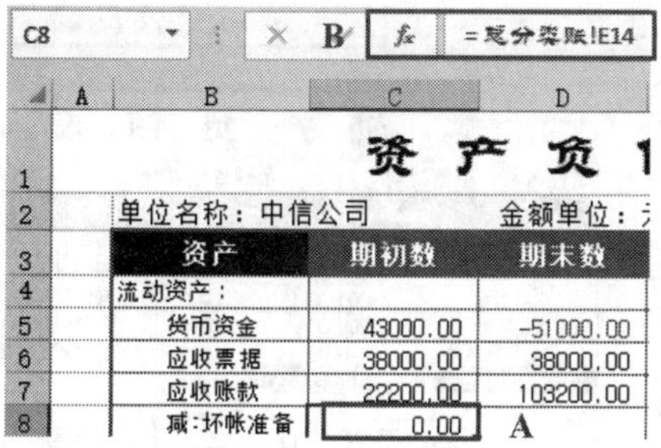

图 17-8 　　　　　　　　　　　　　　　　图 17-9

⓫ 选中 C9 单元格，在公式编辑栏中输入公式：

=C7+C8，按 Enter 键得到应收账款净额期初数。复制 C9 单元格的公式到 D9 单元格，得到应收账款净额期末数，如图 17-10 所示。

图 17-10

⓬ 选中 C10 单元格，在公式编辑栏中输入公式：

= 总分类账 !E13，按 Enter 键得到"其他应收款"期初数，如图 17-11 所示。

⓭ 选中 D10 单元格，在公式编辑栏中输入公式：

= 总分类账 !H13，按 Enter 键得到"其他应收款"期末数，如图 17-12 所示。

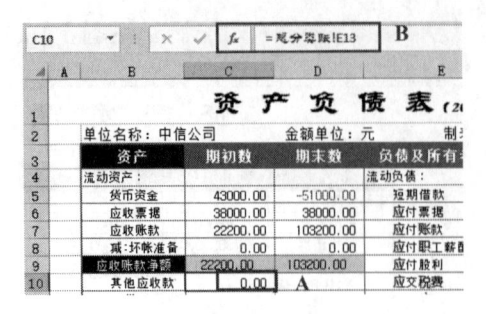

图 17-11 　　　　　　　　　　　　　图 17-12

⓮ 选中 C11 单元格，在公式编辑栏中输入公式：

=总分类账!E15+总分类账!E16，按 Enter 键得到"存货"期初数，如图 17-13 所示。

⓯ 选中 D11 单元格，在公式编辑栏中输入公式：

=总分类账!H15+总分类账!H16，按 Enter 键得到"存货"期末数，如图 17-14 所示。

图 17-13 　　　　　　　　　　　　　图 17-14

⓰ 选中 C12 单元格，在公式编辑栏中输入公式：

=总分类账!E17，按 Enter 键得到"待摊费用"期初数，如图 17-15 所示。

⓱ 选中 D12 单元格，在公式编辑栏中输入公式：

=总分类账!H17，按 Enter 键得到"待摊费用"期末数，如图 17-16 所示。

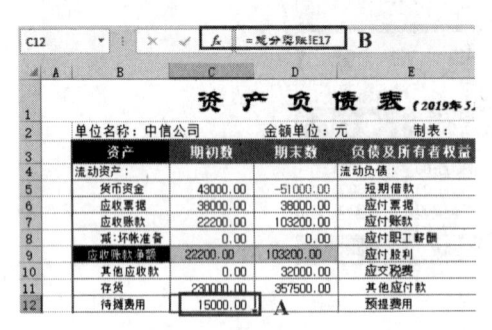

图 17-15 　　　　　　　　　　　　　图 17-16

⓲ 选中 C15 单元格，在公式编辑栏中输入公式：

=SUM(C5:C6)+SUM(C9:C12)，按 Enter 键得到流动资产合计数的期初值。复制 C15 单元格的公式到 D15 单元格，得到流动资产合计数的期末值，如图 17-17 所示。

284

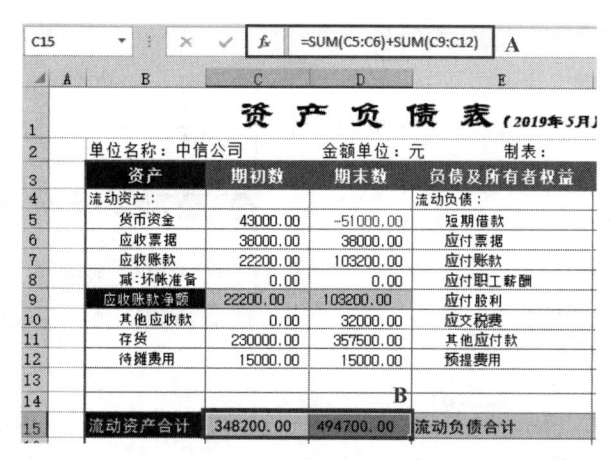

第 17 章 公司资产负债表管理与分析

图 17-17

17.1.2 计算"固定资产"类项目期初数与期末数

❶ 选中 C18 单元格,在公式编辑栏中输入公式:

=总分类账!E18,按 Enter 键得到"固定资产原值"期初数,如图 17-18 所示。

❷ 选中 D18 单元格,在公式编辑栏中输入公式:

=总分类账!H18,按 Enter 键得到"固定资产原值"期末数,如图 17-19 所示。

图 17-18

图 17-19

❸ 选中 C19 单元格,在公式编辑栏中输入公式:

=总分类账!E19,按 Enter 键得到"累计折旧"期初数,如图 17-20 所示。

❹ 选中 D19 单元格,在公式编辑栏中输入公式:

=总分类账!H19,按 Enter 键得到"累计折旧"期末数,如图 17-21 所示。

图 17-20

图 17-21

❺ 选中 C20 单元格，在公式编辑栏中输入公式：

=C18+C19，按 Enter 键得到固定资产净值的期初值。复制 C20 单元格的公式到 D20 单元格，得到固定资产净值的期末值，如图 17-22 所示。

❻ 选中 C21 单元格，在公式编辑栏中输入公式：

图 17-22

= 总分类账!C20，按 Enter 键得到"待处理财产损溢"期初数，如图 17-23 所示。

❼ 选中 D21 单元格，在公式编辑栏中输入公式：

= 总分类账!H20，按 Enter 键得到"待处理财产损溢"期末数，如图 17-24 所示。

图 17-23

图 17-24

❽ 选中 C23 单元格，在公式编辑栏中输入公式：

=C20+C21，按 Enter 键得到固定资产合计值的期初数。复制 C23 单元格的公式到 D23 单元格，得到固定资产合计值的期末数，如图 17-25 所示。

❾ 选中 C25 单元格，在公式编辑栏中输入公式：

=C15+C23，按 Enter 键得到资产总计值的期初数。复制 C25 单元格的公式到 D25 单元格，得到资产总计值的期末数，如图 17-26 所示。

图 17-25

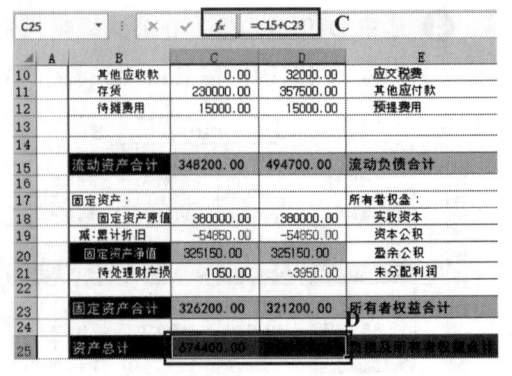

图 17-26

17.1.3 计算"负债"类项目期初数与期末数

❶ 选中 F5 单元格,在公式编辑栏中输入公式:

=-总分类账!E21,按 Enter 键得到"短期借款"科目期初数,如图 17-27 所示。

❷ 选中 G5 单元格,在公式编辑栏中输入公式:

=-总分类账!H21,按 Enter 键得到"短期借款"科目期末数,如图 17-28 所示。

图 17-27

图 17-28

❸ 选中 F6 单元格,在公式编辑栏中输入公式:

=-总分类账!E22,按 Enter 键得到"应付票据"科目期初数,如图 17-29 所示。

❹ 选中 G6 单元格,在公式编辑栏中输入公式:

=-总分类账!H22,按 Enter 键得到"应付票据"科目期末数,如图 17-30 所示。

图 17-29

图 17-30

❺ 选中 F7 单元格,在公式编辑栏中输入公式:

=-总分类账!E24,按 Enter 键得到"应付工资"科目期初数,如图 17-31 所示。

❻ 选中 G7 单元格,在公式编辑栏中输入公式:

=-总分类账!H24,按 Enter 键得到"应付工资"科目期末数,如图 17-32 所示。

图 17-31

图 17-32

❼ 按相同的方法从"总分类账"工作表中返回其他"负债"类项目的期初数与期末数。

如图 17-33 所示为计算后的结果；如图 17-34 所示为计算公式。

图 17-33

图 17-34

17.1.4 计算"所有者权益"类项目期初数与期末数

❶ 选中 F18 单元格，在公式编辑栏中输入公式：

= - 总分类账 !E30，按 Enter 键得到"实收资本"科目期初数，如图 17-35 所示。

❷ 选中 G18 单元格，在公式编辑栏中输入公式：

= - 总分类账 !H30，按 Enter 键得到"实收资本"科目期末数，如图 17-36 所示。

图 17-35   图 17-36

❸ 选中 F20 单元格，在公式编辑栏中输入公式：

= - 总分类账 !E31，按 Enter 键得到"盈余公积"科目期初数，如图 17-37 所示。

❹ 选中 G20 单元格，在公式编辑栏中输入公式：

=- 总分类账 !H31，按 Enter 键得到“盈余公积”科目期末数，如图 17-38 所示。

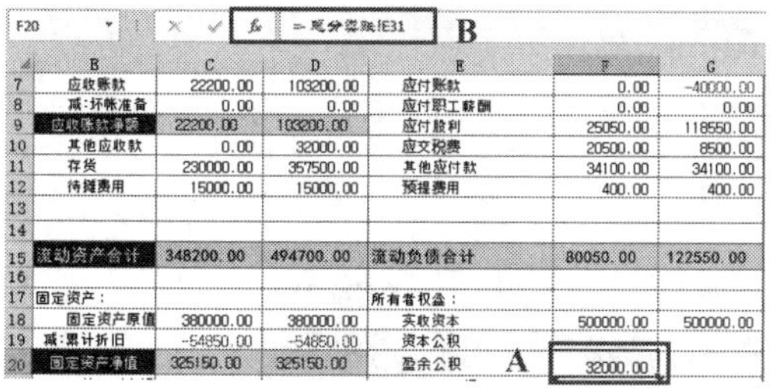

	B	C	D	E	F	G
7	应收账款	22200.00	103200.00	应付账款	0.00	-40000.00
8	减:坏帐准备	0.00	0.00	应付职工薪酬	0.00	0.00
9	应收账款净额	22200.00	103200.00	应付股利	25050.00	118550.00
10	其他应收款	0.00	32000.00	应交税费	20500.00	8500.00
11	存货	230000.00	357500.00	其他应付款	34100.00	34100.00
12	待摊费用	15000.00	15000.00	预提费用	400.00	400.00
13						
14						
15	流动资产合计	348200.00	494700.00	流动负债合计	80050.00	122550.00
16						
17	固定资产:			所有者权益:		
18	固定资产原值	380000.00	380000.00	实收资本	500000.00	500000.00
19	减:累计折旧	-54850.00	-54850.00	资本公积		
20	固定资产净值	325150.00	325150.00	盈余公积	32000.00	

图 17-37

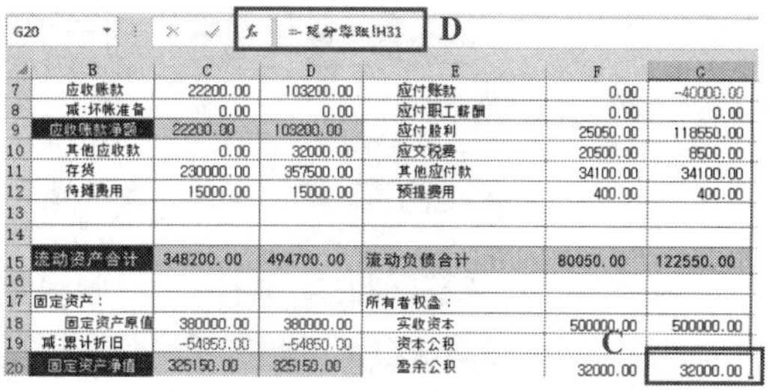

	B	C	D	E	F	G
7	应收账款	22200.00	103200.00	应付账款	0.00	-40000.00
8	减:坏帐准备	0.00	0.00	应付职工薪酬	0.00	0.00
9	应收账款净额	22200.00	103200.00	应付股利	25050.00	118550.00
10	其他应收款	0.00	32000.00	应交税费	20500.00	8500.00
11	存货	230000.00	357500.00	其他应付款	34100.00	34100.00
12	待摊费用	15000.00	15000.00	预提费用	400.00	400.00
13						
14						
15	流动资产合计	348200.00	494700.00	流动负债合计	80050.00	122550.00
16						
17	固定资产:			所有者权益:		
18	固定资产原值	380000.00	380000.00	实收资本	500000.00	500000.00
19	减:累计折旧	-54850.00	-54850.00	资本公积		
20	固定资产净值	325150.00	325150.00	盈余公积	32000.00	32000.00

图 17-38

❺ 选中 F21 单元格，在公式编辑栏中输入公式：

= -SUM(总分类账 !E32:E46)，按 Enter 键得到“未分配利润”科目期初数，如图 17-39 所示。

❻ 选中 G21 单元格，在公式编辑栏中输入公式：

= -SUM(总分类账 !H32:H46)，按 Enter 键得到“未分配利润”科目期末数，如图 17-40 所示。

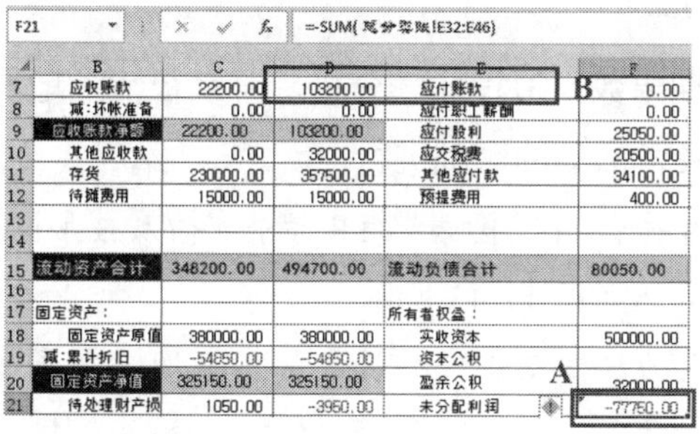

	B	C	D	E	F
7	应收账款	22200.00	103200.00	应付账款	0.00
8	减:坏帐准备	0.00	0.00	应付职工薪酬	0.00
9	应收账款净额	22200.00	103200.00	应付股利	25050.00
10	其他应收款	0.00	32000.00	应交税费	20500.00
11	存货	230000.00	357500.00	其他应付款	34100.00
12	待摊费用	15000.00	15000.00	预提费用	400.00
13					
14					
15	流动资产合计	348200.00	494700.00	流动负债合计	80050.00
16					
17	固定资产:			所有者权益:	
18	固定资产原值	380000.00	380000.00	实收资本	500000.00
19	减:累计折旧	-54850.00	-54850.00	资本公积	
20	固定资产净值	325150.00	325150.00	盈余公积	32000.00
21	待处理财产损	1050.00	-3950.00	未分配利润	-77750.00

图 17-39

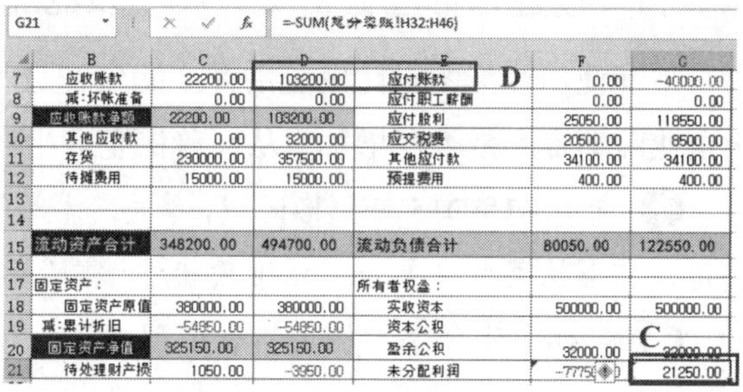

	B	C	D	E	F	G
7	应收账款	22200.00	103200.00	应付账款	0.00	-40000.00
8	减:坏帐准备	0.00	0.00	应付职工薪酬	0.00	0.00
9	应收账款净额	22200.00	103200.00	应付股利	25050.00	118550.00
10	其他应收款	0.00	32000.00	应交税费	20500.00	8500.00
11	存货	230000.00	357500.00	其他应付款	34100.00	34100.00
12	待摊费用	15000.00	15000.00	预提费用	400.00	400.00
13						
14						
15	流动资产合计	348200.00	494700.00	流动负债合计	80050.00	122550.00
16						
17	固定资产:			所有者权益:		
18	固定资产原值	380000.00	380000.00	实收资本	500000.00	500000.00
19	减:累计折旧	-54850.00	-54850.00	资本公积		
20	固定资产净值	325150.00	325150.00	盈余公积	32000.00	32000.00
21	待处理财产损	1050.00	-3950.00	未分配利润	-7775[illegible]	21250.00

图 17-40

❼ 选中 F23 单元格，在公式编辑栏中输入公式：

=SUM(F18:F21)，按 Enter 键得到所有者权益合计的期初数。复制 F23 单元格的公式到 G23 单元格，得到所有者权益的期末数，如图 17-41 所示。

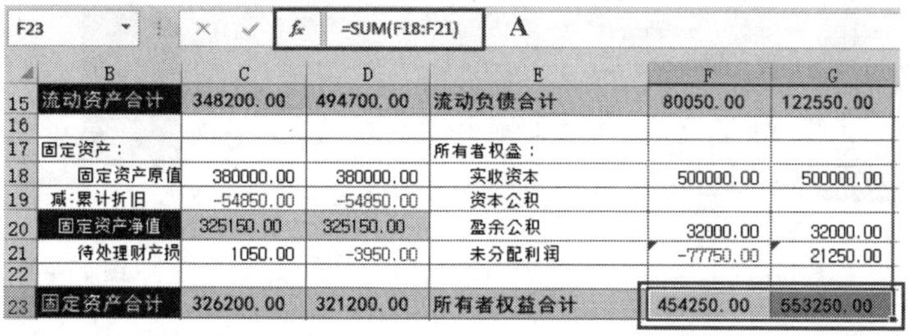

	B	C	D	E	F	G
15	流动资产合计	348200.00	494700.00	流动负债合计	80050.00	122550.00
16						
17	固定资产:			所有者权益:		
18	固定资产原值	380000.00	380000.00	实收资本	500000.00	500000.00
19	减:累计折旧	-54850.00	-54850.00	资本公积		
20	固定资产净值	325150.00	325150.00	盈余公积	32000.00	32000.00
21	待处理财产损	1050.00	-3950.00	未分配利润	-77750.00	21250.00
22						
23	固定资产合计	326200.00	321200.00	所有者权益合计	454250.00	553250.00

图 17-41

❽ 选中 F25 单元格，在公式编辑栏中输入公式：

=F15+F23，按 Enter 键得到负债及所有者权益合计的期初数。复制 F25 单元格的公式到 G25 单元格，得到负债及所有者权益合计的期末数，如图 17-42 所示。

图 17-42

17.2 使用图表分析资产负债表

从资产负债表中用户可以很清晰地看到各科目年初期数和期末数的金额，如果需要向上级汇报财务状况，可以将资产负债表中的数据转换为更直观的图表形式。

17.2.1 创建柱形图分析资产负债表的流动资产

下面使用柱形图来比较流动资产的年初数和期末数，通过比较分析，可以很清晰地看出企业流动资产是否在增加，从而确保企业生产经营活动的顺利进行。

❶ 选中 B15:D15 单元格区域，单击"插入"选项卡，在"图表"组中单击"插入柱形图"按钮，在下拉菜单中单击"三维簇状柱形图"类型，如图 17-43 所示。

❷ 执行上述命令，在工作表中创建了一个名为"流动资产合计"的柱形图，效果如图 17-44 所示。

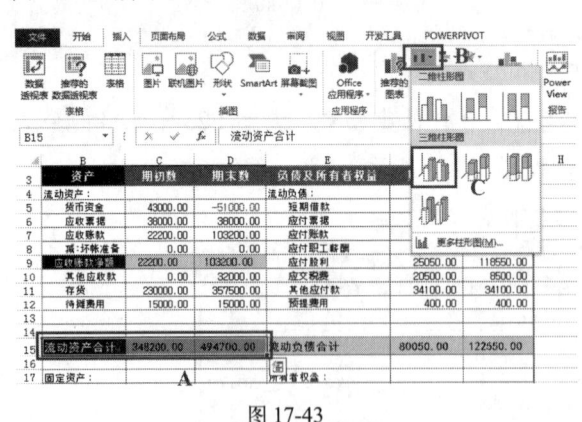

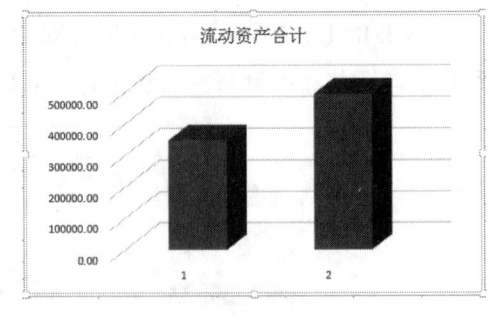

图 17-43　　　　　　　　　　　　　　图 17-44

17.2.2 编辑流动资产柱形图

为了让读者更清晰地看到流动资产年初数和期末数的对比情况，下面对流动资产柱形图表进行美化和相关元素的设置。

第 17 章 公司资产负债表管理与分析

❶ 选中图表,单击"图表工具"→"设计"选项卡,在"数据"组中单击"选择数据"按钮(如图 17-45 所示),打开"选择数据源"对话框。

❷ 单击"水平(分类)轴标签"栏下的"编辑"按钮(如图 17-46 所示),弹出"轴标签"对话框。

图 17-45

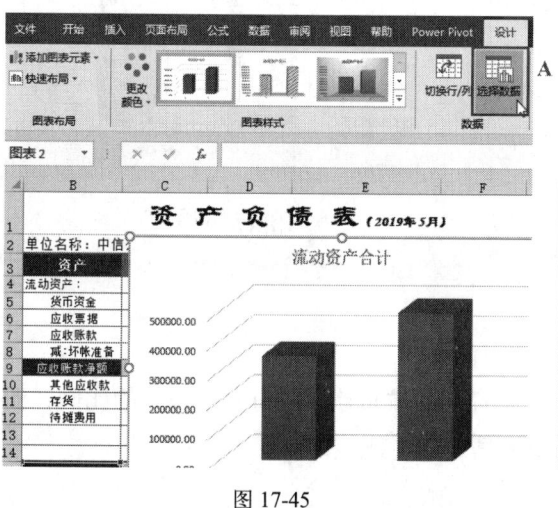

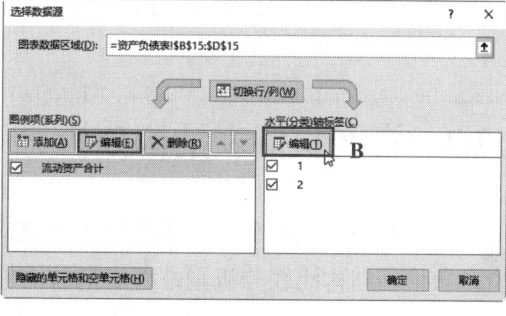

图 17-46

❸ 在工作表中拖动鼠标选择 C3:D3 单元格区域,如图 17-47 所示。

❹ 连续单击两次"确定"按钮,返回工作表,单击"图表工具"→"设计"选项卡,在"图表样式"组中单击"其他"按钮,在展开的库中选择"样式4",如图 17-48 所示。

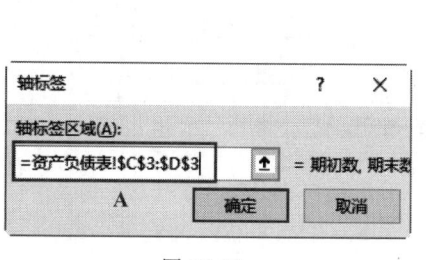

图 17-47

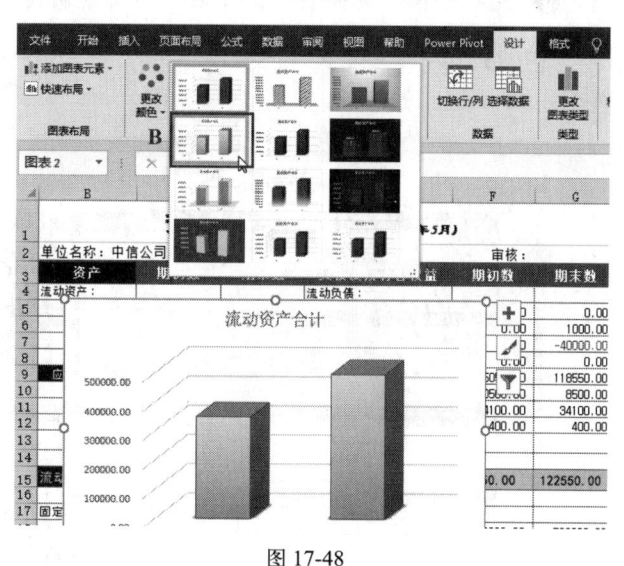

图 17-48

❺ 选中图表,单击"图表元素"按钮,打开下拉菜单,选中"数据表"复选框,效果如图 17-49 所示。

❻ 更改图表的标题为"年初与期末流动资产比较",并设置图表所有文字的字体为"黑

体",最终效果如图17-50所示。

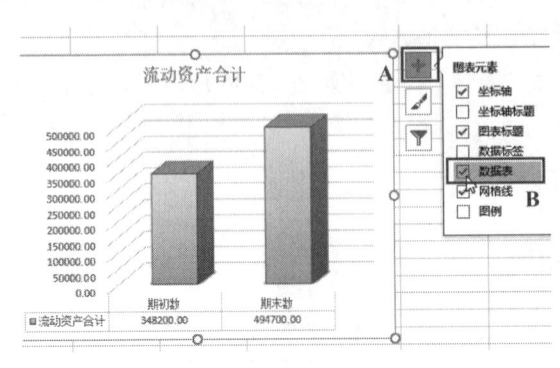

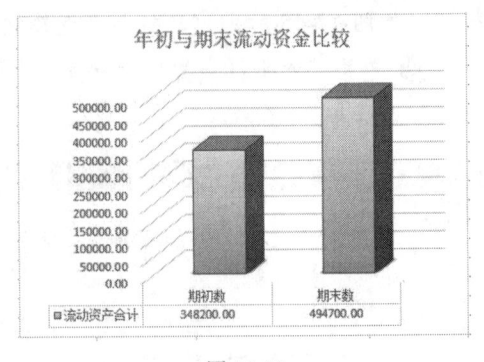

图 17-49

图 17-50

17.3 资产负债表结构分析

资产负债表结构分析是指分析各个项目占总资产(或负债及所有者权益)的比例;而资产负债表结构比较分析则是将本期结构与上期结构进行比较。

17.3.1 建立资产负债表结构分析

下面将本期的资产负债表复制到当前工作簿中,重命名工作表为"资产负债表结构分析",并建立"结构分析"(上期结构、本期结构、比例增减)标识。

❶ 复制"资产负债表"工作表,并将复制得到的工作表重命名为"资产负债表结构分析",为"资产"类项目与"负债及所有者权益"类项目都建立分析标识,如图17-51所示。

图 17-51

❷ 选中"上期结构""本期结构""比例增减"列单元格区域,打开"设置单元格格式"对话框,单击"数字"标签,在"分类"列表中单击"百分比",在"小数位数"设置框中设置小数位数为"2",如图17-52所示。设置完成后,单击"确定"按钮。

第 17 章　公司资产负债表管理与分析

图 17-52

17.3.2　设置结构分析的公式

下面来设置结构分析的公式。

❶ 选中 E5 单元格，输入公式：

=IF($C$25=0,0,C5/$C$25)，按 Enter 键，即可计算出上期"货币资金"项目金额占资产总计金额的百分比，如图 17-53 所示。

❷ 选中 F5 单元格，输入公式：

=IF($D$25=0,0,D5/$D$25)，按 Enter 键，即可计算出本期"货币资金"项目金额占资产总计金额的百分比，如图 17-54 所示。

图 17-53

图 17-54

❸ 选中 G5 单元格，输入公式：

=F5-E5，按 Enter 键，即可计算出"货币资金"本期与上期的比例增减，如图 17-55 所示。

❹ 选中 E5:G5 单元格区域，将光标定位到右下角，当出现黑色十字型时，按住鼠标左键向下拖动。释放鼠标即可得出资产类项目中其他各项目的上期结构、本期结构、比例增减，将空白单元格的值删除，如空行中显示的计算结果，如图 17-56 所示。

293

图 17-55

图 17-56

❺ 选中 K5 单元格，输入公式：

=IF($I$25=0,0,I5/$I$25)，按 Enter 键，即可计算出上期"短期借款"项目金额占负债及所有者权益合计的百分比，如图 17-57 所示。

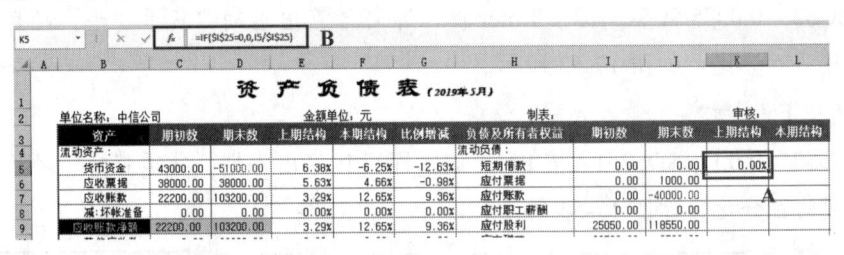

图 17-57

❻ 选中 L5 单元格，输入公式：

=IF($J$25=0,0,J5/$J$25)，按 Enter 键，即可计算出本期"短期借款"项目金额占负债及所有者权益合计的百分比，如图 17-58 所示。

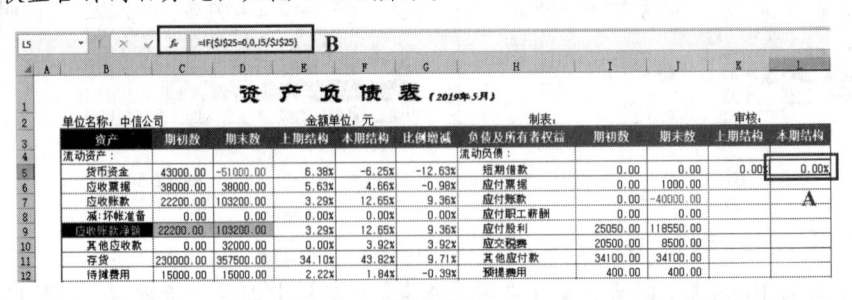

图 17-58

❼ 选中 M5 单元格，输入公式：

=L5-K5，按 Enter 键，即可计算出"短期借款"本期与上期的比例增减，如图 17-59 所示。

第 17 章 公司资产负债表管理与分析

图 17-59

❽ 选中 K5:M5 单元格区域，将光标定位到右下角，当出现黑色十字型时，按住鼠标左键向下拖动。释放鼠标即可得出负债及所有者权益类项目中其他各项目的上期结构、本期结构、比例增减，将空白单元格的值删除，如空行中显示的计算结果，如图 17-60 所示。

图 17-60

17.4 企业偿还能力分析

企业偿还能力分析的重点就是短期偿还能力。短期偿还能力分析的主要指标包括流动比率、速动比率和利息保障倍数。下面只分析前两个指标对企业的偿还能力。

❶ 新建工作表，将其重命名为"企业偿还能力分析"，然后创建如图 17-61 所示的"偿还能力分析"表格。

❷ 选中 B2 单元格，在公式编辑栏中输入公式：
=资产负债表!D15/资产负债表!G15，按 Enter 键，计算出流动比率，如图 17-62 所示。

图 17-61

图 17-62

295

❸ 选中 B3 单元格，在公式编辑栏中输入公式：

=(资产负债表 !D15- 资产负债表 !D11)/ 资产负债表 !G15，按 Enter 键，计算出速动比率，如图 17-63 所示。

图 17-63

17.5 货币资金分析

财务人员需要从货币资金结存量和货币资金转率这两个方面分析货币资金，用以评价企业货币资金的支付能力和使用效率。

❶ 新建工作表，将其重命名为"货币资金分析"，在工作表中创建如图 17-64 所示的"货币资金支付能力分析"表格。

❷ 选中 C9 单元格，在公式编辑栏中输入公式：

=SUM(C4:C7)，按 Enter 键，计算出用于支出资金的合计值，如图 17-65 所示。

图 17-64

❸ 选中 E9 单元格，在公式编辑栏中输入公式：
=SUM(E4:E8)，按 Enter 键，计算出近期支付款项的合计值，如图 17-66 所示。

图 17-65

图 17-66

❹ 选中 C10 单元格，在公式编辑栏输入公式：
=IF(C9>E9,0,C9-E9)，按 Enter 键计算结果如图 17-67 所示。说明可用支付的资金大于近期需支付的款项。

❺ 选中 E10 单元格，在公式编辑栏中输入公式：
=IF(C9<E9,0,C9-E9)，按 Enter 键得出结果如图 17-68 所示。

第 17 章 公司资产负债表管理与分析

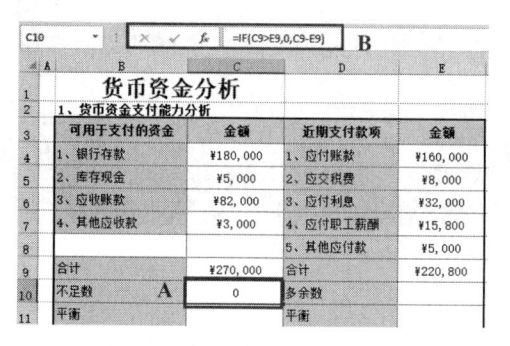

图 17-67

图 17-68

❻ 选中 C12 单元格，在公式编辑栏中输入公式：

=(C4+C5)/(E9-C6-C7)，按 Enter 键得出计算结果如图 17-69 所示。当该值大于 100%，说明支付能力强；小于 100% 说明支付能力不足。

❼ 选中 D12 单元格，在公式编辑栏中输入公式：

=IF(C12>1,"支付能力较强"," 支付能力不足")，按 Enter 键，显示"支付能力较强"，如图 17-70 所示。

图 17-69

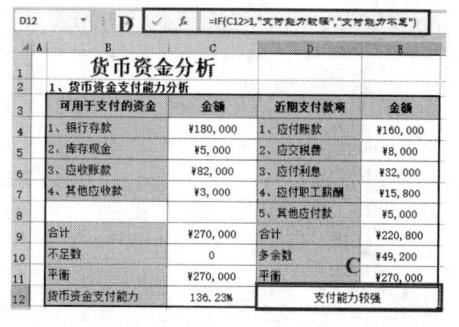

图 17-70

❽ 在工作表中创建如图 17-71 所示的"货币资金周转率"表格，已知企业某期的货币资金金额为 10 万元，本月销售收入 18 万元，其中收回现款的比例为 65%，另外本月收回以前赊销货款 5 万元。

❾ 选中 C19 单元格，在公式编辑栏中输入公式：

=(C16*C17+C18)/C15，按 Enter 键得出结果如图 17-72 所示。表示周转率为 1.67 次。

图 17-71

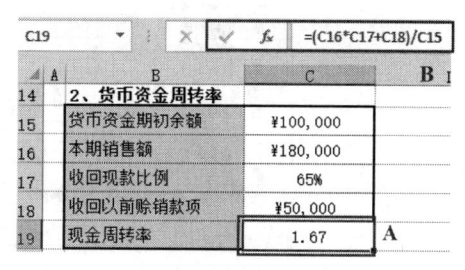

图 17-72

297

第18章
公司利润表管理与分析

范例概述

公司利润表又称作损益表，它是反映企业在某一时期（年份或月度）经营成果（利润额或亏损额）的报表，也是企业的定期报表之一。

本实例会介绍在 Excel 中如何制作利润表，制作过程中运用了公式和函数来快速统计单元格的数据并对数据进行分析。同时还对利润表进行了一些常规、综合性的分析。

范例效果

利润表

成本、费用消化能力分析

利润表结构分析

范例实现

18.1 建立利润表

利润表为财务分析人员提供有关企业经营成果方面的信息。利润表可以反映企业一定会计期间的收入实现情况，即实现的主营业务收入有多少、实现的其他业务收入有多少、实现的投资收益有多少、实现的营业外收入有多少等；它可以反映企业在一定会计期间的费用耗费情况。

18.1.1 创建利润表表格

利润表分为主营业务收入、主营业务利润、营业利润、利润总额和净利润5个部分。利润表编制公式的依据是：利润＝收入—费用。

❶ 新建工作簿并命名为"公司利润表管理与分析"，重命名"Sheet1"工作表为"利润表"，输入表格标题、表头信息，并根据当前实际情况输入利润表的各个项目，接着对表头、表格进行美化设置，设置完成后的效果，如图18-1所示。

图 18-1

❷ 利润债表中的数据来自于该时期的总分类账。在第11章中我们介绍了在Excel中建立总分类账的操作方法，例如，如图18-2所示为建立完成后本期总分类账。

299

图 18-2

18.1.2 根据总分类账填制利润表

利润表中的数据也来自于总分类账，可以使用 SUMIF 函数来填制利润表，公式中需要引用"总分类账"工作表中的数据。

❶ "主营业务收入"的科目代码为"6001"，因此选中 D4 单元格，输入公式：

=SUMIF(总分类账!A8:A45,6001,总分类账!G8:G45)，按 Enter 键即可从"总分类账"工作表中提取主营业务收入金额，如图 18-3 所示。

❷ "主营业务成本"的科目代码为"6401"，因此选中 D5 单元格，输入公式：

=SUMIF(总分类账!A8:A45,6401,总分类账!H8:H45)，按 Enter 键即可从"总分类账"工作表中提取主营业务成本金额，如图 18-4 所示。

图 18-3

图 18-4

❸ "主营业务税金及附加"的科目代码为"6403"，因此选中 D6 单元格，输入公式：

=SUMIF(总分类账!A8:A45,6403,总分类账!H8:H45)，按 Enter 键即可从"总分类账"工作表中提取主营业务税金及附加金额，如图 18-5 所示。

第 18 章　公司利润表管理与分析

❹ 主营业务利润 = 主营业务收入 - 主营业务成本 - 主营业务税金及附加。选中 D7 单元格，输入公式：=D4-D5-D6，按 Enter 键即可计算出主营业务利润，如图 18-6 所示。

图 18-5

图 18-6

❺ "其他业务利润"的科目代码为"6051"，因此选中 D8 单元格，输入公式：
=SUMIF(总分类账 !A8:A45,6051, 总分类账 !G8:G45)，按 Enter 键即可从"总分类账"工作表中提取其他业务利润金额，如图 18-7 所示。

❻ "销售费用"的科目代码为"6601"，因此选中 D9 单元格，输入公式：
=SUMIF(总分类账 !A8:A45,6601, 总分类账 !H8:H45)，按 Enter 键即可从"总分类账"工作表中提取销售费用金额，如图 18-8 所示。

图 18-7

图 18-8

❼ "管理费用"的科目代码为"6602"，因此选中 D10 单元格，输入公式：
=SUMIF(总分类账 !A8:A45,6602, 总分类账 !H8:H45)，按 Enter 键即可从"总分类账"工作表中提取管理费用金额，如图 18-9 所示。

❽ "财务费用"的科目代码为"6603"，因此选中 D11 单元格，输入公式：
=SUMIF(总分类账 !A8:A45,6603, 总分类账 !H8:H45)，按 Enter 键即可从"总分类账"工作表中提取财务费用金额，如图 18-10 所示。

❾ 选中 D12 单元格，输入公式：
=D7+D8-D9-D10-D11，按 Enter 键即可计算出营业利润，如图 18-11 所示。

❿ "投资收益"的科目代码为"6111"，因此选中 D13 单元格，输入公式：
=SUMIF(总分类账 !A8:A45,6111, 总分类账 !G8:G45)，按 Enter 键即可从"总分类账"工作表中提取投资收益金额，如图 18-12 所示。

301

图 18-9

图 18-10

图 18-11

图 18-12

⑪ "营业外收入"的科目代码为"6301",因此选中 D15 单元格,输入公式:

=SUMIF(总分类账!A8:A45,6301,总分类账!G8:G45),按 Enter 键即可从"总分类账"工作表中提取营业外收入金额,如图 18-13 所示。

⑫ "营业外支出"的科目代码为"6711",因此选中 D16 单元格,输入公式:

=SUMIF(总分类账!A8:A45,6711,总分类账!G8:G45),按 Enter 键即可从"总分类账"工作表中提取营业外支出金额,如图 18-14 所示。

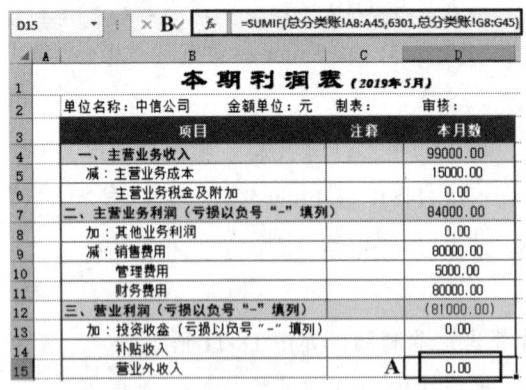

图 18-13

图 18-14

⑬ 选中 D17 单元格,输入公式:

=D12+D13+D14+D21-D16，按 Enter 键即可计算出利润总额，如图 18-15 所示。

⓮ "所得税费用"的科目代码为"6801"，因此选中 D18 单元格，输入公式：

=SUMIF(总分类账!A8:A45,6801,总分类账!G8:G45)，按 Enter 键即可从"总分类账"工作表中提取所得税金额，如图 18-16 所示。

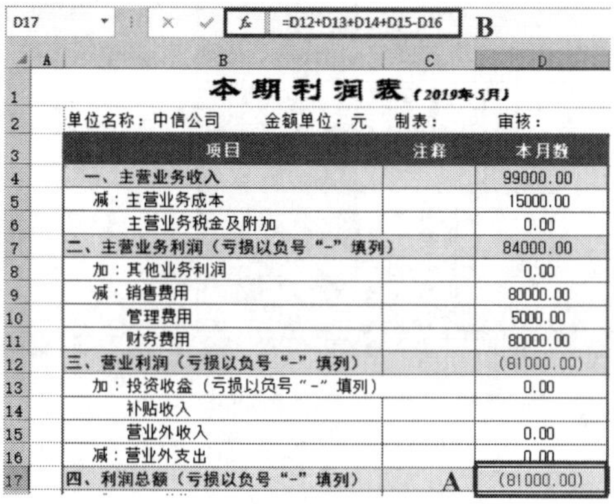

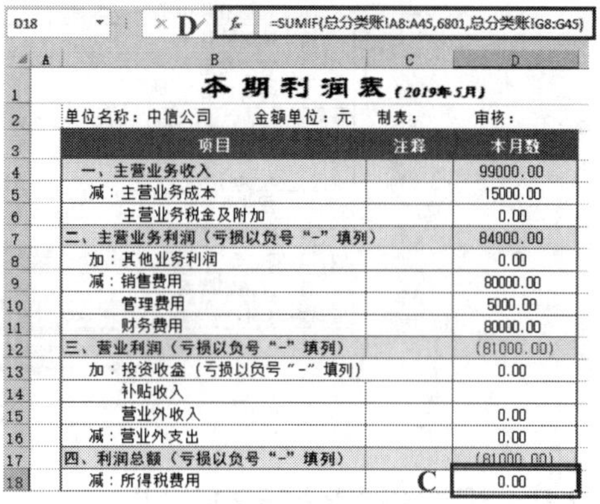

图 18-15

图 18-16

⓯ 选中 D19 单元格，输入公式：

=D17-D18，按 Enter 键即可计算出净利润，如图 18-17 所示。

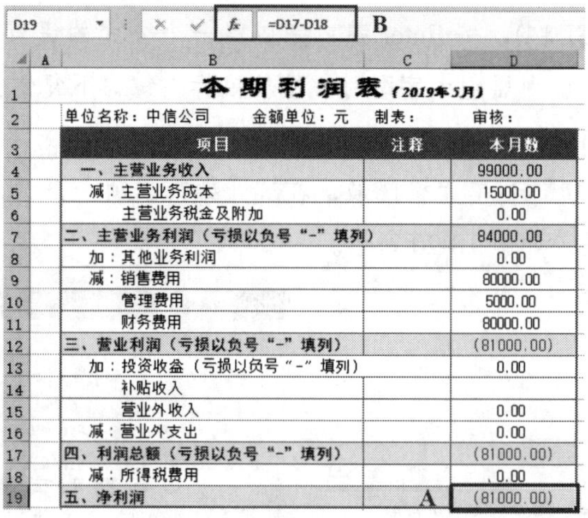

图 18-17

18.2 利润表结构分析

18.2.1 建立利润表结构分析

下面将本期的利润表复制到当前工作簿中，复制利润表，并建立"结构分析"标识。

复制"利润表"工作表，并将复制得到的工作表标签重命名为"利润表结构分析"，建立"结构分析"标识，如图 18-18 所示。

图 18-18

18.2.2 设置结构分析的公式

利润表结构分析是指分析各个项目占主营业务收入的比例。下面来设置结构分析的公式。

❶ 选中 E4 单元格，输入公式：

=IF($D$4=0,0,D4/$D$4)，按 Enter 键，完成第一个公式的设置。选中 E4 单元格，将光标定位到右下角，当出现黑色十字型时，按住鼠标左键向下复制公式，得到各个项目结构分析数据，如图 18-19 所示。

❷ 选中"结构分析"列单元格区域，在"开始"选项卡下的"数字"组中选择数字格式为"百分比"选项，如图 18-20 所示。

图 18-19

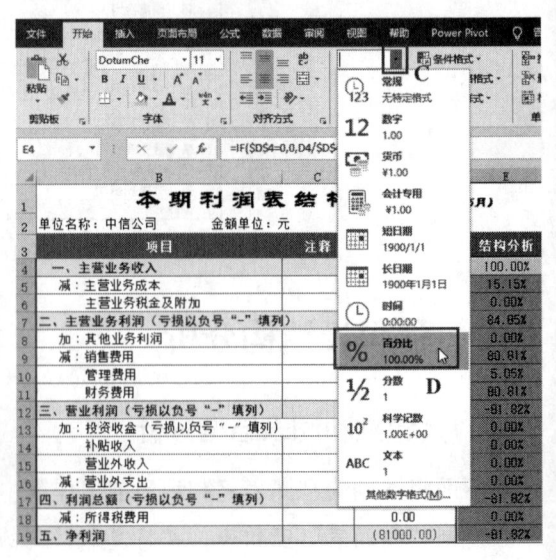

图 18-20

18.3 成本、费用消化能力分析

企业主营业务收入主要有三大流向：成本、费用和税金。企业对三大开支的负担能力决定了企业的盈利能力。下面通过公式对成本、费用消化能力进行分析（需要引用到"利润表结构分析"工作表中的数据）。

❶ 新建工作表，将其重命名为"成本、费用消化能力分析"，在工作表中创建如图 18-21 所示的"成本、费用消化能力分析"表格。

❷ 选中 C3 单元格，在公式编辑栏中输入公式：
=利润表结构分析!D5/利润表结构分析!D4，按 Enter 键，得到的结果如图 18-22 所示。

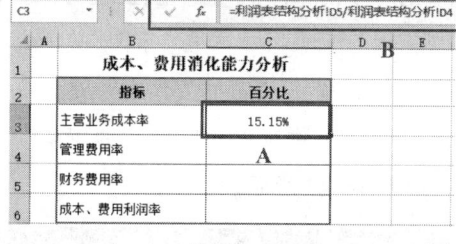

图 18-21

图 18-22

❸ 选中 C4 单元格，在公式编辑栏中输入公式：
=利润表结构分析!D10/利润表结构分析!D4，按 Enter 键，得到的结果如图 18-23 所示。

❹ 选中 C5 单元格，在公式编辑栏中输入公式：
=利润表结构分析!D11/利润表结构分析!D4，按 Enter 键，得到的结果如图 18-24 所示。

图 18-23

图 18-24

❺ 选中 C6 单元格，在公式编辑栏中输入公式：
=利润表结构分析!D17/(利润表结构分析!D5+利润表结构分析!D9+利润表结构分析!D10+利润表结构分析!D11)，按 Enter 键，得到的结果如图 18-25 所示。

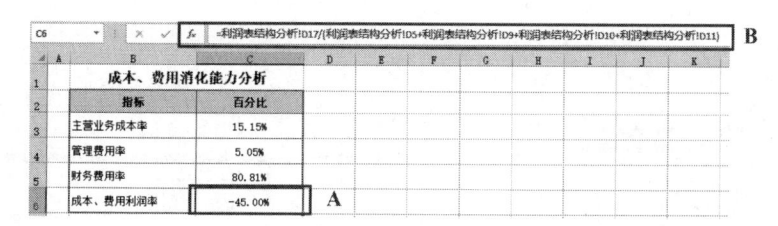

图 18-25

18.4 保护利润表

财务人员在编制完利润表之后，如果要传递给上层领导审阅，首先需要对利润表进行保护。因为利润表对企业内部是面向企业管理部门报告，对外是面向有关部门和人员报告，所以利润表对于非财务人员和管理高层而言是非常机密的文件。需要设置密码保护单个工作表或整个工作簿。

18.4.1 保护单个工作表

在编制利润表时会引用其他工作表中的数据，所以保护利润表的工作簿中还有其他工作表。如果用户只想对其中的利润表进行保护，可以通过下面介绍来实现。

❶ 切换到"利润表"，单击"审阅"选项卡，在"更改"组中单击"保护工作表"按钮（如图 18-26 所示），弹出"保护工作表"对话框。

❷ 在"取消工作表保护时使用的密码"设置框中输入保护工作表的密码，这里输入"111"，如图 18-27 所示。

图 18-26

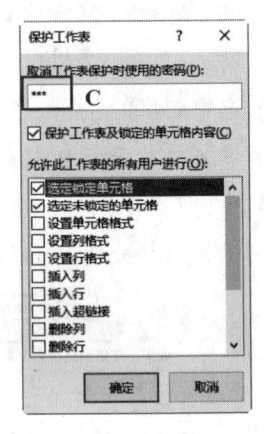

图 18-27

❸ 单击"确定"按钮，弹出"确认密码"对话框，在"重新输入密码"设置框中输入设置的密码"111"，如图 18-28 所示。

❹ 单击"确定"按钮，返回到工作表中，如果用户对工作表中的数据进行编辑，如删除 D8 单元格，会弹出一个提示框，提示用户该工作表受密码保护，单击"确定"按钮，如图 18-29 所示。

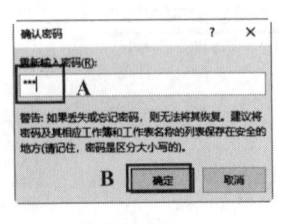

图 18-28

图 18-29

18.4.2 保护工作簿

如果用户需要对利润表及其相关的表格都进行保护，可以为利润表工作簿设置密码，对整个工作簿实现保护设置。

❶ 打开工作簿，单击工作簿左上角的"文件"→"信息"命令，在右侧单击"保护工作簿"下拉按钮，在下拉菜单中单击"用密码进行加密"命令，如图18-30所示。

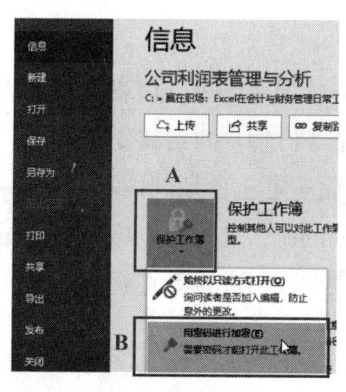

图 18-30

❷ 打开"加密文档"对话框，在"密码"设置框中输入密码，这里输入"111111"，单击"确定"按钮，如图18-31所示。

❸ 在打开的"确认密码"对话框中重新输入一遍密码，这里输入"111111"，单击"确定"按钮，如图18-32所示。

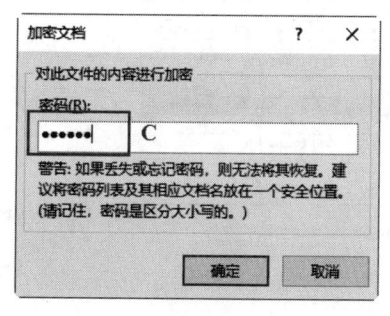

图 18-31 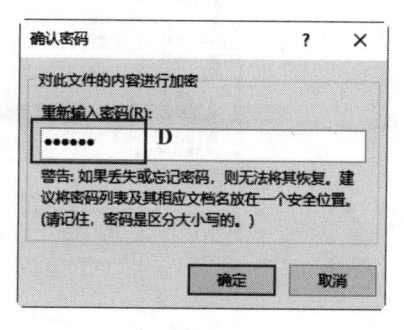　　　　　　　　　　图 18-32

第19章
公司现金流量管理与分析

范例概述

现金流量表也称作账务财务状况变动表，该表记录了某一固定期间（通常是每月或每季度）内，企业现金（包含现金等价物）的增减变动情况。

现金流量表是综合反映企业一定会计期间内现金来源和运用及其增减变动情况的报表。本例会具体介绍现金流量表的制作过程。表格制作过程中运用了公式和函数来快速统计单元格的数据，并使用了图表对数据进行更直观的分析。

范例效果

现金流量表

编制单位：中信公司　　　　　　　　　　　　2019年　　　　　　　　　会企　表
　　　　　　　　　　　　　　　　　　　　　　　　　　　　　　　　　　单位：元

项目	本年金额	上年金额
一、经营活动产生的现金流量		
销售商品、提供劳务收到的现金	¥ 28,000.00	¥ 34,000.00
收到的税费返还	¥ 6,000.00	¥ 7,200.00
收到其他与经营活动有关的现金	¥ 5,800.00	¥ 7,000.00
经营活动现金流入小计	¥ 39,800.00	¥ 48,200.00
购买商品、接受劳务支付的现金	¥ 21,800.00	¥ 20,128.00
支付给职工及为职工支付的现金	¥ 12,800.00	¥ 15,000.00
支付的各项税费	¥ 7,360.00	¥ 7,900.00
支付其他经营活动有关的现金	¥ 5,650.00	¥ 5,950.00
经营活动现金流出小计	¥ 47,610.00	¥ 48,978.00
经营活动产生的现金流量净额	¥ -7,810.00	¥ -778.00
二、投资活动产生的现金流量：		
收回投资收到的现金	¥ 37,000.00	¥ 36,000.00
取得投资收益收到的现金	¥ 17,000.00	¥ 20,000.00
处置固定资产、无形资产和其他长期资产收回的现金净额	¥ 27,000.00	¥ 27,600.00

现金流量表

现金流量表结构分析

现金金额	经营活动	投资活动	筹资活动	合计
现金流入	¥ 39,800.00	¥ 126,581.00	¥ 59,950.00	¥ 226,331.00
现金流出	¥ 47,610.00	¥ 39,950.00	¥ 31,300.00	¥ 118,860.00
现金净额	¥ -7,810.00	¥ 86,631.00	¥ 28,650.00	¥ 107,471.00

百分比	经营活动	投资活动	筹资活动
现金流入	17.58%	55.93%	26.49%
现金流出	40.06%	33.61%	26.33%
现金净额	-7.27%	80.61%	26.66%

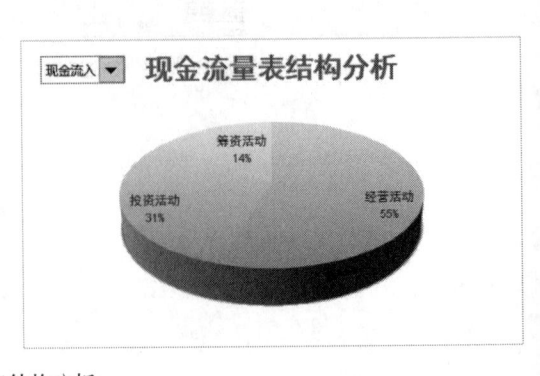

现金流量表结构分析（现金流入）：经营活动 55%、投资活动 31%、筹资活动 14%

现金流量表结构分析

308

第 19 章　公司现金流量管理与分析

现金流量汇总表

项目	本年	上年
现金流入	¥ 226,331.00	¥ 243,650.00
经营活动现金流入	¥ 39,800.00	¥ 48,200.00
投资活动现金流入	¥ 126,581.00	¥ 132,100.00
筹资活动现金流入	¥ 59,950.00	¥ 63,350.00
现金流出	¥ 118,860.00	¥ 120,538.00
经营活动现金流出	¥ 47,610.00	¥ 48,978.00
投资活动现金流出	¥ 39,950.00	¥ 45,000.00
筹资活动现金流出	¥ 31,300.00	¥ 26,560.00

	本年	上年
现金流入比例	1	1
现金流出比例	52.52%	49.47%

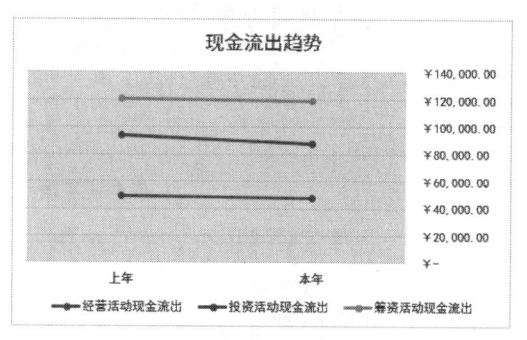

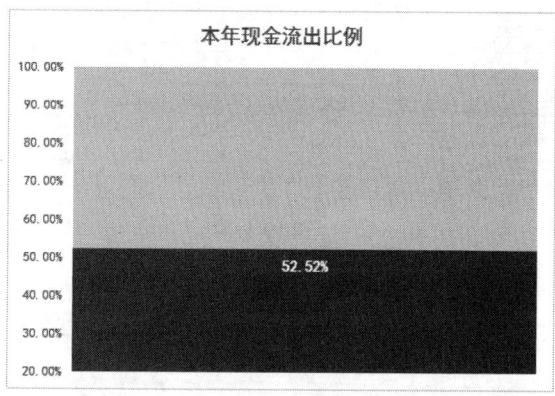

现金流量表趋势分析

范例实现

19.1　现金流量表

现金流量表反映企业在一定会计期间经营活动，筹资活动和筹资活动产生的现金流入、流出量等情况的一种会计报表。

19.1.1　创建现金流量表

要创建和分析现金流量表，首先要创建一个现金流量表。下面需要在 Excel 中新建工作簿并重命名工作表，并输入现金流量表包含的所有项目。

❶ 新建工作簿，并将其命名为"公司现金流量管理与分析"，重命名"Sheet1"工作表为"现金流量表"。输入现金流量表包含的所有项目，并对建立的现金流量表进行格式设置。其中包括表格编辑区域边框设置、特定区域底纹设置、文字字体设置、对齐方式设置，效果如图 19-1 所示。

❷ 选中 B3 单元格，在公式编辑栏输入公式：
=TEXT(NOW(),"e 年 ")，按 Enter 键即可返回当前的年份，如图 19-2 所示。

309

图 19-1

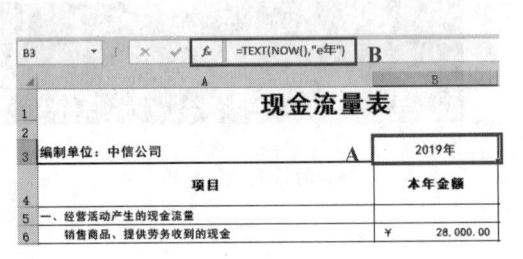

图 19-2

19.1.2 计算各项目的发生额

在现金流量表中录入各项目的数据后,下面来计算现金流量表中流入、流出的资金以及净额。

1. 计算各项目的流入、流出资金

❶ 选中 B9 单元格,在公式编辑栏中输入公式:

=SUM(B6:B8),按 Enter 键,返回本年经营活动现金流入合计,向右复制公式,计算出上年经营活动现金流入的合计值,如图 19-3 所示。

图 19-3

❷ 选中 B14 单元格，在公式编辑栏中输入公式：

=SUM(B10:B13)，按 Enter 键，返回本年经营活动现金流出合计，向右复制公式，计算出上年经营活动现金流出的合计值，如图 19-4 所示。

B14 =SUM(B10:B13) A

	A	B	C
1	现金流量表		
2			会企 表
3	编制单位：中信公司	2019年	单位：元
4	项目	本年金额	上年金额
5	一、经营活动产生的现金流量		
6	销售商品、提供劳务收到的现金	¥ 28,000.00	¥ 34,000.00
7	收到的税费返还	¥ 6,000.00	¥ 7,200.00
8	收到其他与经营活动有关的现金	¥ 5,800.00	¥ 7,000.00
9	经营活动现金流入小计	¥ 39,800.00	¥ 48,200.00
10	购买商品、接受劳务支付的现金	¥ 21,800.00	¥ 20,128.00
11	支付给职工及职工支付的现金	¥ 12,800.00	¥ 15,000.00
12	支付的各项税费	¥ 7,360.00	¥ 7,900.00
13	支付其他经营活动有关的现金	¥ 5,650.00	¥ 5,950.00
14	经营活动现金流出小计 B	¥ 47,610.00	¥ 48,978.00

图 19-4

❸ 选中 B22 单元格，在公式编辑栏中输入公式：

=SUM(B17:B21)，按 Enter 键，返回本年投资活动现金流入合计，向右复制公式，计算出上年投资活动现金流入的合计值，如图 19-5 所示。

B22 =SUM(B17:B21) A

	A	B	C
16	二、投资活动产生的现金流量：		
17	收回投资收到的现金	¥ 37,000.00	¥ 36,000.00
18	取得投资收益收到的现金	¥ 17,000.00	¥ 20,000.00
19	处置固定资产、无形资产和其他长期资产收回的现金净额	¥ 27,000.00	¥ 27,600.00
20	处置子公司及其营业单位收到的现金净额	¥ 39,931.00	¥ 42,150.00
21	收到其他与投资活动有关的现金	¥ 5,650.00	¥ 6,350.00
22	投资活动现金流入小计 B	¥ 126,581.00	¥ 132,100.00

图 19-5

❹ 选中 B27 单元格，在公式编辑栏中输入公式：

=SUM(B23:B26)，按 Enter 键，返回本年投资活动现金流出合计，向右复制公式，计算出上年投资活动现金流出的合计值，如图 19-6 所示。

B27 =SUM(B23:B26) A

	A	B	C
23	购建固定资产、无形资产和其他长期资产支付的现金	¥ 21,150.00	¥ 25,150.00
24	投资支付的现金	¥ 8,830.00	¥ 9,450.00
25	取得子公司及其他营业单位支付的现金净额	¥ 5,300.00	¥ 5,550.00
26	支付其他与投资活动有关的现金	¥ 4,670.00	¥ 4,850.00
27	投资活动现金流出小计 B	¥ 39,950.00	¥ 45,000.00

图 19-6

❺ 选中 B33 单元格，在公式编辑栏中输入公式：

=SUM(B30:B32)，按 Enter 键，返回本年筹资活动现金流入合计，向右复制公式，计算出上年筹资活动现金流入的合计值，如图 19-7 所示。

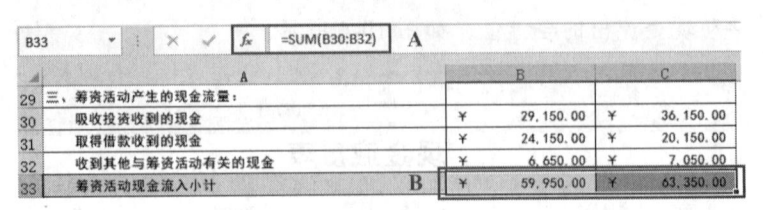

图 19-7

❻ 选中 B37 单元格，在公式编辑栏中输入公式：

=SUM(B34:B36)，按 Enter 键，返回本年筹资活动现金流出合计，向右复制公式，计算出上年筹资活动现金流出的合计值，如图 19-8 所示。

图 19-8

2. 计算各项目的现金流量净额

❶ 选中 B15 单元格，在公式编辑栏中输入公式：

=B9-B14，按 Enter 键，返回本年经营活动现金流量净额，向右复制公式，计算出上年经营活动现金流量净额，如图 19-9 所示。

图 19-9

❷ 选中 B28 单元格，在公式编辑栏中输入公式：

=B22-B27，按 Enter 键，返回本年经营活动现金流量净额，向右复制公式，计算出上年投资活动产生的现金流量净额，如图 19-10 所示。

第 19 章　公司现金流量管理与分析

图 19-10

❸ 选中 B38 单元格，在公式编辑栏中输入公式：

=B33-B37，按 Enter 键，返回本年投资活动现金流量净额，向右复制公式，计算出上年筹资活动现金流量净额，如图 19-11 所示。

图 19-11

❹ 现金及现金等价物增加净额＝经营活动现金流量净额＋投资活动现金流量净额＋筹资活动现金净额。选中 B40 单元格，在公式编辑栏中输入公式：

=B15+B28+B38，按 Enter 键，返回本年现金及现金等价物增加净额，向右复制公式，计算出上年现金及现金等价物增加净额，如图 19-12 所示。

图 19-12

19.2　现金流量表结构分析

现金流量的结构分析是指在现金流量表有关数据的基础上进一步明确现金的收入结构、现金支出结构以及分析现金余额是如何形成的。

19.2.1　创建现金流量表结构分析表

通过现金收入结构分析可以反映企业经营活动现金收入、投资活动现金收入、筹资活动现金收入在全部现金收入中的比重，以及各项业务活动现金收入中具体项目的构成情况。

313

❶ 新建工作表，并将其命名为"现金流量表结构分析"，在工作表中输入表格内容并输入原始数据，效果如图 19-13 所示。

❷ 根据"现金流量表"表格引用"现金流入"和"现金流出"的相关数据。如图 19-14 所示为计算后的结果；如图 19-15 所示为计算公式。

图 19-13

图 19-14

图 19-15

❸ 选中 B5 单元格，在公式编辑栏中输入公式：

=B3-B4，按 Enter 键，计算出经营活动的现金净额，向右复制公式，计算出其他项的现金净额，如图 19-16 所示。

❹ 选中 E3 单元格，在公式编辑栏输入公式：

=SUM(B3:D3)，按 Enter 键，计算出现金流入的合计值，向下复制公式，计算出各项数据的合计数据，如图 19-17 所示。

图 19-16

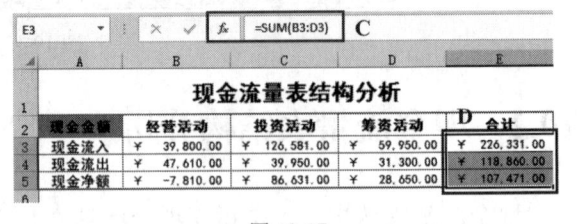

图 19-17

❺ 选中 B8 单元格，在公式编辑栏中输入公式：

=B3/$E3，按 Enter 键后向右向下复制公式，计算出各项数据的百分比，如图 19-18 所示。

❻ 在 A12 单元格中输入"1"，选中 B12 单元格，在公式编辑栏中输入公式：

=INDEX(B8:B10,$A$12)，按 Enter 键后向右复制公式到 D12 单元格，如图 19-19 所示。

第 19 章　公司现金流量管理与分析

图 19-18

图 19-19

19.2.2　创建现金流量表结构分析图表

下面根据上一节得到的计算数据来创建图表分析营业活动、投资活动和筹资活动中的现金流量结构。

1. 创建饼形图

❶ 按 Ctrl 键依次选中 B7:D7 单元格区域和 B12:D12 单元格区域，切换到"插入"选项卡，在"图表"组中单击"插入饼图"按钮，在其下拉列表中单击"三维饼图"图表类型，如图 19-20 所示。

❷ 执行上述操作，即可创建图表。选中图表标题框，修改图表标题。接着选中图表，单击"图表元素"按钮，打开下拉菜单，单击"数据标签"右侧按钮，在子菜单中单击"更多选项"（如图 19-21 所示），打开"设置数据标签格式"窗格。

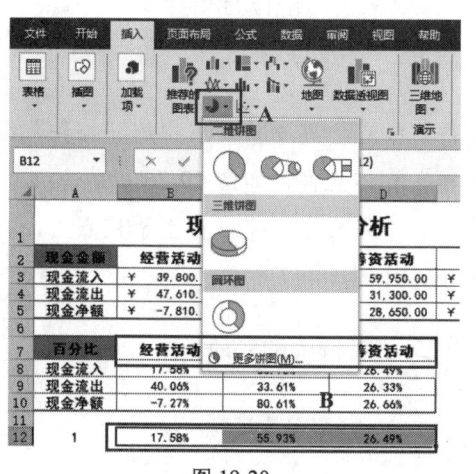

图 19-20

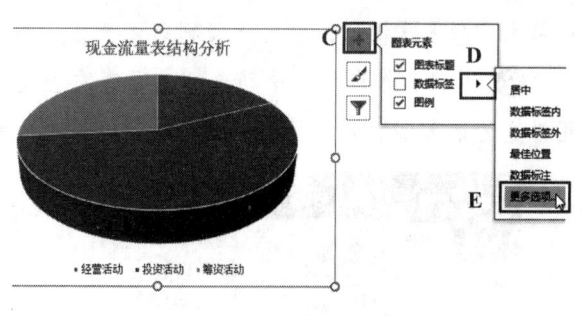

图 19-21

❸ 在"标签包括"栏下选中要显示标签前的复选框，如图 19-22 所示，这里选中"类别名称"和"百分比"，效果如图 19-23 所示。

❹ 选中图表，单击"图表样式"按钮，打开下拉列表，在"样式"栏下选择一种图表样式（单击即可应用），效果如图 19-24 所示。

❺ 删除图例，并对设置图表中文字格式。设置完成后图表如图 19-25 所示。

315

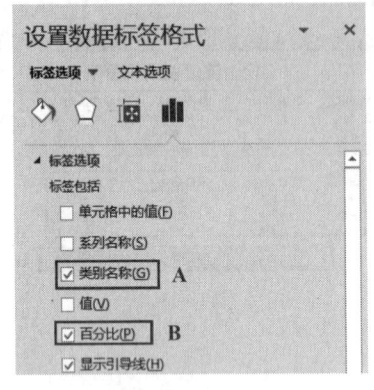

图 19-22

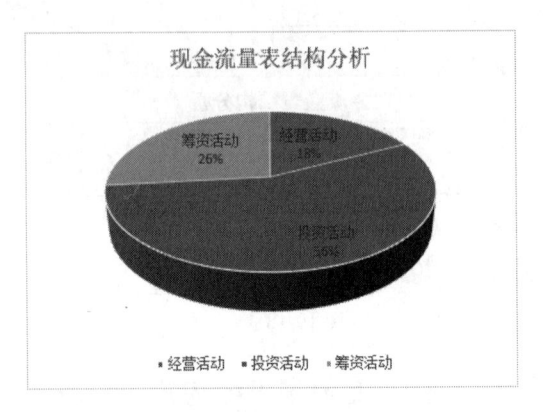

图 19-23

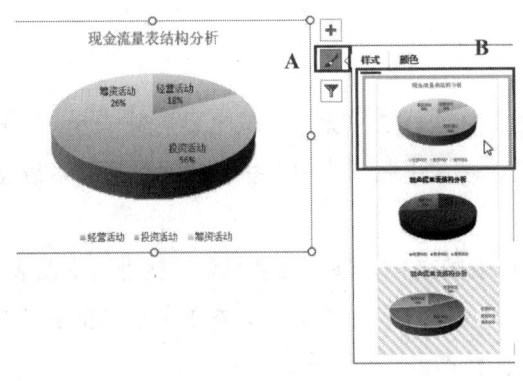

图 19-24

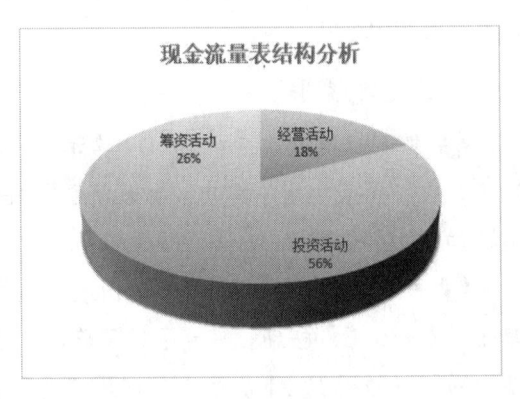

图 19-25

2. 添加控件窗口

❶ 在"自定义快速访问工具栏"中单击"控件"按钮,在下拉列表中的"控件"组中单击"插入"按钮,在其下拉列表中选择"组合框"窗体控件,如图 19-26 所示。

❷ 返回工作表中,拖动鼠标在图表左上角绘制一个组合框,将鼠标至于控点上,当指针变为箭头形状时,就可以随意调节控件窗体大小,如图 19-27 所示。

图 19-26

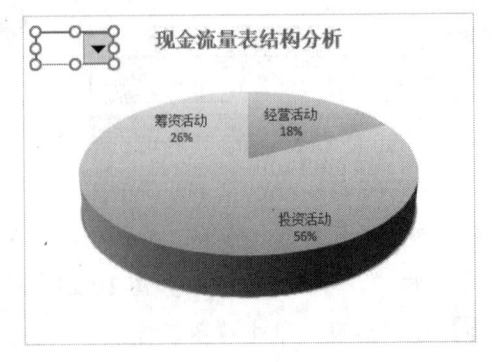

图 19-27

❸ 选中控件窗体,单击鼠标右键,在右键菜单中单击"设置控件格式"命令(如

图 19-28 所示），打开"设置对象格式"对话框。

❹ 在对话框中设置数据源区域为"$A$8:$A$10"单元格区域，设置"单元格链接"为"$B$12:$D$12"单元格区域，在"下拉显示项数"文本框中输入"3"，单击"确定"按钮，如图 19-29 所示。

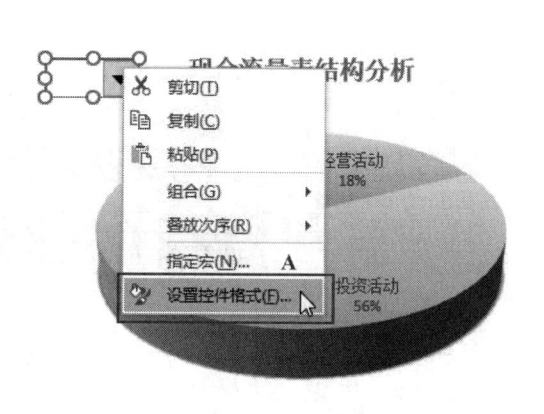

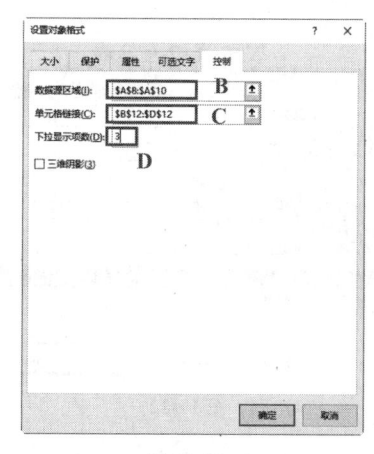

图 19-28

图 19-29

❺ 返回图表中，单击图表中的下拉按钮，从下拉列表中选择"现金流出"，随后图表中会显示出现金流出结构图，如图 19-30 所示。在下拉列表中选择"现金净额"，则图表会发生相应的更改，如图 19-31 所示。

图 19-30

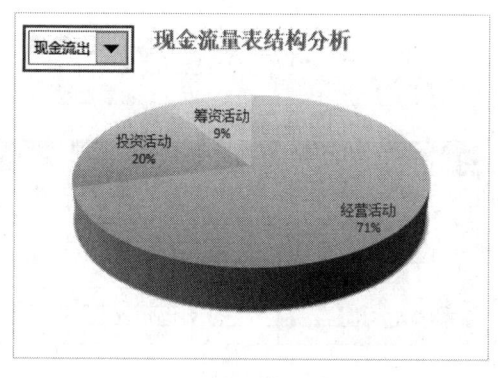

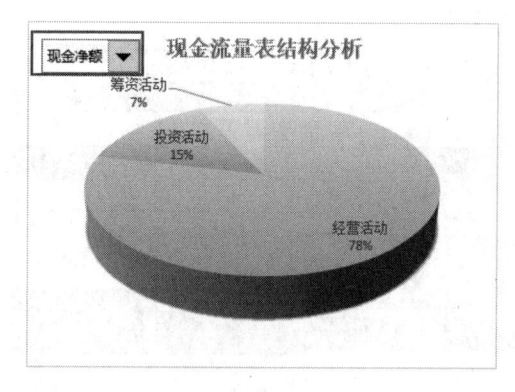

图 19-31

19.3 现金流量表趋势分析

通过现金流量表的趋势分析可以了解各项目变动的基本趋势，从而帮助财务人员判断趋势的利弊，并对企业的未来发展做出预测。

19.3.1 创建现金流量汇总表

为了查看本年和上年度的现金流入、流出的趋势，下面需要编制现金流量汇总表。

❶ 新建工作表，并将其命名为"现金流量表趋势分析"，在工作表中输入表格内容并输入原始数据，效果如图19-32所示。

❷ 选中B4单元格，在公式编辑栏中输入公式：

=现金流量表!B9，按Enter键，向右向下复制公式，得到结果如图19-33所示。

图19-32

图19-33

❸ 选中B8单元格，在公式编辑栏中输入公式：

=现金流量表!B14，按Enter键，向右向下复制公式，得到结果如图19-34所示。

❹ 选中B3单元格，在公式编辑栏中输入公式：

=SUM(B4:B6)，按Enter键，向右复制公式，得出本年和上年的现金流入合计值，如图19-35所示。

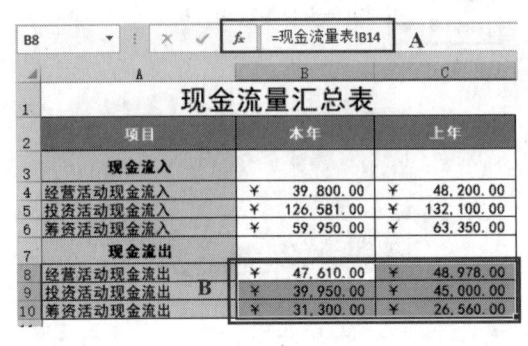

图19-34

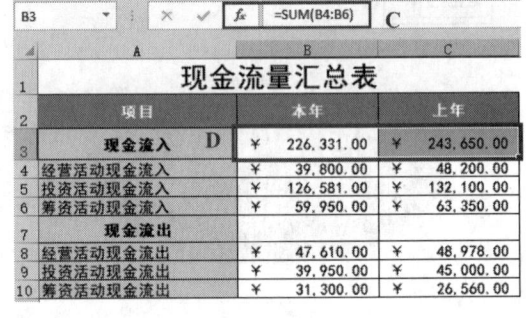

图19-35

❺ 选中B7单元格，在公式编辑栏中输入公式：

=SUM(B8:B10)，按Enter键，向右复制公式，得出本年和上年的现金流出合计值，如图19-36所示。

图19-36

19.3.2 创建现金流量趋势图表

使用图表可以更加直观地了解现金流量趋势，本例会通过创建折线图图表来分析现金流入和流出的趋势。

❶ 选中 A4:C6 单元格区域，切换到"插入"选项卡，在"图表"组中单击"插入折线图"按钮，在其下拉列表中单击"带数据标记的折线图"图表类型，如图 19-37 所示。

❷ 执行上述操作，即可创建图表。在"图表工具"→"设计"选项卡下，单击"数据"组中的"选择数据"按钮，打开"选择数据源"对话框。单击"切换行/列"按钮，如图 19-38 所示。

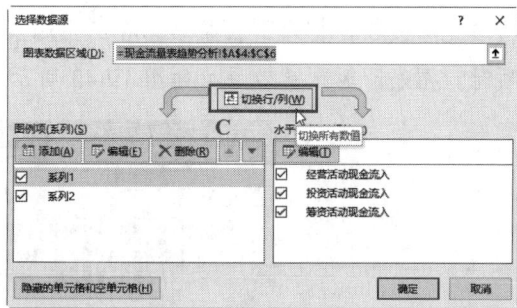

图 19-37　　　　　　　　　　图 19-38

❸ 单击"水平（分类）轴标签"列表框中的"编辑"按钮（如图 19-39 所示），弹出"轴标签"对话框。

❹ 在工作表中利用鼠标选取 B2:C2 单元格区域，如图 19-40 所示。

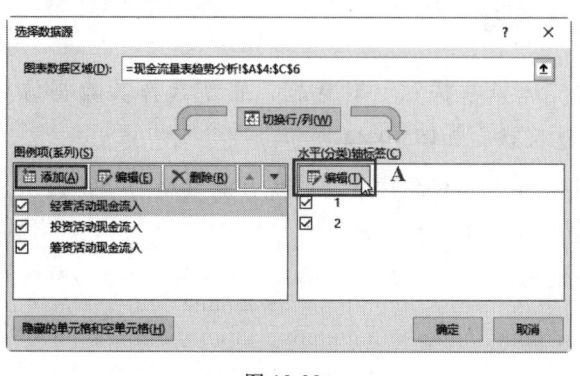

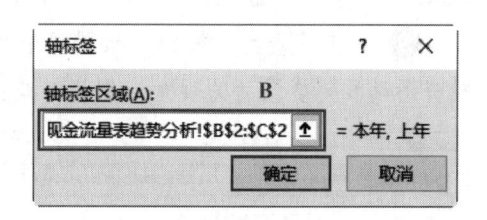

图 19-39　　　　　　　　　　图 19-40

❺ 选中横坐标轴，单击鼠标右键，在右键菜单中单击"设置坐标轴格式"命令，打开"设置坐标轴格式"窗格。在"坐标轴位置"栏下选中"逆序类别"复选框，如图 19-41 所示。

❻ 经过上述操作，可以看到图表中横坐标的标签为"上年"和"本年"，并且横坐标变成了从右向左显示的情况。在标题栏中编辑标题，效果如图 19-42 所示。

图 19-41 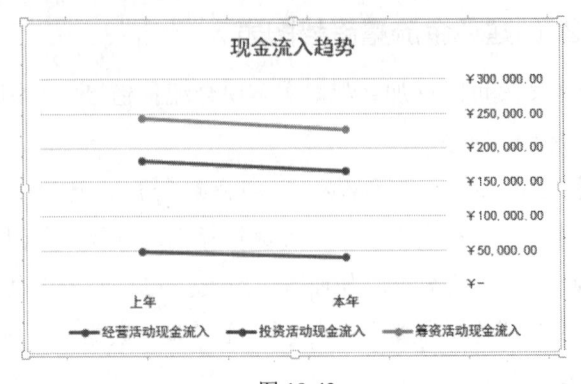　　　　　　　　　　　　图 19-42

❼ 选中绘图区，在"图表工具"→"格式"选项卡下，在"形状样式"组中单击"形状填充"按钮，打开下拉菜单。在"主题颜色"栏中可以选择填充颜色，鼠标指向设置选项时，图表即时预览效果，如图 19-43 所示。

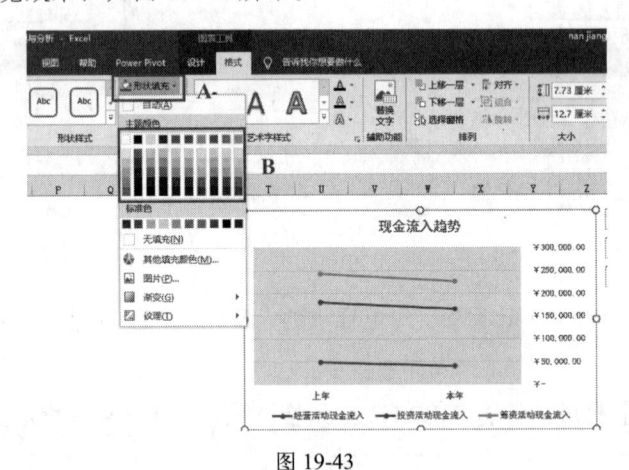

图 19-43

❽ 复制图表，打开该图表对应的"选择数据源"对话框，重新选择其数据源为 A8:C10 区域，并编辑水平轴标签为 A2:C2 区域，如图 19-44 所示。

❾ 单击"确定"按钮，从图表中可以看出只有经营活动的现金流量稍有上涨趋势，投资活动和筹资活动的现金流量都在减少，如图 19-45 所示。

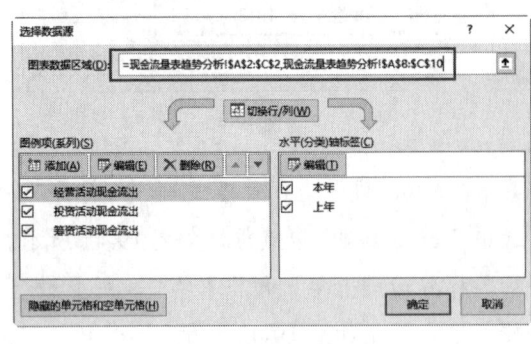

图 19-44 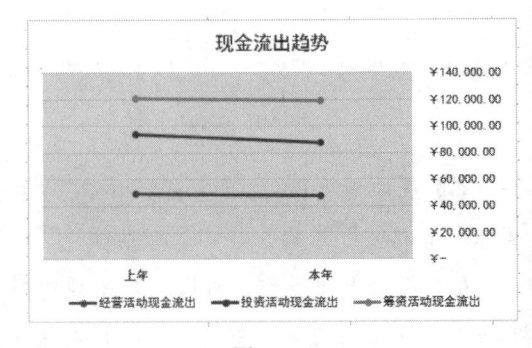　　　　　　　　　　　　图 19-45

19.3.3 创建现金流出比例图

下面使用柱形图绘制出现金流出金额占流入金额的百分比图表，可以比较上年与本年现金流出的比例情况。这里将上年和本年的现金收入比例看为1，计算出各年现金流出金额占流入金额的百分比。

❶ 在"现金流量表趋势分析"工作表中创建一个现金流出比例表格，如图 19-46 所示。

❷ 选中 C14 单元格，在公式编辑栏中输入公式：

=B7/B3，按 Enter 键，向右复制公式，计算出上年和本年的现金流出比例，如图 19-47 所示。

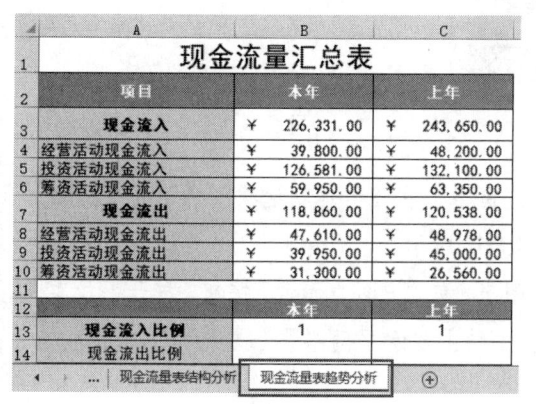

图 19-46

图 19-47

❸ 按住"Ctrl"键，选择 A12:B12 单元格区域和 A14:A14 单元格区域，单击"插入"选项卡，在"图表"组中单击"插入柱形图"按钮，在下拉菜单中单击"簇状柱形图"，如图 19-48 所示。

❹ 创建图表后，双击数据系列，打开"设置数据系列格式"窗格，拖动"间距宽度"右侧的滑块，向左拖动，将其比例调整为"0%"，如图 19-49 所示。

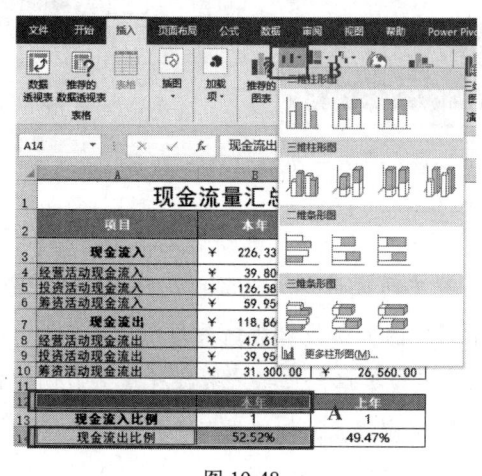

图 19-48

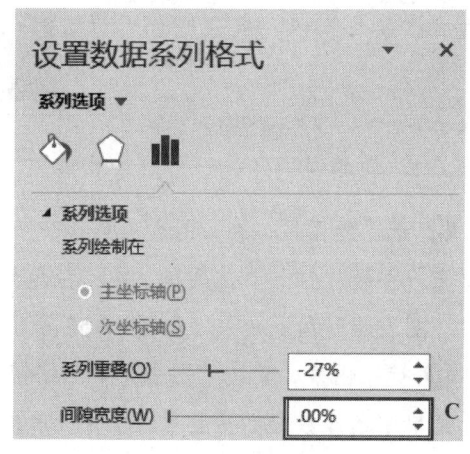

图 19-49

❺ 单击"关闭"按钮，返回工作表。选中图表，单击"图表元素"按钮，打开下拉菜单，单击"坐标轴"右侧按钮，在子菜单中取消"主要横坐标"复选框的选中状态，如图 19-50 所示。

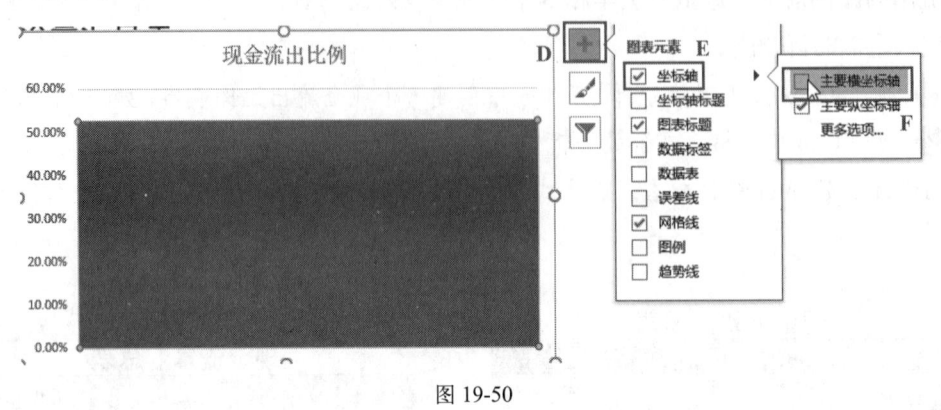

图 19-50

❻ 双击纵坐标，打开"设置坐标轴格式"窗格。在"坐标轴选项"栏下将"最大值"和"最小值"设置为"1.0"和"0.2"，如图 19-51 所示。

❼ 单击"关闭"按钮，返回工作表。选中图表，单击"图表元素"按钮，打开下拉菜单，单击"网络线"右侧按钮，在子菜单中取消"主轴主要水平网络线"复选框的选中状态，如图 19-52 所示。

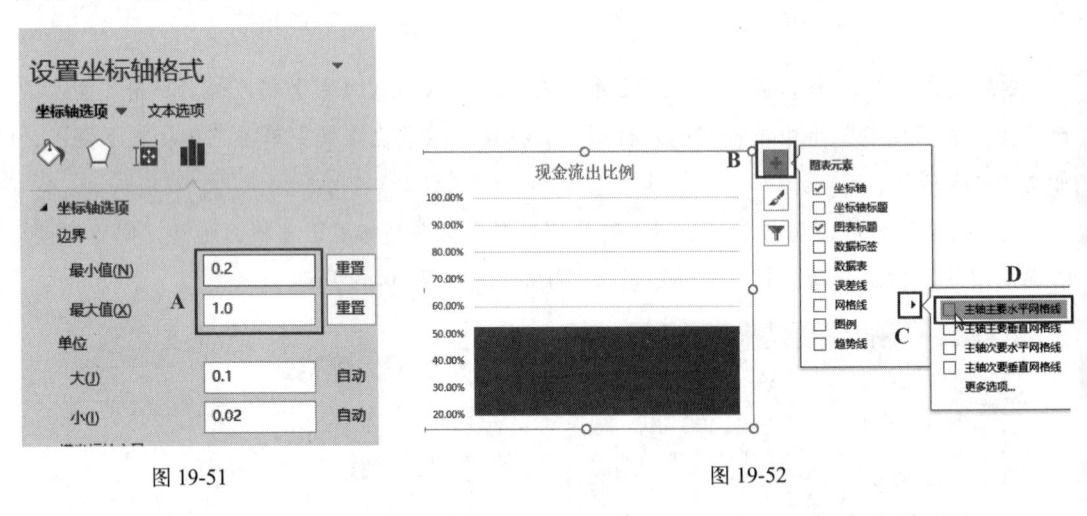

图 19-51

图 19-52

❽ 选中绘图区，在"图表工具"→"格式"选项卡下，在"形状样式"组中单击"形状填充"按钮，打开下拉菜单。在"主题颜色"栏中可以选择填充颜色，鼠标指向设置选项时，图表即时预览效果，如图 19-53 所示。用同样的方法设置数据系列颜色。

❾ 选中图表，单击"图表元素"按钮，打开下拉菜单，单击"数据标签"右侧按钮，在子菜单中选择数据标签显示的位置（单击鼠标即可应用），如这里单击"数据标签内"，如图 19-54 所示。

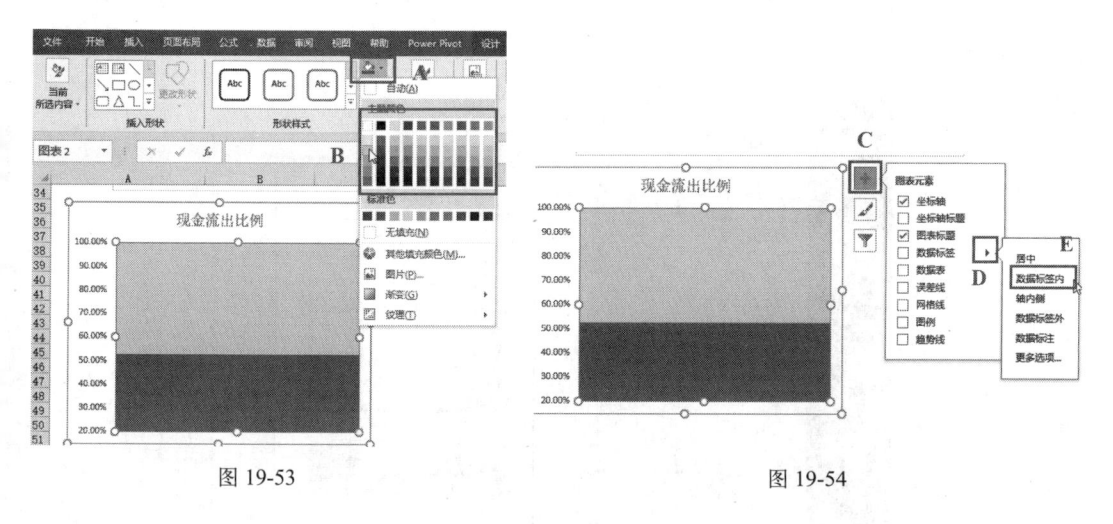

第 19 章　公司现金流量管理与分析

图 19-53

图 19-54

⑩ 将图表标题更改为"本年现金流出比例",并将图表中的文字设置为"黑体",得到最终效果如图 19-55 所示。将图表复制一份,更改标题为"上年现金流出比例",然后将数据源更为 A12、C12、A14、C14 单元格,得到最终的上年现金流出比例图,如图 19-56 所示。可以看出上年现金流出的比例较本年更低一些。

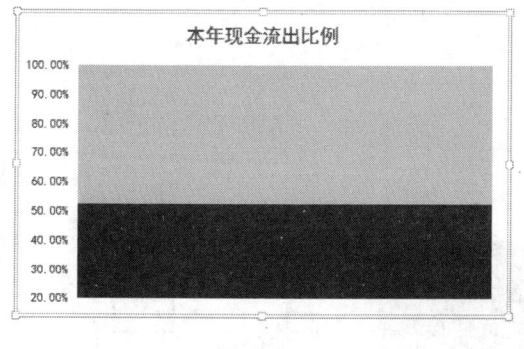

图 19-55

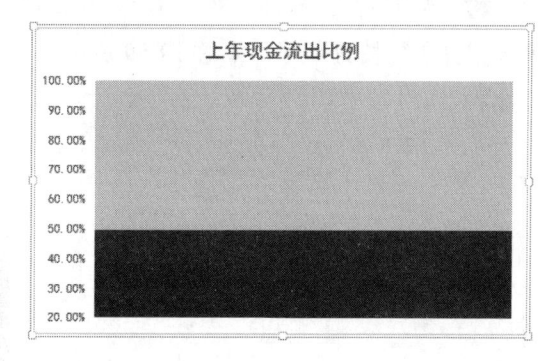

图 19-56

19.4　打印现金流量表和图表

完成现金流量表及图表的创建后,其他部门需要将此表应用到具体的工作中,就需要将该表打印出来投入使用。为了获取较为完美的打印效果,打印之前需要进行相关的页面设置。

19.4.1　打印现金流量表

在打印现金流量表之前,为了使打印出来的报表达到满意的效果,首先要对现金流量表进行预览。

❶ 切换到"现金流量表"工作表,单击工作簿左上角的"文件"→"打印"命令,在打印面板中即可预览现金流量表的打印效果。单击"页面设置"按钮(如图 19-57 所示),

323

打开"页面设置"对话框。

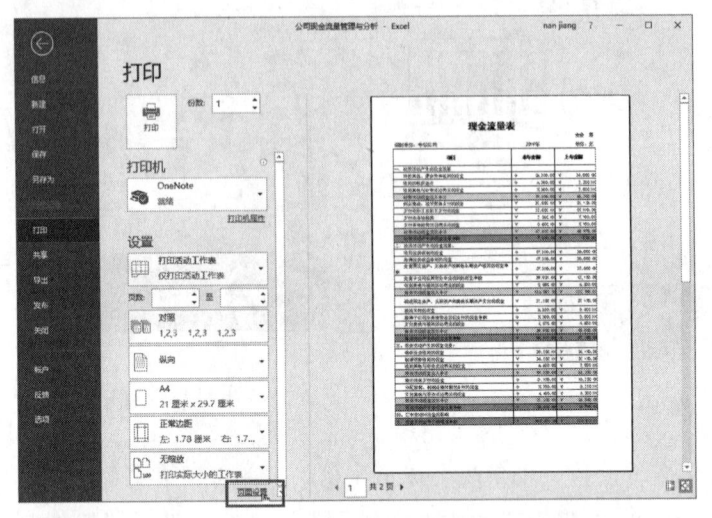

图 19-57

❷ 切换到"页边距"选项卡,选中"居中方式"栏中的"水平"复选框,如图 19-58 所示。

❸ 单击"确定"按钮,返回"打印"面板中,在"份数"设置框中输入需要打印的份数"7",单击"打印"按钮即可,如图 19-59 所示。

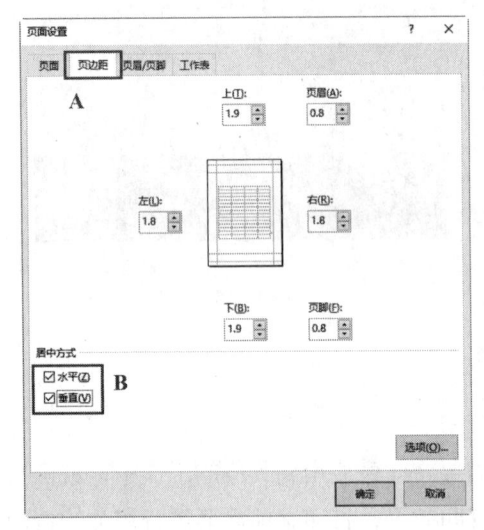

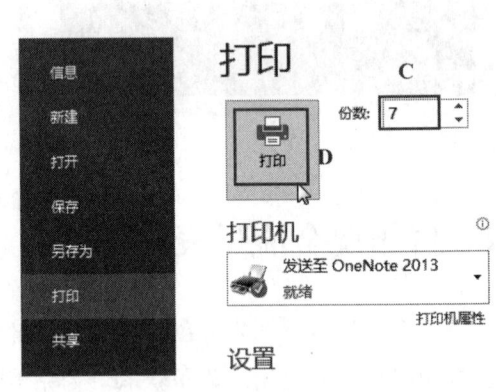

图 19-58   图 19-59

19.4.2 打印现金流量表结构分析图表

本例中需要打印现金流量表结构分析图表,在打印之前需要选择图表的打印质量。

❶ 切换到"现金流量表结构分析"工作表,选中图表,单击工作簿左上角的"文件"→"打印"命令,在打印面板中即可预览现金流量表的打印效果。单击"页面设置"按钮(如图 19-60 所示),打开"页面设置"对话框。

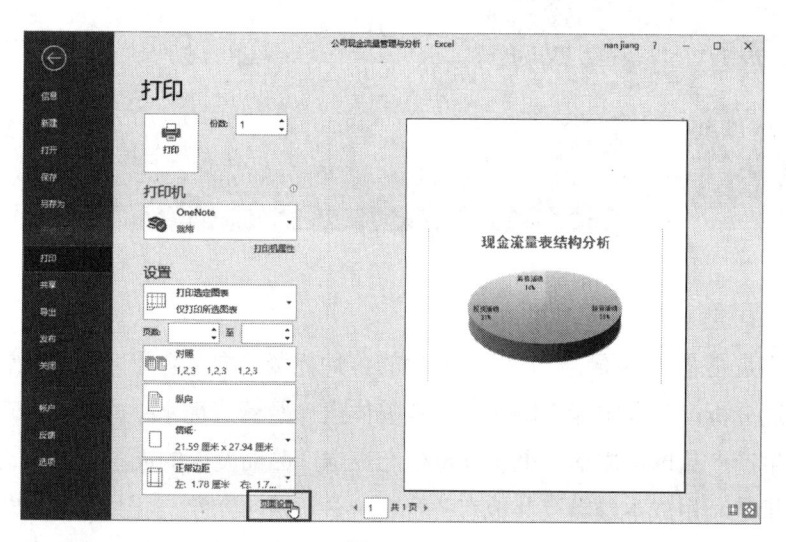

图 19-60

❷ 切换到"图表"选项卡，选中"草稿品质"复选框，如图 19-61 所示。

❸ 单击"确定"按钮，返回"打印"面板中，在"份数"设置框中输入需要打印的份数"7"，单击"打印"按钮即可，如图 19-62 所示。

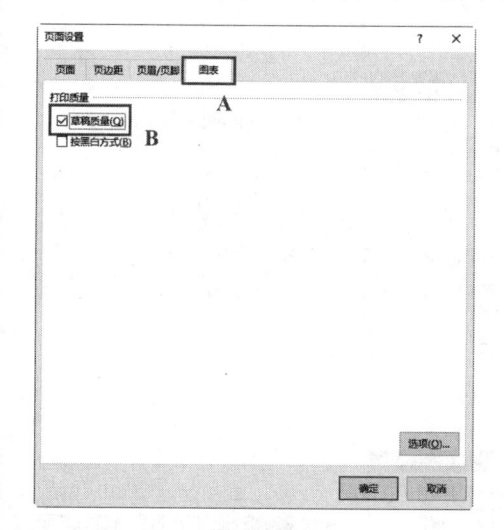

图 19-61

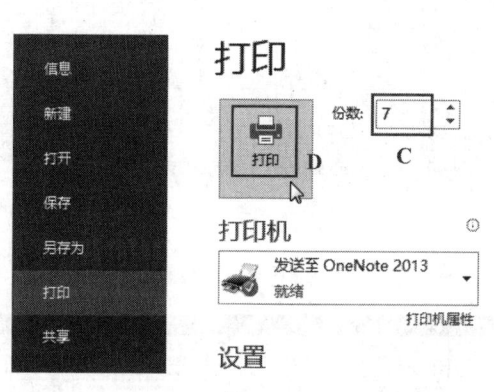

图 19-62

第 20 章
企业成本分析

范例概述

产品成本是指企业为了生产产品而发生的各种耗费，它是企业生产经营管理的一项综合指标，通过分析产品成本能了解一个企业整体生产经营管理水平的高低。产品成本可以是一定时期生产产品单位成本，也可以是生产一定产品而发生的成本总额。

成本分析是利用成本核算及其他有关资料，分析成本水平与构成的变动情况，研究影响成本升降的各种因素及其变动原因，寻找降低成本的途径的分析方法。成本分析是正确评价企业成本计划的执行结果。

范例效果

5月份成本分析

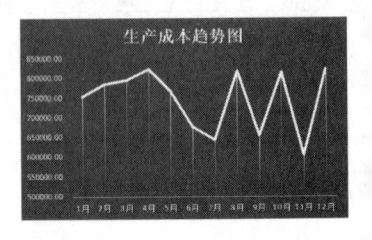

年度生产成本分析

各月生产成本年度比较

项目	上年数	本年数	增减金额	增减比率
1月	658005.55	758820.00	100814.45	15.3%
2月	685210.00	785561.42	100351.42	14.6%
3月	700000.00	795526.76	95526.76	13.6%
4月	753650.36	823812.41	70162.05	9.3%
5月	688250.18	765438.00	77187.82	11.2%
6月	605802.36	676769.80	70967.44	11.7%
7月	599860.58	642449.81	42589.23	7.1%
8月	725630.23	818605.92	92975.69	12.8%
9月	569820.25	653359.81	83539.56	14.7%
10月	721025.55	814404.20	93378.65	13.0%
11月	606900.00	603514.02	-3385.98	-0.6%
12月	756821.89	823440.46	66618.57	8.8%
合计	8070976.95	8961702.61	890725.66	

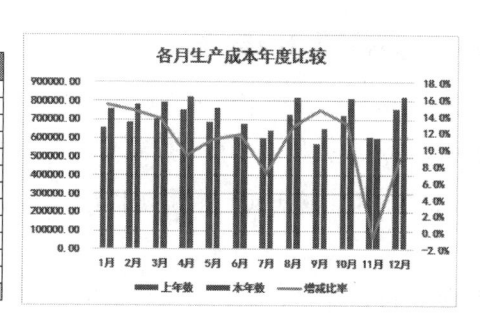

各月生产成本年度比较

范例实现

20.1 按月汇总和分析产品生产成本

为了防止企业处于亏损状态，需要不定期地对产品进行分析研究，使企业能及时地调整生产、经营策略，从而获得更高的利润。

20.1.1 创建成本分析表格

在建立成本分析表格之前，需要规划必需的因素，然后开始创建工作表。

新建工作簿，并命名为"企业成本分析"，将"Sheet1"工作表重命名为"5月份成本分析"，在工作表中根据产品制造成本的实际情况，输入原始数据，创建如图20-1所示的表格。

图 20-1

20.1.2 计算各项分析数据

在创建表格之后，则可以使用函数和公式来计算各项分析数据。

❶ 选中 F4 单元格，在公式编辑栏中输入公式：

=SUM(C4:E4)，按 Enter 键后向下填充公式到 F19 单元格，计算出生产不同产品的制造成本合计值，如图 20-2 所示。

❷ 选中 I4 单元格，在公式编辑栏中输入公式：

=IF(H4=0,"",G4/H4)，按 Enter 键后向下填充公式到 I19 单元格，计算出生产不同产品的单位成本，如图 20-3 所示。

图 20-2

图 20-3

❸ 选中 J4 单元格，在公式编辑栏中输入公式：

=B4+F4-G4，按 Enter 键后向下复制公式到 J19 单元格，计算出生产不同产品的期末数，如图 20-4 所示。

❹ 选中 K4 单元格，在公式编辑栏中输入公式：

=IF(F4=0,0,C4/F4)，按 Enter 键后向下复制公式到 K19 单元格，计算出生产不同产品的直接材料比重，如图 20-5 所示。

图 20-4

图 20-5

❺ 选中 L4 单元格，在公式编辑栏中输入公式：

=IF(F4=0,0,D4/F4)，按 Enter 键后向下填充公式到 L19 单元格，计算出生产不同产品的直接人工比重，如图 20-6 所示。

❻ 选中 M4 单元格，在公式编辑栏中输入公式：

=IF(F4=0,0,E4/F4)，按 Enter 键后向下填充公式到 M19 单元格，计算出不同产品的制造费用比重，如图 20-7 所示。

图 20-6

图 20-7

❼ 选中 B20 单元格，在公式编辑栏中输入公式：

=SUM(B4:B19)，按 Enter 键后向下复制公式到 H20 单元格，计算出所有 5 月份产品各项合计值，如图 20-8 所示。

❽ 选中 N4 单元格，在公式编辑栏中输入公式：

=IF($F$20=0,"",F4/$F$20)，按 Enter 键后向下复制公式到 N19 单元格，计算出不同产品的本月结构，如图 20-9 所示。

图 20-8

图 20-9

❾ 选中 O4 单元格，在公式编辑栏中输入公式：

=IF(N4=0,"",RANK(N4,$N$4:$N$19))，按 Enter 键后向下复制公式到 O19 单元格，结果如图 20-10 所示。从排序结果可以得出哪种产品耗费成本最多，哪种其次，哪种最低。

图 20-10

20.1.3 创建柱形图比较本期发生额与结转额

下面根据产品分析表中的产品编号和相关数据，来创建柱形图图表分析本期发生额与结转额。

❶ 按"Ctrl"键，选中 A3:A19 单元格区域和 F3:G19 单元格区域，单击"插入"选项卡，在"图表"组中单击"插入柱形图"按钮，在下拉列表中单击"簇状柱形图"，如图 20-11 所示。执行上述命令，系统会在工作表区域创建如图 20-12 所示的图表。

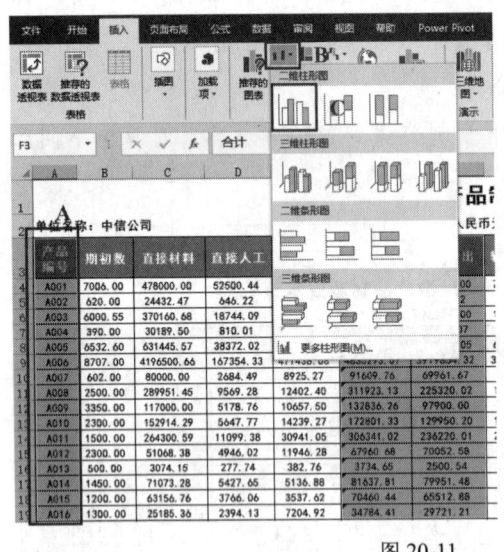

图 20-11　　　图 20-12

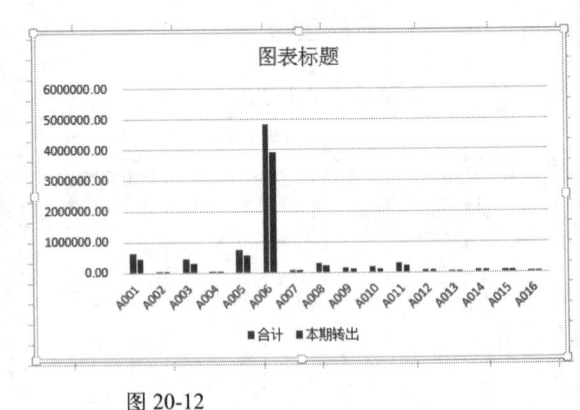

❷ 双击纵坐标轴，打开"设置坐标轴格式"窗格，在"坐标轴选项"栏下单击"显示单位"设置框按钮，在下拉列表中选择"10000"，如图 20-13 所示。

❸ 在"数字"栏下单击"类别"设置框下拉按钮，在下拉列表中单击"数字"，在"小数位置"设置框中输入保留的小数位数为"0"，如图 20-14 所示。

第 20 章　企业成本分析

图 20-13

图 20-14

❹ 关闭任务窗格返回图表，可以看到纵坐标轴中的数字都以百位的整数显示，并且显示了单位，如图 20-15 所示。

❺ 选中图表，单击"图表工具"→"设计"选项卡，在"图表样式"组中单击"其他"下拉按钮，打开下拉菜单。选择某种样式后，单击一次鼠标即可应用到图表上，这里单击"样式 6"，如图 20-16 所示。

图 20-15

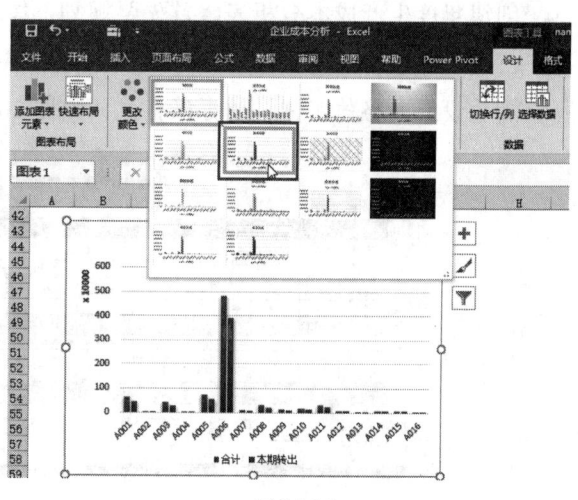

图 20-16

❻ 选中图表区，在"图表工具"→"格式"选项卡下，在"形状样式"组中单击"形状填充"按钮，打开下拉菜单。在"主题颜色"栏中可以选择填充颜色，单击即可应用，如图 20-17 所示。

❼ 在标题编辑框中输入图表标题"本期发生额与结转额比较"，并将图表文字设置为"黑体"，效果如图 20-18 所示。

331

图 20-17

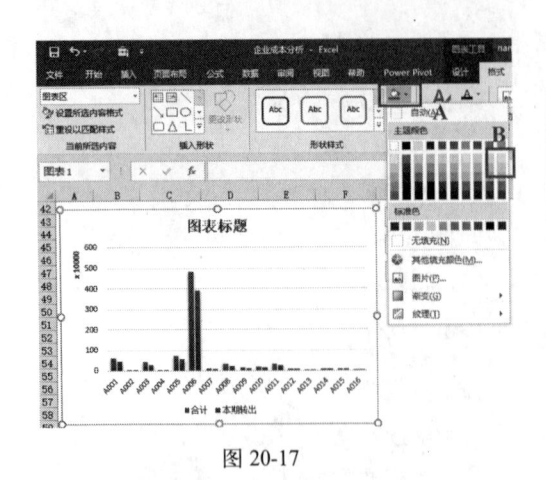

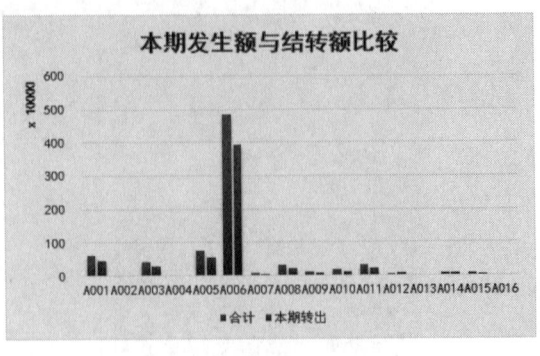

图 20-18

20.2 年度生产成本分析

生产成本一般由直接材料、直接人工、制造费用和其他费用构成。在实际工作中，生产部门每月需对生产成本进行统计核算。在年末的时候，需要对总年度生产成本进行计算，分析各个月中成本的结构比例，以及整个年度中，各生产成本要素的比例、平均值等。

20.2.1 创建年度生产成本分析表

创建年度生产成本分析表，首先要规划工作表的基本框架以及包含的要素。

新建工作表，将其重命名为"年度生产成本分析"，在表格中输入表格项目及相关数据，然后设置表格的字体、边框等格式，如图 20-19 所示。

图 20-19

20.2.2 计算各月各项数据

1. 计算各月生产成本数据

❶ 选中 B9 单元格，在公式编辑栏中输入公式：

=SUM(B5:B8)，按 Enter 键后向右填充公式，计算出各个月份生产成本合计数，如图 20-20 所示。

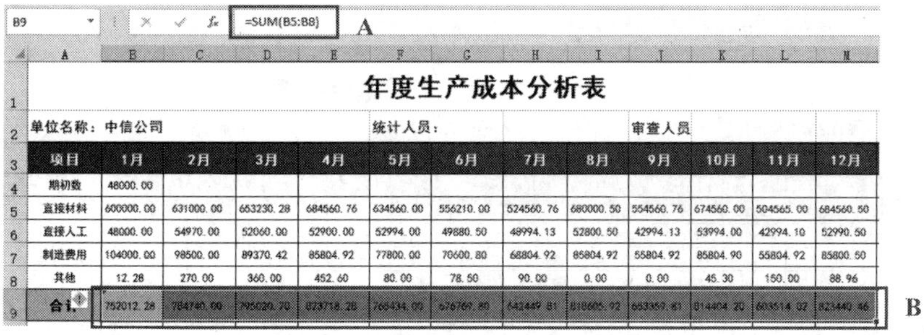

B9　=SUM(B5:B8)　A

年度生产成本分析表

单位名称：中信公司　统计人员：　审查人员

项目	1月	2月	3月	4月	5月	6月	7月	8月	9月	10月	11月	12月
期初数	48000.00											
直接材料	600000.00	631000.00	653230.28	684560.76	634560.00	556210.00	524560.76	680000.50	554560.76	674560.00	504565.00	684560.50
直接人工	48000.00	54970.00	52060.00	52900.00	52994.00	49880.50	48994.13	52800.50	42994.13	53994.00	42994.10	52990.50
制造费用	104000.00	98500.00	89370.42	85804.92	77800.00	70600.80	68804.92	85804.92	55804.92	85804.90	55804.92	85800.50
其他	12.28	270.00	360.00	452.60	80.00	78.50	90.00	0.00	0.00	45.30	150.00	88.96
合计	752012.28	784740.00	795020.70	823718.28	765434.00	676769.80	642449.81	818605.92	653359.81	814404.20	603514.02	823440.46

B

图 20-20

❷ 选中 B12 单元格，在公式编辑栏中输入公式：

=IF(B11=0,"",B10/B11)，按 Enter 键后向右填充公式，根据本期转出与转出数量计算出各个月份的单位成本，如图 20-21 所示。

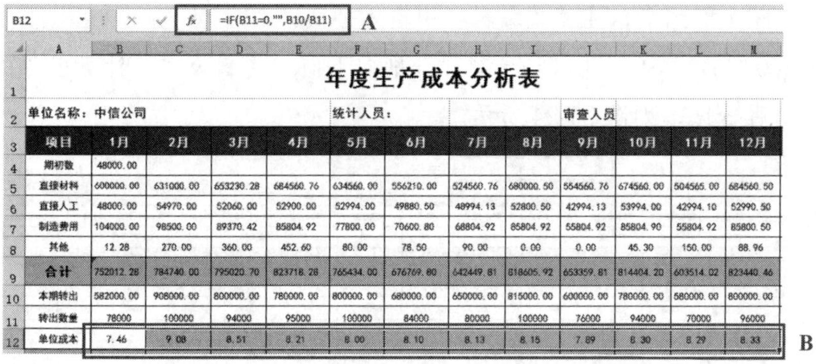

B12　=IF(B11=0,"",B10/B11)　A

年度生产成本分析表

单位名称：中信公司　统计人员：　审查人员

项目	1月	2月	3月	4月	5月	6月	7月	8月	9月	10月	11月	12月
期初数	48000.00											
直接材料	600000.00	631000.00	653230.28	684560.76	634560.00	556210.00	524560.76	680000.50	554560.76	674560.00	504565.00	684560.50
直接人工	48000.00	54970.00	52060.00	52900.00	52994.00	49880.50	48994.13	52800.50	42994.13	53994.00	42994.10	52990.50
制造费用	104000.00	98500.00	89370.42	85804.92	77800.00	70600.80	68804.92	85804.92	55804.92	85804.90	55804.92	85800.50
其他	12.28	270.00	360.00	452.60	80.00	78.50	90.00	0.00	0.00	45.30	150.00	88.96
合计	752012.28	784740.00	795020.70	823718.28	765434.00	676769.80	642449.81	818605.92	653359.81	814404.20	603514.02	823440.46
本期转出	582000.00	908000.00	800000.00	780000.00	800000.00	680000.00	650000.00	815000.00	600000.00	780000.00	580000.00	800000.00
转出数量	78000	100000	94000	95000	100000	84000	80000	100000	76000	94000	70000	96000
单位成本	7.46	9.08	8.51	8.21	8.00	8.10	8.13	8.15	7.89	8.30	8.29	8.33

B

图 20-21

❸ 选中 B13 单元格，在公式编辑栏中输入公式：

=B4+B9-B10，按 Enter 键后向右复制公式，如图 20-22 所示。

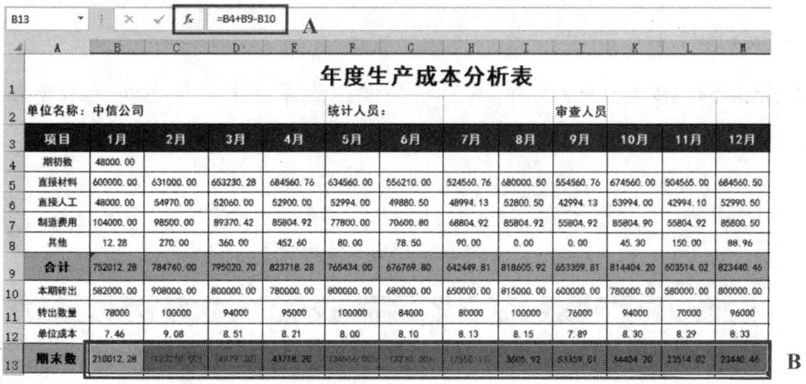

B13　=B4+B9-B10　A

年度生产成本分析表

单位名称：中信公司　统计人员：　审查人员

项目	1月	2月	3月	4月	5月	6月	7月	8月	9月	10月	11月	12月
期初数	48000.00											
直接材料	600000.00	631000.00	653230.28	684560.76	634560.00	556210.00	524560.76	680000.50	554560.76	674560.00	504565.00	684560.50
直接人工	48000.00	54970.00	52060.00	52900.00	52994.00	49880.50	48994.13	52800.50	42994.13	53994.00	42994.10	52990.50
制造费用	104000.00	98500.00	89370.42	85804.92	77800.00	70600.80	68804.92	85804.92	55804.92	85804.90	55804.92	85800.50
其他	12.28	270.00	360.00	452.60	80.00	78.50	90.00	0.00	0.00	45.30	150.00	88.96
合计	752012.28	784740.00	795020.70	823718.28	765434.00	676769.80	642449.81	818605.92	653359.81	814404.20	603514.02	823440.46
本期转出	582000.00	908000.00	800000.00	780000.00	800000.00	680000.00	650000.00	815000.00	600000.00	780000.00	580000.00	800000.00
转出数量	78000	100000	94000	95000	100000	84000	80000	100000	76000	94000	70000	96000
单位成本	7.46	9.08	8.51	8.21	8.00	8.10	8.13	8.15	7.89	8.30	8.29	8.33
期末数	218012.28	[illegible]	[illegible]	43718.28	[illegible]	[illegible]	[illegible]	3605.92	53359.81	34404.20	23514.02	23440.46

B

图 20-22

❹ 选中 C4 单元格，在公式编辑栏中输入公式：

=B13，按 Enter 键后向右复制公式，即可计算出各月初期数（实际上各月初期数就等于上期期末数）接着期末数所在单元格数据结果会发生相应的更改，如图 20-23 所示。

C4 | f_x =B13 A

	A	B	C	D	E	F	G	H	I	J	K	L	M
1	年度生产成本分析表												
2	单位名称：中信公司					统计人员：				审查人员			
3	项目	1月	2月	3月	4月	5月	6月	7月	8月	9月	10月	11月	12月
4	期初数	48000.00	218012.28	94752.28	89772.98	133491.26	98925.26	95695.06	88144.87	91750.79	145110.60	179514.80	203028.82
5	直接材料	600000.00	631000.00	653230.28	684560.76	634560.00	556210.00	524560.76	680000.50	554560.76	674560.00	504565.00	684560.50
6	直接人工	48000.00	54970.00	52060.00	52900.00	52994.00	49880.50	48994.13	52800.50	42994.13	53994.00	42994.10	52990.50
7	制造费用	104000.00	98500.00	89370.42	85804.92	77800.00	70600.80	68804.92	85804.92	55804.92	85804.90	55804.92	85800.50
8	其他	12.28	270.00	360.00	452.60	80.00	78.50	90.00	0.00	0.00	45.30	150.00	88.96
9	合计	752012.28	784740.00	795020.70	823718.28	765434.00	676769.80	642449.81	818605.92	653359.81	814404.20	603514.02	823440.46
10	本期转出	582000.00	908000.00	800000.00	780000.00	800000.00	680000.00	650000.00	815000.00	600000.00	780000.00	580000.00	800000.00
11	转出数量	78000	100000	94000	95000	100000	84000	80000	100000	76000	94000	70000	96000
12	单位成本	7.46	9.08	8.51	8.21	8.00	8.10	8.13	8.15	7.89	8.30	8.29	8.33
13	期末数	218012.28	94752.28	89772.98	133491.26	98925.26	95695.06	88144.87	91750.79	145110.60	179514.80	203028.82	226469.28

B

图 20-23

2. 计算成本比例和合计数

❶ 选中 B14 单元格，在公式编辑栏中输入公式：

=IF(B$9=0,"",B5/B$9)，按 Enter 键后分别向下向右复制公式，计算出各月成本要素占该月总成本的百分比，如图 20-24 所示。

B14 | f_x =IF(B$9=0,"",B5/B$9) A

	A	B	C	D	E	F	G	H	I	J	K	L	M
7	制造费用	104000.00	98500.00	89370.42	85804.92	77800.00	70600.80	68804.92	85804.92	55804.92	85804.90	55804.92	85800.50
8	其他	12.28	270.00	360.00	452.60	80.00	78.50	90.00	0.00	0.00	45.30	150.00	88.96
9	合计	752012.28	784740.00	795020.70	823718.28	765434.00	676769.80	642449.81	818605.92	653359.81	814404.20	603514.02	823440.46
10	本期转出	582000.00	908000.00	800000.00	780000.00	800000.00	680000.00	650000.00	815000.00	600000.00	780000.00	580000.00	800000.00
11	转出数量	78000	100000	94000	95000	100000	84000	80000	100000	76000	94000	70000	96000
12	单位成本	7.46	9.08	8.51	8.21	8.00	8.10	8.13	8.15	7.89	8.30	8.29	8.33
13	期末数	218012.28	94752.28	89772.98	133491.26	98925.26	95695.06	88144.87	91750.79	145110.60	179514.80	203028.82	226469.28
14	直接材料比重	79.79%	80.41%	82.17%	83.11%	82.90%	82.19%	81.65%	83.07%	84.88%	82.83%	83.60%	83.13%
15	直接人工比重	6.38%	7.00%	6.55%	6.42%	6.92%	7.37%	7.63%	6.45%	6.58%	6.63%	7.12%	6.44%
16	制造费用比重	13.83%	12.55%	11.24%	10.42%	10.16%	10.43%	10.71%	10.48%	8.54%	10.54%	9.25%	10.42%
17	其他	0.00%	0.03%	0.05%	0.05%	0.01%	0.01%	0.01%	0.00%	0.00%	0.01%	0.02%	0.01%
18	合计	100.00%	100.00%	100.00%	100.00%	100.00%	100.00%	100.00%	100.00%	100.00%	100.00%	100.00%	100.00%

B

图 20-24

❷ 选中 N5 单元格，在公式编辑栏中输入公式：

=SUM(B5:M5)，按 Enter 键后向下复制公式，计算出本年度各类成本要素各自合计数，如图 20-25 所示。

N5 | f_x =SUM(B5:M5) A

	A	B	C	D	E	F	G	H	I	J	K	L	M	N
1	年度生产成本分析表													
2	单位名称：中信公司					统计人员：				审查人员				
3	项目	1月	2月	3月	4月	5月	6月	7月	8月	9月	10月	11月	12月	合计
4	期初数	48000.00	218012.28	94752.28	89772.98	133491.26	98925.26	95695.06	88144.87	91750.79	145110.60	179514.80	203028.82	
5	直接材料	600000.00	631000.00	653230.28	684560.76	634560.00	556210.00	524560.76	680000.50	554560.76	674560.00	504565.00	684560.50	7382368.56
6	直接人工	48000.00	54970.00	52060.00	52900.00	52994.00	49880.50	48994.13	52800.50	42994.13	53994.00	42994.10	52990.50	605571.86
7	制造费用	104000.00	98500.00	89370.42	85804.92	77800.00	70600.80	68804.92	85804.92	55804.92	85804.90	55804.92	85800.50	963901.22
8	其他	12.28	270.00	360.00	452.60	80.00	78.50	90.00	0.00	0.00	45.30	150.00	88.96	1627.64
9	合计	752012.28	784740.00	795020.70	823718.28	765434.00	676769.80	642449.81	818605.92	653359.81	814404.20	603514.02	823440.46	8953469.28
10	本期转出	582000.00	908000.00	800000.00	780000.00	800000.00	680000.00	650000.00	815000.00	600000.00	780000.00	580000.00	800000.00	8775000.00
11	转出数量	78000	100000	94000	95000	100000	84000	80000	100000	76000	94000	70000	96000	1067000.00
12	单位成本	7.46	9.08	8.51	8.21	8.00	8.10	8.13	8.15	7.89	8.30	8.29	8.33	98.44
13	期末数	218012.28	94752.28	89772.98	133491.26	98925.26	95695.06	88144.87	91750.79	145110.60	179514.80	203028.82	226469.28	1664668.28

B

图 20-25

3. 计算各月生产成本结构比例和排序

❶ 选中 O5 单元格，在公式编辑栏中输入公式：

=IF($N$9=0,"",N5/$N$9)，按 Enter 键后向下填充公式，计算出年度总额成本各元素的百分比，如图 20-26 所示。

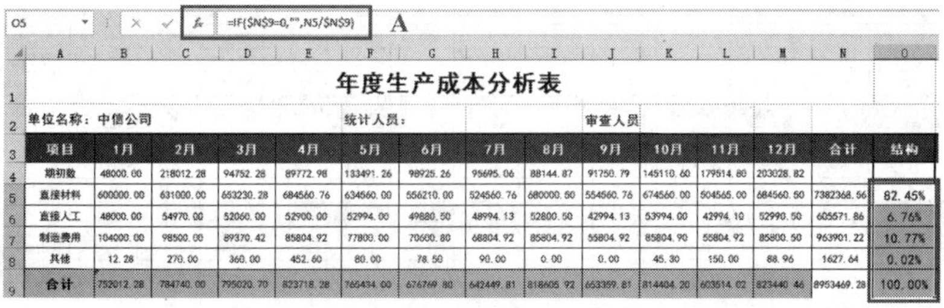

O5 | =IF($N$9=0,"",N5/$N$9) A

	A	B	C	D	E	F	G	H	I	J	K	L	M	N	O
1	年度生产成本分析表														
2	单位名称：中信公司					统计人员：				审查人员					
3	项目	1月	2月	3月	4月	5月	6月	7月	8月	9月	10月	11月	12月	合计	结构
4	期初数	48000.00	218012.28	94752.28	89772.98	133491.26	98925.26	95695.06	88144.87	91750.79	145110.60	179514.80	203028.82		
5	直接材料	600000.00	631000.00	653230.28	684560.76	634560.00	556210.00	524560.76	680000.50	554560.76	674560.00	504565.00	684560.50	7382368.56	82.45%
6	直接人工	48000.00	54970.00	52060.00	52900.00	52994.00	49880.50	48994.13	52800.50	42994.13	53994.00	42994.10	52990.50	605571.86	6.76%
7	制造费用	104000.00	98500.00	89370.42	85804.92	77800.00	70600.80	68804.92	85804.92	55804.92	85804.90	55804.92	85800.50	963901.22	10.77%
8	其他	12.28	270.00	360.00	452.60	80.00	78.50	90.00	0.00	0.00	45.30	150.00	88.96	1627.64	0.02%
9	合计	752012.28	784740.00	795020.70	823718.28	765434.00	676769.80	642449.81	818605.92	653359.81	814404.20	603514.02	823440.46	8953469.28	100.00%

B

图 20-26

公式解析

=IF(B11=0,"",B10/B11) 公式解析：

表示若 B11 单元格不为“0”，则执行公式 B10/B11，且将所得结果返回 B12 单元格。

❷ 选中 P5 单元格，在公式编辑栏中输入公式：

=IF(O5="","",RANK(O5,$O$5:$O$8))，按 Enter 键后向下复制公式，计算出各个成本元素在本年度总成本的排名情况，如图 20-27 所示。

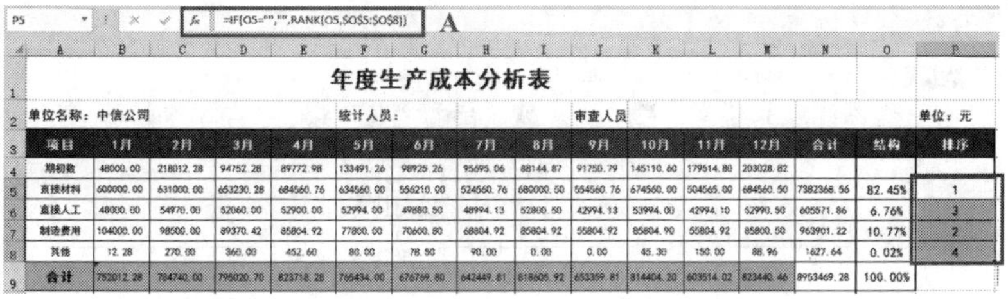

P5 | =IF(O5="","",RANK(O5,$O$5:$O$8)) A

	A	B	C	D	E	F	G	H	I	J	K	L	M	N	O	P
1	年度生产成本分析表															
2	单位名称：中信公司					统计人员：				审查人员						单位：元
3	项目	1月	2月	3月	4月	5月	6月	7月	8月	9月	10月	11月	12月	合计	结构	排序
4	期初数	48000.00	218012.28	94752.28	89772.98	133491.26	98925.26	95695.06	88144.87	91750.79	145110.60	179514.80	203028.82			
5	直接材料	600000.00	631000.00	653230.28	684560.76	634560.00	556210.00	524560.76	680000.50	554560.76	674560.00	504565.00	684560.50	7382368.56	82.45%	1
6	直接人工	48000.00	54970.00	52060.00	52900.00	52994.00	49880.50	48994.13	52800.50	42994.13	53994.00	42994.10	52990.50	605571.86	6.76%	3
7	制造费用	104000.00	98500.00	89370.42	85804.92	77800.00	70600.80	68804.92	85804.92	55804.92	85804.90	55804.92	85800.50	963901.22	10.77%	2
8	其他	12.28	270.00	360.00	452.60	80.00	78.50	90.00	0.00	0.00	45.30	150.00	88.96	1627.64	0.02%	4
9	合计	752012.28	784740.00	795020.70	823718.28	765434.00	676769.80	642449.81	818605.92	653359.81	814404.20	603514.02	823440.46	8953469.28	100.00%	

B

图 20-27

4. 计算各月生产成本平均数和标准差

❶ 选中 P14 单元格，在公式编辑栏中输入公式：

=IF(N9="","",N9/12)，按 Enter 键，计算本年度各月生产成本的平均数，如图 20-28 所示。

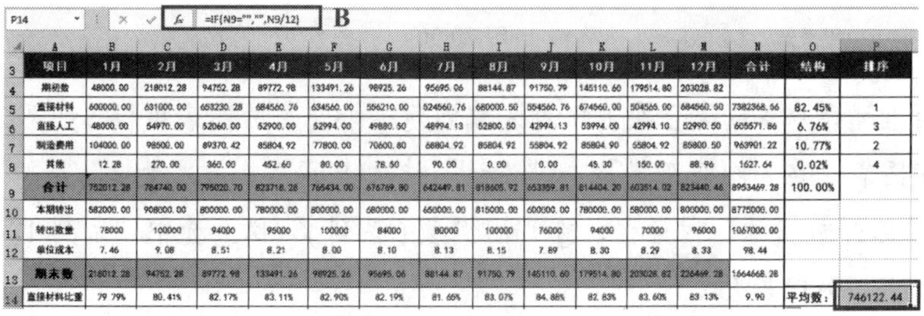

P14 | =IF(N9="","",N9/12) B

	A	B	C	D	E	F	G	H	I	J	K	L	M	N	O	P
3	项目	1月	2月	3月	4月	5月	6月	7月	8月	9月	10月	11月	12月	合计	结构	排序
4	期初数	48000.00	218012.28	94752.28	89772.98	133491.26	98925.26	95695.06	88144.87	91750.79	145110.60	179514.80	203028.82			
5	直接材料	600000.00	631000.00	653230.28	684560.76	634560.00	556210.00	524560.76	680000.50	554560.76	674560.00	504565.00	684560.50	7382368.56	82.45%	1
6	直接人工	48000.00	54970.00	52060.00	52900.00	52994.00	49880.50	48994.13	52800.50	42994.13	53994.00	42994.10	52990.50	605571.86	6.76%	3
7	制造费用	104000.00	98500.00	89370.42	85804.92	77800.00	70600.80	68804.92	85804.92	55804.92	85804.90	55804.92	85800.50	963901.22	10.77%	2
8	其他	12.28	270.00	360.00	452.60	80.00	78.50	90.00	0.00	0.00	45.30	150.00	88.96	1627.64	0.02%	4
9	合计	752012.28	784740.00	795020.70	823718.28	765434.00	676769.80	642449.81	818605.92	653359.81	814404.20	603514.02	823440.46	8953469.28	100.00%	
10	本期转出	582000.00	908000.00	800000.00	780000.00	800000.00	680000.00	650000.00	815000.00	600000.00	780000.00	580000.00	800000.00	8775000.00		
11	转出数量	78000	100000	94000	95000	100000	84000	80000	100000	76000	94000	70000	96000	1067000.00		
12	单位成本	7.46	9.08	8.51	8.21	8.00	8.10	8.13	8.15	7.89	8.30	8.29	8.33	98.44		
13	期末数	218012.28	94752.28	89772.98	133491.26	98925.26	95695.06	88144.87	91750.79	145110.60	179514.80	203028.82	226469.28	1664668.28		
14	直接材料比重	79.79%	80.41%	82.17%	83.11%	82.90%	82.19%	81.65%	83.07%	84.88%	82.83%	83.60%	83.13%	9.90	平均数：	746122.44

A

图 20-28

❷ 选中 P15 单元格，在公式编辑栏中输入公式：
=SQRT(DEVSQ(B9:M9)/12)，按 Enter 键，计算出各个月成本的标准差，如图 20-29 所示。

图 20-29

20.2.3　年度生产成本趋势分析图表

根据企业在某年度投入的生产成本，可以创建图表分析该年度生产成本投入趋势。根据生产成本的投入趋势，可以反映出企业生产的高峰期和低谷期，为企业制定下一年度的生产成本计划提供资料。下面根据各月合计值创建折线图分析该年度生产成本投入趋势。

❶ 选中 B3:M3 单元格区域，按"Ctrl"键，接着选中 B9:M9 单元格区域，单击"插入"选项卡，在"图表"组中单击"插入折线图"按钮，在下拉列表中单击"折线图"图表，如图 20-30 所示。

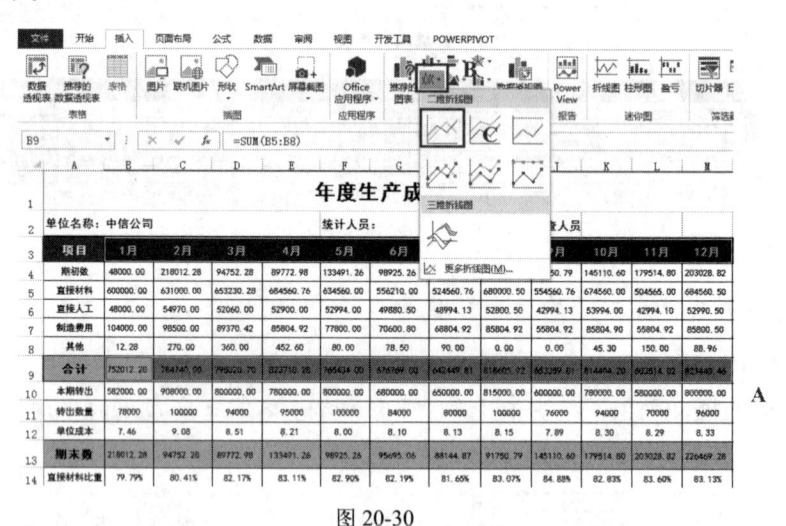

图 20-30

❷ 执行上述命令，系统会在工作表区域创建一个空白的图表模板，如图 20-31 所示。

❸ 选中图表，在"图表工具"→"设计"选项卡下，单击"数据"组中"选择数据"按钮，打开"选择数据源"对话框，在"图例项(系列)"栏下选中"系列 1"，单击"编辑"按钮，如图 20-32 所示。

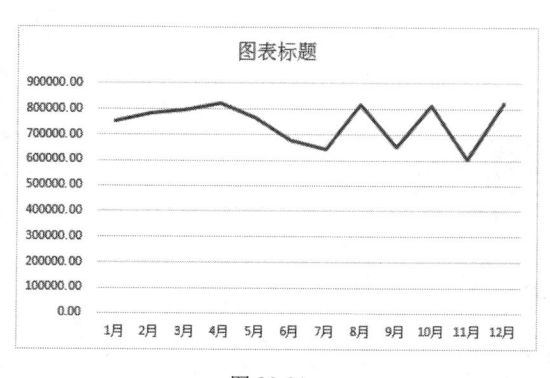

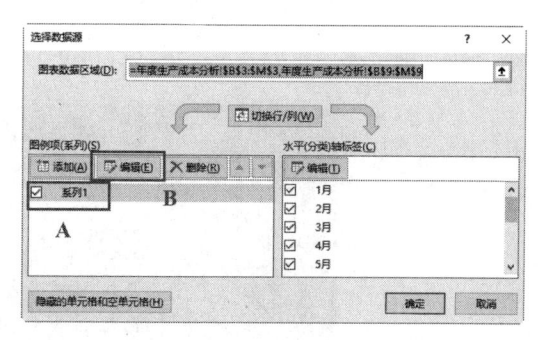

图 20-31

图 20-32

❹ 打开"编辑数据系列"对话框,在"系列名称"设置框中输入"生产成本",如图 20-33 所示。连接两次单击"确定"按钮,返回到工作表中。

❺ 选中垂直坐标轴,单击鼠标右键,在右键菜单中单击"设置坐标轴格式"命令(如图 20-34 所示),打开"设置坐标轴格式"窗格。

图 20-33

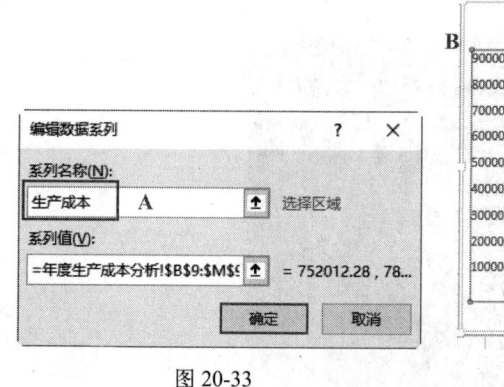

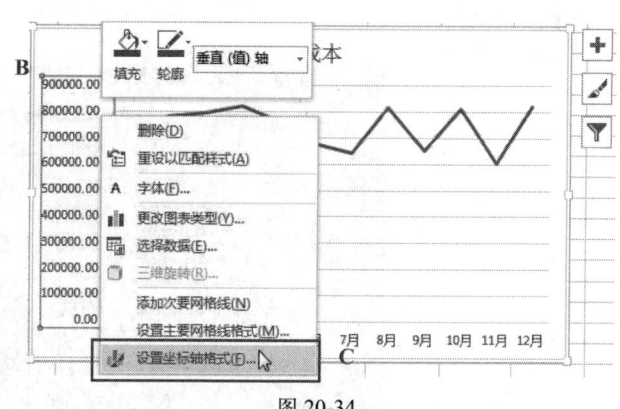

图 20-34

❻ 在"最小值"设置框中输入"500000",在"最大值"设置框中输入"850000",如图 20-35 所示。

❼ 设置完成后,图表中刻度根据设置值而变化,如图 20-36 所示。

图 20-35

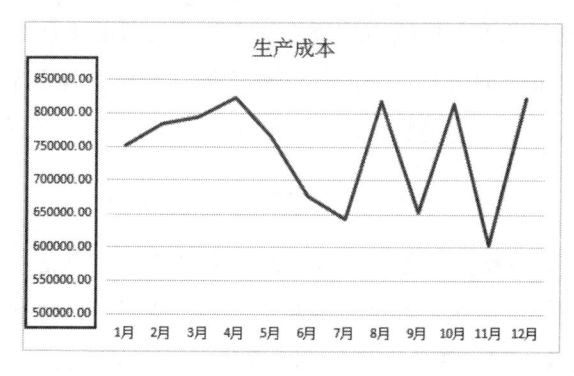

图 20-36

❽ 选中图表，单击"图表样式"按钮，打开下拉列表，在"样式"栏下选择一种图表样式（单击即可应用），效果如图20-37所示。

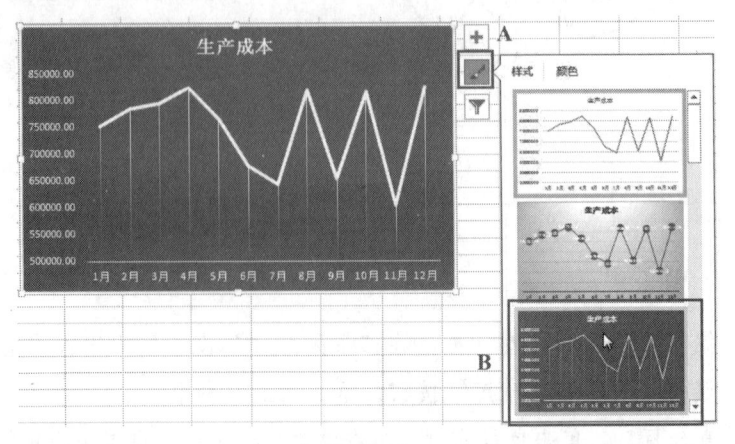

图 20-37

❾ 重新编辑图表标题，并对设置图表中文字格式。设置完成后图表如图20-38所示。

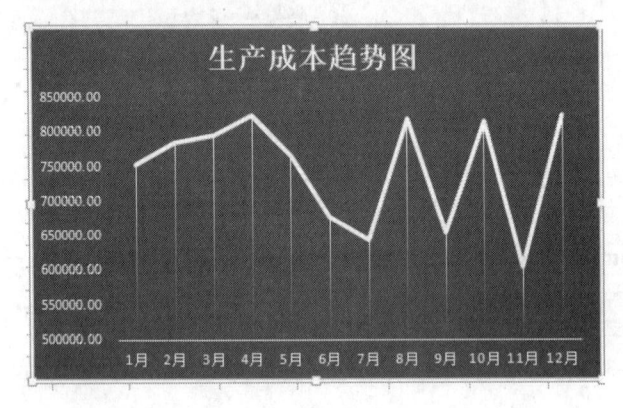

图 20-38

20.3 各月生产成本年度比较

通过将本年度的生产成本与上年度各月的生产成本进行比较，可以反映企业在相邻的两个年度之间各月生产产量以及耗费成本的变动情况，通过计算各月的增减比率，也可以反映成本的变动趋势。在Excel中，可以使用柱形图和折线图的组合图表来显示比较效果。

20.3.1 创建年度生产成本分析表

❶ 新建工作表，将其重命名为"各月生产成本年度比较"，在表格中输入上年和今年各月的生产成本数据，然后设置表格的字体、边框等格式，效果如图20-39所示。

❷ 选中D3单元格，在公式编辑栏中输入公式：
=C3-B3，按Enter键后向下复制公式，计算出各月的增减金额，如图20-40所示。

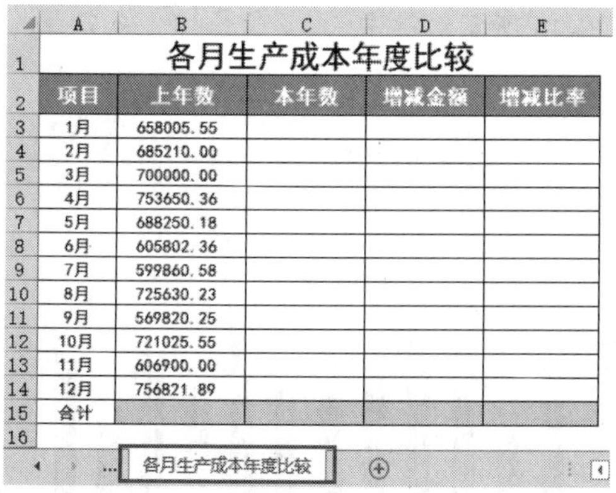

	A	B	C	D	E
1	各月生产成本年度比较				
2	项目	上年数	本年数	增减金额	增减比率
3	1月	658005.55			
4	2月	685210.00			
5	3月	700000.00			
6	4月	753650.36			
7	5月	688250.18			
8	6月	605802.36			
9	7月	599860.58			
10	8月	725630.23			
11	9月	569820.25			
12	10月	721025.55			
13	11月	606900.00			
14	12月	756821.89			
15	合计				
16					

图 20-39

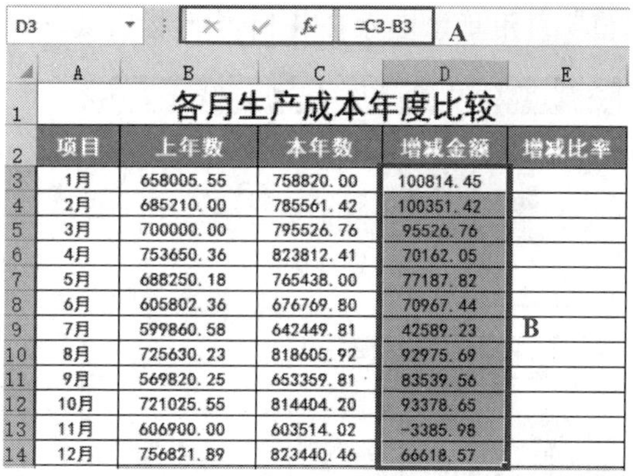

	A	B	C	D	E
1	各月生产成本年度比较				
2	项目	上年数	本年数	增减金额	增减比率
3	1月	658005.55	758820.00	100814.45	
4	2月	685210.00	785561.42	100351.42	
5	3月	700000.00	795526.76	95526.76	
6	4月	753650.36	823812.41	70162.05	
7	5月	688250.18	765438.00	77187.82	
8	6月	605802.36	676769.80	70967.44	
9	7月	599860.58	642449.81	42589.23	
10	8月	725630.23	818605.92	92975.69	
11	9月	569820.25	653359.81	83539.56	
12	10月	721025.55	814404.20	93378.65	
13	11月	606900.00	603514.02	-3385.98	
14	12月	756821.89	823440.46	66618.57	

图 20-40

❸ 选中 E3 单元格，在公式编辑栏中输入公式：

=IF(B3=0,0,D3/B3)，按 Enter 键后向下复制公式，计算出各月的增减比率，如图 20-41 所示。

❹ 选中 B15 单元格，在公式编辑栏中输入公式：

=SUM(B3:B14)，按 Enter 键后向右复制公式，计算出各月上年数、本年数的成本金额以及增减金额合计值，如图 20-42 所示。

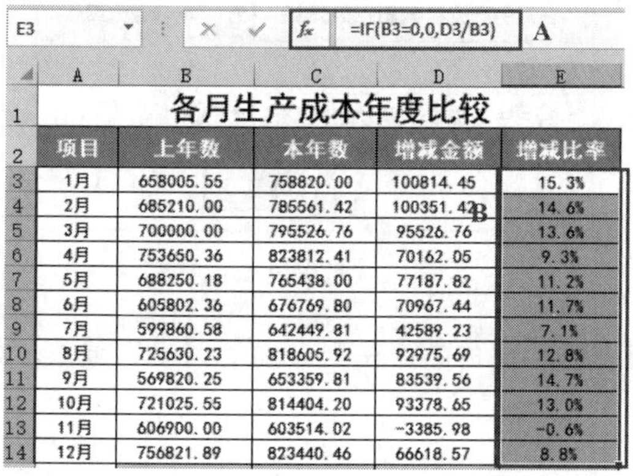

	A	B	C	D	E
1	各月生产成本年度比较				
2	项目	上年数	本年数	增减金额	增减比率
3	1月	658005.55	758820.00	100814.45	15.3%
4	2月	685210.00	785561.42	100351.42	14.6%
5	3月	700000.00	795526.76	95526.76	13.6%
6	4月	753650.36	823812.41	70162.05	9.3%
7	5月	688250.18	765438.00	77187.82	11.2%
8	6月	605802.36	676769.80	70967.44	11.7%
9	7月	599860.58	642449.81	42589.23	7.1%
10	8月	725630.23	818605.92	92975.69	12.8%
11	9月	569820.25	653359.81	83539.56	14.7%
12	10月	721025.55	814404.20	93378.65	13.0%
13	11月	606900.00	603514.02	-3385.98	-0.6%
14	12月	756821.89	823440.46	66618.57	8.8%

图 20-41

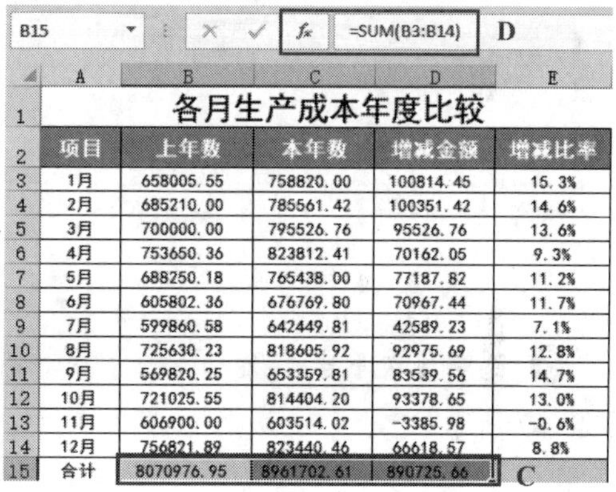

	A	B	C	D	E
1	各月生产成本年度比较				
2	项目	上年数	本年数	增减金额	增减比率
3	1月	658005.55	758820.00	100814.45	15.3%
4	2月	685210.00	785561.42	100351.42	14.6%
5	3月	700000.00	795526.76	95526.76	13.6%
6	4月	753650.36	823812.41	70162.05	9.3%
7	5月	688250.18	765438.00	77187.82	11.2%
8	6月	605802.36	676769.80	70967.44	11.7%
9	7月	599860.58	642449.81	42589.23	7.1%
10	8月	725630.23	818605.92	92975.69	12.8%
11	9月	569820.25	653359.81	83539.56	14.7%
12	10月	721025.55	814404.20	93378.65	13.0%
13	11月	606900.00	603514.02	-3385.98	-0.6%
14	12月	756821.89	823440.46	66618.57	8.8%
15	合计	8070976.95	8961702.61	890725.66	

图 20-42

20.3.2 各月生产成本年度比较图表

下面通过创建柱形图和折线图的混合图形来显示各月生产成本年度比较效果。

❶ 选中 A2:C14 单元格区域，切换到“插入”选项卡，在“图表”组单击“插入柱形图”按钮，在其下拉列表中选择“簇状柱形图”图表类型，如图 20-43 所示。

❷ 返回工作表中，系统会创建一个二维簇状柱形图，如图 20-44 所示。

❸ 选中图表，在“图表工具”→“设计”选项卡下，单击“数据”组中“选择数据”按钮，打开“选择数据源”对话框，在“图例项（系列）”栏下单击“添加”按钮，如图 20-45 所示。

❹ 打开“编辑数据系列”对话框，设置“系列名称”引用 E2 单元格，接着设置“系

列值"引用单元格为 E3:E14 单元格区域,如图 20-46 所示。

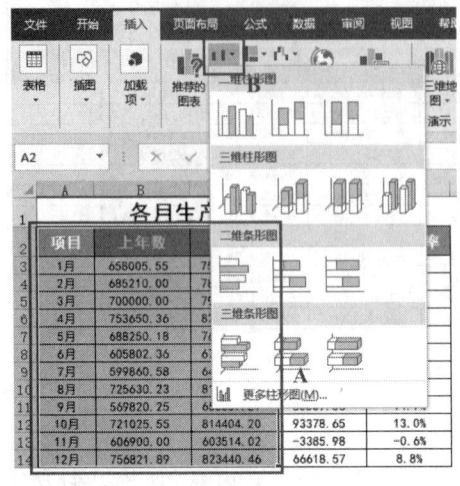

图 20-43

图 20-44

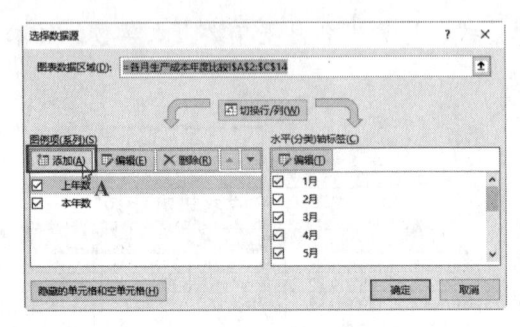

图 20-45

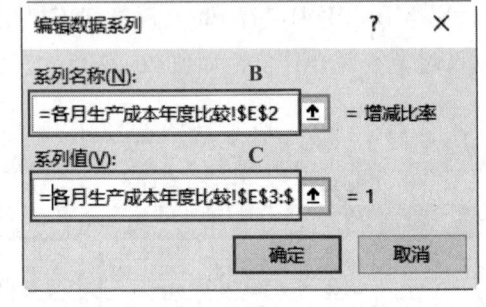

图 20-46

❺ 连续两次单击"确定"按钮后,系统会将选中的数据系列添加到图表区域中,如图 20-47 所示。

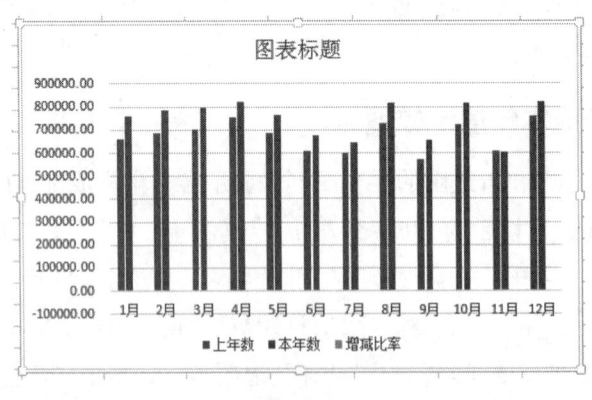

图 20-47

❻ 选中图表中"增减比率"数据系列,单击鼠标右键,在右键菜单中单击"设置数据系列格式"命令。打开"设置数据系列格式"窗格。

340

❼ 在"系列绘制在"区域中选中"次坐标轴"单选框，即可看到图表效果如图20-48所示。
❽ 系统会在次坐标上显示出"百分比率"数据系列，如图20-49所示。

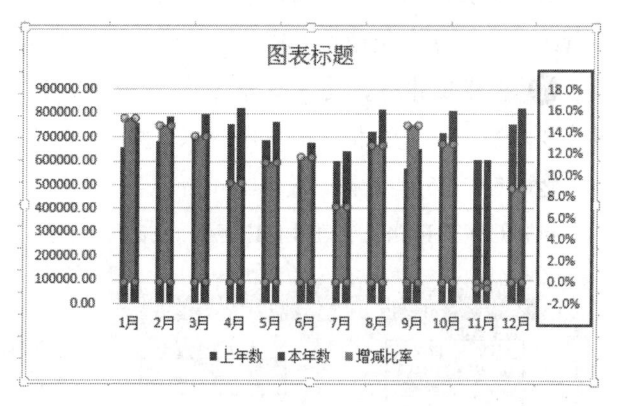

图20-48

图20-49

❾ 选中"百分比率"数据系列，单击鼠标右键，在右键菜单中单击"更改系列图表类型"命令，打开"更改图表类型"对话框，在右侧"为您的数据系列选择图表类型和轴："栏下单击"增减比率"设置框下拉按钮，在下拉菜单中单击"折线图"，如图20-50所示。

❿ 单击"确定"按钮，返回工作表中，此时可以看到"增减比率"数据系列更改为折线图显示效果，并绘制在次坐标轴上。编辑图表标题，并进一步完善，各月生产成本年度比较图表制作完成，效果如图20-51所示。

图20-50

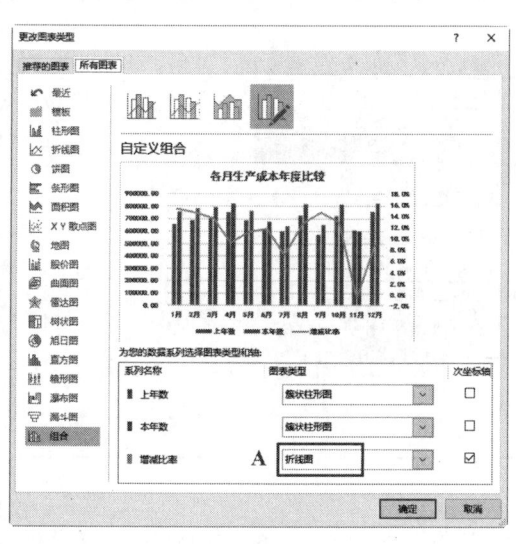

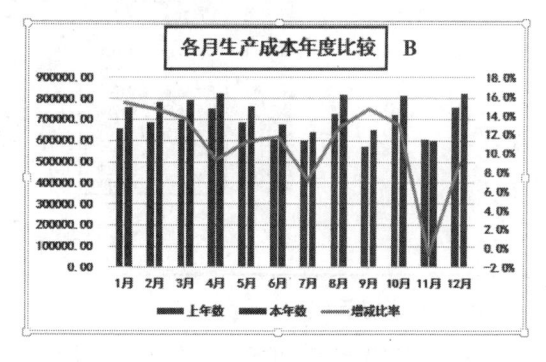

图20-51

20.4 生产成本预测

成本预测是指企业根据产品成本前期相关的分析数据，结合一些影响成本变化的变动因素，利用特定的计算方法来预测产品未来一段时期内的成本情况。

20.4.1 GROWTH 函数预测成本

成本的预测可以帮助管理者在产品定价、资源分配、优化产品组合等方面做出正确的经营决策。下面介绍使用 GROWTH 函数预测成本。

❶ 新建工作表，将其重命名为"GROWTH 函数预测成本"，在工作表中输入前期历史成本额，并建立相关的求解标识，如图 20-52 所示。

❷ 选中 F5 单元格，输入公式：

=GROWTH(C4:C12,B4:B12,E5)，按 Enter 键得到 10 月预测成本额，如图 20-53 所示。

图 20-52

图 20-53

❸ 同时选中 F9:F11 单元格区域，在公式编辑栏中输入公式：

=GROWTH(C4:C12,B4:B12,E9:E11)，同时按"Ctrl+Shift+Enter"组合键可同时得到 10-12 月份预测成本额，如图 20-54 所示。

图 20-54

> **专家提示**
>
> 另外，对于销售额的预测，除了可以使用 GROWTH 函数外，TREND 函数与 FORECAST 函数也可以达到预测的目的，其用法基本相同。

20.4.2 因素分析法预测成本

当预测期成本受各个因素影响时，可以采用因素分析法来预测成本，分析出主要成本与上年相比的降低额和降低率，进而计算出预测期的产品成本。

❶ 插入工作表，将工作表标签重命名为"因素分析法预测成本"，在工作表中输入上年生产成本中直接材料、直接人工、制造费用各占的比例；输入影响成本各因素的预测变动值，并建立预测成本额的各项求解标识，如图 20-55 所示。

❷ 选中 F4 单元格，输入公式：

=(1-(1-C13)*(1+C14))*C4，按 Enter 键，即可计算出直接材料的成本降低率，如图 20-56 所示。

图 20-55

图 20-56

> **专家提示**
>
> 直接材料成本额的高低取决于原材料的单价和生产过程中原材料的消耗定额。其成本降低率的计算公式为：成本降低率 =[1-（1-原材料消耗定额降低率）×（1±原材料价格升降率）] ×原材料成本占产品成本的百分比。

❸ 选中 F5 单元格，输入公式：

=(1-(1+C12)/(1+C11))*C5，按 Enter 键，即可计算出直接人工的成本降低率，如图 20-57 所示。

❹ 选中 F6 单元格，输入公式：

=(1-(1+C15)/(1+C10))*C6，按 Enter 键，即可计算出制造费用的成本降低率，如图 20-58 所示。

图 20-57

图 20-58

> **专家提示**
>
> 直接材料成本额的高低取决于原材料的单价和生产过程中原材料的消耗定额。其成本降低率的计算公式为：成本降低率 =[1-（1- 原材料消耗定额降低率）×（1± 原材料价格升降率）] × 原材料成本占产品成本的百分比。

> **专家提示**
>
> 制造费用指企业中各个部门为组织生产和管理生产而发生的各项间接费用。其成本降低率的计算公式为：成本降低率 =[1-（1+ 制造费用增长率）/（1+ 产量增加的百分比）] × 制造费用占产品成本的百分比。

❶ 选中 F7 单元格，输入公式：

=SUM(F4:F6)，按 Enter 键，即可计算出产品成本总降低率，如图 20-59 所示。

❷ 选中 F9 单元格，输入公式：

=C3*C9，按 Enter 键，即可计算出预测产量按上年单位成本计算的总成本，如图 20-60 所示。

图 20-59

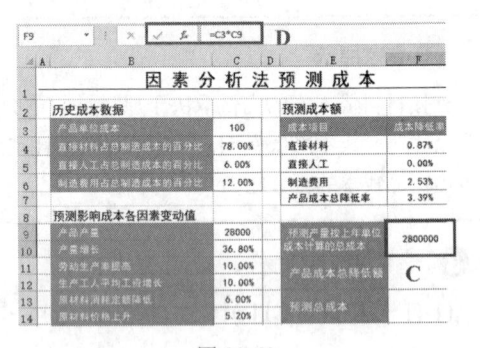

图 20-60

❸ 选中 F11 单元格，输入公式：

=F7*F9，按 Enter 键，即可计算出产品成本总降低额，如图 20-61 所示。

❹ 选中 F13 单元格，输入公式：

=F9-F11，按 Enter 键，即可计算出预测总成本，如图 20-62 所示。

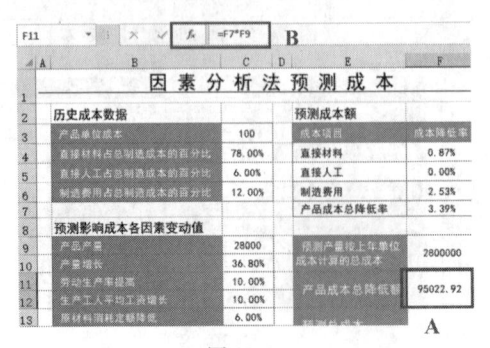

图 20-61

图 20-62

第 21 章
企业财务预算分析

范例概述

财务预算是可以反映企业未来一定期限内预计财务状况和经营成果，以及现金收支等价值指标的各种预算的总称。财务预算也是反映某一方面财务活动的预算，如反映现金收支活动的现金预算；反映销售活动的资本预算；反映成本、费用支出的生产费用预算等。

财务预算既是决策的具体化，又是控制生产经营活动的依据，还是企业利用有限的资源获得最佳生产率和获利率的主要手段之一。因此，做好财务预算计划对企业今后的发展有着极其重要的实际意义。

范例效果

销售预算

季度	一	二	三	四	合计
预计销售量（个）	2800	2500	5600	4800	15700
预计销售价格（元）	16.2	16.2	16.2	16.2	16.2
预计销售收入（元）	45360	40500	90720	77760	254340

预计现金收入

季度	一	二	三	四	合计
上年应收账款	82000				82000
第一季度	22680	22680			45360
第二季度		20250	20250		40500
第三季度			45360	45360	90720
第四季度				38880	38880
现金收入合计（元）	104680	42930	65610	84240	297460

销售预算分析

直接材料预算分析表

项目	一	二	三	四	全年
预计生产需用量	845.600	848.400	1,694.600	1,447.600	4,835.600
加：预计期末存货量	126.840	127.260	254.100	150.000	150.000
预计需求量合计	972.440	975.660	1,948.100	1,597.600	4,985.600
减：预计期初存量	50.000	50.000	50.000	50.000	50.000
预计材料采购量	922.440	925.660	1,898.100	1,547.600	4,935.600
预计单价（元）	0.014	0.014	0.014	0.014	0.014
预计金额（元）	12.914	12.959	26.573	21.666	69.098

预计现金支出

季度	一	二	三	四	全年
期初应付账款	20.000				20.000
第一季度采购	7.748	5.166			12.914
第二季度采购		7.776	5.184		12.959
第三季度采购			15.944	10.629	26.573
第四季度采购				13.000	13.000
现金支出合计	27.748	12.941	21.128	23.629	85.447

直接材料和采购预算

直接人工预算分析表

项目	一季度	二季度	三季度	四季度	合计
预计生产量（个）	3020	3030	6050	5170	17270
单位产品工时（工时）	0.3	0.3	0.3	0.3	0.3
人工总工时（工时）	906	909	1815	1551	5181
每小时工人成本（元）	4.8	4.8	4.8	4.8	4.8
人工总成本（元）	4348.8	4363.2	8712	7444.8	24868.8

直接人工预算分析

预计制造费用表

费用名称	第一季度	第二季度	第三季度	第四季度
变动制造费用	1800	2200	2300	2480
固定制造费用	1780	2000	2450	2280
折旧费用	680	780	880	780
费用合计	4260	4980	5630	5540

预计制造费用表

成本预算分析

项目	单位成本			生产成本	期末存货	销货成本
	每千克或每小时单价（元）	投入量	成本			
直接材料	0.014	15	0.21	3626.7	84	3297
直接人工	4.8	15	72	1243440	28800	1130400
变动制造费用	0.35	15	5.30	91458.33	2118.32	83143.94
固定制造费用	0.34	15	5.13	88645.83	2053.18	80587.12
合计			82.64	1427170.87	33055.49	1297428.06

成本预算分析

范例实现

21.1 日常业务预算

日常业务预算通常是以销售预算为起点，进而考虑包括生产、直接材料、直接人工、成本、管理费用和销售费用在内的经营活动的各个环节。

21.1.1 销售预算分析

销售预算是整个预算的起点，其他预算都是以销售预算作为基础。如果销售预算编制不当，就会给企业带来不利的影响。因为产品的生产数量、材料、人工、设备和资金的需求量、销售及管理费用和其他财务支出等，都会受到预期的商品销售量的制约。

❶ 新建工作簿，并将其命名为"企业财务预算分析"，重命名"Sheet1"工作表为"预计销售表"，输入预计销售情况，如图21-1所示。

❷ 新建工作表，将其重命名为"销售预算分析"。然后创建如图21-2所示的"销售预算"表格和"预计现金收入"表格。

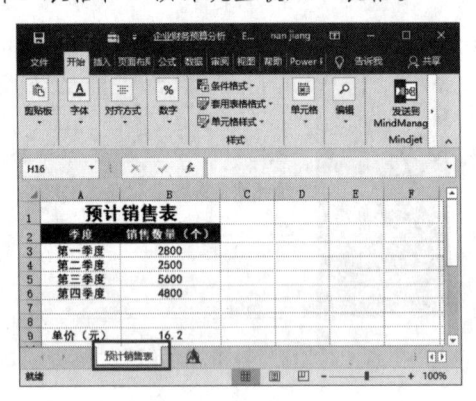

图 21-1

图 21-2

❸ 在B3、C3、D3、E3单元格中分别输入公式，计算结果如图21-3所示。计算公式如图21-4所示。

图 21-3

图 21-4

❹ 选中 B4 单元格，在公式编辑栏中输入公式：

=预计销售表!$B$9，按 Enter 键，向右复制公式到 E4 单元格，引用各季度的销售价格，如图 21-5 所示。

❺ 选中 B5 单元格，在公式编辑栏中输入公式：

=B3*B4，按 Enter 键，向右复制公式到 E5，得到各季度的预计销售收入，如图 21-6 所示。

图 21-5

图 21-6

❻ 在 F3、F4、F5 单元格中分别输入公式，计算出预计销售量合计、平均单价、预计销售收入合计，计算结果如图 21-7 所示。计算公式如图 21-8 所示。

图 21-7

图 21-8

❼ 例如这里假设上年应收账款为 82000 元，并且当前实现的销售收入只能按 50% 的比例回收现金，其余部分在下季度收回。在 B10、C10 单元格中分别输入公式，计算出第一季度的预计销售收入分别在第一季度与第二季度中各收到多少，结果如图 21-9 所示。计算的公式如图 21-10 所示。

图 21-9

图 21-10

❽ 根据上一步骤的规则，将当季销售收入的 50% 计入当季现金收入，50% 计入下一季度的现金收入，计算出各季度的预计现金收入，计算公式如图 21-11 所示。

	A	B	C	D	E
1			销售预算		
2	季度	一	二	三	四
3	预计销售量（个）	=预计销售表!B3	=预计销售表!B4	=预计销售表!B5	=预计销售表!B6
4	预计销售价格（元）	=预计销售表!$B$9	=预计销售表!$B$9	=预计销售表!$B$9	=预计销售表!$B$9
5	预计销售收入（元）	=B3*B4	=C3*C4	=D3*D4	=E3*E4
6					
7			预计现金收入		
8	季度	一	二	三	四
9	上年应收账款	82000			
10	第一季度	=B5*0.5	=B5*0.5		
11	第二季度		=C5*0.5	=C5*0.5	
12	第三季度			=D5*0.5	=D5*0.5
13	第四季度				=E5*0.5
14	现金收入合计（元）				

图 21-11

❾ 选中 B14 单元格，在公式编辑中输入公式：

=SUM(B9:B13)，按 Enter 键后，向右复制公式到 E14 单元格，计算出各季度现金收入的合计值，结果如图 21-12 所示。

❿ 选中 F9 单元格，在公式编辑中输入公式：

=SUM(B9:E9)，按 Enter 键后，向下复制公式到 F14 单元格，计算结果如图 21-13 所示。

图 21-12

图 21-13

21.1.2 生产预算分析

生产预算的主要内容有销售量、期初和期末存货、生产量等。企业应以销售预算为基础，进而编制生产预算。

❶ 新建工作表，将其重命名为"预计定额成本表"。输入预计定额成本相关数据，并进行相关格式设置，效果如图 21-14 所示。

❷ 新建工作表，将其重命名为"生产预算分析"，在工作表中创建生产预算分析表格。接着选中 B3 单元格，在公式编辑栏中输入公式：

＝预计销售表!B3，按 Enter 键，向右复制公式至 F3 单元格，即可从"预计销售表"中引用各季度的预计销售量，如图 21-15 所示。

第 21 章　企业财务预算分析

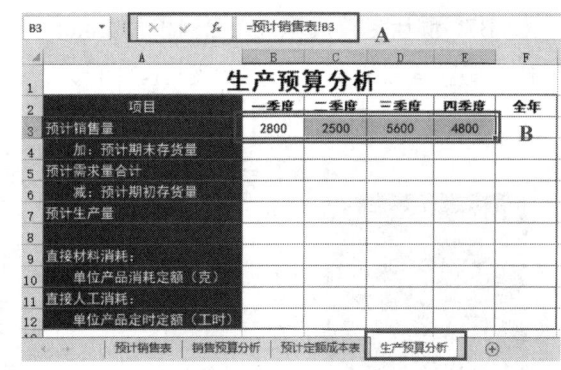

图 21-14

图 21-15

❸ 假设预计的期初存货量为 30，则在 B6:E6 单元格中分别输入"30"，再假设期末存库为下季度预计销售的 10%，第四季度期末库存数为 400，则在 B4 单元格对应的编辑栏中输入公式：

=C3*0.1，按 Enter 键，复制公式到 D4 单元格，计算结果如图 21-16 所示。

❹ 选中 B5 单元格，在公式编辑栏中输入公式：

=B3+B4，按 Enter 键，向右复制公式到 E5 单元格，计算出各季度的预计需求量合计，结果如图 21-17 所示。

图 21-16

图 21-17

❺ 选中 B7 单元格，在公式编辑栏中输入公式：

=B5-B6，按 Enter 键，向右复制公式到 E7 单元格，计算出各季度的预计生产量，结果如图 21-18 所示。

❻ 选中 F3 单元格，在公式编辑栏中输入公式：

=SUM(B3:E3)，按 Enter 键，向下复制公式到 F7 单元格，计算出各个项的合计值，结果如图 21-19 所示。

❼ 选中 B10 单元格，在公式编辑栏中输入公式：

=B7*预计定额成本表!$B$3，按 Enter 键，向右复制公式到 F10 单元格，计算出各季度产品直接材料消耗，结果如图 21-20 所示。

❽ 选中 B12 单元格，在公式编辑栏中输入公式：

349

=B7*预计定额成本表!$B$4，按 Enter 键，向右复制公式到 F12 单元格，计算出各季度产品直接人工消耗，结果如图 21-21 所示。

图 21-18

图 21-19

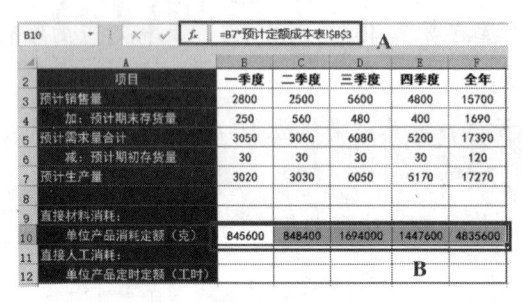

图 21-20

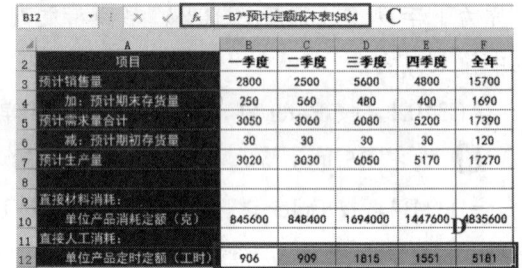

图 21-21

21.1.3 直接材料和采购预算

直接材料和采购预算主要包括三部分内容：一是直接材料需要量；二是直接材料采购量和采购额；三是计算预计期内需要支付的材料采购款。

❶ 新建工作表，将其重命名为"直接材料和采购预算"。在工作表中创建如图 21-22 所示的直接材料预算分析表和预计现金支出表。

❷ 选中 B3 单元格，在公式编辑栏中输入公式：

=生产预算分析!B10，按 Enter 键，向右复制公式至 E3 单元格，即可从"生产预算分析"工作表中引用各季度的材料的生产需要量，如图 21-23 所示。

图 21-22

图 21-23

❸ 选中 F3 单元格，在公式编辑栏中输入公式：

=SUM(B3:E3)，按 Enter 键，即可计算出全年的预计生产需用量，如图 21-24 所示。

❹ 假设预计的期末存货量为下一季度生产需用量的 15%，第四季度存量为 150000，则在 B4 单元格对应的编辑栏中输入公式：

=B3*0.15，按 Enter 键，向右复制公式到 D4 单元格，计算结果如图 21-25 所示。

图 21-24

图 21-25

❺ 选中 B5 单元格，在公式编辑栏中输入公式：

=B3+B4，按 Enter 键，向右复制公式到 F5 单元格，计算出各季度的预计需求量合计，结果如图 21-26 所示。

❻ 假设每个季度的预计期初存量都为 50000，选中 B7 单元格，在公式编辑栏中输入公式：

=B5-B6，按 Enter 键，向右复制公式到 F7 单元格，计算出各季度的预计采购量，结果如图 21-27 所示。

图 21-26

图 21-27

❼ 假设每克材料的单价为 0.014 元，选中 B9 单元格，在公式编辑栏中输入公式：

=B7*B8，按 Enter 键，向右复制公式到 F9 单元格，计算出各季度的预计金额，结果如图 21-28 所示。

❽ 假设材料采购的 60% 在本季支付，另外 40% 在下季支付。选中 B13 单元格，在公式编辑栏中输入公式：=B9*0.6，按 Enter 键，结果如图 21-29 所示。在 C13 单元格对应的公式编辑栏中输入公式：=B9*0.4，按 Enter 键，结果如图 21-30 所示。

❾ 按照上一步骤的规则，分别计算出第二、三、四季度的采购金额，计算公式如图 21-31 所示。

图 21-28

图 21-29

图 21-30

图 21-31

❿ 在 B17 单元格对应的公式编辑栏中输入公式：=SUM(B12:B16)，按 Enter 键，复制到 E17 单元格；在 F12 单元格对应的公式编辑栏中输入公式：=SUM(B12:E12)，按 Enter 键，复制到 F17 单元格，计算结果如图 21-32 所示。

图 21-32

21.1.4 直接人工预算分析

直接人工预算是根据生产预算中所确定的预算期生产量来计算的，其主要包括预计产量、单位产品工时、人工总工时、每小时人工成本和人工总成本。

❶ 新建工作表，将其重命名为"直接人工预算分析"。在工作表中创建如图 21-33 所示的直接人工预算分析表。

❷ 选中 B3 单元格，在公式编辑栏中输入公式：
=生产预算分析!B7，按 Enter 键，向右复制公式至 E3 单元格，即可从"生产预算分析"工作表中引用各季度的预计生产量，如图 21-34 所示。

图 21-33

图 21-34

❸ 选中 B4 单元格，在公式编辑栏中输入公式：

=预计定额成本表!$B$4，按 Enter 键，向右复制公式至 F4 单元格，即可从"预计定额成本表"工作表中引用各季度的单位产品工时，如图 21-35 所示。

❹ 选中 B5 单元格，在公式编辑栏中输入公式：

=B3*B4，按 Enter 键，向右复制公式至 E5 单元格，即可计算出各季度的人工总工时，如图 21-36 所示。

图 21-35

图 21-36

❺ 选中 B6 单元格，在公式编辑栏中输入公式：

=预计定额成本表!$B$5，按 Enter 键，向右复制公式到 F6 单元格，即可从"预计定额成本表"工作表中引用各季度的每小时工人成本，结果如图 21-37 所示。

❻ 选中 B7 单元格，在公式编辑栏中输入公式：

=B5*B6，按 Enter 键，向右复制公式到 E7 单元格，计算出各季度的人工总成本，结果如图 21-38 所示。

图 21-37

图 21-38

❼ 选中 F3 单元格，在公式编辑栏中输入公式：

=SUM(B3:E3)，按 Enter 键，将公式复制到 F5、F7 单元格，计算出合计值，结果如图 21-39 所示。

图 21-39

21.1.5 制造费用预算分析

制造费用主要是指各车间范围内为产品生产和提供服务而发生的各项间接费用。

❶ 新建工作表，将其重命名为"预计制造费用表"。输入预计制造费用表的相关数据，并进行相关格式设置，效果如图 21-40 所示。

❷ 新建工作表，将其重命名为"制造费用预算分析"，在工作表中创建制造费用预算分析表格。接着选中 B3 单元格，在公式编辑栏中输入公式：

=预计制造费用表!B3，按 Enter 键，向右复制公式至 E3 单元格，即可从"预计制造费用表"中引用各季度的变动制造费用，如图 21-41 所示。

图 21-40   图 21-41

❸ 选中 B4 单元格，在公式编辑栏中输入公式：

=预计制造费用表!B4，按 Enter 键，向右复制公式至 E4 单元格，即可从"预计制造费用表"工作表中引用各季度的固定制造费用，如图 21-42 所示。

❹ 选中 B5 单元格，在公式编辑栏中输入公式：

=预计制造费用表!B5，按 Enter 键，向右复制公式至 E5 单元格，即可从"预计制造费用表"工作表中引用各季度的折旧费用，结果如图 21-43 所示。

❺ 选中 B6 单元格，在公式编辑栏中输入公式：

=预计制造费用表!B7,按 Enter 键,向右复制公式到 E6 单元格,即可从"预计制造费用表"工作表中引用各季度的费用合计,结果如图 21-44 所示。

❻ 选中 B7 单元格,在公式编辑栏中输入公式:

=B6-B5,按 Enter 键,向右复制公式到 E7 单元格,计算出各季度的现金支出的费用,结果如图 21-45 所示。

图 21-42

图 21-43

图 21-44

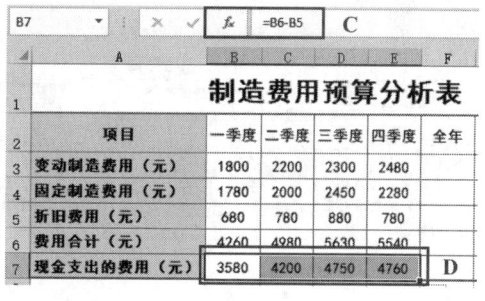

图 21-45

❼ 选中 F3 单元格,在公式编辑栏中输入公式:

=SUM(B3:E3),按 Enter 键,向下复制公式到 F7 单元格,即可计算出全年各项制造费用合计值以及总的现金支出费用合计值,结果如图 21-46 示。

❽ 选中 G3 单元格,在公式编辑栏中输入公式:

=F3/直接人工预算分析!$F$7,按 Enter 键,向下复制公式到 G7 单元格,即可计算出各项制造费用合计值以及现金支出费用的费用配率,结果如图 21-47 所示。

图 21-46

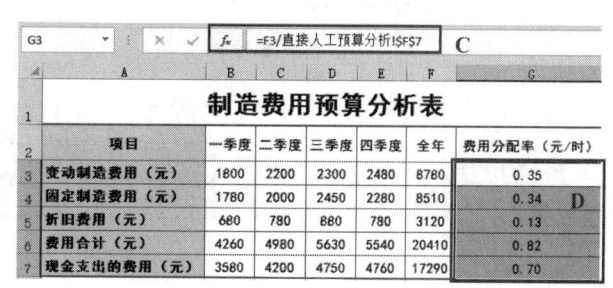

图 21-47

21.1.6 成本预算分析

成本预算是生产预算、直接材料预算、直接人工预算和制造费用预算的汇总，其主要内容包括产品的单位成本和总成本。

❶ 新建工作表，将其重命名为"成本预算分析"。在工作表中创建如图 21-48 所示的成本预算分析表。

图 21-48

❷ 在 B4、B5、B6、B7 单元格对应的公式编辑栏中分别输入公式，按 Enter 键，即可计算出如图 21-49 的结果。如图 21-50 所示为具体的计算公式。

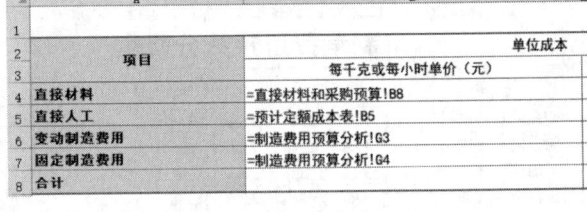

图 21-49

图 21-50

❸ 假设投入量为 15，选中 D4 单元格，在公式编辑栏中输入公式：

=B4*C4，按 Enter 键，向下复制公式到 D7 单元格，即可计算出各项目成本，如图 21-51 所示。

❹ 选中 E4 单元格，在公式编辑栏中输入公式：

=D4*生产预算分析!$F$7，按 Enter 键，向下复制公式到 E7 单元格，即可计算出各项目的生产成本，如图 21-52 所示。

图 21-51

图 21-52

❺ 选中 F4 单元格，在公式编辑栏中输入公式：

=D4*生产预算分析!$E$4，按 Enter 键，向下复制公式到 F7 单元格，即可计算出各项目期末存货，如图 21-53 所示。

❻ 选中 G4 单元格，在公式编辑栏中输入公式：

=D4*生产预算分析!$F$3，按 Enter 键，向下复制公式到 G7 单元格，即可计算出各项目销货成本，结果如图 21-54 所示。

图 21-53

图 21-54

❼ 选中 D8 单元格，在公式编辑栏中输入公式：

=SUM(D4:D7)，按 Enter 键，向右复制公式到 G8 单元格，即可计算出合计值，结果如图 21-55 所示。

图 21-55

21.1.7 管理费用预算分析

管理费用是指企业为组织和管理企业生产经营所发生的各项费用，包括由企业统一负担的工会经费、保险费、印花税、办公费和低值易耗品推销等。

❶ 新建工作表，将其重命名为"预计管理费用"。输入预计管理费用相关数据，并进行相关格式设置，效果如图 21-56 所示。

❷ 新建工作表，将其重命名为"管理费用预算分析"，在工作表中创建如图 21-57 示的管理费用预算分析表格。

图 21-56

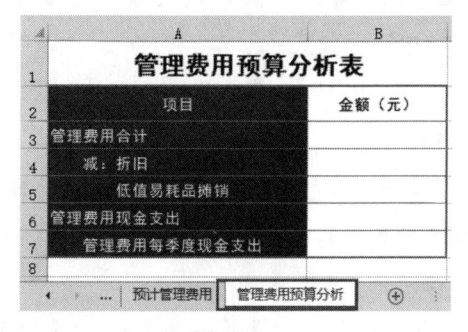

图 21-57

❸ 选中 B3 单元格，在公式编辑栏中输入公式：

=SUM(预计管理费用!B3:B10)，按 Enter 键，返回管理费用的合计值，如图 21-58 所示。

❹ 在 B4、B5、B6、B7 单元格对应的公式编辑栏中分别输入公式，按 Enter 键，结果如图 21-59 所示。计算公式如图 21-60 所示。

❺ 选中 B7 单元格，在公式编辑栏中输入公式：

=B6/4，按 Enter 键，返回每个季度的管理费用现金支出金额，结果如图 21-61 所示。

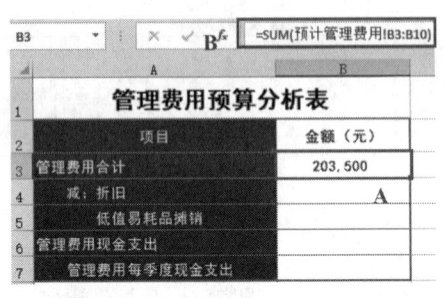

图 21-58

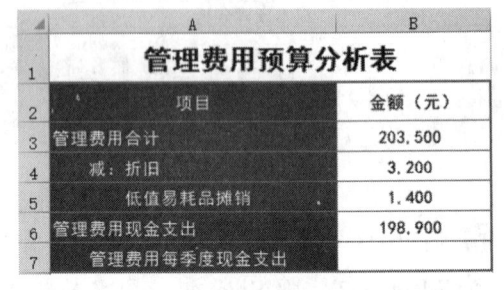

图 21-59

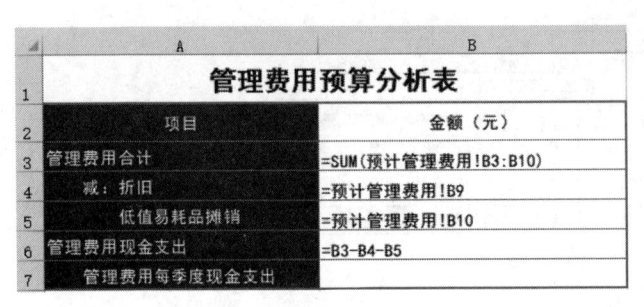

图 21-60

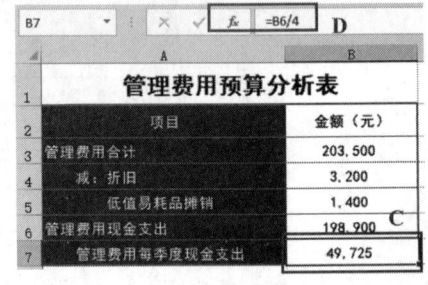

图 21-61

21.1.8 销售费用预算分析

销售费用预算是为了实现销售预算所需支付的费用预算，它以销售预算为基础，分析销售收入、销售利润和销售费用的关系，力求最有效地使用销售费用。

❶ 新建工作表，将其重命名为"销售费用预算分析"。在工作表中创建如图 21-62 所示的销售费用预算分析表。

❷ 在表格中输入工资，假设每季度福利费为工资的 12%，这里选中 B4 单元格，在公式编辑栏中输入公式：

=B3*0.12，按 Enter 键，向右复制公式至 E4 单元格，即可计算出各季度的福利费，如图 21-63 所示。

❸ 假设业务费为销售收入的 2%，选中 B5 单元格，在公式编辑栏中输入公式：

=0.02*销售预算分析!B5，按 Enter 键，向右复制公式至 E5 单元格，计算出各季度的业务费，如图 21-64 所示。

❹ 假设广告费为销售收入的 1.5%，选中 B6 单元格，在公式编辑栏中输入公式：

=0.015*销售预算分析!B5，按 Enter 键，向右复制公式至 E6 单元格，计算出各季度的广告费，如图 21-65 所示。

图 21-62

图 21-63

图 21-64

图 21-65

❺ 假设运输费费为销售收入的 2.5%，选中 B7 单元格，在公式编辑栏中输入公式：
=0.025*销售预算分析!B5，按 Enter 键，向右复制公式至 E7 单元格，计算出各季度的运输费，如图 21-66 所示。

❻ 选中 B8 单元格，在公式编辑栏中输入公式：
=SUM(B3:B7)，按 Enter 键，向右复制公式至 E8 单元格，计算出各季度的现金支出金额，如图 21-67 所示。

图 21-66

图 21-67

❼ 选中 F3 单元格，在公式编辑栏中输入公式：
=SUM(B3:E3)，按 Enter 键，向下复制公式至 F8 单元格，计算出全年的各项费用支出的合计值，如图 21-68 所示。

| F3 | : | × | ✓ | fx | =SUM(B3:E3) | A |

	A	B	C	D	E	F
1	销售费用预算分析表					
2	项目	一季度	二季度	三季度	四季度	全年
3	工资	30,000	32,000	28,000	27,000	117,000
4	福利费	3,600	3,840	3,360	3,240	14,040
5	业务费	907	810	1,814	1,555	5,087
6	广告费	680	608	1,361	1,166	3,815
7	运输费	1,134	1,013	2,268	1,944	6,359
8	营业费用现金支出	36,322	38,270	36,803	34,906	146,300

图 21-68

21.2　现金预算

现金预算是有关预算的汇总，它反映了各预算期的现金收入，并进行对比说明，其目的在于资金不足时筹集资金，资金充足时及时处理现金余额，并提供现金收支的控制限额。

21.2.1　计算现金收入

现金收入的主要来源是销货收入，下面计算可使用的现金收入合计。

❶ 新建工作表，将其重命名为"预计投资收益和营业外收入支出表"。输入预计投资收益和营业外收入支出表数据，并进行相关格式设置，效果如图 21-69 所示。

	A	B	C	D
1	预计投资收益和营业外收入支出表			
2	单位：元			
3	时间	投资收益	营业外收入	营业外支出
4	一季度	20000	12000	3890
5	二季度	22000	8800	5680
6	三季度	28000	9600	4500
7	四季度	35000	5300	6300
8				
9	费用合计	105000	35700	20370
10				

图 21-69

❷ 新建工作表，将其重命名为"现金预算分析"，在工作表中创建现金预算分析表格，如图 21-70 所示。

❸ 假设第一季度的现金余额是 48000 元，第二季度期初现金余额等于上一季度期末现金余额，其他季度以此类推，选中 C4 单元格，在公式编辑栏中输入公式：

=B24，按 Enter 键，向右复制公式至 E4 单元格，返回计算结果，如图 21-71 所示。

❹ 现金收入的数据来源于销售预算分析表。所以选中 B5 单元格，在公式编辑栏中输入公式：

360

= 销售预算分析 !B14，按 Enter 键，向右复制公式至 F5 单元格，即可返回各季度与全年的销售现金收入，结果如图 21-72 所示。

图 21-70

图 21-71

图 21-72

❺ 选中 B6 单元格，在公式编辑栏中输入公式：

= 预计投资收益和营业外收入支出表 !B4+ 预计投资收益和营业外收入支出表 !C4，按 Enter 键，即可返回第一季度的现金收入值，结果如图 21-73 所示。

❻ 选中 C6 单元格，在公式编辑栏中输入公式：

= 预计投资收益和营业外收入支出表 !B5+ 预计投资收益和营业外收入支出表 !C5，按 Enter 键，即可返回第二季度的现金收入值，结果如图 21-74 所示。

图 21-73

图 21-74

❼ 采用相同的方法，计算出第三、四季度的其他现金收入，结果如图 21-75 和图 21-76 所示。

图 21-75

图 21-76

❽ 选中 B7 单元格，在公式编辑栏中输入公式：

=SUM(B4:B6)，按 Enter 键，向右复制公式到 F7 单元格，即可计算各季度可使用的现金合计，结果如图 21-77 所示。

❾ 选中 F4 单元格，在公式编辑栏中输入公式：

=E4，按 Enter 键，即可汇总期初现金余额，结果如图 21-78 所示。

图 21-77

图 21-78

❿ 选中 F6 单元格，在公式编辑栏中输入公式：

=SUM(B6:E6)，按 Enter 键，即可汇总其他现金收入，结果如图 21-79 所示。

图 21-79

21.2.2　计算现金支出

现金支出部分包括预算的各项现金支出，其中直接材料、直接人工、制造费用、管理费用、营业费用分别来自前述预算表；所得税和购买固定资金来自另外编制的预算；其他现金支出来自预计投资收益和营业外收入支出表。

❶ 选中 B9 单元格，在公式编辑栏中输入公式：

=直接材料和采购预算!B17，按 Enter 键，向右复制公式到 F9 单元格，即可返回各季度与全年的直接材料现金支出，结果如图 21-80 所示。

图 21-80

❷ 选中 B10 单元格，在公式编辑栏中输入公式：

=直接人工预算分析!B7，按 Enter 键，向右复制公式到 F10 单元格，即可返回各季度与全年的直接人工现金支出，结果如图 21-81 所示。

❸ 选中 B11 单元格，在公式编辑栏中输入公式：

=制造费用预算分析!B7，按 Enter 键，向右复制公式到 F11 单元格，即可返回各季度与全年的制造费用现金支出，结果如图 21-82 所示。

图 21-81   图 21-82

❹ 选中 B12 单元格，在公式编辑栏中输入公式：

=管理费用预算分析!$B$7，按 Enter 键，向右复制公式到 F12 单元格，即可返回各季度管理费用现金支出，结果如图 21-83 所示。

❺ 选中 B13 单元格，在公式编辑栏中输入公式：

=销售费用预算分析!B8，按 Enter 键，向右复制公式到 F13 单元格，即可返回各季度和全年营业费用现金支出，结果如图 21-84 所示。

❻ 假设各季度所得税都为 3500 元，且第二季度和第四季度各花费了 2800 元和 5000 元购置固定资产。选中 B16 单元格，在公式编辑栏中输入公式：

=预计投资收益和营业外收入支出表!D4，按 Enter 键，即可返回第一季度其他现金支出，采用类似方法，计算出各季度的其他现金支出，结果如图 21-85 所示。

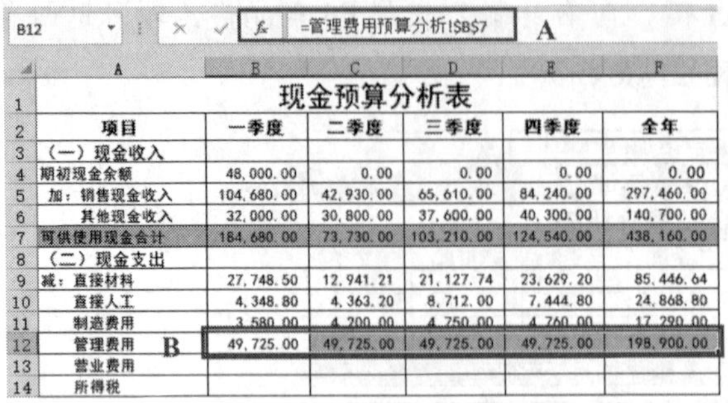
B12 =管理费用预算分析!$B$7 A

	现金预算分析表				
项目	一季度	二季度	三季度	四季度	全年
（一）现金收入					
期初现金余额	48,000.00	0.00	0.00	0.00	0.00
加：销售现金收入	104,680.00	42,930.00	65,610.00	84,240.00	297,460.00
其他现金收入	32,000.00	30,800.00	37,600.00	40,300.00	140,700.00
可供使用现金合计	184,680.00	73,730.00	103,210.00	124,540.00	438,160.00
（二）现金支出					
减：直接材料	27,748.50	12,941.21	21,127.74	23,629.20	85,446.64
直接人工	4,348.80	4,363.20	8,712.00	7,444.80	24,868.80
制造费用	3,580.00	4,200.00	4,750.00	4,760.00	17,290.00
管理费用 B	49,725.00	49,725.00	49,725.00	49,725.00	198,900.00
营业费用					
所得税					

图 21-83

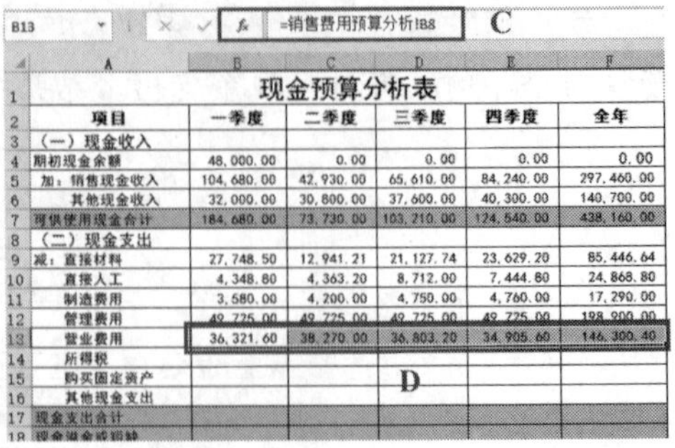
B13 =销售费用预算分析!B8 C

	现金预算分析表				
项目	一季度	二季度	三季度	四季度	全年
（一）现金收入					
期初现金余额	48,000.00	0.00	0.00	0.00	0.00
加：销售现金收入	104,680.00	42,930.00	65,610.00	84,240.00	297,460.00
其他现金收入	32,000.00	30,800.00	37,600.00	40,300.00	140,700.00
可供使用现金合计	184,680.00	73,730.00	103,210.00	124,540.00	438,160.00
（二）现金支出					
减：直接材料	27,748.50	12,941.21	21,127.74	23,629.20	85,446.64
直接人工	4,348.80	4,363.20	8,712.00	7,444.80	24,868.80
制造费用	3,580.00	4,200.00	4,750.00	4,760.00	17,290.00
管理费用	49,725.00	49,725.00	49,725.00	49,725.00	198,900.00
营业费用	36,321.60	38,270.00	36,803.20	34,905.60	146,300.40
所得税					
购买固定资产			D		
其他现金支出					
现金支出合计					
现金溢余或短缺					

图 21-84

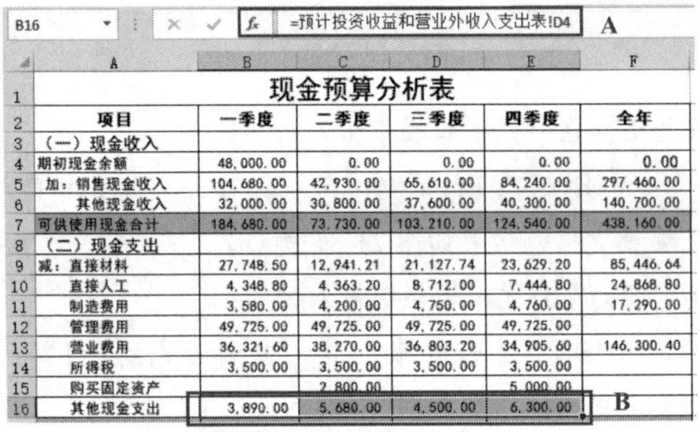
B16 =预计投资收益和营业外收入支出表!D4 A

	现金预算分析表				
项目	一季度	二季度	三季度	四季度	全年
（一）现金收入					
期初现金余额	48,000.00	0.00	0.00	0.00	0.00
加：销售现金收入	104,680.00	42,930.00	65,610.00	84,240.00	297,460.00
其他现金收入	32,000.00	30,800.00	37,600.00	40,300.00	140,700.00
可供使用现金合计	184,680.00	73,730.00	103,210.00	124,540.00	438,160.00
（二）现金支出					
减：直接材料	27,748.50	12,941.21	21,127.74	23,629.20	85,446.64
直接人工	4,348.80	4,363.20	8,712.00	7,444.80	24,868.80
制造费用	3,580.00	4,200.00	4,750.00	4,760.00	17,290.00
管理费用	49,725.00	49,725.00	49,725.00	49,725.00	
营业费用	36,321.60	38,270.00	36,803.20	34,905.60	146,300.40
所得税	3,500.00	3,500.00	3,500.00	3,500.00	
购买固定资产		2,800.00		5,000.00	
其他现金支出	3,890.00	5,680.00	4,500.00	6,300.00	B

图 21-85

❼ 选中 B17 单元格，在公式编辑栏中输入公式：

=SUM(B9:B16)，按 Enter 键，向右复制公式到 E17 单元格，即可计算出各季度现金支出合计值，结果如图 21-86 所示。

❽ 选中 B18 单元格，在公式编辑栏中输入公式：

=B7-B17，按 Enter 键，向右复制公式到 E18 单元格，可以判断各个季度现金溢余或短缺，如图 21-87 所示。

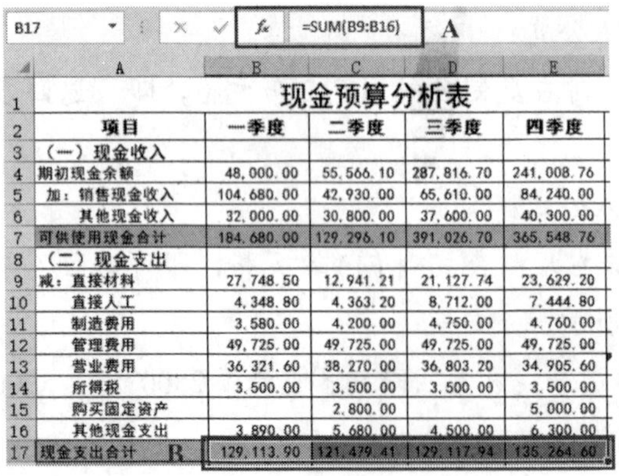
B17 =SUM(B9:B16) A

	现金预算分析表			
项目	一季度	二季度	三季度	四季度
（一）现金收入				
期初现金余额	48,000.00	55,566.10	287,816.70	241,008.76
加：销售现金收入	104,680.00	42,930.00	65,610.00	84,240.00
其他现金收入	32,000.00	30,800.00	37,600.00	40,300.00
可供使用现金合计	184,680.00	129,296.10	391,026.70	365,548.76
（二）现金支出				
减：直接材料	27,748.50	12,941.21	21,127.74	23,629.20
直接人工	4,348.80	4,363.20	8,712.00	7,444.80
制造费用	3,580.00	4,200.00	4,750.00	4,760.00
管理费用	49,725.00	49,725.00	49,725.00	49,725.00
营业费用	36,321.60	38,270.00	36,803.20	34,905.60
所得税	3,500.00	3,500.00	3,500.00	3,500.00
购买固定资产		2,800.00		5,000.00
其他现金支出	3,890.00	5,680.00	4,500.00	6,300.00
现金支出合计 B	129,113.90	121,479.41	129,117.94	135,264.60

图 21-86

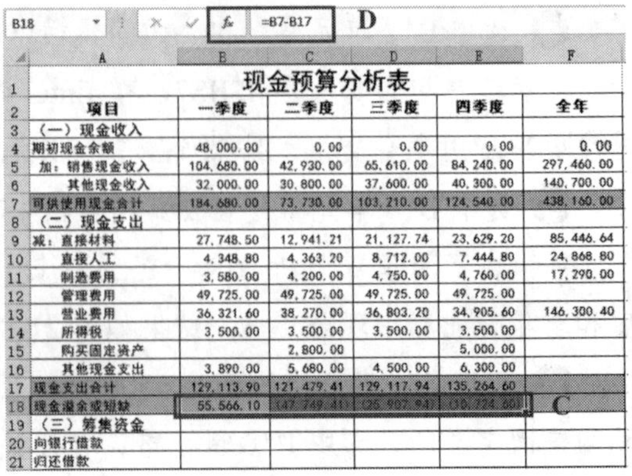
B18 =B7-B17 D

	现金预算分析表				
项目	一季度	二季度	三季度	四季度	全年
（一）现金收入					
期初现金余额	48,000.00	0.00	0.00	0.00	0.00
加：销售现金收入	104,680.00	42,930.00	65,610.00	84,240.00	297,460.00
其他现金收入	32,000.00	30,800.00	37,600.00	40,300.00	140,700.00
可供使用现金合计	184,680.00	73,730.00	103,210.00	124,540.00	438,160.00
（二）现金支出					
减：直接材料	27,748.50	12,941.21	21,127.74	23,629.20	85,446.64
直接人工	4,348.80	4,363.20	8,712.00	7,444.80	24,868.80
制造费用	3,580.00	4,200.00	4,750.00	4,760.00	17,290.00
管理费用	49,725.00	49,725.00	49,725.00	49,725.00	
营业费用	36,321.60	38,270.00	36,803.20	34,905.60	146,300.40
所得税	3,500.00	3,500.00	3,500.00	3,500.00	
购买固定资产		2,800.00		5,000.00	
其他现金支出	3,890.00	5,680.00	4,500.00	6,300.00	
现金支出合计	129,113.90	121,479.41	129,117.94	135,264.60	
现金溢余或短缺	55,566.10	(47,749.41)	(25,907.94)	(10,724.60)	C
（三）筹集资金					
向银行借款					
归还借款					

图 21-87

❾ 选中 F12 单元格，在公式编辑栏中输入公式：

=SUM(B12:E12)，按 Enter 键，向下复制公式到 F18 单元格，即可计算出各个项目的全年合计值，结果如图 21-88 所示。

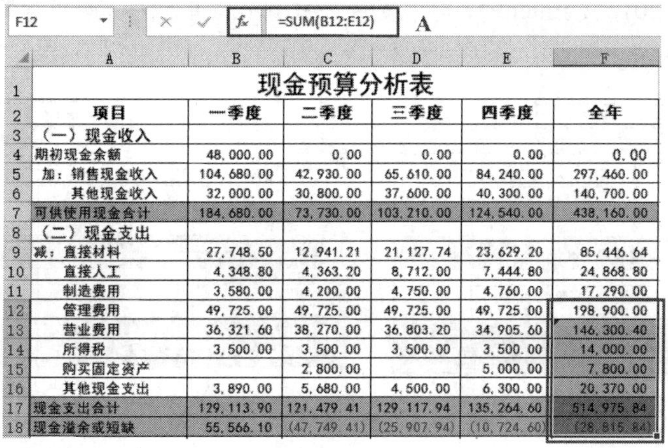

	A	B	C	D	E	F
1	现金预算分析表					
2	项目	一季度	二季度	三季度	四季度	全年
3	（一）现金收入					
4	期初现金余额	48,000.00	0.00	0.00	0.00	0.00
5	加：销售现金收入	104,680.00	42,930.00	65,610.00	84,240.00	297,460.00
6	其他现金收入	32,000.00	30,800.00	37,600.00	40,300.00	140,700.00
7	可供使用现金合计	184,680.00	73,730.00	103,210.00	124,540.00	438,160.00
8	（二）现金支出					
9	减：直接材料	27,748.50	12,941.21	21,127.74	23,629.20	85,446.64
10	直接人工	4,348.80	4,363.20	8,712.00	7,444.80	24,868.80
11	制造费用	3,580.00	4,200.00	4,750.00	4,760.00	17,290.00
12	管理费用	49,725.00	49,725.00	49,725.00	49,725.00	198,900.00
13	营业费用	36,321.60	38,270.00	36,803.20	34,905.60	146,300.40
14	所得税	3,500.00	3,500.00	3,500.00	3,500.00	14,000.00
15	购买固定资产		2,800.00		5,000.00	7,800.00
16	其他现金支出	3,890.00	5,680.00	4,500.00	6,300.00	20,370.00
17	现金支出合计	129,113.90	121,479.41	129,117.94	135,264.60	514,975.84
18	现金溢余或短缺	55,566.10	(47,749.41)	(25,907.94)	(10,724.60)	(28,815.84)

图 21-88

21.2.3 计算筹集资金

在上节内容中判断了各季度现金是溢余还是短缺，对于短缺季度的资金，企业需要想办法筹集资金来补充，而一般企业都会采取向银行短期借款的方式来筹集资金，归还时则需要支付一定数额的利息。

❶ 假设第二、三季度分别向银行借款 37000 元和 8500 元，并在下一个季度归还。选中 D22 单元格，在公式编辑栏中输入公式：

=D21*0.1/12*6，按 Enter 键，向右复制公式到 E22 单元格，即可得到借款利息，结果如图 21-89 所示。

❷ 选中 B23 单元格，在公式编辑栏中输入公式：

=B21+B22，按 Enter 键，向右复制公式到 E23 单元格，即可计算出各季度应筹集的资金合计值，结果如图 21-90 所示。

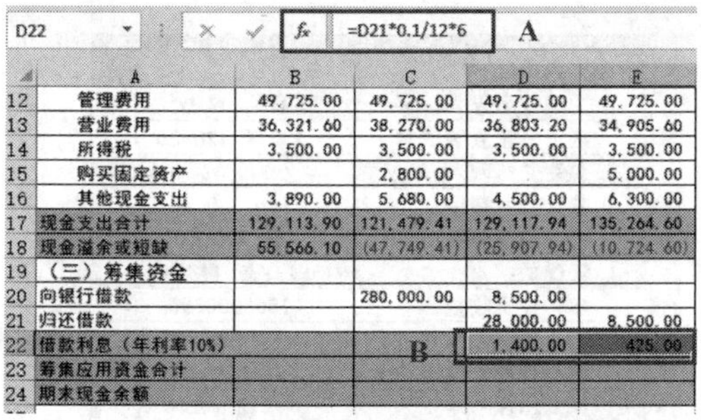

	A	B	C	D	E
12	管理费用	49,725.00	49,725.00	49,725.00	49,725.00
13	营业费用	36,321.60	38,270.00	36,803.20	34,905.60
14	所得税	3,500.00	3,500.00	3,500.00	3,500.00
15	购买固定资产		2,800.00		5,000.00
16	其他现金支出	3,890.00	5,680.00	4,500.00	6,300.00
17	现金支出合计	129,113.90	121,479.41	129,117.94	135,264.60
18	现金溢余或短缺	55,566.10	(47,749.41)	(25,907.94)	(10,724.60)
19	（三）筹集资金				
20	向银行借款		280,000.00	8,500.00	
21	归还借款			28,000.00	8,500.00
22	借款利息（年利率10%）			1,400.00	425.00
23	筹集应用资金合计				
24	期末现金余额				

图 21-89

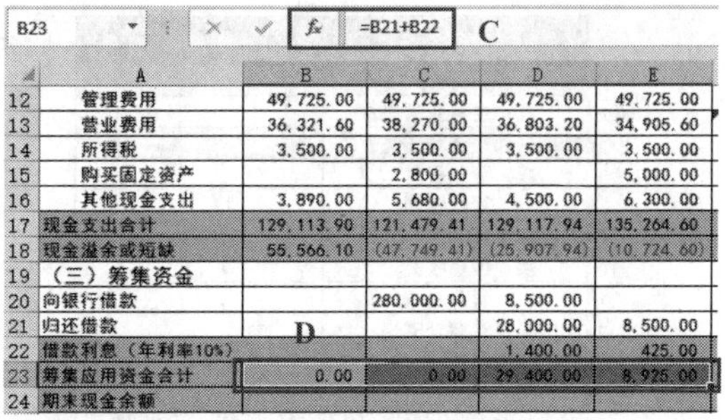

	A	B	C	D	E
12	管理费用	49,725.00	49,725.00	49,725.00	49,725.00
13	营业费用	36,321.60	38,270.00	36,803.20	34,905.60
14	所得税	3,500.00	3,500.00	3,500.00	3,500.00
15	购买固定资产		2,800.00		5,000.00
16	其他现金支出	3,890.00	5,680.00	4,500.00	6,300.00
17	现金支出合计	129,113.90	121,479.41	129,117.94	135,264.60
18	现金溢余或短缺	55,566.10	(47,749.41)	(25,907.94)	(10,724.60)
19	（三）筹集资金				
20	向银行借款		280,000.00	8,500.00	
21	归还借款			28,000.00	8,500.00
22	借款利息（年利率10%）			1,400.00	425.00
23	筹集应用资金合计	0.00	0.00	29,400.00	8,925.00
24	期末现金余额				

图 21-90

❸ 选中 B24 单元格，在公式编辑栏中输入公式：

=B18+B20-B23，按 Enter 键，向右复制公式到 E24 单元格，即可计算出期末现金余额，结果如图 21-91 所示。

❹ 选中 F20 单元格，在公式编辑栏中输入公式：

=SUM(B20:E20)，按 Enter 键，向下复制公式到 F24 单元格，即可计算出各项目合计值，结果如图 21-92 所示。

图 21-91

图 21-92

21.3 编制财务预算报表

建立财务预算报表可以集中地对企业的财务状况、利润情况等做出总体预测，从而以更加正确的方法指导企业的日常经营。

21.3.1 编制预算利润表

编制预算利润表主要是为企业财务管理服务的，是控制企业资金、成本和利润总量的重要手段。

❶ 新建工作表，将其重命名为"预算利润表"。创建如图 21-93 所示的预算利润表。

❷ 分别从本工作簿中的其他预算分析表中引用利润表中的各项目值，计算结果如图 21-94 所示。为了节省篇幅，就不再介绍其计算过程，只显示计算公式如图 21-95 所示。

图 21-93

图 21-94

第 21 章　企业财务预算分析

	A	B
1	预算利润表	
2	单位：元	
3	项目	期末数
4	一、主营业务收入	=销售预算分析!F5
5	减：主营业务成本	=成本预算分析!G8
6	二、主营业务利润	=B4-B5
7	减：营业费用	=销售费用预算分析!F8
8	管理费用	=管理费用预算分析!B7
9	三、营业利润	=B6-B7-B8
10	加：投资收益	=预计投资收益和营业外收入支出表!B9
11	营业外收入	=预计投资收益和营业外收入支出表!C9
12	减：营业外支出	=预计投资收益和营业外收入支出表!D9
13	四、利润总额	=B9+B10+B11-B12
14	减：所得税	=现金预算分析!F14
15	五、净利润	=B13-B14

图 21-95

21.3.2　编制预算资产负债表

编制本年末的预算资产负债表，必须利用本期初即上年末的资产负债表资料，并根据销售、生产、资本等预算的有关数据加以调整编制。

❶ 新建工作表，将其重命名为"预算资产负债表"。在工作表中创建如图 21-96 所示的预算资产负债表。

	A	B	C	D	E	F
1	预算资产负债表					
2	单位：元					
3	资产	年初数	年末数	负债及所有者权益	年初数	年末数
4	流动资产：			流动负债：		
5	现金			短期负债		
6	应收账款			应付账款		
7	坏账准备			应交税费		
8	应收账款净额					
9	存货					
10						
11	流动资产合计			流动负债合计		
12						
13	固定资产：			所有者权益：		
14	固定资产原值			实收资本		
15	累计折旧			盈余公积		
16	固定资产净值			未分配利润		
17						
18	固定资产合计			所有者权益合计		
19						
20	资产合计			负债及所有者权益合计		

图 21-96

❷ 为了节省篇幅，下面就不逐步介绍其计算过程，只显示计算公式。分别从本工作簿中的其他预算分析表中引用资产负债表的各项目值，然后计算出流动资产、固定资产，然后将流动资产＋固定资产得到资产合计值，再分别从本工作簿中的其他预算分析表中引用资产负债表的各项目值，然后计算出流动负债合计与所有者权益合计，最后将流动负债与所有者权益相加得到负债及所有者权益合计值，结果如图 21-97 所示。

	A	B	C	D	E	F
1			预算资产负债表			
2	单位：元					
3	资产	年初数	年末数	负债及所有者权益	年初数	年末数
4	流动资产：			流动负债：		
5	现金	48,000.00	805,750.72	短期负债	43,000.00	245,672.30
6	应收账款	82,000.00	101,736.00	应付账款	20,000.00	8,666.56
7	坏账准备	820.00	1,017.36	应交税费		14,000.00
8	应收账款净额	81,180.00	100,718.64			
9	存货	700.00	700.00			
10						
11	流动资产合计	129,880.00	907,169.36	流动负债合计	63,000.00	268,338.86
12						
13	固定资产：			所有者权益：		
14	固定资产原值	50,000.00	57,800.00	实收资本	40,000.00	680,000.00
15	累计折旧	5,000.00	5,780.00	盈余公积	40,870.00	360,000.00
16	固定资产净值	45,000.00	52,020.00	未分配利润	30,000.00	55,000.00
17						
18	固定资产合计	45,000.00	52,020.00	所有者权益合计	110,870.00	1,095,000.00
19						
20	资产合计	174,880.00	959,189.36	负债及所有者权益合计	173,870.00	1,363,338.86

图 21-97

❸ 计算公式如图 21-98 所示。

	A	B	C	D	E	F
1			预算资产负债表			
2	单位：元					
3	资产	年初数	年末数	负债及所有者权益	年初数	年末数
4	流动资产：			流动负债：		
5	现金	=现金预算分析!B4	=现金预算分析!F24	短期负债	43000	245672.3
6	应收账款	=销售预算分析!B9	=销售预算分析!F5*0.4	应付账款	=直接材料和采购预算!B12	=直接材料和采购预算!E9*0.4
7	坏账准备	=B6*0.01	=C6*0.01	应交税费		=现金预算分析!F14
8	应收账款净额	=B6-B7	=C6-C7			
9	存货	=直接材料和采购预算!B6*直接	=直接材料和采购预算!E6*直接材料			
10						
11	流动资产合计	=B5+B8+B9	=C5+C8+C9	流动负债合计	=SUM(E5:E7)	=SUM(F5:F7)
12						
13	固定资产：			所有者权益：		
14	固定资产原值	50000	=B14+现金预算分析!F15	实收资本	40000	680000
15	累计折旧	=B14*0.1	=C14*0.1	盈余公积	40870	360000
16	固定资产净值	=B14-B15	=C14-C15	未分配利润	30000	55000
17						
18	固定资产合计	=B16	=C16	所有者权益合计	=SUM(E14:E16)	=SUM(F14:F16)
19						
20	资产合计	=B11+B18	=C11+C18	负债及所有者权益合计	=E11+E18	=F11+F18

图 21-98

第 22 章
企业筹资分析

范例概述

企业筹资是财务管理的重要任务，它既是资金运动的起点，又是扩大再生产的前提条件，是财务管理的首要环节。在市场经济条件下，筹资渠道和筹资历史已经由过去的依靠银行贷款和财政拨款，发展到股票、债券、银行借款、租赁、商业信用等多元化的途径。

本章运用 Excel 介绍企业的几种常用筹资方式，以及这些筹资方式的对比情况。

范例效果

长期借款基本信息

借款金额	¥1,200,000.00
借款年利率	8%
每年还款期数	12
借款期限	10
还款总期数	120
每期还款金额	¥14,559.31

不同年利率下每期还款金额

贷款金额	还款年限	年利率	每月还款额
¥1,200,000	10	7.00%	¥13,933
		7.50%	¥14,244
		8.00%	¥14,559
		8.50%	¥14,878
		9.00%	¥15,201
		9.50%	¥15,528
		10.00%	¥15,858
		10.50%	¥16,192
		11.00%	¥16,530

长期借款筹资分析

租赁筹资分析模型

租赁设备名称	A设备
租金	¥700,000.00
租金支付方式	先付
租赁年利率	7.80%
租赁年限	5
年付款期数	2
总付款期数	10
每期应付租金	¥82,651.17
实际总付租金	¥826,511.70

双变量模拟运算模型

¥82,651.17	3	5	8	10	15
5.00%	¥123,985.35	¥78,030.37	¥52,311.50	¥43,807.80	¥32,628.63
5.50%	¥124,719.78	¥78,849.44	¥53,204.84	¥44,739.87	¥33,643.89
6.00%	¥125,454.61	¥79,671.22	¥54,104.46	¥45,680.58	¥34,673.28
6.50%	¥126,189.81	¥80,495.64	¥55,010.26	¥46,629.75	¥35,716.42
7.00%	¥126,925.36	¥81,322.66	¥55,922.11	¥47,587.20	¥36,772.88
7.50%	¥127,661.24	¥82,152.23	¥56,839.88	¥48,552.74	¥37,842.25
8.00%	¥128,397.43	¥82,984.29	¥57,763.46	¥49,526.18	¥38,924.11
8.50%	¥129,133.92	¥83,818.79	¥58,692.72	¥50,507.32	¥40,018.01
9.00%	¥129,870.69	¥84,655.67	¥59,627.52	¥51,495.98	¥41,123.52
9.50%	¥130,607.71	¥85,494.89	¥60,567.75	¥52,491.96	¥42,240.21
10.00%	¥131,344.98	¥86,336.38	¥61,513.27	¥53,495.06	¥43,367.62

租赁筹资分析

企业资金构成分析

项目	金额	
自有资金		¥1,600,000
集资资金	银行贷款	¥1,200,000
	租赁集资	¥780,000

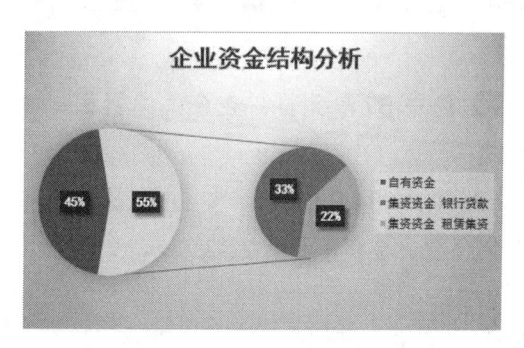

企业资金结构分析

■自有资金
■集资资金 银行贷款
■集资资金 租赁集资

企业资金结构图表分析

范例实现

22.1 长期借款筹资分析

长期借款是企业向金融单位借入的期限在一年以上的借款。在长期借款决策模型中，企业最为关心的是贷款期限、利率、贷款金额、还款期限以及每月还款额等因素。

22.1.1 计算每期还款额

假设一家企业向银行借款120万，分10年还清，每年还款次数为12次，即每月还款，借款年利率为8%，现在要计算出公司每月应偿还的金额。

❶ 新建工作簿，并命名为"企业筹资分析"，将"Sheet1"工作表重命名为"长期借款筹资分析"，在工作表中创建长期借款基本信息表，根据实际情况填写相关数据，如图22-1所示。

❷ 选中B6单元格，在公式编辑栏中输入公式：
=B4*B5，按Enter键，计算出总的还款期数，如图22-2所示。

图 22-1

图 22-2

❸ 选中B7单元格，在公式编辑栏中输入公式：
=PMT(B3/B4,B6,-B2)，按Enter键，计算出每期还款的金额，如图22-3所示。

图 22-3

22.1.2 分析不同借款年利率下每期偿还金额

贷款利率是可变的，企业可以根据自身公式的情况，选择最佳的还款方案。下面利用模拟运算功能计算出年利率发生变化时，每期应偿还金额。

❶ 在工作表中创建不同年利率下每期还款金额表格，根据实际情况填写相关数据，如图 22-4 所示。

❷ 选中 D11 单元格，在公式编辑栏中输入公式：
=PMT(C11/12,B11*12,-A11)，按 Enter 键，计算出年利率为 7% 的情况下，每期的还款金额，如图 22-5 所示。

图 22-4

图 22-5

❸ 选中 C11:D19 单元格区域，单击"数据"选项卡，在"数据工具"组中单击"模拟分析"按钮，在下拉菜单中单击"模拟运算表"（如图 22-6 所示），打开"模拟运算表"对话框。

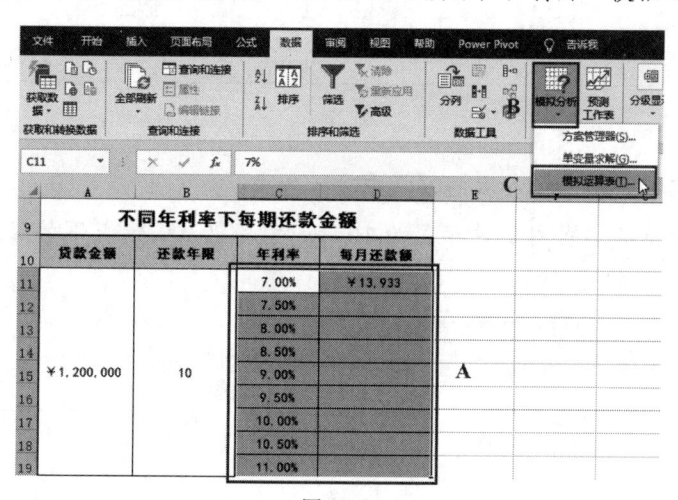

图 22-6

❹ 设置"输入引用列的单元格"为 C11 单元格，如图 22-7 所示。

❺ 设置完成后，单击"确定"按钮。返回到工作表中，即可计算出不同利率下的每月还款金额，如图 22-8 所示。企业可以根据需要选择不用的借款年利率。

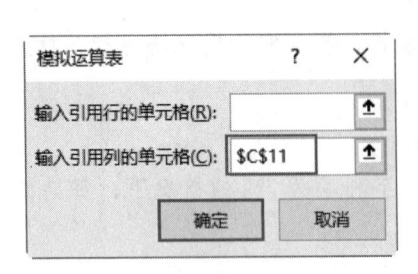

图 22-7

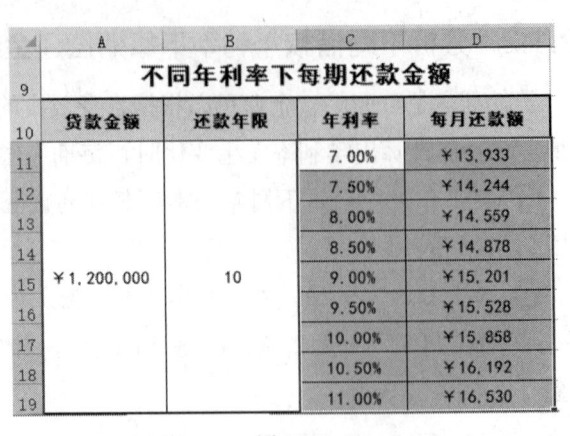

图 22-8

22.1.3 分析不同借款年利率和借款期数下每期应支付的还款金额

除了贷款利率是可变的，贷款期限也是可选择的，企业可以根据需要选择适当的贷款期限。

❶ 在工作表中创建不同利率不同期数的还款金额表格，根据实际情况填写相关数据，如图 22-9 所示。

图 22-9

❷ 选中 B23 单元格，在公式编辑栏中输入公式：

=B7，按 Enter 键，引用贷款年限为 10 年，利率为 8% 情况下的每期还款金额，如图 22-10 所示。

图 22-10

❸ 选中 B23:H32 单元格区域，单击"数据"选项卡，在"数据工具"组中单击"模拟分析"按钮，在下拉菜单中单击"模拟运算表"（如图 22-11 所示），打开"模拟运算表"对话框。

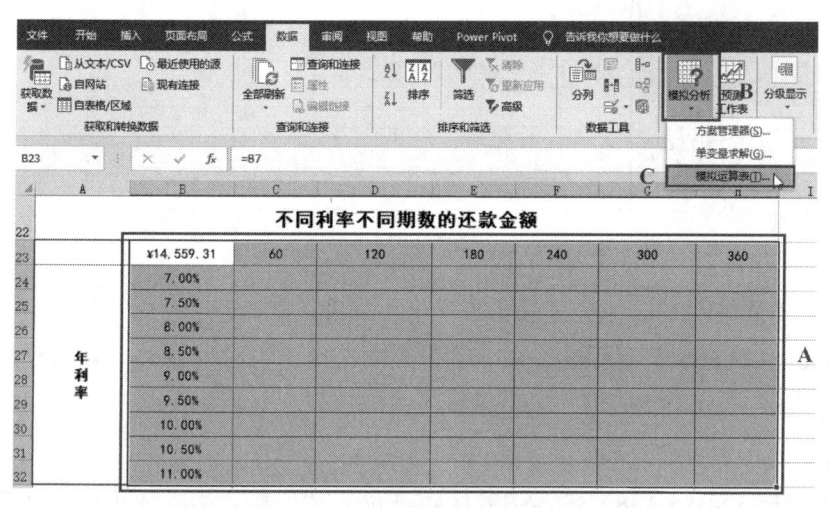

图 22-11

❹ 设置"输入引用行的单元格"为 B6 单元格，"输入引用列的单元格"为 B3 单元格，如图 22-12 所示。

❺ 设置完成后，单击"确定"按钮。返回到工作表中，即可计算出了不同年利率和不同借款年限下应支出的分期等额还款金额，如图 22-13 所示。

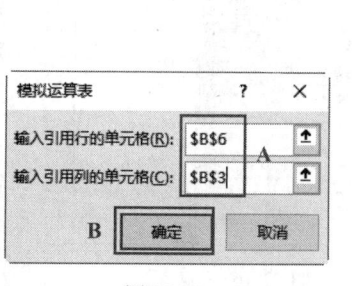

图 22-12

图 22-13

22.1.4 建立长期借款筹资决策分析表

假设某公司长期借款 120 万，借款年利率为 8%，借款年限为 10 年，一年偿还一次，每年等额偿还本息，下面在 Excel 中建立长期借款筹资决策分析表。

❶ 在工作表中创建长期借款筹资决策分析表，根据实际情况填写相关数据。选中 A38 单元格，在公式编辑栏中输入公式：

=IF(ROW()-ROW($A$37)<=$B$6,ROW()-ROW($A$37),"")，按 Enter 键，向下复制公式到 A47 单元格，结果如图 22-14 所示。

Excel 在会计与财务管理工作中的案例应用

图 22-14

❷ 选中 B38 单元格，在公式编辑栏中输入公式：

=IF(A38="","",$B$7)，按 Enter 键，向下复制公式到 B47 单元格，即可计算出各年还款金额，结果如图 22-15 所示。

❸ 选中 C38 单元格区域，在公式编辑栏中输入公式：

=PPMT($B$3/$B$5,A38,$B$6,-$B$2)，按 Enter 键，向下复制公式到 C47 单元格，即可计算出各年还款的本金金额，结果如图 22-16 所示。

图 22-15　　　　　　　　图 22-16

❹ 选中 D38 单元格，在公式编辑栏中输入公式：=B2，按 Enter 键，计算出第一年期初尚欠金额，如图 22-17 所示。第二年的期初偿欠本金为第一年的期初尚欠本金减去第一年尚欠本金，因此这里选中 D39 单元格，在公式编辑栏中输入公式：=D38-C38，按 Enter 键，向下复制公式到 D47 单元格，即可计算出各年期初尚欠金额，结果如图 22-18 所示。

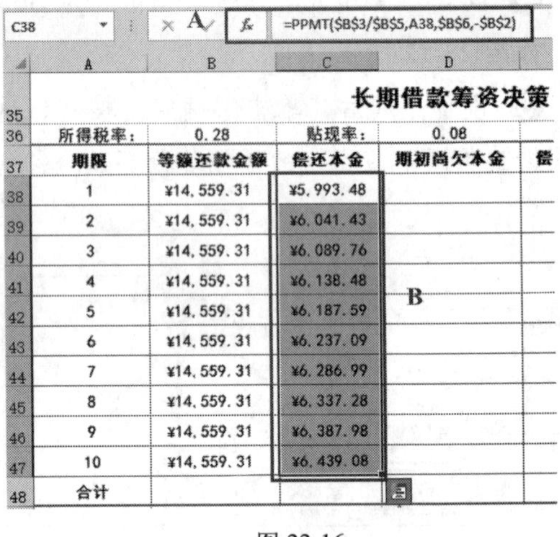

❺ 选中 E38 单元格，在公式编辑栏中输入公式：

=IPMT($B$3/$B$5,A38,$B$6,-$B$2)，按 Enter 键，向下复制公式到 E47 单元格，即可计算出各年应偿还的利息，结果如图 22-19 所示。

❻ 选中 F38 单元格，在公式编辑栏中输入公式：

=E38*$B$36，按 Enter 键，向下复制公式到 F47 单元格，即可计算出各年避税额，结果如图 22-20 所示。

图 22-17

图 22-18

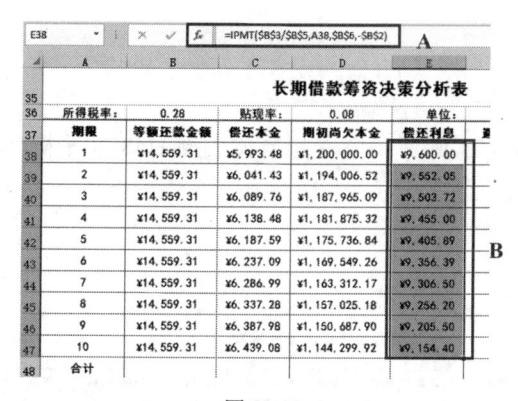

图 22-19

图 22-20

❼ 选中 G38 单元格，在公式编辑栏中输入公式：

=B38-F38，按 Enter 键，向下复制公式到 G47 单元格，即可计算出各年净现金流量，结果如图 22-21 所示。

图 22-21

375

❽ 选中 H38 单元格，在公式编辑栏中输入公式：
=G38/(1+$D$36)^A38，按 Enter 键，向下复制公式到 H47 单元格，即可计算出各年的现值，结果如图 22-22 所示。

H38　=G38/(1+$D$36)^A38　A

长期借款筹资决策分析表

所得税率：	0.28	贴现率：	0.08	单位：	元		
期限	等额还款金额	偿还本金	期初尚欠本金	偿还利息	避税额	净现金流量	现值
1	¥14,559.31	¥5,993.48	¥1,200,000.00	¥9,600.00	¥2,688.00	¥11,871.31	¥10,991.95
2	¥14,559.31	¥6,041.43	¥1,194,006.52	¥9,552.05	¥2,674.57	¥11,884.74	¥10,189.25
3	¥14,559.31	¥6,089.76	¥1,187,965.09	¥9,503.72	¥2,661.04	¥11,898.27	¥9,445.23
4	¥14,559.31	¥6,138.48	¥1,181,875.32	¥9,455.00	¥2,647.40	¥11,911.91	¥8,755.61
5	¥14,559.31	¥6,187.59	¥1,175,736.84	¥9,405.89	¥2,633.65	¥11,925.66	¥8,116.40
6	¥14,559.31	¥6,237.09	¥1,169,549.26	¥9,356.39	¥2,619.79	¥11,939.52	¥7,523.92
7	¥14,559.31	¥6,286.99	¥1,163,312.17	¥9,306.50	¥2,605.82	¥11,953.49	¥6,974.75
8	¥14,559.31	¥6,337.28	¥1,157,025.18	¥9,256.20	¥2,591.74	¥11,967.57	¥6,465.71
9	¥14,559.31	¥6,387.98	¥1,150,687.90	¥9,205.50	¥2,577.54	¥11,981.77	¥5,993.87
10	¥14,559.31	¥6,439.08	¥1,144,299.92	¥9,154.40	¥2,563.23	¥11,996.08	¥5,556.51
合计							

B

图 22-22

❾ 选中 B48 单元格，在公式编辑栏中输入公式：
=SUM(B38:B47)，按 Enter 键，结果如图 22-23 所示。向右复制公式到 H48 单元格，除 D48 单元格不复制公式，结果如图 22-24 所示。

B48　B　=SUM(B38:B47)

长期借

所得税率：	0.28	贴现率：	
期限	等额还款金额	偿还本金	期
1	¥14,559.31	¥5,993.48	¥1,
2	¥14,559.31	¥6,041.43	¥1,
3	¥14,559.31	¥6,089.76	¥1,
4	¥14,559.31	¥6,138.48	¥1,
5	¥14,559.31	¥6,187.59	¥1,
6	¥14,559.31	¥6,237.09	¥1,
7	¥14,559.31	¥6,286.99	¥1,
8	¥14,559.31	¥6,337.28	¥1,
9	¥14,559.31	¥6,387.98	¥1,
10	¥14,559.31	¥6,439.08	¥1,
合计	¥145,593.11	A	

图 22-23

长期借款筹资决策分析表

所得税率：	0.28	贴现率：	0.08	单位：	元		
期限	等额还款金额	偿还本金	期初尚欠本金	偿还利息	避税额	净现金流量	现值
1	¥14,559.31	¥5,993.48	¥1,200,000.00	¥9,600.00	¥2,688.00	¥11,871.31	¥10,991.95
2	¥14,559.31	¥6,041.43	¥1,194,006.52	¥9,552.05	¥2,674.57	¥11,884.74	¥10,189.25
3	¥14,559.31	¥6,089.76	¥1,187,965.09	¥9,503.72	¥2,661.04	¥11,898.27	¥9,445.23
4	¥14,559.31	¥6,138.48	¥1,181,875.32	¥9,455.00	¥2,647.40	¥11,911.91	¥8,755.61
5	¥14,559.31	¥6,187.59	¥1,175,736.84	¥9,405.89	¥2,633.65	¥11,925.66	¥8,116.40
6	¥14,559.31	¥6,237.09	¥1,169,549.26	¥9,356.39	¥2,619.79	¥11,939.52	¥7,523.92
7	¥14,559.31	¥6,286.99	¥1,163,312.17	¥9,306.50	¥2,605.82	¥11,953.49	¥6,974.75
8	¥14,559.31	¥6,337.28	¥1,157,025.18	¥9,256.20	¥2,591.74	¥11,967.57	¥6,465.71
9	¥14,559.31	¥6,387.98	¥1,150,687.90	¥9,205.50	¥2,577.54	¥11,981.77	¥5,993.87
10	¥14,559.31	¥6,439.08	¥1,144,299.92	¥9,154.40	¥2,563.23	¥11,996.08	¥5,556.51
合计	¥145,593.11	¥62,139.16		¥93,795.67	¥26,262.79	¥119,330.33	¥80,013.20

图 22-24

❿ 操作完成后，无论是更改借款金额、借款利率，还是借款期限，在长期借款筹资决策分析表中都可以根据指定条件自动计算出各期借款信息。

22.2　租赁筹资分析

租赁是出租人以收取租金为条件，埋在契约或合同的固定期限内，将资产租给承租人使用的一种经济行为。

22.2.1 不同付款方式下的租赁筹资分析

在租赁筹资时，每期应付租金的计算会受到租金支付方式的影响，所以在建立租赁筹资模型时，要先建立每期应付租金的公式，再根据不同的租金方式建立不同的公式。

❶ 新建工作表，将其重命名为"租赁筹资分析"，在工作表中输入租赁设备、租金、租金年利率、租赁期限、年付款期数等信息，如图22-25所示。

图 22-25

❷ 选中C4单元格，切换到"数据"选项卡，在"数据工具"组单击"数据验证"按钮（如图22-26所示），打开"数据验证"对话框。

❸ 在"允许"下拉列表中选中"序列"，接着在"来源"文本框中输入"先付,后付"，如图22-27所示。

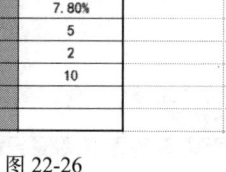

图 22-26　　　　　　　　　图 22-27

❹ 单击"确定"按钮，返回工作表中，单击C4单元格右侧下拉按钮，可以在其下拉列表中看到可供选择的选项，单击"先付"选项，如图22-28所示。

❺ 选中C9单元格，在公式编辑栏中输入公式：
=IF(C4="先付",ABS(PMT(C5/C7,C8,C3,0,1)),ABS(PMT(C5/C7,C8,C3,0,0)))，按Enter键，即可计算每期应付租金数，结果如图22-29所示。

377

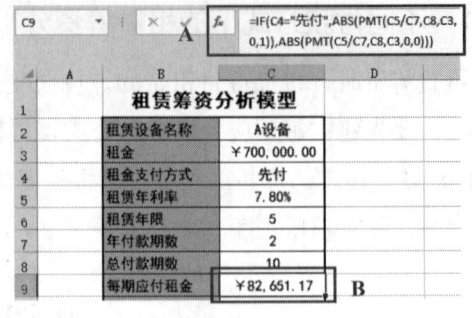

图 22-28

图 22-29

❻ 选中 C10 单元格，在公式编辑栏中输入公式：

=C9*C8，按 Enter 键，即可计算出实际应付租金总额，结果如图 22-30 所示。

❼ 从 C4 单元格的下拉列表中选择支付方式为"后付"，此时可以看到每期应付租金以及实际总付租金数额的变化，如图 22-31 所示。可以看出后付方式所付的租金更多。

图 22-30

图 22-31

22.2.2 根据付款租期、年利率的不同进行筹资分析

租赁的期限和年利率是可变的，下面在 Excel 表格中创建模型，将使用双变量模拟运算表来根据不同的付款租期、年利率进行筹资分析。

❶ 在工作表中创建"双变量模拟分析运算模型"，并输入不同租赁年利率和不同的还款年限，如图 22-32 所示。

图 22-32

❷ 选中 B13 单元格，在公式编辑栏中输入公式：

=IF(C4="先付",ABS(PMT(C5/C7,C8,C3,0,1)),ABS(PMT(C5/C7,C8,C3,0,0)))，按 Enter 键，即可得出计算出总付款期为"10"时每期应付租金数，如图 22-33 所示。

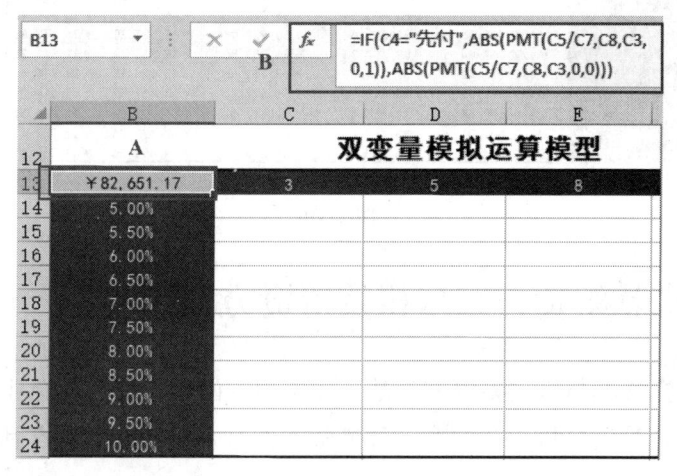

图 22-33

❸ 选中 B13:G24 单元格区域，单击"数据"选项卡，在"数据工具"组中单击"模拟分析"按钮，在下拉菜单中单击"模拟运算表"（如图 22-34 所示），打开"模拟运算表"对话框。

❹ "设置输入引用行的单元格"为 C6 单元格，设置"输入引用列的单元格"为 C5 单元格，如图 22-35 所示。

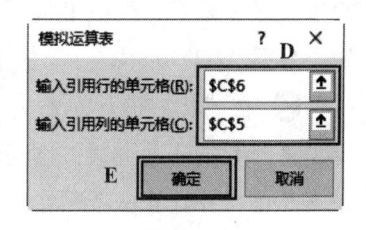

图 22-34　　　　图 22-35

❺ 设置完成后，单击"确定"按钮返回工作表中，即可看到双变量模拟运算表输出结果，如图 22-36 所示。企业可以根据自身的实际情况，选择最适合的还款年限和利率。

	B	C	D	E	F	G	H
12	双变量模拟运算模型						
13	￥82,651.17	3	5	8	10	15	
14	5.00%	￥123,985.35	￥78,030.37	￥52,311.50	￥43,807.80	￥32,628.63	
15	5.50%	￥124,719.78	￥78,849.44	￥53,204.84	￥44,739.87	￥33,643.89	
16	6.00%	￥125,454.61	￥79,671.22	￥54,104.46	￥45,680.58	￥34,673.28	
17	6.50%	￥126,189.81	￥80,495.64	￥55,010.26	￥46,629.75	￥35,716.42	
18	7.00%	￥126,925.36	￥81,322.66	￥55,922.11	￥47,587.20	￥36,772.88	
19	7.50%	￥127,661.24	￥82,152.23	￥56,839.88	￥48,552.74	￥37,842.25	
20	8.00%	￥128,397.43	￥82,984.29	￥57,763.46	￥49,526.18	￥38,924.11	
21	8.50%	￥129,133.92	￥83,818.79	￥58,692.72	￥50,507.32	￥40,018.01	
22	9.00%	￥129,870.69	￥84,655.67	￥59,627.52	￥51,495.98	￥41,123.52	
23	9.50%	￥130,607.71	￥85,494.89	￥60,567.75	￥52,491.96	￥42,240.21	
24	10.00%	￥131,344.98	￥86,336.38	￥61,513.27	￥53,495.06	￥43,367.62	
25							

图 22-36

22.3 长期借款筹资方案与租赁筹资方案比较

长期借款筹资方案与租赁筹资方案是企业常用的两种方案，当企业需要筹资时，使用这两种方案进行筹资分析，分析哪一种筹资方案对企业发展更为有利，从而做出正确的决定。

假设企业需要一台价值 200 万的设备，使用 5 年，无残值。如果要租赁该设备，租赁公司要以 8% 的租费率，每年支付一次；如果要购买该设备，需要向银行贷款 200 万，银行利率为 9%，偿还方式为年末等额偿还。该企业的所得税率为 20%，现金利率的贴现为 7%。

22.3.1 长期借款筹资方案现值计算

在 22.1 节中建立了长期借款筹资决策分析模型，表格中利用公式根据借款金额、年利率、借款期限等基本信息，求出了分期等额还款金额，同时计算出了各期现值和总现值。所以这里只需要把上面创建的模型复制下来，然后再对借款金额、年利率、借款期限等基本信息进行修改，即可自动计算出总现值。

❶ 新建工作表，将其重命名为“长期借款筹资方案现值计算”，将“长期借款筹资分析”工作表中的“长期借款基本信息”和“长期借款筹资决策分析表”表格复制过来，在“长期借款筹资分析”表格中根据情况更改表格中的数据，此时系统会自动计算出每期还款金额，如图 22-37 所示。

❷ 在“长期借款筹资决策分析表”表格中，根据情况更改所得税率、贴现率，此时计算得到各期还款金额、偿还本金、期初尚欠本金、偿还利息、避税额、净现金流量以及现值等值，并计算出了现在的合计值，如图 22-38 所示。

专家提示

将借款期限更改为 5 年后，由于原始状态下建立的是 10 年期限长期借款筹资决策分析表，所有 6 到 20 年的各项数据将会自动显示为错误值状态，用户只需要将这些返回的错误值清除，只保留 1 到 5 年的数值即可。

图 22-37

图 22-38

22.3.2 租赁筹资方案现值计算

租赁筹资方案现值计算和长期借款筹资方案现值计算，也是在同样的还款期限下，计算方法如下。

❶ 新建工作表，将其重命名为"租赁筹资方案现值计算"，将"租赁筹资分析"工作表中的"租赁筹资分析模型"表格复制过来，在"长期借款筹资分析"表格中根据情况更改表格中的数据，此时系统会自动计算出每期应付的租金额，如图 22-39 所示。

❷ 在 E2:I9 单元格区域中创建如图 22-40 所示的现金计算表。

图 22-39

图 22-40

❸ 选中 F3 单元格，在公式编辑栏中输入公式：
=$C$9，按 Enter 键，向下复制公式到 F7 单元格，即可计算出各期应付租金，结果如图 22-41 所示。

❹ 选中 G4 单元格，在公式编辑栏中输入公式：
=F4*0.25，按 Enter 键，向下复制公式到 G8 单元格，即可计算出各期避税额，结果如图 22-42 所示。

381

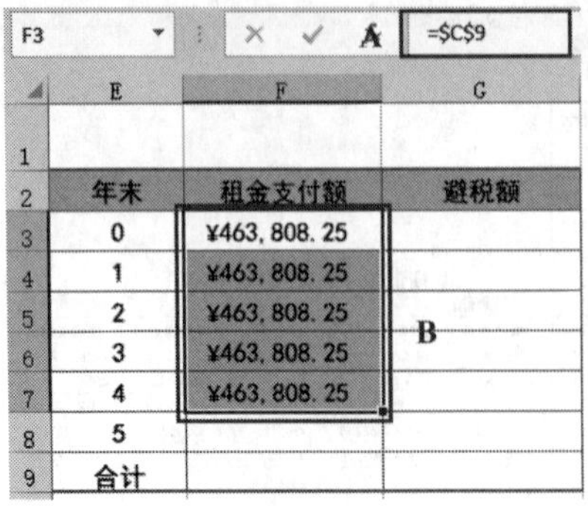

F3 =$C$9

	E	F	G
1			
2	年末	租金支付额	避税额
3	0	¥463, 808. 25	
4	1	¥463, 808. 25	
5	2	¥463, 808. 25	
6	3	¥463, 808. 25	
7	4	¥463, 808. 25	
8	5		
9	合计		

图 22-41

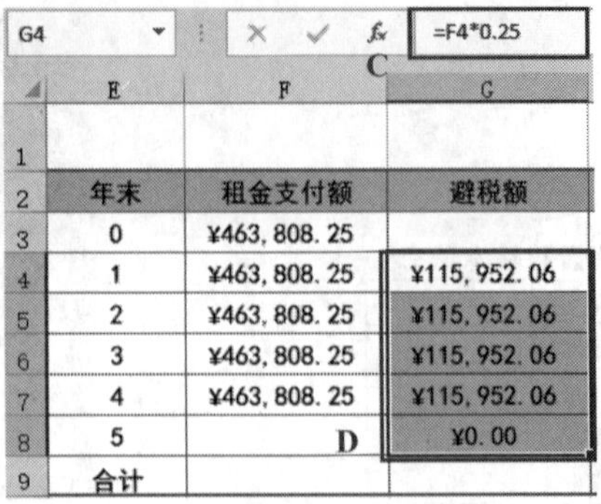

G4 =F4*0.25

	E	F	G
1			
2	年末	租金支付额	避税额
3	0	¥463, 808. 25	
4	1	¥463, 808. 25	¥115, 952. 06
5	2	¥463, 808. 25	¥115, 952. 06
6	3	¥463, 808. 25	¥115, 952. 06
7	4	¥463, 808. 25	¥115, 952. 06
8	5		¥0. 00
9	合计		

图 22-42

❺ 选中 H3 单元格，在公式编辑栏中输入公式：

=F3-G3，按 Enter 键，向下复制公式到 H8 单元格，即可计算出各期税后现金流量，结果如图 22-43 所示。

❻ 选中 I3 单元格，在公式编辑栏中输入公式：

=H3/(1+8%)^E3，按 Enter 键，向下复制公式到 I8 单元格，即可计算出各期现值，结果如图 22-44 所示。

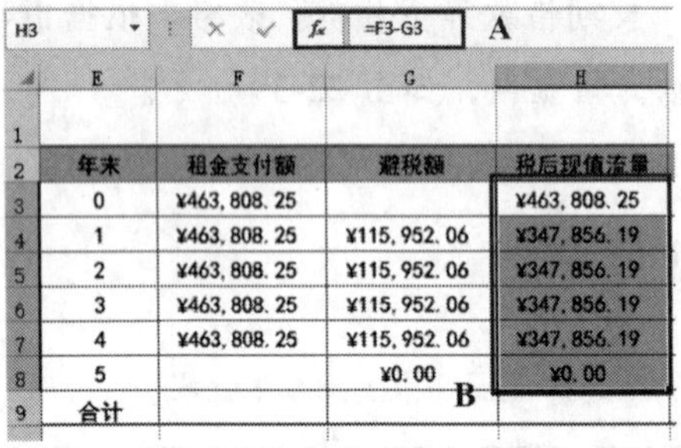

H3 =F3-G3

	E	F	G	H
1				
2	年末	租金支付额	避税额	税后现值流量
3	0	¥463, 808. 25		¥463, 808. 25
4	1	¥463, 808. 25	¥115, 952. 06	¥347, 856. 19
5	2	¥463, 808. 25	¥115, 952. 06	¥347, 856. 19
6	3	¥463, 808. 25	¥115, 952. 06	¥347, 856. 19
7	4	¥463, 808. 25	¥115, 952. 06	¥347, 856. 19
8	5		¥0. 00	¥0. 00
9	合计			

图 22-43

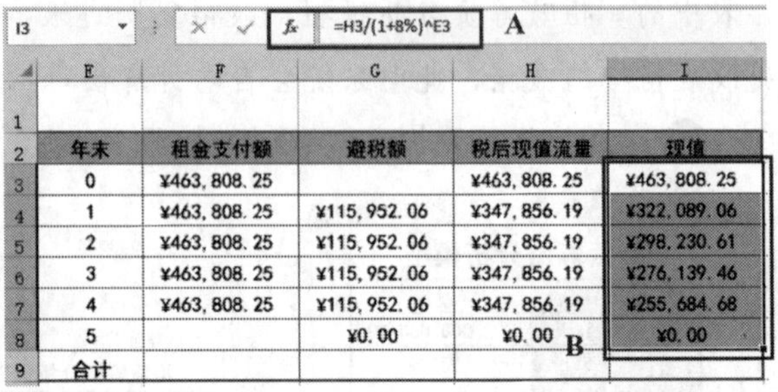

I3 =H3/(1+8%)^E3

	E	F	G	H	I
1					
2	年末	租金支付额	避税额	税后现值流量	现值
3	0	¥463, 808. 25		¥463, 808. 25	¥463, 808. 25
4	1	¥463, 808. 25	¥115, 952. 06	¥347, 856. 19	¥322, 089. 06
5	2	¥463, 808. 25	¥115, 952. 06	¥347, 856. 19	¥298, 230. 61
6	3	¥463, 808. 25	¥115, 952. 06	¥347, 856. 19	¥276, 139. 46
7	4	¥463, 808. 25	¥115, 952. 06	¥347, 856. 19	¥255, 684. 68
8	5		¥0. 00	¥0. 00	¥0. 00
9	合计				

图 22-44

❼ 选中 F9 单元格，在公式编辑栏中输入公式：

=SUM(F3:F8)，按 Enter 键，向右复制公式到 I9 单元格，即可计算出各项金额的合计值，结果如图 22-45 所示。

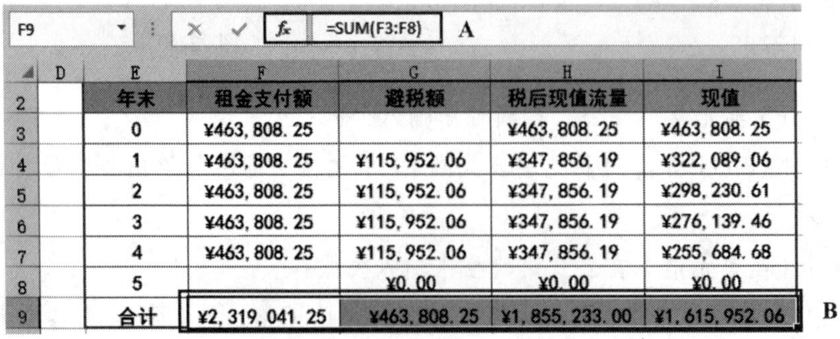

F9 =SUM(F3:F8)

	D	E	F	G	H	I
2		年末	租金支付额	避税额	税后现值流量	现值
3		0	¥463, 808. 25		¥463, 808. 25	¥463, 808. 25
4		1	¥463, 808. 25	¥115, 952. 06	¥347, 856. 19	¥322, 089. 06
5		2	¥463, 808. 25	¥115, 952. 06	¥347, 856. 19	¥298, 230. 61
6		3	¥463, 808. 25	¥115, 952. 06	¥347, 856. 19	¥276, 139. 46
7		4	¥463, 808. 25	¥115, 952. 06	¥347, 856. 19	¥255, 684. 68
8		5		¥0. 00	¥0. 00	¥0. 00
9		合计	¥2, 319, 041. 25	¥463, 808. 25	¥1, 855, 233. 00	¥1, 615, 952. 06

图 22-45

22.3.3 比较两种筹资方式

计算出了长期借款筹资和租赁筹资两种方案的现值后,可通过比较两种现值的大小来判断哪种筹资方式更为划算。

❶ 新建工作表,将其重命名为"比较两种筹资方案",在工作表中创建如图 22-46 所示的长期借款筹资和租赁筹资两种方案比较表格。

❷ 选中 B2 单元格,在公式编辑栏中输入公式:
=长期借款筹资方案现值计算!H22,按 Enter 键,即可得出长期借款现值的总额,如图 22-47 所示。

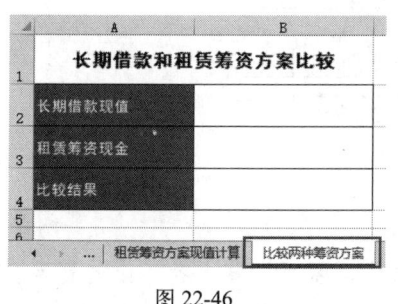

图 22-46

图 22-47

❸ 选中 B3 单元格,在公式编辑栏中输入公式:
=租赁筹资方案现值计算!I9,按 Enter 键,即可得出租赁筹资现金的总额,如图 22-48 所示。

❹ 选中 B4 单元格,在公式编辑栏中输入公式:
=IF(B2>B3,"租赁筹资更优","长期借款筹资更优"),按 Enter 键,得出方案比较结果,即"租赁筹资更优",如图 22-49 所示。

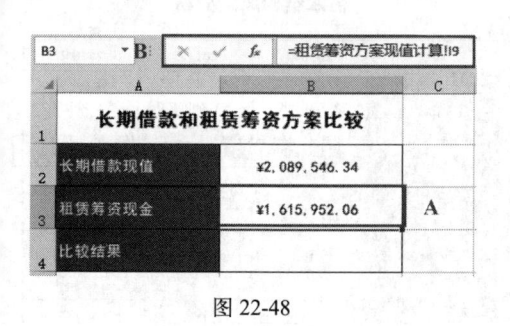

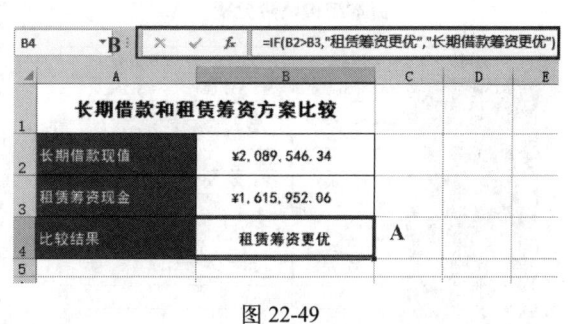

图 22-48

图 22-49

22.4 筹资风险分析

筹资活动是一个企业生产经营活动的起点。一般企业筹集资金的主要目的,是为了扩大生产经营规模,提高经济效益。筹资风险又称为财务风险,是指企业因借入资金而产生的丧失偿债能力的可能性和企业利润的可变性,主要包括两个方面:资本结构风险和财务结构风险。下面主要介绍资本结构风险。

❶ 新建工作表，将其重命名为"筹资风险分析"，在工作表中创建如图 22-50 所示的资本结构风险分析表格，并输入固定数据。

图 22-50

❷ 选中 B6 单元格，在公式编辑栏中输入公式：

=B5/B4，按 Enter 键，向右复制公式到 D6 单元格，即可计算出各年份的资产负债率百分比，结果如图 22-51 所示。

❸ 选中 B7 单元格区域，在公式编辑栏中输入公式：

=B4-B5，按 Enter 键，向右复制公式到 D7 单元格，即可计算出各年份的权益资本额，结果如图 22-52 所示。

图 22-51

图 22-52

❹ 选中 B9 单元格，在公式编辑栏中输入公式：

=B5*0.1，按 Enter 键，向右复制公式到 D9 单元格，即可计算出各年份贷款应偿还的利息，结果如图 22-53 所示。

❺ 选中 B10 单元格，在公式编辑栏中输入公式：

=B8-B9，按 Enter 键，向右复制公式到 D10 单元格，即可计算出各年份的税前利润金额，结果如图 22-54 所示。

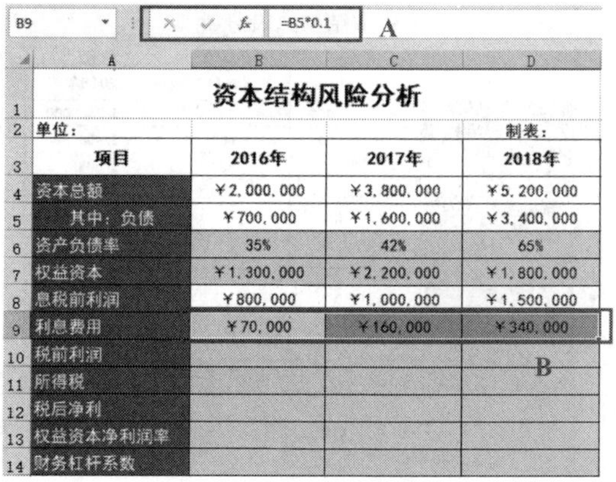

行	A	B	C	D
1	资本结构风险分析			
2	单位：			制表：
3	项目	2016年	2017年	2018年
4	资本总额	¥2,000,000	¥3,800,000	¥5,200,000
5	其中：负债	¥700,000	¥1,600,000	¥3,400,000
6	资产负债率	35%	42%	65%
7	权益资本	¥1,300,000	¥2,200,000	¥1,800,000
8	息税前利润	¥800,000	¥1,000,000	¥1,500,000
9	利息费用	¥70,000	¥160,000	¥340,000
10	税前利润			
11	所得税			
12	税后净利			
13	权益资本净利润率			
14	财务杠杆系数			

图 22-53

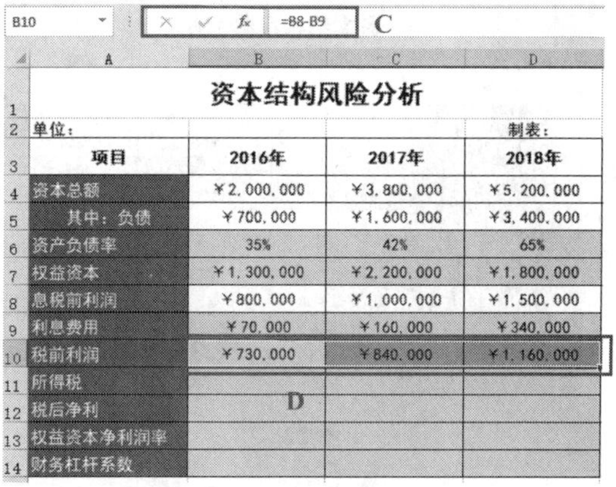

行	A	B	C	D
1	资本结构风险分析			
2	单位：			制表：
3	项目	2016年	2017年	2018年
4	资本总额	¥2,000,000	¥3,800,000	¥5,200,000
5	其中：负债	¥700,000	¥1,600,000	¥3,400,000
6	资产负债率	35%	42%	65%
7	权益资本	¥1,300,000	¥2,200,000	¥1,800,000
8	息税前利润	¥800,000	¥1,000,000	¥1,500,000
9	利息费用	¥70,000	¥160,000	¥340,000
10	税前利润	¥730,000	¥840,000	¥1,160,000
11	所得税			
12	税后净利			
13	权益资本净利润率			
14	财务杠杆系数			

图 22-54

❻ 选中 B11 单元格，在公式编辑栏中输入公式：

=B10*0.33，按 Enter 键，向右复制公式到 D11 单元格，即可计算出各年份应缴纳的所得税，结果如图 22-55 所示。

❼ 选中 B12 单元格，在公式编辑栏中输入公式：

=B10-B11，按 Enter 键，向右复制公式到 D12 单元格，即可计算出各年份的税后净利，结果如图 22-56 所示。

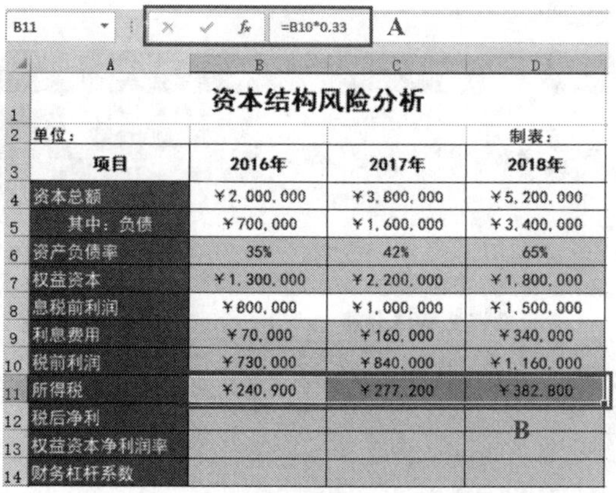

行	A	B	C	D
1	资本结构风险分析			
2	单位：			制表：
3	项目	2016年	2017年	2018年
4	资本总额	¥2,000,000	¥3,800,000	¥5,200,000
5	其中：负债	¥700,000	¥1,600,000	¥3,400,000
6	资产负债率	35%	42%	65%
7	权益资本	¥1,300,000	¥2,200,000	¥1,800,000
8	息税前利润	¥800,000	¥1,000,000	¥1,500,000
9	利息费用	¥70,000	¥160,000	¥340,000
10	税前利润	¥730,000	¥840,000	¥1,160,000
11	所得税	¥240,900	¥277,200	¥382,800
12	税后净利			
13	权益资本净利润率			
14	财务杠杆系数			

图 22-55

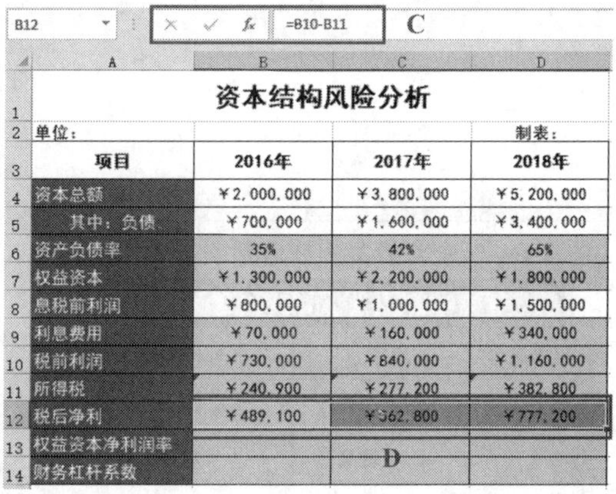

行	A	B	C	D
1	资本结构风险分析			
2	单位：			制表：
3	项目	2016年	2017年	2018年
4	资本总额	¥2,000,000	¥3,800,000	¥5,200,000
5	其中：负债	¥700,000	¥1,600,000	¥3,400,000
6	资产负债率	35%	42%	65%
7	权益资本	¥1,300,000	¥2,200,000	¥1,800,000
8	息税前利润	¥800,000	¥1,000,000	¥1,500,000
9	利息费用	¥70,000	¥160,000	¥340,000
10	税前利润	¥730,000	¥840,000	¥1,160,000
11	所得税	¥240,900	¥277,200	¥382,800
12	税后净利	¥489,100	¥562,800	¥777,200
13	权益资本净利润率			
14	财务杠杆系数			

图 22-56

❽ 选中 B13 单元格，在公式编辑栏中输入公式：

=B12/B7，按 Enter 键，向右复制公式到 D13 单元格，即可计算出各年份的权益资本净利润率，结果如图 22-57 所示。

❾ 选中 B14 单元格，在公式编辑栏中输入公式：

=B8/B10，按 Enter 键，向右复制公式到 D14 单元格，即可计算出各年份的财务杠杆系数，结果如图 22-58 所示。财务杠杆系数在逐年增加，杠杆系数越大，说明财务风险越大。

图 22-57

图 22-58

22.5 企业资金结构图表分析

企业所有的资金构成分为三类：自有资金、长期借款和租赁集资。下面就来分析这三类资金的比例情况。

❶ 新建工作表，将其重命名为"企业资金结构图表分析"，在工作表中创建如图 22-59 所示的企业资金构成分析表格。

❷ 选中 A2:C5 单元格区域，单击"插入"选项卡，在"图表"组中单击"插入饼图"按钮，在下拉列表中单击"复合饼图"，如图 22-60 所示。

图 22-59

图 22-60

❸ 执行上述操作，即可在工作表中创建如图 22-61 所示的复合饼图效果。

❹ 鼠标右键单击任意数据系列，在弹出的右键菜单中单击"设置数据系列格式"命令（如图 22-62 所示），打开"设置数据系列格式"对话框。

❺ 在"系列选项"栏下的"第二绘图区中的值"设置框中输入数值"2"，如图 22-63 所示。

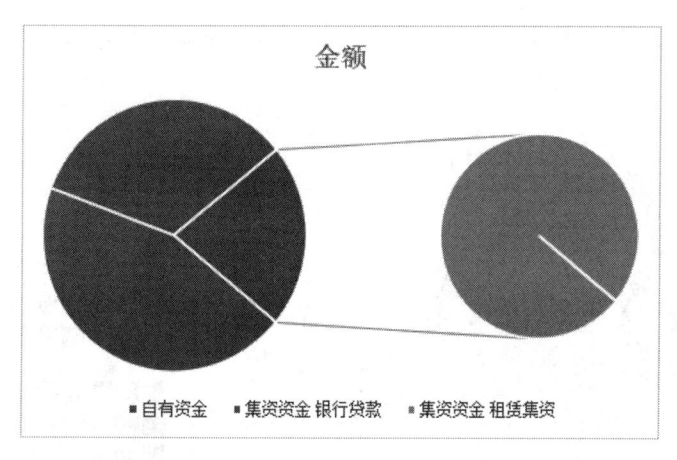

图 22-61

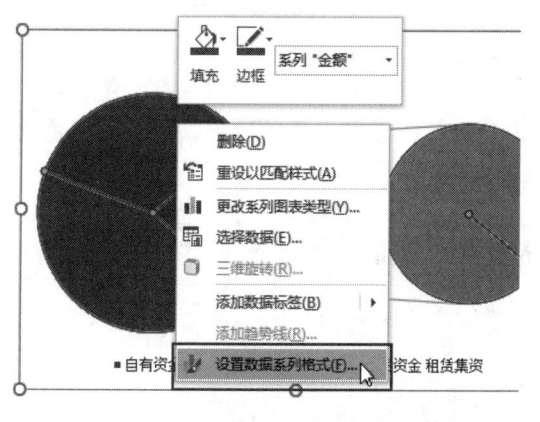

图 22-62

图 22-63

❻ 返回到工作表中，选中图表，单击"图表样式"按钮，打开下拉列表，在"样式"栏下选择一种图表样式（单击即可应用），效果如图 22-64 所示。

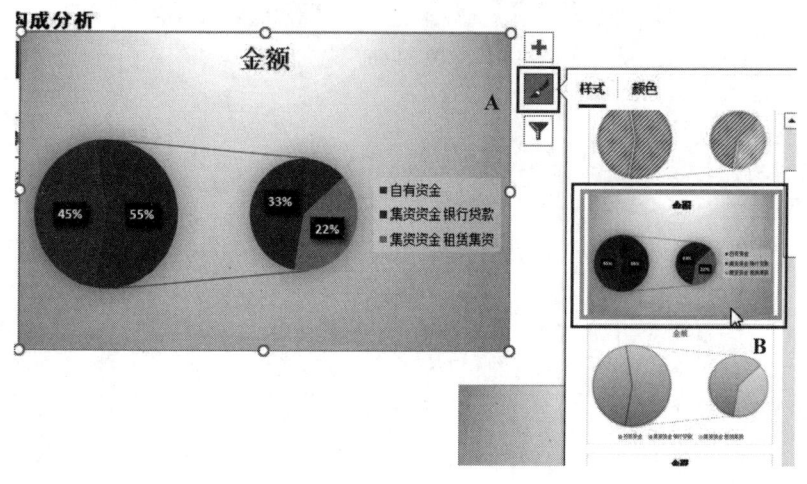

图 22-64

❼ 继续选中图表，单击"图表颜色"按钮，打开下拉列表，在"颜色"栏下选择一种图表颜色（单击即可应用），效果如图 22-65 所示。

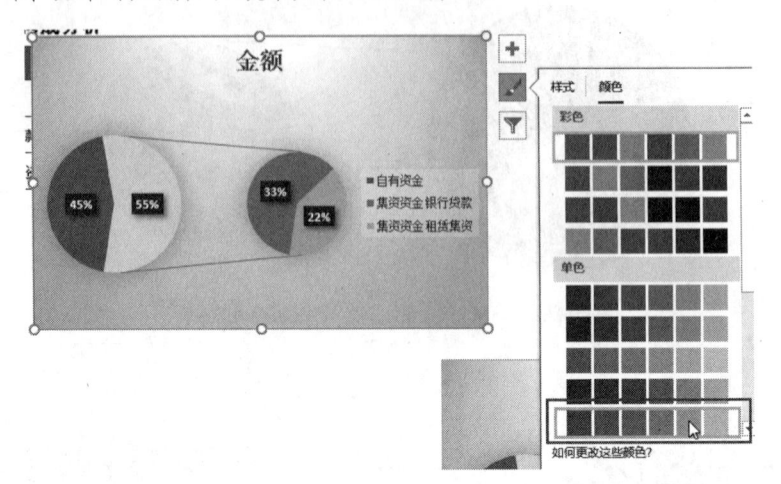

图 22-65

❽ 将图表标题更改为"企业资金结构分析"，经过上面的设置，得到图表的最终效果如图 22-66 所示。

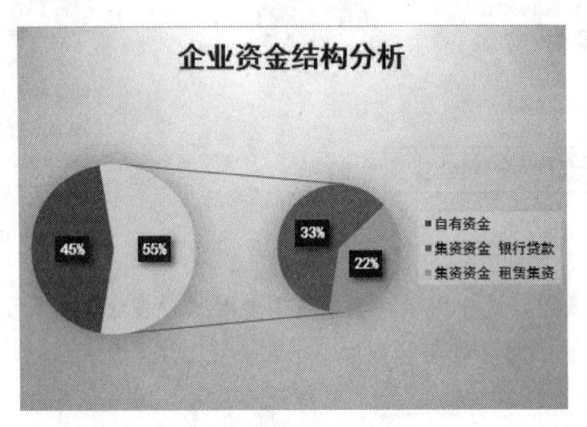

图 22-66